1995
© Verlag Kiebitz Buch
84137 Vilsbiburg

Bildvorlagen: Printshop Schimann
85123 Karlskron

ISBN: 3–9804048–1–1

DAS ROTTAL

HEIMATBUCH

Herausgegeben von Dieter Vogel

Geschrieben und fotografiert von heimatkundlichen Autoren
und von Fotografen aus dem Rottal

Kiebitz Buch

Themen und Autoren

DAS ROTTALER BÄDERDREIECK

AUSFLÜGE UND BESICHTIGUNGEN

EINE REGION STELLT SICH VOR

Die Rott ist ein kleiner niederbayerischer Fluß, der südlich von Neumarkt-St. Veit entspringt und knapp 100 Kilometer weiter östlich bei Schärding in den Inn mündet. Bekannt wurde der Fluß durch seine verheerenden Hochwasser, vor allem aber durch das Rottaler Bäderdreieck im Bereich des unteren Rottals. Gegenstand des Buches ist nicht nur das schmale Tal des Flüßchens. Das Rottal gilt als eine von der Natur und vom Menschenschlag geprägte, geschichtlich gewachsene Einheit, die sich über viele Jahrhunderte entwickelt hat und weit hinein in das umliegende Hügelland greift.

Ein Buch aus dem Rottal für das Rottal

Die über 30 Autoren fassen im Heimatbuch das Wissen zusammen, das sie über die Kulturlandschaft des Rottals erarbeitet haben. Sie schrieben nicht nur für die Fachleute, sondern für alle, die im Rottal leben und eine persönliche Beziehung zu ihm haben. Die fast 70 Beiträge sind mit über 250 zum Teil großformatigen Bildern illustriert. Kein anderes vergleichbares Buch über eine so kleine Region ist ähnlich reich bebildert wie das Heimatbuch.

Die an der Heimatgeschichte Interessierten – nimmt man die vielen historischen Feste zum Maßstab, werden es immer mehr – finden in diesem Buch grundlegende Informationen und die Erklärung heimatgeschichtlicher Zusammenhänge. Die Texte wurden eigens für dieses Buch angeregt und geschrieben. In Länge und Gewichtung der Themen fügen sie sich in das Konzept des Gesamtbuches, das mit den Autoren besprochen wurde.

Wer sich mit der engeren Heimat noch nicht näher befaßt hat, wird beim Durchblättern des Heimatbuches bestimmt Lust dazu bekommen.

Das Konzept des Heimatbuchs

Das Heimatbuch ist nach folgendem Konzept zusammengestellt: Am Beginn stehen elementare Fragen: Wie formte sich die Landschaft des Rottals, wer waren die Menschen, die das Land im Laufe vieler Jahrtausende besiedelt haben? Es folgen längere Artikel zur politischen Geschichte und zur Kunst vom frühen Mittelalter bis in unsere Zeit. Die Autoren sind bemüht, die allgemeinen epochen- und stilgeschichtlichen Zusammenhänge in ihren besonderen Ausprägungen im Rottal darzustellen. Die Beiträge über die berühmten und weniger bekannte Rottaler Menschen, die auf den geschichtlichen Teil folgen, sind als Annäherungen an einen Menschenschlag zu verstehen, den viele zuerst als wenig gesprächig erleben, andere dagegen zum Beispiel auf den zahllosen Festen als überaus gesellig und mitteilsam.

Wovon leben die Menschen im Rottal – auch dieser elementaren Frage sind verschiedene Artikel gewidmet. Wie haben sich in einem traditionellen Bauernland Handwerk und Gewerbe entwickelt, welche Industriebetriebe haben sich angesiedelt und schließlich: Wie stellen sich die Rottaler der Herausforderung, eine Ferienregion zu werden, ohne daß ihr Land sein natürliches Gesicht und seine kulturelle Identität preisgibt?

Die Flußlandschaft, das Rottaler Hügelland und das benachbarte Europareservat Unterer Inn bieten zahlreichen seltenen Pflanzen und Tieren eine Heimat. Diese vorzustellen, gibt das Buch den Experten und Naturschützern breiten Raum. Wenn man weiß, wie empfindlich die geschützten Gebiete sind, kann man sich für den Erhalt der bedrohten Vielfalt der Natur besser einsetzen.

Die Städte, Märkte und Gemeinden

Auf über 100 Seiten stellen sich im zweiten Hauptteil die Ortschaften des Rottals vor. Die Textbeiträge sind entweder von den Heimatpflegern am Ort verfaßt oder mit den Verantwortlichen in den Verwaltungen abgesprochen. Von der Ortsgründung über die wichtigen Daten und Persönlichkeiten aus der Geschichte bis hin zu aktuellen Entwicklungen erfährt man das Wesentliche über die größeren und kleineren Ortschaften. Das Heimatbuch ist daher ein repräsentatives Buch über das Rottal, das auf vielen Bildern die Rottaler Heimat von ihren schönsten Seiten zeigt. Die Städte, Märkte und Gemeinden haben eine neue Visitenkarte.

Das Rottaler Heimatbuch ist für die ganze Familie gedacht. Jeder, der sich im Rottal heimisch fühlt, wird seine kleine Welt darin wiederfinden, er wird Neues erfahren und sich vielleicht auch wieder einmal bewußt werden, wie schön doch seine Heimat ist. Die Rottaler Feriengäste schließlich werden über das Heimatbuch Land und Leute besser kennenlernen und es als schöne Erinnerung mit nach Hause nehmen.

Nicht zuletzt die Zusammenarbeit mit so vielen engagierten Autoren und Fotografen hat Mut gemacht, das Buch aufwendig zu gestalten und in hoher Auflage drucken zu lassen.

Der Herausgeber

Blick über das untere Rottal auf die Alpen. Im Vordergrund die Kirche von St. Wolfgang bei Weng wenige Kilometer von Griesbach.

Die Rott hat trotz vielfältiger Eingriffe von Menschenhand vor allem im unteren Rottal den urtümlichen Flußlauf an vielen Stellen behalten. Die Flußaue ist Lebensraum für eine vielgestaltige Tier- und Pflanzenwelt.

Viel bewundert – der Zehnerzug beim Karpfhamer Fest, das auf die Landtage Heinrichs des Löwen zurückgehen soll. Das „R" auf der gelben Postkutsche bedeutet „Rottaler Warmblut" und wurde den Warmblütern auf den linken Hinterschenkel gebrannt.

Das alte Bauernhaus von 1801 „beim Passauer" mit oberem und unterem Schrot (Balkon) steht in Haarbachloh bei Griesbach. Das Haus ist teils verschindelt, teils ausgemauert.

Im Land der heißen Quellen

Manfred Schötz

Bad Füssing, Bad Griesbach und Bad Birnbach, die drei Heilbäder des Rottals, bilden zusammen das größte Kurbäderzentrum Europas. Warum sprudeln in dieser Rottaler Landschaft die Thermalquellen? Der folgende Artikel erklärt die Geologie des Rottals.

Eingebettet zwischen Hügel und Täler, umgeben von Wiesen, Feldern und Wäldern, schlängelt sich in einer breiten Talmulde die Rott dem Inn entgegen. An ihrem Unterlauf haben sich die drei Heilbäder ausgebreitet, die zusammen das größte Kurbäderzentrum Europas bilden: Birnbach im Tal, Griesbach im Hügelland und Füssing mitten auf der flachen Schotterterrasse zwischen Inn und Rott. Wie ist diese Landschaft entstanden? Warum sprudeln gerade hier Thermalheilquellen?

Seit 1938 bohrten deutsche Erdölgesellschaften in staatlichem Auftrag mit großem Aufwand im Alpenvorland nach dem „flüssigen Gold". Im Gebiet des Rottals stießen sie jedoch nicht auf Erdöl, sondern auf heißes Wasser, dessen Wert damals kaum beachtet wurde. Durch diese Bohrungen sind wir über den Untergrund der Gegend an der Rott bestens informiert.

Die Temperatur steigt um drei Grad pro 100 Meter

In großer Tiefe liegt das sogenannte Grundgebirge aus Gneisen und Graniten, die vor mehr als 300 Millionen Jahren im Erdaltertum entstanden sind. Lange Zeit bildeten diese Gesteine die Landoberfläche und waren daher der Verwitterung ausgesetzt. Vor 190 Millionen Jahren drang aus Nordwesten ein Meer nach Ostbayern vor. Von den Alpen war damals noch nichts zu sehen, aber im Osten ragte schon der „Bayerisch-Böhmische-Wald" als gebirgige Insel aus den Wellen empor. Während des oberen Jura wurden in dem flachen Salzwasser vor der „böhmischen Insel" riesige Mengen Kalkschalen abgelagert. Nachdem der ehemalige Ozeanboden wieder trockengefallen war, setzte erneut die Verwitterung ein. Die verfestigten Kalkschichten des ehemaligen Meeresbodens verkarsteten sehr stark. Vor etwa 100 Millionen Jahren kehrte das Meer zurück, und im Braunauer Trog bildeten sich über den stark zerklüfteten Juragesteinen mächtige Kreideablagerungen.

In den tiefen Spalten und Kavernen des verkarsteten Jurakalks ist heute das Wasser gespeichert, das aus einer Tiefe von 700 bis 1500 m in die Becken der Thermalbäder sprudelt. Das Wasser löste zahlreiche Minerale aus verschiedenen Schichten heraus. Ein Liter Wasser aus der Chrysantiquelle in Birnbach enthält z.B. 431 mg Natrium, 30 mg Metakieselsäure, 26 mg Kalium, 7 mg Calcium, 1.2 mg Magnesium, 0.5 mg Schwefel und 0.02 mg Mangan. Wegen der Zusammensetzung dieser gelösten Mineralstoffe (bis 1.3 kg je Kubikmeter Wasser) gehören die Rottalquellen zum Typ der „Natrium-Hydrogencarbonat-Chlorid-Mineralwässer".

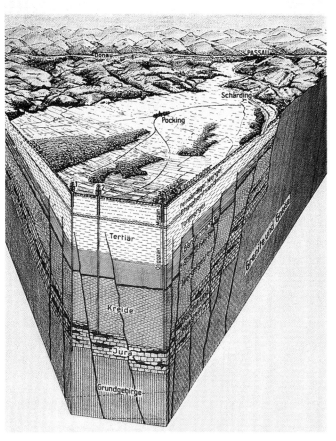

Da die Erde in ihrem Innern immer noch glühendheiß ist, steigt die Temperatur um 3 Grad Celsius pro 100 m Tiefe. Daher sprudelt das Tiefenwasser mit 30-70 Grad an die Erdoberfläche.

Die Wasservorratskammern sind nicht unerschöpflich

Zwar lagern sicherlich Hunderte von Millionen Kubikmeter in den Jurahohlräumen, aber die Vorratskammern füllen sich nur langsam auf und sind daher nicht unerschöpflich.

Am Beginn des Tertiärs, vor 65 Millionen Jahren, stieß die afrikanische auf die asiatische Kontinentalplatte. Gewaltige Schubkräfte falteten dabei die Alpen auf. Gleichzeitig senkte sich im Norden wie im Süden des Gebirgszugs das Vorland ab. In den schmalen nördlichen Molassetrog strömte vor 33 Millionen Jahren aus dem Osten Meerwasser herein. Eine Abbruchkante bei Pocking stoppte die weitere Ausbreitung dieses Meeres. Die Wellen brandeten zunächst gegen eine lange Steilküste. Später stiegen die Fluten und drangen über diese Aidenbach-Griesbacher-Hochschwelle weiter nach Nordwesten vor. An manchen Stellen findet man heute noch Meeresablagerungen direkt unter der Oberfläche.

Austernschalen und Seekuhrippen

In einer Ziegeleigrube bei Tettenweis treten feinsandige, grünliche Mergel auf. Diese 19 Millionen Jahre alten Schichten enthalten Reste von Seeigeln, Muscheln, Ostrakoden und Foraminiferen, Bewohner eines ehemals tiefen Meeresbeckens. Aus Aufschlüssen in der Umgebung von Fürstenzell, aber auch in der Nähe von Griesbach wurden aus groben Strandsedimenten, den sogenannten Glaukonitsanden, des öfteren niederbayerische Haifischzähne, Austernschalen und Seekuhrippen aufgesammelt. Auch die Sande bei Brombach mit ihren Muschel- und Schneckenschalen sind letzte Überreste dieses ehemaligen Meeres.

Im Laufe der Zeit wurde der Meeresarm nördlich der Alpen vom offenen Ozean im Osten abgeschnitten. Im Raum des heutigen Niederbayern entstand ein Binnenmeer, das immer stärker verbrackte und durch Schutt aus den Alpen allmählich aufgefüllt wurde. Auf alte Meeressedimen-

Zum obigen Tafelbild: Die Erdöl- und Thermalwasserbohrungen bei Füssing gewähren Einblick in den tieferen Untergrund des Rottals: rot = Grundgebirge, blau = Jurakalk mit Thermalwasserkavernen, grün = Kreideablagerungen, gelb = Tertiärsedimente.

te folgen daher jüngere Brackwasser- und Süßwasserablagerungen. Ein Amateurgeologe erklärte die teilweise stark verzahnten Schichten der Brackwassermolasse als gleichzeitig entstandene Sedimente innerhalb langsam fortschreitender Flußdeltas.

Muschelsedimente als Kalkzugabe zum Hühnerfutter

Dabei wurden an einigen Stellen Schalenreste der damals häufig auftretenden Oncophora-Muschel in riesigen Mengen zusammengeschwemmt. Diese oft meterdicken Schalenanhäufungen kommen vor allem im Hügelland nördlich Simbachs an manchen Hängen zum Vorschein. Noch nach dem Zweiten Weltkrieg wurden sie in Stollen bergmännisch abgebaut und als Kalkzugabe zum Hühnerfutter verkauft.

Nachdem die letzten kleinen Brackwasserbecken verlandet waren, lagerten große Ströme, die das Alpenvorland damals nach Westen entwässerten, mächtige Schotter-, Sand- und Mergelschichten ab. Im Gebiet des Rottals entstand aus diesem „Vollschotter", der das gesamte Gesteinsspektrum der Alpen enthielt, allmählich ein heller jüngerer „Quarzrestschotter". Dabei wurde durch chemische Verwitterung des Kalk- und Feldspatanteils unter dem Einfluß von Wasser und Kohlendioxid Kieselsäure freigesetzt. Diese verkittete einen Teil der restlichen Quarzgerölle zu einer stellenweise 3–5 m mächtigen Platte. Das feste Konglomeratgestein widerstand weitgehend der Verwitterung, aber an freien Stellen griff die Erosion um so stärker an. Daher zeigt die Landschaft

Während der Eiszeiten rutschten die zerbrochenen tonnenschweren Nagelfluhblöcke der „Kaser Steinstube" bei Triftern langsam talabwärts.

im unteren Rottal ein kräftiges Relief mit oft steilen Hängen und engen Schluchten. Im Gegensatz dazu wird das obere Tal von sanft geschwungenen Hügelketten aus unverfestigten Schottern geprägt. Mit der Schüttung von feinen Kiesen (Hangendserie) endete vor etwa zehn Millionen Jahren dieser Sedimentationszyklus der Oberen Süßwassermolasse. Aus jenen Schichten stammen die Elefantenzahnfunde von Klessing und Uttigkofen sowie Blattabdrücke von Ginkgo- und Zimtbäumen aus im Kies eingelagerten Mergelbändern bei Prienbach. Sie bezeugen, daß es damals wärmer war als heute.

Eiszeiten formten die Landschaft

Die letzte größere Umformung des Landschaftsbildes vollzog sich vor drei bis acht Millionen Jahren. Der einstige Sedimentationsraum wurde zum Abtragungsgebiet. Durch die stärkere Anhebung des Alpenvorlands im Südwesten kippte das Gefälle im Molassebecken. Die Abflußrichtung änderte sich. Die Täler von Donau, Inn, Isar, Vils und Rott, die das Alpenvorland nach Osten entwässern, wurden in jener Zeit angelegt. Sie zertalten die Oberfläche der ostbayerischen Molasse und formten eine abwechslungsreiche Hügellandschaft.

Die gewaltige Konglomeratplatte des „Hohlen Steins" bei Bad Birnbach entstand aus tertiärem Flußkies, der durch Kalk verbacken wurde.

Eine Klimaverschlechterung seit dem Ende des Tertiärs mit immer weiter sinkenden Temperaturen ließ im Pleistozän die Alpen vereisen. Im Verlaufe des Eiszeitalters kam es während zwei Millionen Jahren zu extremen Klimaschwankungen. Im süddeutschen Raum werden mindestens sechs Haupteiszeiten unterschieden, die nach den Alpenflüssen Biber, Donau, Günz, Mindel, Riß und Würm benannt sind. Während der Kaltzeiten, mit Temperaturen, die um 5–13 Grad Celsius tiefer als heute lagen, bildeten sich in den Alpen riesige Eismassen, gegenüber denen die rezenten Gletscher bescheidene Reste darstellen. Nur wenige hohe Gebirgskämme ragten damals aus dem Eismantel heraus. Von der Einengung durch die Alpentäler befreit, dehnten sich die Gletscher als mächtige Eisschilde flächenhaft aus. Dabei vereinigten sie sich zu einem breiten, in großen Zungen nach Norden ins Alpenvorland vorstoßenden Eisgürtel.

Im Mindel-Riß-Glazial drangen die Eiskappen des mächtigen Inngletschers beinahe bis Erding und Dorfen vor, und der östlich gelegene Salzachgletscher dürfte fast die Gegend von Simbach-Braunau erreicht haben. Dabei schüttete das Schmelzwasser der Gletscherflüsse Schotterfächer in das eisfreie Vorland, und die reißenden Wassermassen des sich eintiefenden Inns nagten immer wieder Terrassen heraus. Auf der würmzeitlichen Niederterrasse zwischen Inn und Rott liegt Bad Füssing.

Das niederbayerische Hügelland mit dem Rottal wurde von den Gletschern aber nie erreicht, es lag stets im eisfreien Bereich. Die Wirkungen reichten über die Grenze des Eises jedoch weit in das Vorland hinaus. Damals bildeten sich die für Niederbayern so typischen asymmetrischen Täler mit ihren flachen ackerbedeckten West- und den steilen waldbestandenen Osthängen. Die Westwinde häuften den Schnee bevorzugt an den Westflanken der Täler an. In Verbindung mit der Sonneneinstrahlung führte das zu einer längeren und tieferen Durchfeuchtung als an den rascher austrocknenden Osthängen. Insgesamt kam es deshalb an den Westhängen zu einem stärkeren Bodenfließen. Die Talgewässer wurden zunehmend nach Osten abgedrängt, wo sie die Böschung unterschnitten und damit ebenfalls an der Herausarbeitung der Asymmetrie mitwirkten. Eine stärkere Wasserführung der Rott und sich ständig verändernde Flußmäander führten im Laufe der Zeit zur Ausbildung einer breiten Talmulde. In den Warmzeiten rutschten an den steilen Hügelflanken an einigen Stellen durch Frost abgesprengte Konglomeratplatten zu Tal. So entstanden im Rottal mächtige Felsgruppen, wie die „Habererkirche" bei Griesbach, der „Hohle Stein" in der Lugenz bei Birnbach oder die „Kaser Steinstube" bei Triftern, eine sehenswerte Ansammlung von tonnenschweren Nagelfluhblöcken.

Wärmeliebende Pflanzen hatten keine Chance mehr

Heftige Stürme wehten immer wieder kalkhaltigen Staub aus den weiten vegetationslosen Tälern der Flüsse und lagerten ihn im Windschatten von Talflanken und Höhenzügen wieder ab. Von Tundrengräsern festgehalten, bildeten sich oft meterdicke, gleichmäßig feine kalkreiche gelbliche Lößschichten. Haardünne bräunliche Röhren, die von verwesten Gräsern stammen, und nachträglich durch Auswaschungsvorgänge entstandene bizarre Kalkkonkretionen, sogenannte „Lößkindl", kennzeichnen dieses vom Wind antransportierte Sediment. Manchmal ist der Löß durchsetzt von Pflanzenpollen und einer artenarmen, aber sehr individuenreichen Landschneckenfauna. Abgesehen vom jüngeren Würmlöß sind die älteren Lösse des Hügellandes durch die starken Niederschläge weitgehend entkalkt und zu Lehm umgewandelt worden.

Die Täler von Donau, Inn, Isar, Vils und Rott, die das Alpenvorland nach Osten entwässern, wurden vor drei bis acht Millionen Jahren angelegt. Das niederbayerische Hügelland lag stets im eisfreien Bereich.

Im Rottal herrschte damals, unweit der Eismauer der Alpengletscher, ein sehr kaltes Klima, das nur die Existenz einer niedrigen Tundren-Vegetation zuließ, wie wir sie im höchsten Norden Europas in Lappland antreffen. Die artenreiche Fauna und Flora der Tertiärzeit verschwand mit den sinkenden Temperaturen aus Südbayern. Wärmeliebende Pflanzen hatten meist keine Chance, sich in südliche Gebiete zurückzuziehen, der Sperriegel der Alpen hinderte sie daran. Deshalb starben damals viele Arten für immer aus. Den frei gewordenen Lebensraum besetzten während des Vorrückens der Gletscher Pflanzen und Tiere, die aus der Arktis, den asiatischen Steppen und natürlich auch aus den nahen Alpen zugewandert waren.

Daß damals auch Mammutherden, Wollnashörner, Moschusochsen und Rentiere unser Gebiet durchstreift haben, wird durch zahlreiche Funde im Rottal belegt. So wurden im Kieswerk Schlupfing bei Pocking immer wieder Mammutzahnreste ausgebaggert, und bei Malching konnte das Geweihfragment eines Rentiers im Kies aufgefunden werden. In der Nähe von Ruhstorf, Karpfham, Arnstorf im Kollbachtal und Bodenkirchen im Binatal wurden ebenfalls Mammutreste aus dem Lößlehm geborgen.

Das 1975 bei Baggerarbeiten im Binatal entdeckte Stoßzahnbruchstück besitzt die stattliche Länge von 2,10 Metern. Es ist in der frühgeschichtlichen Sammlung des Heimatmuseums Vilsbiburg zu sehen.

Archäologische Spurensuche

Manfred Schötz

Der behauene Quarzitkiesel aus dem Privatmuseum Friedl bei Reutern diente den Menschen der Altsteinzeit als Faustkeil. Der folgende Beitrag berichtet über die Geschichte der menschlichen Besiedlung des Rottals.

Aus den Flußtälern der Laaber, Aitrach, Isar und Vils, die das niederbayerische Hügelland zur Donau hin entwässern, sind viele vorgeschichtliche Siedlungsplätze bekannt. Das Rottal hingegen bietet vorerst das Bild eines nur dünnbesiedelten Randgebiets. Die größere Entfernung zum Gäuboden, dem zentralen vorgeschichtlichen Siedlungszentrum Niederbayerns, die Tatsache, daß die Rott in den Inn mündet, sowie eine im Hügelland nach Süden allmählich zunehmende durchschnittliche jährliche Niederschlagsmenge könnten hierbei eine Rolle gespielt haben.

Systematische Begehungen im Bina- und oberen Rottal haben gezeigt, daß dieses Gebiet wesentlich fundärmer ist als etwa das Vilstal. Da man mit Verallgemeinerungen vorsichtig sein muß, läßt sich diese Erkenntnis aber nicht auf die gesamte Tallandschaft übertragen. Die vielen Einzelfunde sowie die zahlreichen Grabhügelfelder stehen vorerst im Widerspruch zu der Zahl bekannter Siedlungsplätze. Im Rottal ist daher noch mit mancher Überraschung zu rechnen, wenn die unter der Erde liegenden Bodendenkmäler dann nicht schon größtenteils zerstört sind.

Eine Frau entdeckt die ältesten Funde

Bei Grabungen von Prof. Dr. G. Freund an paläolithischen Fundplätzen im Altmühltal wurden Geräte eines westlichen und eines östlichen Typs aufgefunden. Daraus zog die Ausgräberin den Schluß, daß Ostbayern im Durchzugskorridor zwischen den östlichen und westlichen Verbreitungsgebieten dieser Frühmenschen lag. Leider waren zu dem Zeitpunkt noch keine Funde bekannt, die diese These bestätigt hätten. Zur Überraschung der Fachwelt gelang der Amateurforscherin Irmgard Friedl bald darauf der Nachweis sehr alter Steinwerkzeuge im Gebiet nördlich der Rott. In der Umgebung ihres Heimatorts Reutern bei Griesbach fand sie Artefakte, die von Prof. Dr. L. Zotz in die Altsteinzeit datiert wurden.

Diese ältesten Funde aus dem Rottal traten in einer Gegend auf, in der mächtige Konglomeratplatten noch heute kleine Felshöhlen bilden, die den Steinzeitmenschen vermutlich Unterschlupf boten. Da meist auch Quellen in ihrer Nähe sprudeln und diese Plätze eine beherrschende Lage über den Talhängen besitzen, dürfte es sich um ideale Ausgangspunkte für die Jagd gehandelt haben. Diese natürlichen Gegebenheiten könnten durchziehende Menschengruppen, die ohne feste Behausung jagend und sammelnd umherstreiften, zum Verweilen veranlaßt haben. In einem Privatmuseum in Reutern bei Griesbach, das inzwischen von der Tochter von Frau Friedl betreut wird, können die Funde der ältesten Menschen im Rottal besichtigt werden (Anmeldung unter Tel. 08532/8195).

Die Lesefunde von Frau Friedl führten zu einer Ausgrabung des Erlanger Instituts für Ur- und Frühgeschichte an der bekanntesten Felsformation des „Steinkarts", der

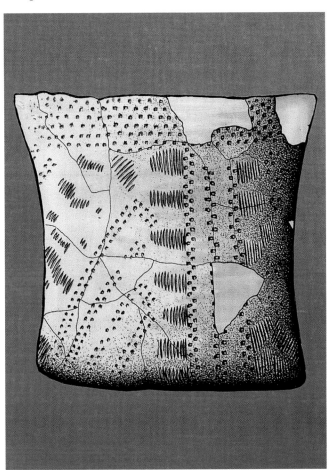

Bei einer Ausgrabung in Untergaiching in der Nähe von Pfarrkirchen wurde dieser reichverzierte Steilwandbecher aus einer jungsteinzeitlichen Grube geborgen.

„Habererkirche". Die dort ergrabenen Steinwerkzeuge (Mikrolithen) belegen eine Siedlungsstelle der Mittelsteinzeit auf dem Plateau eines Südhangs in unmittelbarer Nähe der Felsgruppe.

Rastplätze steinzeitlicher Jäger

Die Funde zeigten, daß vor etwa 10 000 bis 8000 Jahren frühmesolithische Menschengruppen diese Gegend auf ihren Jagdzügen durchstreift und für einige Zeit sogar einen Lagerplatz errichtet hatten.

Das Alter der Felsmalereien im Durchschlupf zwischen den beiden Konglomeratblöcken ließ sich nicht eindeutig klären. Die Bilder der fünf kleinen „Habergeißen", die eine gehörnte Figur umtanzen, entstanden wohl erst lange nach der Steinzeit. Der Sage nach trug der Teufel die Felsen aus den Alpen hierher, um die Kirche von Reutern zu zerstören. Als ein Einsiedler zum Gebet läutete, sollen den Teufel kurz vor dem Ziel die Kräfte verlassen haben. In die herabstürzenden Brocken wurde sein Bild eingebrannt.

Einzelfunde, kaum Siedlungsplätze

Von Kleinasien gelangten um 5500 v. Chr. Ackerbau und Viehzucht über den südöstlichen Donauraum auch ins Rottal und sind hier fast bis zum heutigen Tag die bestimmenden Wirtschaftsformen des Landstrichs geblieben. Unsere Kenntnis der jungsteinzeitlichen Besiedlung im Rottal stützt sich überwiegend auf Funde von Feuersteingeräten, Steinbeilen und Lochäxten, die beim Ackern den Landwirten aufgefallen sind. Solche Funde sind jedoch keinesfalls auf der Jagd oder bei Wanderungen verlorengegangene Einzelstücke, sie dürften vielmehr aus ehemaligen Siedlungsstellen oder Gräbern stammen.

Mehr als 25 neolithische Beile und Äxte wurden bisher in der Umgebung von Anzenkirchen, Asenham, Degernbach, Dietersburg, Dobl, Eggersham, Exöd, Ginham, Großhaarbach, Hundshaupten, Königsöd, Kumpfmühle, Lerchen, Loh, Machham, Mittich, Nindorf, Penning, Pumstetten, Rotthalmünster, Thal und Untergai-

Auf einem Hügelsporn nördlich von Untertattenbach liegen viele teilweise ausgeplünderte bronzezeitliche Grabhügel im Wald versteckt.

ching gefunden. Kleinere neolithische Silexgeräte hat man bei Eden, Geiselberg, Holzhäuser, Maierhof, Pfisterham, Reutern, Rosenberg, Vordersarling und Würm von der Ackeroberfläche aufgelesen. Dieses ortsfremde Material kann nur durch Menschen hierhergebracht worden sein. Der Rohstoff dürfte aus Hornsteinvorkommen zwischen Vilshofen und Ortenburg, aus der Nähe von Fürstenzell, aus Flintsbach im Landkreis Deggendorf und zum Teil aus dem ca. 100 km entfernten Arnhofen bei Abensberg stammen, einem großen vorgeschichtlichen Abbaugebiet für gebänderte Hornsteine.

Auf dieser Grundlage läßt sich nur wenig über die neolithische Besiedlungsgeschichte dieses Flußtals aussagen. Das vorläufige Verteilungsbild der neolithischen Keramikfunde deutet immerhin an, daß während der gesamten Jungsteinzeit die Entwicklung im unteren und oberen Talbereich getrennt verlief. Im unteren Rottal findet man neolithische Siedlungen in der Nähe von Bad Höhenstadt, Griesbach, Lindau, Penning, Pillham, Pumstetten, Reutern, Riedhof und Rotthof. Das gesamte mittlere Rottal ist trotz der Siedlungsstellen bei Asenham und Untergaiching verhältnismäßig fundleer. Erst im Binatal trifft man bei Aurolfing, Dirnaich, Geiselberg, Hochholding, Hub, Irlach, Maierhof, Unterschmiddorf und Schernegg wieder häufiger auf jungsteinzeitliche Siedlungsplätze, die wohl mit dem oberen

Vilstal in Kontakt standen. Viele Einzelfunde weisen allerdings darauf hin, daß Fundlücken vorhanden sind.

Ausgrabung in einem Steinzeitdorf

Eine neolithische Fundstelle im Rottal ist in den Jahren 1988 bis 1992 vom Landesamt für Denkmalpflege unter Leitung von Frau M. Pfaffinger teilweise ausgegraben und archäologisch untersucht worden. Die Siedlung lag auf einer Terrasse am Ortsrand von Untergaiching. Im Osten wurde sie von einem Bachlauf begrenzt. Die Keramikscherben datieren diesen vorgeschichtlichen Platz in die Zeit der Linearband- und Stichbandkeramik. Im Boden wurden die Grundrisse von sechs Häusern mit zwölf bis 25 Metern Länge ergraben. Auch die Oberlauterbacher Kultur ist innerhalb der Grabungsfläche durch wenige Abfallgruben vertreten; eine rundliche Eintiefung mit einem reichverzierten Steilwandbecher wird von der Ausgräberin als Brandgrab interpretiert.

Im Dorfzentrum konnte man zwei Gruppen von runden, ursprünglich etwa ein Meter in den Boden eingetieften Ofenanlagen freilegen. Die Böden der Öfen bestanden aus einer dichten, mit Lehm verstrichenen Geröllage. Darüber wurde eine

Dieses schöne urnenfelderzeitliche Gehänge mit schwalbenschwanzartig verzierten Bronzeringen stammt aus einem Sumpfgebiet bei Erben.

durch Weidengeflecht verstärkte Kuppel errichtet, wovon nur der unterste Wandteil mit einer seitlichen Öffnung erhalten blieb. Sicherlich besaßen die Kuppeln dieser Backöfen ehemals einen Rauchabzug.

Im Wald versteckte Grabhügel

Metallfunde in Münchshöfener Zusammenhängen aus neuester Zeit belegen, daß Kupfer in Südostbayern sehr früh verwendet wurde. Es sollte aber noch zwei Jahrtausende dauern, bis die härtere Bronze auftauchte, die die Steinwerkzeuge endgültig verdrängt und einem ganzen Zeitalter den Namen gegeben hat. Kupfer und Zinn, die Grundstoffe dieser Legierung, wurden teilweise in den Alpen gewonnen. Daher nimmt es nicht wunder, daß durch die Nachfrage nach diesen Rohstoffen ein reger Handel mit dem Alpenraum entstand. Bei Penning trat ein Hortfund aus drei Bronzeringbarren zutage. Die günstige Lage zu den Rohstoffquellen und zu den Handelswegen dürfte eine dichte Besiedlung des Rottals während der Bronzezeit zur Folge gehabt haben.

Dies läßt sich zunächst weniger an den Siedlungsfunden als vielmehr an den zahlreichen Grabhügelfeldern ablesen. Wurden während der frühen Bronzezeit die Toten, ähnlich wie zur Jungsteinzeit, in seitlicher Hockerlage mit angezogenen Beinen in Erdgruben beigesetzt, so verdrängte ab der mittleren Bronzezeit der Brauch, über den Toten Grabhügel zu errichten, allmählich andere Bestattungsweisen. Im Laufe der Jahre reihte sich ein Hügel an den anderen, und es entstanden

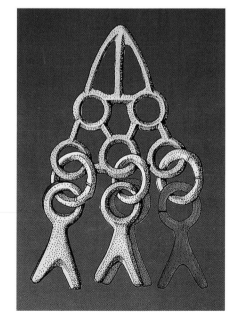

umfangreiche Gräberfelder. Viele liegen heute noch auf den Höhenzügen zu beiden Seiten der Rott in den Wäldern versteckt. Die Grabhügel auf den landwirtschaftlich genutzten Flächen sind vom Pflug vermutlich längst eingeebnet. Dadurch dürfte auch so mancher Metallfund an die Oberfläche gelangt sein. Besonders prachtvoll verzierte Schwerter wurden beispielsweise in der Nähe von Haslach, Kößlarn und Untergrasensee aufgefunden. Die größten erhaltenen Hügelfelder des Rottals liegen bei Au (11), Dobl (15), Erbertsdobl (52), Feichten (14), Hader (57), Haslach (50), Leopoldsberg (ca. 20), Liegöd (25), Massing (21), Ottenberg (67), Roith (ca. 30) und Treidlkofen (75 Hügel).

Die bedeutendste Hügelgruppe entdeckte man nördlich von Untertattenbach auf einem ins Tal ragenden Hügelsporn im „Aunhamer Holz". Im Verlauf von beinahe 1000 Jahren sind hier weit über 100 Gräber angelegt worden. Ab 1829 wurde in diesem reichen Hügelfeld mehrmals gegraben. Ein Kreisbaurat aus Passau, ein Wirt und Bierbrauer aus dem nahe gelegenen Birnbach, ein Druckereibesitzer sowie ein Hauptlehrer aus Pfarrkirchen haben neben vielen anderen dort ihr Glück versucht. Sie arbeiteten im Auftrag des Historischen Vereins für Niederbayern, für die Königlich Bayerische Akademie der Wissenschaften, teils aber auch in die eigene Tasche. Neben Gefäßscherben und Leichenbrand wurden viele Metallobjekte geborgen. Aus Männergräbern stammen Dolche, Beile und Schwerter, während Gewandnadeln, Fußringe, Armbänder und Fibeln überwiegend aus Frauengräbern ans Tageslicht kamen und in meist entfernten Museen landeten.

Viele Funde aus Sümpfen und Nachbestattungen

In der Spätphase der Bronzezeit hat man der Leichenverbrennung den Vorzug gegeben. Man füllte die Asche in Urnen und vergrub sie im Boden. Wegen solcher oft sehr umfangreicher Brandgräberfelder erhielt diese Periode den Namen Urnenfelderzeit. Damals brachte man in Gewässern, Moor- und Sumpfgebieten den Gottheiten Opfer dar. Das urnenfelderzeitliche Gehänge aus Erben mit den schwalbenschwanzartig verzierten Bronzeringen und ein geschweiftes Bronzemesser aus Königswiesen könnten solche Weihegaben sein, da die Gegenstände bei Drainagearbeiten in Sumpfgebieten auftauchten. Bei dem urnenfelderzeitlichen Fund von Hader nördlich der Rott handelt es sich vermutlich um letzte Reste eines Wagengrabes. Da solche Funde im Hügelland selten sind, ist anzunehmen, daß damals, im Gegensatz zur mittleren Bronzezeit, vermehrt auf der Niederterrasse des Inns gesiedelt wurde.

Ab der Hallstattzeit wird für Waffen und Geräte des Alltags vor allem das neue und härtere Metall Eisen verwendet. Trotz der vielen Trichtergruben im Steinkart, die auf Eisenerzvorkommen in diesem Gebiet hinweisen, sind bisher nur zwei hallstattzeitliche Fundstellen aus dem Rottal bekannt. Es handelt sich um das schon erwähnte große Grabhügelfeld nördlich Untertattenbachs. Hier traten neben bronzezeitlichen auch hallstattzeitliche Bestattungen auf. Leider blieben aus jener Zeit nur ein Paar kräftig gerippte Bronzefußringe, ein eisernes Lanzenspitzenfragment und einige mit Kreisaugen verzierte oder mit Graphit und roter Farbe bemalte Gefäßscherben erhalten. Auch aus einer heute verschwundenen Grabhügelgruppe bei Frauenöd stammt ein bronzenes Melonenarmband von einer Nachbestattung in einem bronzezeitlichen Grabhügel. Man betrachtete diese künstlichen Hügel wohl als geweihte Orte und benützte sie immer wieder als Bestattungsplatz. Sicherlich enthalten noch einige andere, bisher nicht unter-

suchte Hügelgruppen Hallstattfunde. Die zugehörigen Siedlungen blieben vorerst noch unentdeckt.

Viereckschanzen erinnern an die Besiedlung durch Kelten

In der Latènezeit, dem jüngeren Teil der Eisenzeit, benannt nach einem Schweizer Fundort, fließen die Funde aus dem Rottal wieder etwas reichlicher. Bei Ausgrabungen in Bad Höhenstadt und Pocking, aber auch an einigen Lesefundstellen bei Griesbach, Maierhof im Binatal, Penning, Riedhof und Würm hat man latènezeitliche Topfscherben aufgesammelt. Bei den meist kammstrichverzierten Graphittonfragmenten mit oft wulstartigen Rändern handelt es sich um Siedlungsreste. Der Graphitton kommt aus dem Gebiet östlich von Pas-

Die ehemals keltische Viereckschanze zwischen Arnstorf und Mariakirchen im Kollbachtal wurde durch den Ackerbau völlig eingeebnet.

sau, wo er damals an der Oberfläche abgebaut wurde. Man bevorzugte ihn, weil die daraus hergestellten Töpfe feuerfest waren und die Wärme gut leiteten.

Auch einige Flachgräber lieferten keltische Funde. Dazu gehören unter anderen fünf Glasarmringe sowie eine Augenperle von einer Ausgrabung bei Bad Höhenstadt, zwei kobaltblaue Fragmente von Glasarmbändern aus Eden und einige Bruchstücke aus Erbertsöd und Rosenberg. In der Nähe von Bad Höhenstadt und bei Erbertsöd wurden auch Münzen, sogenannte „Regenbogenschüsselchen", von der Ackeroberfläche aufgelesen. Die Kelten haben die Vorzüge des Münzwesens bei ihren Einfällen nach Italien von den Römern übernommen.

Die Viereckschanzen aus der Nähe von Biberg, Bibing und Kühnham sind unterschiedlich gut erhalten. Die in Süddeutschland weitverbreiteten quadratischen Wallanlagen mit vorgelagerten Gräben und einem seitlichen Tor liegen meist in einem für Verteidigungszwecke ungünstigen Gelände. Sie werden daher neuerdings als Heiligtümer interpretiert. Bei Volksversammlungen haben hier allem Anschein nach keltische Priester, die Druiden, Kulthandlungen vollzogen.

Über den bedeutendsten römischen Fundplatz des Rottals in Pocking wird im nachfolgenden Beitrag berichtet. Eindrucksvoll sind auch die römischen Steindenkmäler in den Kirchen von Asbach, Eholfing, Rotthof, Weihmörting und Weinberg. Einen Besuch wert ist auf alle Fälle die Kirche bei Rotthof. Neben dem Grabmonument der Copponia Iucunda, das als Taufbecken dient, ist in dem Pfeiler der Vorhalle der Grabaltar der Flora zu sehen. Die Inschrift lautet übersetzt:

Den göttlichen Totengeistern!
Flora, die Gutsverwalterin,
hat Ursus, dem Gutsverwalter,
gestorben mit 45 Jahren,
und Jucundus, ihrem Schwiegervater,
wie ihrer Schwiegermutter Sucessa,
den Rechtschaffenen, und sich,

noch bei Lebzeiten dieses Grabmal
errichtet
Der Sohn Sucessus
seinen rechtschaffenen Eltern.

In die Außenwand eingemauert findet man auch die oberen Teile von zwei Grabsteinen mit drei bzw. vier Brustbildern.

Römische Steindenkmäler lassen auf Wohlstand schließen

Im Mittelalter brachte man diese sieben Figuren in Verbindung mit den sieben in Ephesos (Kleinasien) verfolgten und eingemauerten Christen, die der Legende nach von Gott wiedererweckt wurden. Ihnen verdankt die Siebenschläferkirche ihr seltenes Patrozinium. Woher all diese Denkmäler stammen, ob aus bisher unentdeckt gebliebenen Gutshöfen oder aus dem römischen Vicus bei Pocking, ist ungewiß; sie belegen aber, daß es den Romanen im Rottal gelang, im Laufe ihres Lebens einen bescheidenen Wohlstand zu erlangen.

Die anderen römischen Siedlungsreste sind leider weniger bekannt. Zwischen Rott und Sulzbach traten im Schloßpark von Baumgarten schon früh Funde auf, die an diesem für römische Verhältnisse sehr ungewöhnlichen Ort mitten im Hügelland auf eine kleine Siedlung hindeuteten. Aufgefunden wurden ein Jupiteraltar, der 1754 in ursprünglicher Fundlage angetroffen worden sein soll, und Fragmente römischer Gebrauchskeramik sowie eine Tonlampe. Weitere Terra-Sigillata-Scherben hat man beim Bahnbau in der Nähe eines Burgstalls bei Hofroth ausgegraben. Auch aus dem bronze- und hallstattzeitlichen Grabhügelfeld im Aunhamer Holz bei Untertattenbach soll eine Tonlampe von einer römischen Nachbestattung stammen. In der Umgebung von Aunham wurden ferner eine verzierte Sigillata-Scherbe sowie zwei konstantinische Münzen gefunden. Zwei weitere Münzen gleichen Alters wurden bei Pfarrkirchen aufgelesen. Beide Münzfunde zeigen, daß das römische Leben im Rottal selbst in der späten Kaiserzeit nicht völlig erloschen war.

Schon damals, vermehrt aber im 5. Jahrhundert, waren die Zustände im heutigen Ostbayern äußerst chaotisch. In der *Vita Severini,* einer Heiligenlegende über den in Noricum und Raetien äußerst segensreich wirkenden Mönch Severin, erwähnt Eugippius viele Einzelheiten über das damalige Leben der Romanen in den römischen Grenzprovinzen an der Donau. Die Sicherung der Nordgrenze des Römerreichs lag gegen Ende der Kaiserzeit vorwiegend in den Händen von germanischen Söldnertruppen. Diese romanisierten Germanen lebten mit ihren Familien in den stark befestigten Kleinkastellen entlang der Donau. Die eigentliche Macht in diesem Raum scheinen damals aber die Alemannen ausgeübt zu haben. Sie und andere Germanenstämme fielen auf ihren Beutezügen, die bis hinunter nach Italien reichten, auch ins Rottal ein. Sie plünderten, mordeten, brandschatzten. Mit reicher Beute beladen, verließen sie bald wieder die verwüstete Gegend. Wenn überhaupt, dürften nur noch versprengte Reste von Romanen im Rottal vorhanden gewesen sein, die in steter Angst vor neuen Überfällen und mit der Hoffnung auf ein baldiges Ende dieser wirren Zeiten ausharrten.

Bajuwarische Bauern im Rottal

Nach dem völligen Zusammenbruch der römischen Macht nördlich der Alpen im Jahre 488 haben zwischen oberer Donau und Enns unsere eigentlichen Vorfahren, die Bajuwaren, ihre Herrschaft errichtet. Dachte man früher eher an die Einwanderung eines germanischen Stammes, so geht die Wissenschaft heute davon aus, daß in dem entstandenen Freiraum die bereits vorhandenen romanisch-germanischen Söldner sowie einsickernde germanische Splittergruppen zunächst lokale Herr-

Den oberen Teil eines alten römischen Grabsteins mit den drei Brustbildern findet man in die Außenwand des Kirchleins bei Rotthof eingemauert.

schaftsverbände ausbildeten. Ein Teil der Zuwanderer kam über den Bayerischen Wald aus Böhmen, aber auch Langobarden aus der ungarischen Tiefebene und Alemannen aus dem Westen drangen in unser Gebiet ein. Vermutlich sind keltisch-romanische Restgruppen in die Stammesbildung mit einbezogen gewesen. In Ostbayern ist jedoch keine ländliche Siedlung des Frühmittelalters aus einer römischen *villa rustica* entstanden.

Im Spannungsfeld zwischen den Franken im Nordwesten und den Ostgoten im Süden gab es im Voralpenland nach dem Zusammenbruch der römischen Herrschaft scheinbar eine Phase der Ruhe und Sicherheit, denn einige Gräberfelder aus jener Zeit belegen einen gewissen Wohlstand. Damals könnte der Ostgotenkönig Theoderich beim Zusammenschluß der vielen kleinen Herrschaftsverbände zum Stamm der Bajuwaren eine gewisse Geburtshilfe geleistet haben. Schon um die Mitte des 6. Jahrhunderts gerieten die Bajuwaren in den Machtbereich der fränkischen Expansionspolitik. Nach dem Zerfall des Ostgotenreichs in Oberitalien weiteten die Franken ihre Macht nach Osten bis an die Grenze Pannoniens aus. Dabei dürfte auch der gerade erst entstandene Stammesverband der Bajuwaren unter fränkischen Einfluß geraten sein.

Silberfibeln aus Frauengräbern

Im Rottal wurde bisher keine frühmittelalterliche Siedlung gefunden. Das dürfte damit zusammenhängen, daß viele Spuren von den heutigen Ortschaften überbaut wurden und daher zerstört oder nicht mehr zugänglich sind. Einige Friedhöfe erinnern jedoch an jene Zeit. Die bekannten Reihengräberfelder bei Aigen, Kirchham, Inzing, Malching, Pocking, Ruhstorf, Safferstetten, Schlupfing und Seibersdorf liegen jedoch alle im Schwemmland zwischen Inn und Rott. Weniger das Hügelland, mehr der alte Verbindungsweg entlang dem Inn zu den Alpen scheint für die Bajuwaren zunächst interessant gewesen zu sein. Der größte Bestattungsplatz ist Inzing. Er wurde um 1900 nach heutigen Gesichtspunkten allerdings sehr mangelhaft untersucht. Ein Großteil der Gegenstände, Funde aus ca. 500 reich ausgestatteten Gräbern, liegt heute in den Museen von Berlin und München.

Von 1985 bis 1987 konnten auch in Schlupfing in der Nähe von Pocking 388

Bestattungen aufgedeckt werden. Auch ihr Aussagewert ist beschränkt, da 90 % bereits früh von Grabräubern heimgesucht und der Rest durch den aggressiven Boden beschädigt wurde. Trotzdem ermöglichten es die Funde aus einem unberaubten Frauengrab, die Schmucktracht der damaligen Zeit zu rekonstruieren. Zwei kleinere Vogelfibeln verschlossen den Halsschlitz des Kleides, zwei größere, aus Silber gegossene und vergoldete Bügelfibeln schmückten das Gewand. Messer und Amulettgehänge dürften an einem Gürtel befestigt gewesen sein. Kein einziges Männergrab war vollständig erhalten.

Man entdeckte auch Bestattungen, die von der großen Mehrzahl der Gräber abgesondert waren. Die kostbaren Grabbeigaben weisen auf soziale Unterschiede in der Dorfgemeinschaft hin und bezeugen einen Stand von „Adligen".

In Pocking und Ruhstorf wurden bei Bauarbeiten eiserne Schwerter entdeckt, die vermutlich aus Reihengräbern stammen. Frühmittelalterliche Bestattungen sind auch ganz in der Nähe der ehemaligen Römersiedlung von Pocking aufgetaucht. Da es sich um Gräber des 6./7. Jahrhunderts handelt und eine frühe Belegung, wie etwa in den Gräberfeldern bei Künzing oder Straubing fehlt, ist im Rottal eine Kontinuität bis in die Römerzeit nicht nachzuweisen. Ab der Wende vom 7. zum 8. Jahrhundert bestatteten die Bajuwaren ihre Toten ohne Beigaben in der Nähe neu erbauter hölzerner Dorfkirchen. Damit ging die Reihengräberzeit zu Ende, und es begann das christliche Mittelalter.

Bei der Ausgrabung des Reihengräberfeldes von Pocking-Schlupfing kam diese frühmittelalterliche Wirbelfibel ans Tageslicht.

Die Römersiedlung Pocking

Walter Wandling

Terra-sigillata-Gefäße (2./3. Jh.). Das hartgebrannte, rottonige Feingeschirr wurde vermutlich aus dem Rheinland nach Pocking importiert.

Im Herbst 1951 kamen in einem Kanalgraben am Wege nach Indling Tonscherben römischer Keramik zutage. Sie waren die ersten Boten einer vor etwa 1700 Jahren aufgelassenen Siedlung. Einige interessierte Bürger meldeten über Jahre hinweg Funde und Erdbewegungen aus diesem Bereich dem Bayer. Landesamt für Denkmalpflege und der Prähistorischen Staatssammlung in München. 1960 war es dem Archäologen H.-J. Kellner möglich, einen ersten wissenschaftlich fundierten Bericht zur römischen Ansiedlung von Pocking vorzulegen.

Etwa in der zweiten Hälfte des 1. Jahrhunderts n.Chr. haben die Römer ihre Provinz Rätien bis zur Donau ausgebaut. Mehrere Truppeneinheiten wurden in Standorte zwischen Regensburg und Passau-Innstadt verlegt, um die neue, nach Osten gerückte Reichsgrenze *(limes)* zu sichern. Gleichzeitig entstanden zwischen diesen und dem Inland einige strategisch wichtige Fernverbindungen.

Handel vor allem mit den verschiedensten Töpferwaren

Unter diesen günstigen Bedingungen ließen sich gegen Ende des Jahrhunderts auf einer überschwemmungsfreien Fläche in der Pockinger Heide Händler und Handwerker nieder, die die naheliegenden Garnisonsorte und das Umland mit Importwaren und eigenen Erzeugnissen belieferten.

Ab Mitte des 2. bis Anfang des 3. Jahrhunderts n.Chr. scheinen die Geschäfte gut gelaufen zu sein. In dieser Periode hat die Siedlungsfläche etwa fünf bis sechs Hektar erreicht, und die Händler machten die größten Umsätze. In den Holzläden, die sich an der Straße reihten, wurde in erster Linie mit Keramik verschiedenster Machart und Qualität gehandelt: feines Terra-sigillata-Geschirr aus Gallien, Obergermanien oder Oberbayern, schwarze Spruch- und dünnwandige Faltenbecher aus dem Rheinland, Küchenschüsseln aus Augsburg/Schwabmünchen, aber auch gewöhnliche, zumeist grau- bis orangetonige Haushaltsgefäße, die aus eigenen Töpfereien stammten. Angeboten wurden auch Glasgefäße, Bronze- und Silberschmuck, Eisenwerkzeuge sowie Amphoren aus dem Mittelmeerraum.

Um das Jahr 240 scheint der Ort in ernste Schwierigkeiten geraten zu sein, denn aus der Zeit, in der das germanische Volk der Alamannen mehrmals die römischen Provinzen nördlich der Alpen überfiel, sind auch von hier kräftige Brandschäden zu melden. Ob dies das Ende der Niederlassung bedeutete, blieb lange Zeit aufgrund fehlender Untersuchungen offen.

Das Areal wurde nach und nach überbaut, die archäologische Substanz des Bodendenkmals wurde beschädigt. Erst 1990, nach der Errichtung der Passauer Kreisarchäologie, konnte die Römersiedlung von Pocking gezielt archäologisch erforscht werden. Mehrere Grabungskampagnen in

den letzten freien Flächen südlich und einige Sondierungen im gegenwärtig vollständig überbauten Nordteil der Indlinger Straße wurden organisiert. In den letzten Jahren konnten wir viele neue Erkenntnisse zur hiesigen Geschichte gewinnen. Auf einer Fläche von ca. 4000 qm wurden zahlreiche Bauspuren (Keller-, Bau- und Abfallgruben, Brunnen und Brennöfen) entdeckt und untersucht, aus denen große Mengen an Fundmaterial zutage kamen: tausende Keramik- und Glasscherben, 160 Münzen, etliche Bronze-, Bein- und Silberschmuckstücke, viele Eisenwerkzeuge sowie große Mengen Baumaterial.

Langgestreckte Holzhäuser

Wir wissen nun, daß sich die ersten römischen Siedler von Pocking (der Name der Ortschaft ist uns noch unbekannt) etwa in den siebziger Jahren des 1. Jahrhunderts n.Chr. hierzulande niedergelassen haben. Sie wohnten in lang-rechteckigen Holzhäusern, deren schmale Frontseite mit einem kleinen Vordach direkt an der O-W verlaufenden Straße stand. Diese in Pfostenbauweise mit Lehmverputz und z.T. mit gebrannten Dachziegeln oder Stroh überdachten Konstruktionen, die auch einen Keller besaßen, waren um diese Zeit nördlich der Alpen weitverbreitet. Wie viele davon in der einstmals 5 bis 6 Hektar großen Siedlungsfläche gestanden haben,

Römischer Spiralring. Die Enden des aus Silberdraht erzeugten Schmuckstücks wurden als Menschenköpfe ausgearbeitet.

werden wir wohl nie mehr erfahren können. Allenfalls zwei bis drei Dutzend dürften es gewesen sein.

Mehr war über die Beschäftigung der Bewohner zu ermitteln. Viele waren Töpfer, wie dies die fünf Töpferöfen, die bei unseren Grabungen entdeckt wurden, belegen. Aus dem Lehm, den man in der Nähe der Rott abgebaut hat, wurden auf hölzernen Töpferscheiben verschiedenartige Behälter, Schüsseln, Becher, Krüge usw. geformt und in kleinen, runden oder ovalen, in den Boden eingetieften Brennöfen mit halbrunden Kuppeln gebrannt. In deren Nachbarschaft wurden aber auch tönerne Öllämpchen, Beschläge und Fibeln (Gewandspangen) aus Bronze, Eisenwerkzeuge, Glasgefäße und Dachziegel erzeugt. Mit diesen und vielen anderen, z.T. wahren Luxusgegenständen aus dem Import versuchte man, den Kunden auf der Straße das Geld aus der Tasche zu locken. Dies scheint auch eine gewisse Zeit geglückt zu sein, denn bis jetzt konnten über neunzig mittelkaiserzeitliche Geldstücke aus Silber, Kupfer oder Messing gefunden werden.

Die stabile Lage war jedoch nicht von Dauer. Ab dem vierten Jahrzehnt des 3. Jahrhunderts wurden die politischen und wirtschaftlichen Verhältnisse im krisengeschüttelten Römerreich zunehmend brüchiger und chaotischer. Die Alamannen fielen immer wieder in die Gebiete südlich der Donau ein und legten viele Orte in Schutt und Asche. Ob der eine oder der andere Brand bei Angriffen dieses Volkes entstanden ist, ließ sich bis jetzt archäologisch nicht belegen. Sicher ist aber, daß auch unsere kleine Ortschaft unter der neuen Entwicklung zu leiden begann. Die Verkäufe gingen zurück, Handwerk und Handel waren an der unsicher gewordenen Straße immer weniger gefragt. Ein Teil der Bewohner hat aber bis zum bitteren Ende durchgehalten. Nur so kann man sich erklären, daß in den fünfziger Jahren des 3. Jahrhunderts noch frisch geprägte Geldstücke verlorengingen. Der Fall der obergermanisch-rätischen Reichsgrenze (259/260 n.Chr.) hat wohl auch das Ende der Pockinger Siedlung gebracht.

Heimatmuseum Pocking

Eine Zeitlang schien in Rätien alles verloren, bis Kaiser Diokletian und seine Mitregenten eine grundlegende Reform des römischen Staates durchführten. Eine der

Römischer Töpferofen aus dem 2. bis 3. Jahrhundert.

wichtigsten Entdeckungen der letzten Jahre brachte den überraschenden Nachweis, daß unser Platz auch in dieser neuen Epoche besiedelt war. Es handelt sich um 83 Münzen aus der Zeit von 316 bis 379 n.Chr. sowie einige spätrömische Gegenstände. Der Grund der neuen römischen Anwesenheit ist für uns noch nicht erklärbar. Die vielen Münzen und einige Funde deuten auf eine militärische Präsenz hin. Die verstärkte Bewachung der Straßentrassen im Passauer Hinterland und eines möglichen Innübergangs war in diesen unruhigen Zeiten gar nicht so abwegig.

Ende des 4./Anfang des 5. Jahrhunderts kam das endgültige Aus der römischen Staatlichkeit in diesem Gebiet. Nur einige Donauorte wie Passau oder Künzing sowie vereinzelte Menschengruppen auf dem Lande sind anhand von Funden nachweisbar. An das Leben in der römischen Siedlung von Pocking haben nur noch Trümmer erinnert, als die germanischen Stämme das freie Land einnahmen. Im 5./6. Jahrhundert hat eine kleine bajuwarische Familie im Bereich des ehemaligen Römerdorfes gesiedelt und ihre Toten dort begraben. Drei Männer und eine Frau konnten 1992 freigelegt und dokumentiert werden. Sie sind die ersten Spuren des jetzigen Pocking.

Die Früchte der Ausgrabungen und der archäologischen Forschung an der Indlinger Straße sollen vor allem dem heutigen Ort zugute kommen. Eine enge Zusammenarbeit zwischen der Kreisarchäologie Passau und der Stadt Pocking wurde angestrebt. Ziel dieses gemeinsamen Wirkens ist eine ständige Ausstellung in einem zukünftigen Heimatmuseum.

Rückzug der Bayern und Franzosen durch Neumarkt am 24 April 1809 nach den
2 Brigade General v. Beckers, welchem ein Pferd unterm Leibe erschossen wurde, 3 Bri
an eine Kanone spante, welche die Kanoniere selbst zogen, indem die Pferde erscl
6 Oberstlieutenant B. v. Tänzl, 7 Oberst Gr. Taxis, 8 Oberlieutenant Bieber
Soldaten und 110 wurden vermißt dagegen verlor Oesterreich von seinen 3000

Das Rottal in Mittelalter und Neuzeit

Kriege waren die einschneidendsten Ereignisse im Gleichmaß des bäuerlichen Lebens im Rottal. Das Bild folgt einer minutiösen Beschreibung der Schlacht von Neumarkt an der Rott am 24. April 1809 zwischen der französisch-bayerischen Armee Kaiser Napoleons und den Österreichern. Die weiß-grün gekleideten Österreicher zwangen die blau-rot uniformierten Bayern zum Rückzug auf den Ortskern von Neumarkt, wobei die einzige Brücke über die Rott zum Nadelöhr wurde. Mehr als 1500 Soldaten auf beiden Seiten haben den Sonnenuntergang nicht mehr erlebt und ruhen in 25 Massengräbern rund um den Ort.

Abst, wobei sich durch Heldenmuth auszeichneten: 1 Generallieutenant Fürst Wrede, al Gr. Minuzi, 4 Hauptman Gr. Berchem, welcher zwei Pferde aus einem Wagen, indliche Reiter dieselbe zu erbeuten suchten, 5 Major Gedoun, schwer verwundet, tarben hier den Heldentod. Bayern verlor von seinen 10.000 Mann 37 Offiziere, rken Heere 25 Offiziere 781 Soldaten. 6 Offiziere und 300 Soldaten wurden gefangen.

Über sechs Jahrhunderte lang herrschten die Wittelsbacher Herzöge über Bayern und damit auch das Rottal. Im Bild Albrecht IV. (1465–1508).

Die Betrachtung der politischen Entwicklung dieser Region, der das Heimatbuch gewidmet ist, kann sich nicht auf den Landkreis Rottal-Inn beschränken. Die Gebietsreform von 1972 hat ein künstliches Gebilde geschaffen, unmotivierte Grenzen gezogen. Wir Rottaler bedauern es, daß damals die ethnographische und geographische Zusammengehörigkeit unserer Heimat unberücksichtigt blieb.

Wir müssen das Rottal als eine von der Natur, vom Menschenschlag und von der Geschichte her gegebene Einheit ins Auge fassen. „Rottal" bezeichnet demnach keineswegs nur das schmale Tal des Flüßchens. Rottal ist eine inoffizielle Bezeichnung ohne gezogene Grenzen und greift weit hinein in das umliegende Hügelland, nach Westen bis ins Oberbayerische, und nimmt das anliegende Gebiet des Landkreises Passau hinzu.

Dieser Abschnitt setzt ein, als nach dem Abzug der römischen Besatzungsmacht im 5. Jahrhundert nach der Zeitenwende eine neue Epoche unserer Heimatgeschichte anbrach.

Die Agilolfingerzeit

Die Geschichtsschreibung stimmt in der Ansicht überein, daß damals unser Bereich weitgehend entvölkert war. Man kann von einer „losen Provinz", sogar von einem „Niemandsland" lesen. Im wesentlichen nur dort, wo die Römer ihre befestigten Plätze an den großen Flüssen wie Donau und Inn errichtet hatten, lebten mit einer Restbevölkerung „romanisierte Germanen". Die damals schon kultivierten Gebiete nennt man „Altsiedelland".

Zur Erhellung des sich anschließenden Besiedlungsablaufs können in jener an schriftlichen Überlieferungen armen Zeit mit aller Vorsicht die Ortsnamen herangezogen werden. Man glaubt eine zeitliche Ordnung in der Weise vornehmen zu können, daß nach den „-ing-Orten" die mit „bach" und unmittelbar die mit „-ham" kommen. Betrachtet man unsere Ortsnamen den Flußtälern entlang in westlicher Richtung, fällt auf, daß im Inntal den „-ing-Orten" (Malching, Ering) die mit „-bach" (Simbach) und die späteren mit „-dorf" (Kirchdorf) folgen. Ebenso im Rottal, nach Pocking, Birnbach, Brombach. Deutlich tritt dies im Kollbachtal zutage, an Roßbach schließen sich viele „-dorf-Orte" an, von Grafendorf bis Malgersdorf und darüber hinaus. Wir schließen daraus: Die

Besiedlung unseres Gebietes könnte von Osten her erfolgt sein.

Zum Zeitpunkt der bajuwarischen Stammesbildung kristallisierten sich die Ansätze herrschaftsbildender Kräfte aus. In erster Linie ist der Herzog, der Landesherr zu nennen, vertreten zunächst durch das Geschlecht der Agilolfinger, welches mit der Absetzung Tassilos III. im Jahr 788 endete. Der Herzog erhob Anspruch auf das ganze Land, insbesondere auf das schon bevölkerte Altsiedelland. Er schuf zudem weitere ertragreiche Gebiete durch Rodung und faßte alles in Fiskalland zusammen. „Fiskal-" kommt von lat. *fiscus,* die Kasse, und bedeutet Eigenbesitz, Krongut. In unserem Gebiet finden sich bald ausgedehnte Fiskalbereiche zum Altsiedelland hinzu: um Niederschärding-Mittich-Rot-

Teil des Reiches der unmittelbare Einfluß zu erkennen ist. Die Agilolfinger und Karolinger residierten und regierten nicht irgendwo weit entfernt, sondern hatten hier überall ihre Hand im Spiel.

Die Christianisierung

Insbesondere schenkten sie der Kirche reichlich zugunsten der Verwirklichung des „Reichskirchensystems", das bald zum Tragen kam: die Verbindung von Glaubenseifer und Reichsgedanke im Sinn christlicher Vollkommenheit. Ortsnamen wie Königsbach könnten auf diese Einflußnahme zurückgehen, ebenso die Königswiese bei Pocking. Auffallend auch die Ortsbezeichnung Sachsenham: Für die Baiern waren die Franken die „Sachsen". Im 7. und 8. Jahrhundert ist dann der

Die ersten Christen kamen schon mit römischen Soldaten. Die Christianisierung des Stammes der Baiern zog sich bis ins 8. Jahrhundert hin.

tau, am Sulzbach, an der Wolfach, bei Karpfham, bei Julbach, aber wohl auch um Gern, um Massing, Gangkofen und um Neumarkt, oder auch an der Kollbach bei Arnstorf und Mariakirchen. Ein früher Fiskalbereich läßt sich auch am Gollerbach mit seiner Goldwäscherei erkennen. Der Ort Fraunleiten ist ein Hinweis: Ursprünglich „Fronleiten" geschrieben, weist er auf einen alten Fronhofverband hin wie Fraunhofen oder Fraundorf.

Nach dem Sturz Tassilos 788 trat die Königsmacht der Karolinger die Nachfolge an, und es ist immer wieder bemerkenswert, daß auch in unserem abgelegenen

Beitrag, den die Christianisierung zum Erblühen unseres Landes geleistet hat, nicht hoch genug einzuschätzen.

Nach Einrichtung der vier baierischen Bistümer im Jahr 739, die sich nach den vier Teilherzogtümern zu richten hatten, zeichnet sich die Entstehung pfarrlicher Zentren ab. Überall, wo diese „Urpfarreien" sich formierten, dürfen wir auch Siedlungen annehmen. Es seien einige aufgezählt: Ering, Birnbach, Zeilarn, Unterdietfurt. Dazu kommen die im Salzburger Indiculus Arnonis um 790 genannten *ecclesiae parochiales* mit der zuoberst im Rottal genannten „Kirche", in der wir wohl Michaelhölzel bei Schönberg sehen dürfen. Bemerkenswert auch, daß die spätere Herrschaftspfarrei Gern damals zufällig zum Eckpunkt zwischen drei Bistümern geworden ist. Sie gehörte 1816 noch zum Erzbistum Salzburg, während mit Eggenfelden das Bistum Regensburg seine südlichste Ausdehnung erreicht und Unterdietfurt zum Bistum Passau zählt. Manche dieser frühesten Siedlungen nannten sich nach den Tauf- und Pfarrkirchen; in einigen wie in Johanniskirchen oder Mariakirchen tritt uns der Schutzpatron der Kirchen entgegen.

Als Mittelpunkte intensiver Kultivierung des Landes entstanden auch einige klösterliche Niederlassungen, so um 721–737 das Nonnenkloster Kirchbach-Rotthalmünster, um 770 Postmünster wohl als Stiftung jenes mehrmals genannten begüterten Grundherrn Poso und vermutlich als agilolfingische Gründung das Urkloster Rimbach, vielleicht als Zelle, als ein zentrales Wirtschaftsgut. Sie alle waren nicht hinreichend mit Besitz ausgestattet und überlebten deshalb die Ungarnzeit nicht.

Besondere Beachtung verdient das Urkloster Schönau. Es wurde nach 788 mit Zustimmung Karls des Großen eingerichtet mit einem großen umliegenden Eigenland, der *marchia* (= Mark) *sconinova,* die die stattliche Fläche von 120 Quadratkilometern umfaßte. Als ausgesprochenes

Karl der Große (768–814) setzte 788 den Baiernherzog Tassilo III. ab und brachte Baiern in seine Gewalt.

Über die Hochstifte regierten seit 739 die Bischöfe als weltliche Herren. Den größten Teil unseres Bereichs konnte sich das Hochstift Passau sichern. Das Bild zeigt die älteste Darstellung der Stadt von Hanns Egkel (1470).

Rodungskloster war es außer dem täglichen Gebet von allen Abgaben befreit.

Nur ein Kloster wirkte vor der Jahrtausendwende ins Rottal herein: das 748 errichtete Kloster Mondsee. Es verfügte über ausgedehnte Besitzungen vor allem in unserem nördlichen Bereich, aber auch um Roßbach und Martinskirchen. Die weit entfernten Güter waren jedoch schwer zu verwalten. Als es zur Zeit der Glaubensspaltung im Mondseer Konvent zu internen Schwierigkeiten kam, mußten sie abgestoßen werden. So gelangte im Jahr 1602 auch das Heilig-Geist-Spital zu Eggenfelden in den Besitz des Ortes Ganakker mit all den dortigen Mondseer Gütern.

Das Emporkommen des Adels

Neben Herzog-König und den genannten kirchlichen Institutionen machte sich bald der Adel als ein weiterer Machtfaktor bemerkbar. Als es unter den Nachfolgern Karls des Großen zu Schwierigkeiten im Königshaus kam, war auch in unserem Bereich ein Zurückweichen und Schwinden der königlichen Macht im 9. Jahrhundert zu verzeichnen. Das begünstigte das Emporkommen des Adels.

Neben dem Grundbesitz kam ihm zugute, daß man wegen der Übernahme von Verwaltungsaufgaben, Richterämtern und Leistung von Kriegsdienst auf ihn angewiesen war. Bald konnten die Adeligen ihre Stellung ausbauen, nannten sich *nobiles*

und *domini,* „Vornehme" und „Herren", und galten bei besonders herausragender Stellung sogar als „Herzogsfreie". Diese mächtigen Geschlechter sind in unserem Bereich nur schwer nachzuweisen. Doch glaubt man in später noch bestehenden Herrschaftsbereichen deren Relikte zu erkennen, so in Gangkofen, Massing, Gern, Arnstorf, Mariakirchen, Baumgarten oder auch in Julbach und Ering.

Die Hochstifte

Seit dem 8. Jahrhundert drangen vor allem die Hochstifte grundherrschaftlich ein. Sie konkurrierten mit den weltlichen Herren und übertrafen sie bald im Besitz an Grund und Boden. Über die Hochstifte regierten seit Gründung der Bistümer im Jahr 739 die Bischöfe als weltliche Herren. Es ist erstaunlich, zu welchem Besitz sie durch Schenkungen, zu denen Herzöge und Könige aufgefordert waren, in kurzer Zeit gelangten. Die Kirchen sollten einen erheblichen Teil aus Herzogsbesitz erhalten, um als wichtige Stützen des Staates in das Reichskirchensystem einbezogen zu werden. Die Einheit von weltlicher Macht und christlichem Glauben galt als ein Leitbild der Zeit. Der gebildete hohe Klerus wurde für die Regierungsgeschäfte benötigt. Mit Zustimmung der Herrscher übergaben auch die Adeligen Besitz, und ins Gewicht fielen zudem als typische Zeiterscheinung die sogenannten Selbstschenkungen: Um Schutz und soziale Absicherung zu erlangen, unterwarfen sich viele Personen freiwillig und schenkten ihren Grundbesitz, nicht ohne sich Zugeständnisse wie lebenslängliche Nutzung zu sichern.

Ein ausgedehntes Gebiet um Schönau war bald im Besitz des Hochstifts Regensburg. Den weitaus größten Teil unseres Bereichs aber konnte sich das Hochstift Passau sichern. Es kam zu Besitzungen im mittleren Rottal um Pfarrkirchen, Postmünster, Degernbach, Birnbach, außerdem am Inn um Prienbach, Ering, aber auch am Grasenseebach und im Kollbachtal. Passauer Wirtschaftmittelpunkte entstanden in Minihof, Rabensham und Postmünster. Der Besitz des Hochstifts Salzburg hingegen war nur gering und lag um Hirschhorn und „Kagara", vermutlich auch um Dietfurt und Atzing. Sogar das Hochstift Freising hatte einen kleinen Besitz,

nämlich um Malching. Ab 1011 kam auch noch das Hochstift Bamberg mit Gütern bei Ering hinzu.

Überliefert ist, daß sich schon Herzog Tassilo als Stifter betätigte; er schenkte Gebiete um Birnbach, Tutting und Machendorf dem Hochstift Passau. Dieses wurde etwas später am Inn zurückgedrängt, konnte aber seine Besitzungen an Kollbach und Sulzbach mehren, wo das Hochstift Regensburg an Einfluß verlor.

Die Zeit des 7. und 8. Jahrhunderts kennzeichnet eine große Aktivität des Landausbaues und der Urbarmachung. Von den Hochstiften, vor allem von Passau, gingen erhebliche Impulse zur Rodung und Kultivierung unseres Landes aus. Darauf sind vermutlich vor allem die „-ham-Orte" vorwiegend in Hügel- und Waldlagen zurückzuführen. Das Rottal trägt seitdem die Merkmale eines Rodungslandes. Machtpolitisch aber war es damals in das

Spannungsfeld von Herzog-König, Adel und Hochstiften geraten. Damit kam eine über das hohe Mittelalter sich in wechselvollen Abschnitten hinziehende Dynamik in Fluß. Sie ging erst nach 1180, zu Beginn der wittelsbachischen Epoche, in eine relative Beständigkeit über.

Rückschlag in der Ungarnzeit

Der verheißungsvolle Beginn einer siedlungsgerechten Erschließung des Rottals wurde im 10. Jahrhundert durch die Einfälle der Ungarn jäh unterbrochen. Nach der verlorenen Schlacht bei Preßburg 907 lag das Land offen; Gehöfte, Kleinsiedlungen und „Urklöster" sanken in Schutt und Asche. Im Sommer 909 und nochmals im Jahr 911 hatte sich Herzog Arnulf mit seinen Baiern im unteren Rottal den Ungarn gestellt und ihnen Niederlagen versetzt. Ein Friedensschluß für etliche Jahre bot die Gelegenheit, auf Geheiß des Herzogs die wenigen Kleinburgen im Land auszubauen und in den Wäldern befestigte Erdwerke aufzuwerfen, hinter die man Vieh und fahrendes Gerät bergen konnte.

Die Ungarneinfälle bedeuteten den schwersten kulturgeschichtlichen Rückschlag. Mit der siegreichen Schlacht auf dem Lechfeld 955 war die Gefahr für immer gebannt (Gemälde von Michael Echter von 1860).

Nahezu ein Dutzend dieser „ungarnzeitlichen Refugien" hat sich in unserem Bereich erhalten. Zusammen mit den älteren, „ebenerdigen Ansitzen" zeugen sie davon, daß hierzulande die Bevölkerung vor der Jahrtausendwende erheblich angewachsen war.

Als nach der Schlacht auf dem Lechfeld 955 die Ungarngefahr gebannt und das Land befriedet war, ging man erneut daran, mit Axt und Feuer den Talgründen und Höhenzügen fruchtbaren Boden abzuringen. Träger des Siedelwerks waren in verstärktem Maß der Adel und die Kirche, deren Wirtschaftszellen sich weit in das Hügelland vorschoben. Diese zweite mittelalterliche „innere Kolonisation" und Besiedlung erfaßte das Land bis in seine äußersten Winkel. Darauf gehen die zahlreichen Einzelgehöfte zurück; unser Bereich mit seiner ausgesprochenen Streusiedlung nahm den bis heute bestehenden Wesenszug an; der Altlandkreis Pfarrkirchen gilt als das an Einöden reichste Gebiet des deutschsprachigen Raumes überhaupt.

Adel und Ministerialen

Die zahlreichen Bauerngüter sahen sich von Beginn an in das mittelalterliche Sozial- und Wirtschaftssystem der Grundherrschaft eingebunden. Sie waren einem adeligen Herren oder einem kirchlichen Stift grunduntertan. Die Grundherrschaft bot, zumindest im Idealfall, Schutz und soziale Absicherung. Aus diesem Grund erfolgten erneut zahlreiche Selbstschenkungen.

Um die Jahrtausendwende, als sich immer mehr die Auseinandersetzungen im anschwellenden Investiturstreit bemerkbar machten, kam das Reichskirchensystem und im Gefolge die Vorrangstellung der Hochstifte ins Schwanken. Auch der Einfluß der königlichen Macht nahm ab; zudem waren in Baiern unfähige und schwache Herzöge eingesetzt. Den Nutzen und Vorteil daraus zogen die Adelsgeschlechter. Es gelang ihnen, Einfluß und Besitz zu mehren, als herrschaftsbildende Kräfte in den Vordergrund zu treten. In unserer Region waren es Geschlechter, die benachbart in Randlagen Herrschaftsbereiche aufzubauen vermochten und von dort aus in das Gebiet eindrangen. Lediglich im unteren Bereich des Rottals bildete sich ein großer Güterkomplex in Händen von Adelsfamilien, die sich nach ihren dortigen Burgen in Vornbach, Hals, Cham, Neuburg benannten.

Das ehemalige Fiskalland und die meisten hochstiftischen Güter im Rottal wurden bald vom Adel beherrscht. Die rasche Expansion gelang den Adelsgeschlechtern vor allem durch die Wahrnehmung von

Den Adelsgeschlechtern gelang die rasche Expansion. Das Rottal wurde zu einem Land der Herrensitze. Der Holzschnitt zeigt die Ablieferung des Zehnten durch einen Bauern.

Vogteirechten, größtenteils sicher mißbräuchlich. „Vogt" kommt von lateinisch *advocatus,* der Angerufene, im übertragenen Sinn der Schutzherr. Die Vögte als Schirmherren mußten Aufgaben übernehmen, deren Wahrnehmung den kirchlichen Institutionen vom Kirchengesetz her damals noch nicht gestattet war. Das betraf vor allem Kriegsdienst und Gerichts-

barkeit. Vögte konnten nur Adelige sein, die für gewöhnlich das Privileg auf geistliche und weltliche Ämter innehatten. Daneben war es den Adelsfamilien möglich, sich Lehen zu erzwingen; diese wiederum wurden bald zu ihrem freien, zu „allodialem" Besitz. Dazu kam die vom Adel vorangetriebene breitflächige Kultivierung des Landes. Die vielen Rodungsnamen auf „-reut", „-gschwend", „-ed" und auch auf „-kag" gehen darauf zurück. Die zunehmende Gewichtung des Adels gründete sich auch darauf, daß ihm weiterhin Verwaltungsämter und Richterfunktionen übertragen waren.

Zu einer wichtigen Stütze der gehobenen Adelsfamilien wurde die große Gruppe des untergebenen Adels. Seiner hatten seit längerer Zeit insbesondere die kirchlichen Einrichtungen im Aufgabenbereich der Hochstifte bedurft. Die Funktion bestand in Verwaltungsdiensten und Heerfolge; der untergebene Adel, die Gruppe dieser „ritterlichen Dienstleute", trägt die Bezeichnung „Ministerialen".

Land der Herrensitze

Auch unser Land prägten nun die *nobiles* und *domini* zusammen mit ihren Gefolgsleuten, den „Ministerialen". In Tälern von Wasser umgeben und auf Höhenrücken, geschützt von Wall und Graben, wuchsen ihre wehrhaften Burgen empor. Das Rottal wurde zu einem Land der Herrensitze. Bald konnte man deren im gesamten „Unterland Baiern" an die achthundert zählen; im Tal der Rott lagen allein dreizehn Burgen und befestigte adelige Sitze.

Im unteren Rottal waren zunächst die Halser, Chamer und Vornbacher Grafen einflußreich. Im mittleren Rottal begegnen wir den Sulzbach-Rosenbergern, die 1120 ihr *praedium etinvelt,* das Gut Eggenfelden, dem Kloster Baumburg am Chiemsee schenkten. Im oberen Rottal nannten die Leonberger, ebenfalls aus der Oberpfalz stammend, einen ausgedehnten Güterkomplex ihr eigen.

Im 12. Jahrhundert drängten die Grafen von Ortenburg-Kraiburg in unser Gebiet herein, um bald im Rottal die mächtigsten

Seit 1188 herrschten die Wittelsbacher Herzöge auch über das Rottal. Im Bild Herzog Georg der Reiche (1479–1503) von Bayern-Landshut, der auf der großen „Landshuter Hochzeit" Hedwig von Polen heiratete.

Grund- und Leibherren zu werden. Sie hatten bereits Besitz in der Pfalz, in Kärnten und sogar in Venetien. In erster Linie wohl durch Wahrnehmung von Vogteirechten dürften ihnen auch hier die Besitzungen zugefallen sein; jedenfalls finden wir sie bald überall auf passauischem Hochstiftsgebiet und Lehensgrund. Ihre Ministerialensitze lagen weit verstreut auf den Burgen Massing, Neudeck, Guteneck oder auch auf der ihnen 1230 zugefallenen Burg Griesbach. Selbst der Baumburger Besitz in Eggenfelden erscheint nach 1140 als Ortenburger Ministerialensitz.

Seit 1208 trugen die Ortenburger den Titel Pfalzgrafen im Rottal. 1231 teilten sie ihren um Ortenburg und im Rottal gelegenen Besitz. Dennoch waren sie zu einem Machtfaktor geworden, mit dem selbst die Wittelsbacher, seit 1180 Herzöge in Baiern, zunächst nicht zurechtkamen.

Wittelsbacher als Landesherren

Als die Wittelsbacher die Landesherren in Baiern geworden waren, trafen sie ein von vielen Herrschaftsbereichen durchlöchertes Gebiet an. Sie mußten sich mit einflußreichen Konkurrenten, mit kirchlichen Institutionen und Adelsgeschlechtern auseinandersetzen, die oftmals in einer Person Lehensherren, Lehensträger und Grundherren, die Adeligen zudem Klostervögte, waren. Größte Schwierigkeiten aber bereiteten ihnen die Ortenburger, die zuletzt noch ihre Reichsunmittelbarkeit nachzuweisen und deshalb auch in ihrer Grafschaft 1563 die Reformation durchzusetzen vermochten (s. S.42).

Bei allen Schwierigkeiten kam in diesen Jahrzehnten den Wittelsbachern eine merkwürdige Zeiterscheinung zu Hilfe. Nach der Umschichtung des Adels im hohen Mittelalter ist ein Erlöschen vieler und gerade der mächtigsten Adelsgeschlechter zu verzeichnen. In den Jahren 1100 bis 1300 sank deren Zahl von 100 auf sechs ab. Erloschen sind 1240 die Vornbacher, 1242 die Bogener und fast gleichzeitig auch die Leonberger mit ihren verwandten Familien. Vor allem aber waren es die Ortenburger, deren Rottaler Linie nach dem Tod Rapotos III. 1248 ausgestorben war. So ergab sich für die Wittelsbacher ab Mitte des 13. Jahrhunderts nach fast 100 Jahren des Wartens die Möglichkeit, das Rottal Zug um Zug ihrem zusammenwachsenden Territorium einzugliedern.

Der Fürstbischof muß nachgeben

Das Hochstift Passau versuchte zunächst, alle an die Ortenburger Grafen ausgegebenen Lehensgüter einzuziehen. Die Wittelsbacher erhoben jedoch energisch Anspruch auf sämtliche Ortenburger Güter im Rottal. Auch wußten sie dem Schwiegersohn Rapotos, Hartmann von Werdenberg, den Anspruch auf das Pfalzgrafenamt zu verwehren. Die Wittelsbacher boten enorme Geldsummen auf und übten Druck aus. Im Jahr 1259 kam es endlich zum ersten Kaufabschluß über die Güter vor allem im mittleren Rottal. Die heftigen Auseinandersetzungen mit Fürstbischof Otto von Lonsdorf von Passau, der nachgeben mußte, beendete der Friedensschluß von 1262. Die Wittelsbacher besaßen nun vorwiegend die Passauer hochstiftischen Lehensgüter im Rottal mit zahlreichen verstreuten Ministerialensitzen. 1260 erkauften sie von Konrad von Luppurch Burg und Herrschaft Gern. Im gleichen Jahr fielen ihnen die Burgen zu Griesbach und Massing zu. Wenige Jahre später, 1269, konnten sie den Johannishof samt Umkreis im späteren Neumarkt aus dem Ausstattungsgut des Klosters St. Veit erwerben, ehemals ein Leonberger-Lungauer Besitz.

Erst 1377 brachten die Wittelsbacher die Herrschaft Ering-Erneck von den Landgrafen von Leuchtenberg, dort die Rechtsnachfolger der Halser, in ihren Besitz; die Burg Erneck war schon 1330 zerstört worden und Teile dieser Herrschaft um Malching vordem an das Domkapitel Freising übergegangen. Desgleichen gelangten die Wittelsbacher in den Besitz von Burg und Herrschaft Julbach, bereits 1377 an sie verpfändet, im Jahr 1382 käuflich erworben aus dem Besitz der Schaunberger. Den einstmals dazugehörigen Ort Hartkirchen mit der Vogtei über Subener Klostergüter übernahmen sie nicht.

1385 wurden die Wittelsbacher auch Besitzer von Burg und Bereich Baumgarten, das sie nach einer Umbildung zur Hofmark ab 1417 an verschiedene Adelsfamilien zu Lehen ausgaben.

Zuletzt erwarben die Wittelsbacher 1385 bei Erbstreitigkeiten unter der Familie Dornberg-Leonberg den Markt und Herrschaftsbereich Gangkofen. Ein Jahr später, 1386, fiel ihnen auch noch Burg, Herrschaft und Markt Tann zu.

schen Handfeste" von 1311, als der Adel dem Herzog Otto III. (1290 bis 1312) Rechte, vor allem das Niedergericht, abtrotzen konnte.

Die Bildung der Hofmarken

Unter „Hofmark" versteht man den geographischen und juristischen Bereich im Besitz einer adeligen oder geistlichen Herrschaft, ausgestattet mit den Befugnissen des Niedergerichts. Man sieht heute in den Zugeständnissen von 1311 weniger ein Zeichen der Schwäche des Herzogs als einen klugen Schachzug. Zum einen war an der Existenz des Adels nicht zu rütteln; der Landesherr war auf dessen Richter- und Beamtentätigkeit und auf die Heerfolge angewiesen. Zum anderen war nun der Adel auf die Hofmarken zurückgedrängt.

chen und Eggenfelden, die im wesentlichen dem heutigen Landkreis Rottal-Inn entsprechen, allein 34 Hofmarken und 24 adelige Sitze.

Als Grundherren über ihre untergebenen Bauerngüter besaßen aber auch die Klöster Niedergerichtsbefugnisse. Außer dem Kloster Mondsee kamen seit der zweiten Gründungswelle altbairischer Klöster nach der Jahrtausendwende in unserem Bereich als klösterliche Niederlassungen Elsenbach seit 1121 mit seiner Übertragung nach Neumarkt 1171, das 1127 besiedelte Kloster Asbach und das wohl 1094 gegründete Kloster Vornbach, in kleinem Umfang das 1265 gegründete Augustiner-Eremiten-Priorat Seemannshausen und die 1278 eingerichtete Deutschordenskommende Gangkofen in Betracht. Dazu hatten viele auswärtige Konvente in unserem Gebiet Besitzungen, darunter das 1146 mit Zisterziensern besiedelte Kloster Aldersbach. Ihm waren allein 348 Bauerngüter untertan, von denen viele in dieser Gegend lagen. Dennoch ist bemerkenswert, daß diese geistlichen Grundherren keine geschlossenen Herrschaftsgebiete aufzubauen vermochten, obwohl St. Veit, Seemannshausen, Gangkofen, Asbach und Vornbach über eine Klosterhofmark verfügten.

Der wittelsbachische Beamtenstaat

Die Wittelsbacher Herzöge sahen sich bald veranlaßt, um ihr sich abrundendes Territorium effektiv zu verwalten, die entsprechenden Institutionen einzurichten. Sie taten dies mit der Schaffung des „wittelsbachischen Beamtenstaates" und der Gründung von geschlossenen Marktorten in dem bislang „siedlungsarmen Bauernland" mit seinen eingestreuten Niedergerichtssprengeln.

Die Wittelsbacher verdrängten zunächst Gaugrafen und einflußreiche Adelsgeschlechter mit ihren erblichen Gebiets- und Rechtsansprüchen. Sie schufen dafür Verwaltungseinheiten, die sie mit beamteten Personen besetzten, die jederzeit wieder entfernt werden konnten. Mit diesem klugen Schachzug schufen sie auch die Grundlagen zum modernen Beamtentum. Die etablierten Adelsgeschlechter drängten sie nach Möglichkeit auf die Ministerialität und auf ihre Hofmarken zurück.

Um den Einfluß des Adels auch anderweitig zu beschränken, versuchten die Wittelsbacher aus einleuchtenden Grün-

Der mittelalterliche Getreide- und Schüttkasten zu Neumarkt-St. Veit aus dem 15. Jahrhundert. Der herzogliche Kasten wurde vorbildlich restauriert und wird nun als Stadtbibliothek und Vortragsraum genutzt.

Die Machtverhältnisse hatten sich somit an der Schwelle zum späten Mittelalter vollkommen verändert. Die einst etablierten Grafengeschlechter waren ausgeschaltet, der Einfluß der Hochstifte weitgehend zurückgedrängt, die Wittelsbacher Herzöge die Herren im Rottal geworden. Es stand für sie nur noch eine „Flurbereinigung" an: Der Herzog mußte sich mit den eingesessenen, mehr oder weniger einflußreichen Adelsgeschlechtern arrangieren. Das gelang den Wittelsbachern mittels Bildung der Hofmarken. Diese hatten ihre Rechtsgrundlage in der „Ottoni-

Auch in unserem Gebiet entstanden viele Hofmarken, die selbst im 18. Jahrhundert noch gebildet wurden. Neben den Hofmarken entstanden auch die „adeligen Sitze", bei denen die Gerichtsbarkeit nur bis „zur Dachtraufe" reichte, also kein Gebiet mit einschloß.

Niedergerichtsbefugnisse besaßen auch fast alle unsere Marktkommunen, vielfach schon seit ihrer Gründung. Es kamen demnach als Niedergerichtssprengel die Hofmarken, adeligen Sitze und Kommunen in Frage. Sie häuften sich gerade in unserem Gebiet. So lagen in den Gerichten Pfarrkir-

den, die Vogteirechte an sich zu ziehen. Als eines von vielen Beispielen sei Asbach genannt, über das 1366 die Herzöge selbst die Schirmvogtei übernahmen.

In unserem Gebiet schufen die Wittelsbacher nach 1259 als Verwaltungsmittelpunkt mit Sitz in Pfarrkirchen das umfassende „Gericht an der Rott". Pfarrkirchen kam in dieser Zeit eine weitere Vorrangstellung zu. Als Mittelbehörde, vergleichbar den heutigen Regierungsbezirken, richteten sie hier ein Viztumamt ein, dem ab 1260 weitere 15 bairische Landgerichte unterstellt waren; um das Jahr 1392 wurde das Viztumamt nach Burghausen verlegt und 1506 in Rentamt umgetauft.

Das „Gericht an der Rott" erwies sich als Verwaltungseinheit bald als zu groß; im Jahr 1440 mußte es in die beiden Landgerichte Eggenfelden und Pfarrkirchen aufgeteilt werden, den Vorläufern unserer Bezirks- und Landratsämter. Die Landgerichte trugen auch die Bezeichnung Pfleggerichte oder nur Pflegen. Im Jahre 1599 wurde das Landgericht Eggenfelden zu einer Pflege „erhoben". In beiden Gerichten war für die Finanzverwaltung der Abgaben aus den herzoglichen Gütern je ein Kastenamt eingerichtet.

Weitere Pfleg- oder Landgerichte entstanden auf der 1260 erworbenen Burg Griesbach für einen Bereich, der außer den Gebieten um Safferstetten und dem passauischen Aigen am Inn das spätere Landratsamt umfaßte. Bald nach 1269 wurde im oberen Rottal auch das Gericht Neumarkt mit einem Kastenamt gebildet.

Desgleichen wurde nach 1260 ein allerdings sehr kleines Pfleggericht in Massing eingerichtet, das bald zu einem Amt absank und das dem nach 1385 entstandenen Pfleggericht Gangkofen einverleibt werden mußte. Auch dieses erwies sich als nicht lebensfähig, weshalb man es zwischen 1585 und 1590 dem Landgericht Vilsbiburg unterstellte.

Am Inn veranlaßte der Erwerb von Burg und Herrschaft Julbach 1382 ebenfalls die Errichtung eines Pfleggerichts mit Kastenamt. Nach der Zerstörung der Burg 1504 verlegte man den Amtssitz nach Braunau und nach der Abtrennung des Innviertels 1779 nach Simbach am Inn. Nur kurze Zeit existierte das andere nahe gelegene Pfleggericht; nach 1377 wurde es in Ering-Erneck gegründet, ab 1508 als Hofmark konstituiert, nachdem die Grafen von Baumgarten den Bereich erworben hat-

Markt im Mittelalter: Auf dem Bild prüft der Amtskammerer (Bürgermeister) die Ware der Tuchweber. Auf dem Mittelalterfest in Arnstorf stellen die Bürger von 1995 solche handwerklichen und zünftischen Vorgänge dar.

ten. Die abgezweigte Herrschaft Ering mit Hofmark gehörte bis 1779 zum baierischen Pfleggericht Braunau.

In dem hier behandelten Gebiet, das heute neben dem Großlandkreis Rottal-Inn noch Teile der Landratsämter Passau und Mühldorf einschließt, waren somit im Zug der wittelsbachischen Ämterorganisation sieben Landgerichte entstanden.

Die wittelsbachischen Märkte

Die zweite große Leistung der Wittelsbacher bestand darin, daß sie auch unser Gebiet mit geschlossenen Ortschaften als zentrale Marktorte bereicherten. Es gab damals nur einige Pfarrdörfer und die Hofmarken, während das Herzogtum 1180 nur vier Städte aufwies: Regensburg mit

dem römischen Gründungsdatum 179 n. Chr., schon zu Agilolfingerzeit Hauptstadt, das von Salzburg streitig gemachte Mühldorf, Kelheim, die erste Residenz der Wittelsbacher, und München, 1158 vom Baiernherzog Heinrich dem Löwen (1156 bis 1180) gegründet.

Nachdem die Wittelsbacher 1204 Landshut, 1224 Landau und 1218 das neue Straubing gegründet hatten, folgten im 13. Jahrhundert weitere Stadtgründungen, darunter Dingolfing, Neuötting und Braunau. Die stadtähnlichen Marktorte in unserem Bereich sind fast ausnahmslos auf die Wende zum 14. Jahrhundert zu datieren. Ihre Entstehung markiert vielfach die noch bekannte Marktrechtsverleihung, so für Pfarrkirchen 1317, Massing 1306,

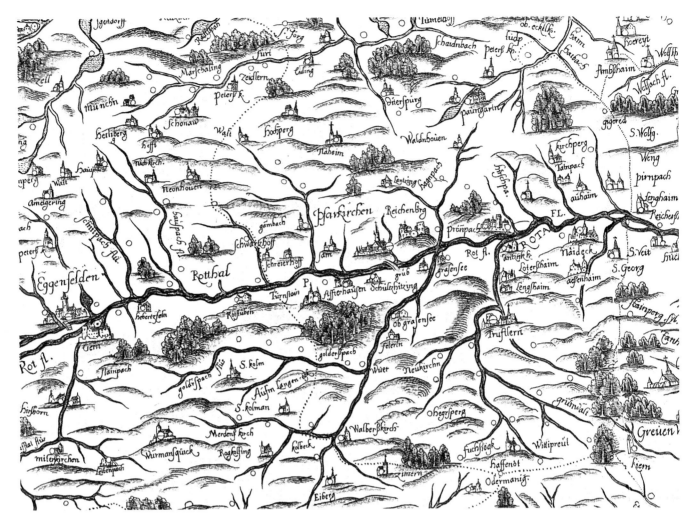

Ausschnitt aus den 24 „bairischen Landtafeln" des Philippus Apianus, um 1560 in Kupfer gestochen und verkleinert von Peter Weinerus.

Gangkofen 1386. In Eggenfelden dürfte sich ein einzeln erhaltener Rechtsartikel von 1328 darauf beziehen. Wurmannsquick erhielt 1356 die „Eggenfeldener Marktrechte" verliehen. Am Ende des 14. Jahrhunderts lagen in unserem Gebiet die folgenden elf Märkte, die wir aus historischer Sicht als „wittelsbachische Marktorte" charakterisieren: Pfarrkirchen, Eggenfelden, Neumarkt „im Rottal" (1934 in Neumarkt-St. Veit umbenannt), Gangkofen, Massing, Wurmannsquick, Arnstorf, Triftern, Tann, Rotthalmünster und Griesbach. Zu ihnen kam bald Kößlarn als „Wallfahrtsmarkt" bei der nach 1364 aufblühenden Marienwallfahrt. Vier Orte tragen nunmehr den Titel Stadt: Pfarrkirchen seit 1862, Eggenfelden seit 1902, Griesbach seit 1953 und Neumarkt-St. Veit seit 1956. Eine Sonderstellung nimmt Simbach am Inn ein. Der einstige unbedeutende Brükkenkopf von Braunau entwickelte sich seit der Eröffnung der Bahnlinie nach München 1870 und wurde 1950 zur Stadt erhoben.

Der wittelsbachische Beamten- und Behördenstaat hatte zu Beginn der Neuzeit die Gliederung und strukturelle Ausformung angenommen, die sich bis zur Wende zum 19. Jahrhundert im wesentlichen kaum verändert hat. Auch in unserem Bereich tritt ein typisches Erscheinungsbild zutage: Neben den alten Pfarrdörfern bestanden die Wirtschaftsmärkte und dazu die zahlreichen Niedergerichtssprengel, die Hofmarken und „Edelsitze". Im weiten Hügelland verteilten sich in Streulage die Einzelgehöfte, die Rodung und Kultivierung war nahezu abgeschlossen. Der letzte Landausbau erfolgte im Anschluß an die „Kulturmandate" Ende des 18. Jahrhunderts, wo noch viele Einzelgehöfte entstanden, auf die sich Ortsnamen mit „-holz", „-häusel" und „-gmein" beziehen. Die vor allem in den ersten Landvermessungen des frühen 19. Jahrhunderts erkennbare Flurverfassung des bäuerlichen Landes gibt Einblick in den Vorgang der Kultivierung, die sich viel länger als angenommen in Abschnitten hingezogen hat.

Erst mit den Vorgängen und Reformen des frühen 19. Jahrhunderts änderten sich die Verhältnisse auf kommunaler und übergeordneter Ebene erneut grundlegend. Die Pläne dazu hatte der allgewaltige Minister Maximilian Graf von Montgelas (1759 bis 1838, Minister 1799 bis 1817) ausgeklügelt. Er strebte eine einheitliche Verwaltung durch bürokratischen Zentralismus im Sinn der Aufklärung und nach französischem Vorbild an.

Die Reformen der Montgelas-Zeit

Die Maßnahmen leiteten die Säkularisation ein; 1803 wurden als erstes die geistlichen Grundherrschaften aufgehoben und alle Güter von kirchlichen Einrichtungen eingezogen. Das betraf bei uns 56 % aller Bauerngüter.

An die Beschneidung der Rechte des Adels wagte man sich vorerst nicht heran. Die adeligen Hofmarken wurden lediglich

1806 in Patrimonialgerichte umgetauft, I. Klasse mit streitiger und notarieller Gerichtsbarkeit, bei uns das zu Hellsberg und Gern, alle anderen der II. Klasse mit nur notariellen Befugnissen. Bemerkenswert ist die Anzahl der Patrimonialgerichte zu Beginn des 19. Jahrhunderts: im Landgericht Pfarrkirchen 13, im Landgericht Eggenfelden 18, im Landgericht Neumarkt 6. In diesen Patrimonialgerichten waren manchmal mehrere ältere Hofmarken und Sitze zusammengefaßt, beispielsweise Gern, Zwecksberg und Dietraching.

In den Reformen des frühen 19. Jahrhunderts wurden die alten Land- und Pfleggerichte kaum verändert; sie erhielten nur einheitlich den Titel Landgerichte. Gebietsmäßig jedoch wurden nun dem Landgericht Eggenfelden die Bereiche Massing und Gangkofen unterstellt, dem Landgericht Griesbach jene im südlichen unteren Rottal. Zum Landgericht Pfarrkirchen kamen die Gebiete Julbach und Ering-Erneck. Einschneidender waren Veränderungen im oberen Rottal. Nachdem das salzburgische Mühldorf 1803 endlich Baiern einverleibt werden konnte, löste man das Landgericht Neumarkt auf und vereinigte es mit Mühldorf. Aber der neue Sprengel Mühldorf erwies sich bald als zu groß, so daß das Landgericht Neumarkt 1838 wieder eingerichtet wurde. Ähnliches ereignete sich im gleichen Jahr im unteren Rottal. 1838 wurde von Griesbach Rotthalmünster mit Umland abgetrennt und zum Landgericht umgebildet.

Die Trennung von Justiz und Verwaltung

In einem langwierigen Prozeß kam es im frühen 19. Jahrhundert zur Bildung der Gemeinden. Vorformen waren einerseits die alten Obmannschaften, dann aber vor allem die „Steuergemeinden", die zunächst geschaffen wurden. Des weiteren mußten ab 1818 die Patrimonialgerichte zu eigenen Gemeinden gestaltet werden. Die Gemeindebildung mit der Einstufung in einfache Land-, „Rural"-gemeinden, und die gehobeneren magistratischen Gemeinden kam erst 1823 zum Abschluß. Am Ende des geschilderten Vorgangs bestanden beispielsweise im Landgericht Eggenfelden 55 politische Gemeinden.

Bis zum Jahr 1862 lag in der Zuständigkeit der Landgerichte neben Verwaltungsaufgaben immer noch die Wahrnehmung der hohen Gerichtsbarkeit stellvertretend für den Landesherrn. 1861/62 wurde die Trennung von Verwaltung und Justiz vorgenommen; man genügte einem Bedürfnis der Zeit, einer Forderung der Aufklärung. Das hatte zur Folge, daß nun aus einem zwei Ämter entstanden, aus den Landgerichten einerseits die Bezirksämter für die Verwaltung, andererseits für die Rechtspflege die Landgerichte; in größeren Bezirksämtern sollten zwei Landgerichte gebildet werden, die man 1879 in Amtsgericht umbenannte.

Als nach 1860 die Bahn ihren Triumphzug antrat, wurde das Rottal erst spät einbezogen. Statt der Dampfloks – hier bei einer Nostalgiefahrt in der Nähe von Hebertsfelden – verkehren jetzt die türkisblauen Triebwagen.

So entstanden nach 1862 in den Bezirksämtern Pfarrkirchen und Eggenfelden je zwei Landgerichte, dann Amtsgerichte, die zu Pfarrkirchen und Simbach am Inn und die zu Eggenfelden und Arnstorf. Um das Amtsgericht Arnstorf schaffen zu können, mußte eine schon lange anstehende Grenzveränderung vorgenommen werden: Es wurden Gemeinden aus den Bezirksämtern Pfarrkirchen und Landau zusätzlich dafür abgezweigt. Dadurch verschob sich endlich die mitten durch den Markt gezogene Grenze zwischen drei alten Landgerichten hinein ins nördliche Hügelland.

Die Bildung der Amtsgerichte, die weitere Gebietsveränderungen erforderte, die hier nicht alle einzeln aufgezählt werden können, hatte einschneidende strukturelle Veränderungen im oberen wie im unteren Rottal zur Folge. Aus dem alten Landgericht Rotthalmünster bildete man ein Amtsgericht, dessen Gebiet verwaltungsmäßig zum Bezirksamt Griesbach gelangte. Ebenso in Neumarkt: Aus dem erst

Aufruf zu einer NS-Veranstaltung 1934 in Pfarrkirchen.

Heimatliches.
Pfarrkirchen, den 5. Januar 1934.

Zum 6. Januar 1934.
Jungvolk - Braunhemd!

Heute ist das Braunhemd das Kleid der Nation geworden und viele legen es an. Wir verknüpfen aber mit ihm die unauslöschliche Erinnerung an den Geist aus den Tagen des Kampfes. — Verpflichtung und Mahnung ist es zugleich. — Wir, die Jugend, werden dafür sorgen, daß es das bleibt, was es war, werden allen denen Kampf ansagen, die ein Braunhemd in Eigennutz oder Dünkel tragen.

Nicht Rangabzeichen und Äußeres geben unserem Wollen und Schaffen Sinn, sondern die Haltung der Mannschaft. Wir tragen die Uniform mit Stolz, für uns ist sie das Kennzeichen dieser Haltung und Gesinnung. Jeder, der sie sieht, soll wissen: Wir sind Hitlerjugend — — Wir sind Jungvolk.

Programm:

10 Uhr Vormittag: Antreten in der Passauerstraße (vor der Gaißhütte.) Anschließend Marsch in die Kirche.
10.15 Uhr: Gottesdienst.
Nach Beendigung desselben gegen
11 Uhr: Marsch durch die Stadt.
12 Uhr: (pünktlich) treten die Jungvolkbuben der auswärtigen Standorte bei ihren Gastgebern zum Mittagessen an. Jeder Junge erhält hiefür einen Ausweis.
14.45 Uhr: (2.45 Uhr nachm.) Fähnlein=Appell im Gaißhütte=Saal.
17.30 Uhr: (5.30 Uhr nachm.) treten die Jungvolkbuben der auswärtigen Standorte pünktlich bei ihren Gastgebern zum Abendbrot an.
18.15 Uhr: (6.15 Uhr abends), Antreten des ganzen Fähnleins Pfarrkirchen am Adolf Hitler=Platz und anschließend Marsch zum Gründmeier=Saal.
19 Uhr: (7 Uhr abends) Beginn des

„Festlichen Abend"
im Gründmeier=Saal.

Fähnlein Pfarrkirchen: Der Fähnleinführer: Max Ott.

1838 neu gebildeten Landgericht entstand 1862 das Amtsgericht, aber das Gebiet um Neumarkt wurde erneut dem Bezirksamt Mühldorf verwaltungsmäßig unterstellt. Das hatte noch eine besondere Folge: Neumarkt war immer „niederbayerisch" gewesen mit Ausnahme der Jahre von 1803 bis 1838, ab 1862 wurde es endgültig „oberbayerisch".

Als gegen 1909 in Bayern da und dort eine Revision der Behörden vorgenommen wurde, kam es in Neumarkt und Arnstorf zu „separatistischen" Bestrebungen; man wollte wieder Sitz eines Bezirksamtes werden. Die Anstrengungen schlugen aber fehl. In dieser Zeit galt das Bezirksamt Eggenfelden mit seinen 69 Gemeinden als das größte im Regierungsbezirk Niederbayern; das Bezirksamt Pfarrkirchen umfaßte 40 Gemeinden.

Die staatlichen und kommunalen Einrichtungen erfuhren in der nachfolgenden Zeit zuerst nur Veränderungen durch Umbenennungen. Seit 1919 tragen die Rentämter, zwar aus den alten Gerichtsschreibereien hervorgegangen, aber nach den Kastenämtern die Finanzverwaltungen, die Bezeichnung Finanzämter. Zum Jahresbeginn 1938 erhielten die Bezirksämter den Titel Landratsamt. 1943 wurde die Aufhebung des Amtsgerichts Arnstorf verfügt; sie wurde aber ausgesetzt, weil der Amtsrichter zum Kriegsdienst eingezogen worden war. 1956 wurde es zur Zweigstelle des Amtsgerichts Eggenfelden umgebildet, 1959 aber endgültig aufgehoben. Die Amtsgerichte Rotthalmünster und Simbach am Inn wurden mit der Gebietsreform von 1972 aufgelöst.

Das Amtsgericht Neumarkt-St. Veit war im Zweiten Weltkrieg vorübergehend schon geschlossen gewesen, jedoch am 1. De-

zember 1947 als Vollgericht wieder eröffnet worden. Das Gesetz vom 1. Januar 1970 brachte aber seine endgültige Auflösung und die Übertragung zum Amtsgericht Mühldorf.

Die Gebietsreform von 1972

Die letzte tiefgreifende Veränderung brachte die Gebietsreform von 1971/1972. Die Staatsregierung gewährte Vergünstigungen und Zuschüsse, um die Gemeinden für die angestrebte einfachere Verwaltung zu gewinnen. Viele Gemeinden regelten nach ihren Vorstellungen die empfohlenen Maßnahmen. Als Beispiel sei die Gemeinde Bad Birnbach genannt, der sich am 1. Januar 1971 die Gemeinde Untertattenbach, am 1. Januar 1972 Teile der Gemeinde Kindlbach und am 1. Juli 1972 die Gemeinden Asenham und Hirschbach anschlossen; zuvor war schon die Gemeinde Brombach zu Hirschbach gekommen.

Die meisten gemeindlichen Veränderungen erfolgten bis zum 1. Januar 1972, nachdem die endgültige Bildung des Großlandkreises Rottal-Inn zum 1. Juli 1972 angeordnet war. Diesem brachte der Altlandkreis Pfarrkirchen 18 und Eggenfelden 23 schon zusammengelegte Gemeinden ein. Die Zahl der Gemeinden verkleinerte sich nochmals durch Zusammenlegungen. Nach den zuletzt veröffentlichten statistischen Zahlen umfaßt der Landkreis Rottal-Inn bei einer Fläche von 1281 qkm etwas über 114 000 Einwohner in 31 Großgemeinden; die Einwohnerdichte liegt bei 78/qkm gegenüber dem gesamtbayerischen Durchschnitt von 153/qkm. Seit 1972 amtieren nur noch in Eggenfelden ein Finanzamt und ein Amtsgericht. Vom aufgelösten Landratsamt Griesbach wurden 1972 alle Ämter nach Passau übertragen und mit den dortigen Verwaltungen vereint.

Die Gebietsreform von 1972 hat im wesentlichen wieder den Zustand von 1440 hergestellt. Es ist bedauerlich, daß damals nicht ein Großlandkreis „Rottal" geschaffen wurde, der diese gewachsene Kulturlandschaft zusammengefaßt hätte.

Bei der Gebietsreform von 1972 verlor Griesbach, seit 1260 Behördensitz, sämtliche Ämter. Jeder vierte Bewohner verlor damals seinen Arbeitsplatz. Im Bild rechts die Tür des einstigen Landratsamts.

Die Grafschaft Ortenburg und die Reformation

Walter Fuchs

Die Grafen zu Ortenburg zählten lange zu den angesehensten und mächtigsten Geschlechtern des bayerischen Hochadels. Mit den Wittelsbachern wetteiferten sie um Macht und Besitz. Ihre größte Ausdehnung hatten sie im 12. Jahrhundert. Einer der Fähigsten dieses Stammes war Graf Joachim zu Ortenburg. Als Achtjähriger begrüßte er bei einer Hochzeitsfeier die Gäste mit einer lateinischen Ansprache. Mit 13 besuchte er die Hochschule in Ingolstadt und setzte seine Ausbildung an der Universität von Padua fort.

Im Jahre 1549 heiratete er Ursula Fugger, eine Freiin zu Kirchberg, die das ansehnliche Vermögen von 30 000 Gulden mit in die Ehe brachte. Nach dem Tod seines Vaters 1551 übernahm er erst 21 jährig die Regierungsgeschäfte. Graf Joachim war es auch, der 1562 mit dem Wiederauf-

bau der zerstörten Burg Alt-Ortenburg begann, wie wir sie heute sehen.

Einführung der Reformation

Der akademisch gebildete und welterfahrene Graf Joachim bekleidete hohe Ämter. Als Beigeordneter des bayerischen Herzogs hatte er auf den Landtagen eine einflußreiche Stellung. Längere Zeit war er auch kaiserlicher Rat im Dienste Kaiser Ferdinands. Von tiefer Religiosität erfüllt, hatte er sich 1557 der Lehre Martin Luthers zugewandt, die auch in Bayern in allen Schichten der Bevölkerung im Vordringen war. Auf dem Ingolstädter Landtag 1563 erklärte er sich als Anhänger der neuen Lehre und war einer der Wortführer für die Zulassung der Augsburger Konfession in Bayern. Herzog Albrecht V. sah in Graf Joachim nicht nur einen Vorkämp-

fer des evangelischen Glaubens, sondern auch des Widerstandes der Landstände, insbesondere der Adligen, gegen das von ihm vertretene zentralistische Landesfürstentum. Seit 1548 war beim kaiserlichen Kammergericht in Speyer ein Verfahren anhängig bezüglich der Reichsstandschaft der Ortenburger Grafen, die von den bayerischen Herzögen schon seit 1521 bestritten wurde. Politische und religiöse Grundsatzfragen verquickten sich unheilvoll, und das lange Ringen des Grafen Joachim mit Herzog Albrecht V. und dessen Nachfolger Wilhelm V. bedrohte ernstlich die Exi-

Schloß Neu-Ortenburg mit Fischteichen und dem Weihermeisterhäusl. Im Vordergrund werden Schafe geschoren. Aquarell von Graf Friedrich Casimir, um 1625.

stenz der gräflichen Familie, der Grafschaft und des Marktes Ortenburg.

Als die evangelischen Fürsten auf dem Ingolstädter Landtag 1563 bei der Abstimmung über die Freigabe der Augsburger Konfession in Bayern unterlagen, entschloß sich Graf Joachim, gemäß dem Augsburger Religionsfrieden von 1555, in seinem reichsunmittelbaren Territorium die Reformation einzuführen. Als evangelischen Prediger gewann er den Theologieprofessor Dr. Johann Cölestin. Am 3. Oktober 1563 fand der erste evangelische Predigtgottesdienst in der Kapelle des Schlosses Neu-Ortenburg statt, dem weitere am 10. und 13. Oktober folgten.

Am Sonntag, dem 17. Oktober wurde dann in der heutigen Marktkirche der erste öffentliche Gemeindegottesdienst gehalten. Die Beteiligung der Bevölkerung war unerwartet groß. Dr. Cölestin bestieg mit dem Chorrock die Kanzel und verlas den Gottesdienstbesuchern die Erklärung Graf Joachims, er habe die Augsburger Konfession kraft seiner Reichsfreiheit und um seiner Untertanen Gewissen willen eingeführt. Er wolle keinem seiner Nachbarn die Untertanen abwendig machen noch zu Ungehorsam Anlaß geben. Der Graf wie auch der Prediger appellierten an die bayerischen Untertanen, nicht in die Ortenburger Gottesdienste zu kommen. Auch bei einer öffentlichen Versammlung am 27. Oktober beteuerte der Graf, daß die Reformation keine Spitze gegen Bayern und Passau sei. Es sei ihm durchaus unlieb, wenn herzogliche Untertanen den evangelischen Gottesdiensten beiwohnten. Er versicherte, seine Untertanen würden nicht gezwungen, die neue Lehre anzunehmen.

Das Volk strömt zum neuen Glauben

Das Verlangen nach dem reinen Evangelium war jedoch stärker. Kaum wurde die Einführung der Reformation in Ortenburg bekannt, kam von allen Seiten das Landvolk herbei, um sich zur evangelischen Lehre zu bekennen. Diese Vorgänge in Ortenburg wurden auch dem Herzog

zugetragen. Am 8. November erhielt Graf Joachim und sein Neffe Ulrich vom Schloß Söldenau die Aufforderung, sich innerhalb einer Woche in München einzufinden. Nach einigem Zögern machten sich die beiden Grafen in Begleitung guter Freunde und zweier Juristen als Rechtsbeistand auf die Reise. Der herzogliche Kanzler erklärte den beiden, daß er die Reichsunmittelbarkeit der Grafen zu Ortenburg nicht anerkenne, und forderte sie auf, die alte Religion wieder einzuführen und den Prediger zu entlassen. Die Grafen zeigten

Graf Joachim zu Ortenburg, geboren 1530 in Mattigkofen, gestorben 1600 in Nürnberg. Das Bild zeigt den Grafen im 69. Lebensjahr.

sich darüber verwundert, daß sie nicht der Landgüter, sondern der Reichsgrafschaft wegen vorgeladen worden waren. Was erstere betreffe, seien sie ihrem Fürsten in Treue ergeben, in letzterer aber könnten sie die Rechte der kaiserlichen Majestät und des Reiches nicht schmälern lassen. Die Grafen beriefen sich auf die Artikel der Augsburger Konfession und versicherten, keinen bayerischen Untertanen abspen-

stig machen zu wollen. In Ortenburg hielt man trotz strengen herzoglichen Verbots weiterhin evangelische Gottesdienste ab. Am ersten Adventsonntag war der Andrang der Besucher so groß, daß Dr. Cölestin im Freien predigen mußte.

Die Prediger werden abgeschoben

Der Herzog ordnete nun eine Grenzsperre an. Reiter und Hackenschützen streiften vor Ortenburg, um die Bewegung einzudämmen. Als auch das nichts half, griff der Herzog zu ungesetzlichen Mitteln: Er ließ die Grafschaft und am 31. Dezember 1563 auch die beiden Burgen Alt- und Neu-Ortenburg besetzen. Dennoch ließ Graf Joachim die evangelischen Gottesdienste nicht einstellen. Im Gegenteil, ein zweiter Prediger, Thomas Karrer, traf in Ortenburg ein, um Dr. Cölestin zu unterstützen.

Am 25. Februar 1564 erschien der Straubinger Oberrichter Hans Neuchinger mit 100 Reitern und 200 Hackenschützen in Ortenburg, ließ die Wohnung der beiden Prediger umstellen, stieß die Tür auf und befahl ihnen, sich anzukleiden. Die Kriegsschar nahm die beiden Geistlichen in die Mitte und brachte sie zum acht Kilometer entfernten Sandbach. Dort mußten sie schwören, nie mehr nach Bayern zurückzukehren. Dann setzte man sie über die Donau und entließ sie auf Passauer Gebiet.

Die Grafschaft konnte dem Herzog natürlich keine ebenbürtige Kriegsmacht entgegensetzen, doch Graf Joachim wehrte sich mit allen ihm zu Gebote stehenden Rechtsmitteln gegen das anmaßende Verhalten des Bayernherzogs. Seine Beschwerde überbrachte er im April persönlich dem Kaiser in Wien.

Am 12. April 1564 traf ein neuer Prediger, Thomas Rohrer, in Ortenburg ein, um die evangelischen Gottesdienste fortzuführen. Erneut strömten die Gläubigen in Scharen herbei. Pfarrer Rohrer spendete in etwa vier Monaten fast 7000 Gläubigen das Abendmahl. Dies erzürnte den Herzog so sehr, daß er alle im bayerischen Gebiet liegenden Landgüter Graf Joachims beschlagnahmte, wozu er nach den geltenden Landesfreiheiten kein Recht hatte. Außerdem versuchte er, den Grafen in seine Gewalt zu bringen, was ihm jedoch nicht gelang.

Besetzung von Mattigkofen

Am 11. Mai 1564 rückten die herzoglichen Beamten Zillenhart und Gumpenberg mit 78 Reitern und 125 Mann zu Fuß vor Schloß Mattigkofen und nahmen es mit Gewalt ein. Der Briefwechsel des Grafen mit seinen Freunden fiel in ihre Hände. Herzog Albrecht erschrak über die vielen hochgestellten Freunde, die Graf Joachim ihre Sympathie zum Ausdruck gebracht hatten. Der Herzog witterte in ihren Äußerungen eine Verschwörung und leitete ein Verfahren gegen sie ein, das als „bayerische Adelsverschwörung" Geschichte machte. Die Angeklagten wurden zum Teil mit schweren Bußen belegt, obwohl man ihnen nichts nachweisen konnte.

Am 7. August 1564 wurde der neue Prediger Thomas Rohrer auf der Reise nach Pfalz-Neuburg in der Nähe von Straßkirchen von 18 herzoglichen Reitern gefangengenommen und nach Straubing ins Gefängnis gebracht. Nach längerem Verhör mußte er einen Eid ablegen, daß er nie mehr bayerisches Gebiet betreten werde. In Ortenburg war man nun bis 1573 ohne Prediger. In der Zwischenzeit las jeweils am Sonntag der Kantor der Gemeinde aus einer Postille vor und sang deutsche Psalmen. Ein alter katholischer Priester aus Aidenbach taufte die Neugeborenen in deutscher Sprache. Zum Empfang des

Ein herzoglicher Reiter sprengt auf seinen Turniergegner zu und versucht, ihn vom Sattel zu stoßen. Szene von den Ortenburger Ritterspielen.

Abendmahls ging man nach Neuburg am Inn. Kaiser Maximilian II. versuchte nun, in der Streitsache zwischen Herzog Albrecht und Graf Joachim zu vermitteln, was jedoch scheiterte. Nach langem Hin und Her gelang es Kurfürst August von Sachsen, eine Einigung herbeizuführen. Im Mai 1566 kam ein Vertrag zustande, in dem der Graf wieder in seine Landgüter eingesetzt wurde.

Fast zehn Jahre lang hatten sich Graf Joachim und seine Untertanen gegen mannigfache ungesetzliche Repressalien des Herzogs wehren müssen. Am 4. März 1573 verkündete das Reichskammergericht in Speyer das Urteil, das die Ansprüche Bayerns auf die Reichsgrafschaft zurückwies und bestätigte, daß die Grafen von Ortenburg hinsichtlich der Grafschaft reichsfrei seien. Dies dürfte einer der schönsten Tage im Leben des Grafen gewesen sein. Nun konnte er endlich ungehindert die Reformation in seiner Grafschaft durchführen. Die Freude wurde jedoch bald getrübt. Am 22. Mai 1573 erlitt Joachims einziger Sohn Anton auf einer Reise im blühenden Alter von 23 Jahren einen Schlaganfall und starb. Der erste öffentliche Gottesdienst nach dem Kammerspruch wurde die Leichenfeier für seinen hoffnungsvollen Sproß.

Durch die Lindenallee mit einem teils mehrhundertjährigen Baumbestand führt der Weg zum Schloß.

Trotz aller Rückschläge und aller Not, die Herzog Albrecht dem Grafen seit der Einführung der Reformation verursachte, wich Joachim keinen Schritt vom eingeschlagenen Weg ab. Im Februar 1573 hatte er Pfarrer Moses Pflachner angestellt, der wieder evangelische Gottesdienste hielt und sich um das Kirchenwesen bemühte. Der Zustrom des bayerischen Landvolks lebte wieder auf. Herzog Albrechts V. Unmut war erneut entfacht. Wieder ließ er die in Bayern liegenden Lehen einziehen und verhängte eine Grenz- und Handelssperre. Für die Bürgerschaft des Marktes, vor allem die Handwerker, bedeutete dies eine Gefährdung ihrer Existenz. Der Handel kam zum Erliegen, die Einwohner erlitten bittere Not.

Joachim blieb bis zuletzt seinen Prinzipien treu

Als im Herbst 1579 Herzog Albrecht V. starb und sein Sohn Wilhelm V. die bayerische Regierung übernahm, hoffte man auf eine Verbesserung des Verhältnisses zwischen dem Herzogshaus und Graf Joachim. Vergeblich, denn noch mehr als sein Vater griff Herzog Wilhelm in seinem Vorgehen gegen Ortenburg zur Gewalt. So nahm er in den Jahren 1580–1583 neben vielen Einzelgehöften und den Dörfern Holzkirchen und Thiersbach dem Grafen 69 Bauernhöfe weg. Die Bauern mußten geloben, diesem keine Steuern mehr zu entrichten. Wer evangelisch war, mußte

wieder katholisch werden oder seinen Hof verlassen. Graf Joachim war die wirtschaftliche Grundlage entzogen.

Ermüdet und wirtschaftlich ruiniert – die vielen Prozesse hatten den Grafen ein Vermögen gekostet –, wollte Joachim zuletzt sogar die Grafschaft an den Herzog veräußern und sich anderswo im protestantischen Teil des Reiches niederlassen. Dazu kam es jedoch nicht. Um notwendige Einnahmen zu erhalten, nahm er von 1584 bis 1590 das Amt des Statthalters und Viztums der kurfürstlichen Oberpfalz in Amberg an. Verarmt, aber in seiner Gesinnung und Haltung ungebrochen, starb Graf Joachim am 16. März 1600 in Nürnberg. Seine letzte Ruhe fand er in dem von ihm schon zu Lebzeiten in der Ortenburger Marktkirche errichteten Grabmal. Sein beharrlicher Kampf um Glauben und Recht brachte seiner Familie und seinen Untertanen viel Not und den wirtschaftlichen Niedergang.

Die evangelische Lehre aber war so gefestigt, daß sie mitten im katholischen Umland selbst die Gegenreformation überlebte und bis heute bestehen blieb. Seine ebenfalls zum Protestantismus übergetretenen Nachfolger Graf Heinrich VII. und Georg IV. suchten in ihrer finanziell mißlichen Lage mit Herzog Maximilian I. einen Ausgleich. Dieser gab ihnen die in Bayern liegenden, wegen der Religionsstreitigkeiten eingezogenen Güter und Lehen mit Vertrag vom 12. April 1602 wieder zurück, nicht jedoch die reiche Herrschaft Mattigkofen, die die Ortenburger an Bayern verkaufen mußten.

Zuflucht für österreichische Glaubensflüchtlinge

Im Oktober 1624 verfügte Kaiser Ferdinand II. von Österreich die Ausweisung der Protestanten aus seinem Land. Der am nächsten gelegene Zufluchtsort der oberösterreichischen Glaubensflüchtlinge war die Grafschaft Ortenburg. So fanden unter Graf Friedrich Casimir (†1658) unmittelbar vor Ostern 1626 hundert dieser Flüchtlinge, davon 42 Kinder, in Ortenburg Zuflucht. Bis Ende 1626 trafen nochmals mehr als 100 Glaubensflüchtlinge, hauptsächlich aus dem Lande ob der Enns, in Ortenburg ein.

Da für die vielen Obdachlosen auf Dauer keine entsprechenden Wohnungen zur Verfügung standen, überließ ihnen der Graf im östlich von Ortenburg gelegenen

Die eindrucksvolle Dächerlandschaft von Schloß Ortenburg von Süden. Das 1504 von den Pfälzern zerstörte Schloß wurde zwischen 1562 und 1580 unter Graf Joachim wiederaufgebaut. (Luftbild von D. Braasch)

Waldgebiet Grund und Boden, den sie roden und sich darauf ansiedeln konnten. So entstanden die heutigen Orte Vorder- und Hinterhainberg. Der Überlieferung zufolge brachten die österreichischen Flüchtlinge den Mostobstanbau und die Kunst des Mostbereitens mit, die in den folgenden Jahrhunderten wirtschaftliche Bedeutung erlangten.

Im Jahr 1634 fielen der Pest 275 Personen zum Opfer. 1648 waren es 189 und 1649 nochmals 205 Personen, die diese schreckliche Krankheit hinweggerafft hat. Ganze Familien sind ausgestorben. Ein Hof konnte für einen Laib Brot erworben werden. Der Grund für diese Wertminderung war die arge Not der Bewohner und die Angst vor erneuter Ansteckung. Seit

der Reformation wurde in Ortenburg auf die Schulbildung der Jugend großer Wert gelegt. So reformierte Gräfin Amalia Regina schon 1703 das Schulwesen und führte für die Grafschaft die allgemeine Schulpflicht ein. Wie weitsichtig und fortschrittlich die Einstellung der Gräfin war, beweist die Tatsache, daß in Bayern erst 1802 die Schulpflicht eingeführt wurde. Eine einschneidende Veränderung für die Bewohner Ortenburgs ergab sich nach der Säkularisation, als die Reichsgrafschaft Ortenburg für das ehemals aus kirchlichem Besitz stammende Klosteramt Tambach vertauscht wurde. Ortenburg, Wittelsbach und Bayern waren damit nach 700jähriger wechselvoller Geschichte vom Gegeneinander zum Miteinander gekommen.

Schloß und Hoff

Die Hofmark Gern

Josef Haushofer

Gern als Siedlung bestand sicher schon vor der Jahrtausendwende. Der Ortsname bezeichnet die Niederlassung auf einer Landspitze zwischen zwei Wasserläufen, hier bei der Einmündung der Gera oder des Hirschhornbachs in die Rott. Zwischen 1110 und 1170 ist ein dort ansässiges Ortsadelsgeschlecht bezeugt, das sich in üblicher Form als „de Geren" bezeichnete. Dann kam Gern in den Besitz verschiedener Adelsgeschlechter, so der Mühlperger, Luppurger und auch der Grafen von Dornberg, die nahe bei Erharting ihre Stammburg hatten. Zu diesem Zeitpunkt dürfte sich Gern schon als ein eigenes Herrschaftsgebiet abgegrenzt haben, vermutlich begabt mit dem Hochgericht. Der Bereich umfaßte auch später noch eine auffallend große Fläche, was daran denken läßt, daß Gern im frühen Mittelalter aus einem alten Königsgut, einem Fiskalgut, hervorgegangen ist.

Am 19. April 1260 trat Konrad von „Lukpurch das Castrum (= Burg) Gern samt allen Zugehörigen" durch Kauf an Herzog Heinrich XIII. von Niederbayern, den Älteren (1253 bis 1290), ab.

Ab 1253: „Richter zu Geren"

Von da an ließen die Wittelsbacher Herzöge Gern von einem herzoglichen Beamten verwalten, von denen ein „Richter zu Geren" 1290 erwähnt ist. Wenige Jahre später erhielten die in Arnstorf im Kollbachtal als freie Herren ansässigen Closen Gern vom bayerischen Herzog zu Lehen. Erstgenannter Lehensträger zu Gern war Alban der Closner, als solcher genannt im Jahr 1315. Der älteste bekannte Lehensbrief indes stammt aus dem Jahr 1348. Er sicherte den Closen neben anderen Herrschaftsrechten auch die Abhaltung des Jahrmarktes um Georgi zu, „wie sie ihn legen möchten". Das war ein ursprünglicher Patroziniumsmarkt, der zu jenem Zeitpunkt schon auf ein langes Bestehen zurückblicken konnte.

Unter den Closen entstand aus diesem Markt der „im Heiligen Römischen Reich teutscher Nation weitum berühmte Gerner Markt". Gegen Ende des Mittelalters währte er schon volle vierzehn Tage. An den verschiedenen Markttagen wurde mit allen möglichen Kaufmannswaren gehandelt, mit einfachem Hafnergeschirr ebenso wie mit wertvollen Paramenten und mit Silbergeschmeide. Aus aller Herren Ländern kamen die Handelsleute, darunter selbst die Fugger und die Welser. Noch das Jahr 1808 bezeichnet den Gerner Markt

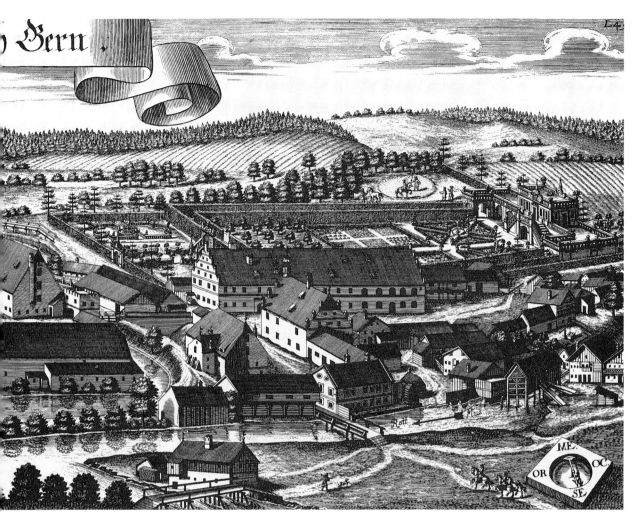

als den „berühmtesten im Lande". Auch heutzutage übt der „Gerner" alljährlich im Frühjahr große Anziehung auf das weite Umland aus; er dauert jetzt acht Tage.

Früher zerfiel dieser Markt in zwei Teile. Das Marktgeschehen konzentrierte sich zunächst auf den „Anger", eine Wiese an der Nordflanke des Ortes, die inselartig von zwei Armen der Rott umflossen war. Bei der Rottregulierung nach 1925 ist der Anger verschwunden. Seitdem hat die Rott ein neues Bett, das bei der Hochwasserfreilegung in den sechziger Jahren tiefer gelegt wurde.

Die Fugger kamen zum Gerner Markt

Gleichzeitig mit dem Markt auf dem Anger fand der „Gadenmarkt" in der Hofmark statt. Manche Handelsleute hatten „Stammplätze" für ihre Verkaufsstände; andere waren Dauermieter von Lokalitäten, wie in den Jahren um 1845 das „Pellau'- und Brentano'sche Handelshaus" im „Gwölb" am Zugang zur Schloßökonomie. Die Bewohner durften Bier ausschen-

ken, und noch im späten 19. Jahrhundert zählte man zwölf „Häuslschenken". Der Viehmarkt schloß sich an. Er fand „auf der Drathen" statt, auf den Feldern der Schloßökonomie, die jeweils „in der Drathen", in der Brache lagen.

Erst im Jahr 1912 wurde der Gerner Markt ganz auf den Dorfplatz herauf verlegt; der Viehmarkt verlor an Bedeutung. Nach dem Zweiten Weltkrieg entstand die Festwiese an der heutigen Stelle, ein großes Bierzelt zur Bewirtung der Besucher, an dessen Stelle trat 1965 die „Rottgauhalle". Die letzte „Häuslschenke" hat sich nahebei bis auf den heutigen Tag erhalten.

Im Zusammenhang mit dem Gerner Markt wird uns aus dem 17. und 18. Jahrhundert ein alljährliches Ereignis genannt, das sich seinerzeit sicher schon seit Jahrhunderten wiederholt hatte. Nach einem Pferdeumritt mit Segnung am Georgitag lud die Schloßherrschaft die Berittenen, vor allem Adelige, zu einem Umritt um das ganze Gebiet ihres Besitzes und der Hofmark ein. Das war ein alter Grenzumritt, wie er sich auch an anderen Adelssitzen erhalten hatte, vielfach sogar bis in unsere Zeit herein. Das Umreiten sollte der gesamten Bevölkerung die Grenzen des Herrschaftsgebietes von neuem zum Bewußtsein bringen.

Gern blieb bis zu den Umwälzungen des 19. Jahrhunderts herzogliches, dann kurfürstliches und zuletzt königlich-bayerisches Lehen der Closen. Der Lehensträger hatte dafür viele Abgaben an die Lehensherren, die Herzöge und Kurfürsten, zu entrichten. Noch der letzte Closen zu Gern wird 1845 als „königlicher Lehensvasall" bezeichnet. Zum Zeitpunkt des

Gern nach dem Kupferstich von Michael Wening (1645–1718). Im Bild links die Schloßökonomie mit Burg, doppeltem Wassergraben und der Pfarrkirche St. Georg. Rechts die Hofmark mit den Häuschen der Hofmarksuntertanen um den angerartigen Dorfplatz, überragt von der quergelagerten Taverne und dem Haus der Hofmarksverwaltung.

Freyherr von Closen

standen sie bei verschiedensten Herrschern in hohen Diensten. Zu nennen wäre jener General von Closen, der als Kommandant der Palastwache bei Ludwig XIV. von Frankreich eine bevorzugte Stellung einnahm. Der vorletzte in Gern ansässige Ludwig von Closen (1755 bis 1830) kämpfte unter General Steuben entscheidend als Feldherr bei den amerikanischen Freiheitskämpfen. Mit dessen Sohn, Carl Ferdinand Freiherr von Closen (1785 bis 1856), starb dieses bedeutende Geschlecht im Mannesstamm aus. Carl Ferdinand blieb unverheiratet und ohne Nachkommen.

Carl Ferdinand Freiherr von Closen

Als fortschrittlicher und sozial gesinnter Hofmarksherr, der fast alle Leibrechte seiner Untertanen schon in Erbrechte umgewandelt hatte, erfreute er sich großer Beliebtheit. An den Befreiungskriegen gegen Napoleon hatte er als Offizier teilgenommen und war Parlamentarier in München und am Paulskirchen-Parlament in Frankfurt. Er setzte sich für Pressefreiheit und Abschaffung der Zollschranken ein und plädierte für die „Bauernbefreiung", die 1848 zustande kam. Durch die Schaffung von „Agrarkrediten" wollte er der Landwirtschaft zu Hilfe kommen. Mit der Errichtung der „Landwirtschaftlichen Erziehungsanstalt" samt Internat in Gern 1825/1826 gelang ihm eine Pioniertat. Es war die erste schulische Einrichtung dieser Art auf deutschsprachigem Gebiet.

Carl von Closen wußte seine Forderungen und Ansichten unerschrocken und mit Tatkraft zu vertreten. Er bot selbst König Ludwig I. (1825 bis 1848) die Stirn und ließ sich als Regierungsrat gegen den Willen des Königs auch mit den Geschäften eines Abgeordneten betrauen. Ludwig stellte ihn deshalb ab 1831 in Gern unter Hausarrest, eine Anordnung, die bis zur Abdankung des Königs im Jahr 1848 bestehen blieb.

Die Burg zu Gern, genannt bereits 1290, war eine mittelalterliche Anlage auf dem hohen Burgstall, umgeben von einem breiten Wassergraben. Gegen Ende des Dreißigjährigen Krieges, 1648, nahm der schwedische General Wrangel mit seiner

Ölporträt des Carl Ferdinand von Closen nach einem Stahlstich im Besitz der Staatlichen Graphischen Sammlung München.

Auftretens der Closen in Gern im Jahr 1315 dürfte sich der alte Herrschaftsbereich bereits als Hofmark konstituiert haben. Die Hofmarken sind eine typisch altbayerische, eigentlich niederbayerische Einrichtung. Sie gehen auf die „Ottonische Handfeste" von 1311 zurück, als der durch sein ungarisches Abenteuer weitgehend verarmte Herzog Otto III. (1290 bis 1312) dem Adel in seinem Herzogtum Zugeständnisse machen mußte. Unter Hofmark versteht man den räumlichen und juristischen Bereich im Besitz einer geistlichen oder weltlichen Herrschaft, ausgestattet mit den Befugnissen der Niederen Gerichtsbarkeit, die auch die freiwillige, die notarielle mit einschloß. Sie beinhaltete auch die Aufsicht über Handel und Gewerbe, Ordnung und Sauberkeit, das Recht der Steuereinnahme und Musterung sowie ganz besonders den Anspruch auf Scharwerksleistungen.

Die Herkunft der Closen verbirgt sich in einer unbekannten Vergangenheit, umwoben von vielen „romantischen Erzählungen". Genannt ist Iduna, die legendäre Stammfrau des Geschlechts, die sich in eine Klause zurückgezogen haben soll, wovon sich der Name „Closen" ableitet.

Eines der einflußreichen Adelsgeschlechter

Als deren Sohn gilt Georg, der Closner, 1132 erstmals genannt. 1315 wurden die Closen Lehensträger zu Gern. Bald finden wir sie in vielen Adelssitzen; im 16. Jahrhundert besaßen sie achtzehn Hofmarken, die Closen zu Arnstorf zudem allein 143 grundbare Bauerngüter.

Die Closen zählten zu den einflußreichsten Adelsgeschlechtern im alten Bayern. Bei Hof und am Regierungssitz bekleideten sie wichtige Ämter als „Regierungsräte" oder auch „Kämmerer"; als Offiziere

ausgehungerten, verrohten Soldateska darin Quartier für einen Monat. Bei dessen Abzug wurde die Burg weitgehend beschädigt und in der Folge nur notdürftig instand gesetzt. 1742, in der „Pandurenzeit", fiel sie einer weiteren Verwüstung anheim. Inzwischen hatten die Closen im nahen Schloßpark, in dem sich schon ein Gartenpavillon befand, zwischen 1721 und 1725 das neue Barockschloß errichtet, eine großzügige, repräsentative Anlage, an deren Ausstattung auch Johann Baptist Zimmermann mitgewirkt haben soll. Dieses Schloß brannte am 12. November 1921 nieder und mit ihm eine wertvolle Uhrensammlung sowie das umfangreiche, wohlgeordnete Adelsarchiv.

Landwirtschaftliche Musteranstalt

In den Reformen nach 1803 wurde die alte Herrschaft Gern samt Hofmark 1806 zu einem „Patrimonialgericht I. Klasse" mit streitiger und notarieller Gerichtsbarkeit umgewandelt. Das blieb bis zur Abschaffung der Patrimonialgerichte im Jahr 1848. Das Jahr 1840 berichtet von der noch bestehenden „Landwirtschaftlichen Musteranstalt zu Gern" mit einer „Erziehungsanstalt für Landwirte und Gewerbetreibende mit einer Zuckerfabrik". Nach 1848 sank die einst so stolze Hofmark zu einer gewöhnlichen „Ruralgemeinde" (= Landgemeinde) ab. 1972 wurde Gern nach Eggenfelden eingemeindet.

In der Siedlungsstruktur von Gern ist noch immer das Gefüge der einstigen Hofmark zu erkennen. Mit Ausnahme der Randgebiete hat sich wenig verändert gegenüber der Abbildung des Ortes, die wir Michael Wening verdanken; 1701 war der kurfürstliche Kupferstecher in unsere Gegend gekommen, um auch Gern zu skizzieren. Gern gilt als ein Paradebeispiel einer altbaierischen Hofmark; Wenings Abbildung findet man deshalb in vielen einschlägigen Werken.

Den östlichen Bereich der Siedlung nimmt noch heute der Komplex des alten Herrschaftsbereiches ein, überragt vom hoch aufgeschütteten Plateau des Burgberges. Man nennt ihn den „Kellerberg",

weil in den noch vorhandenen unterirdischen Räumen einst das in der Gutsbrauerei gebraute Bier reifte. Nach Westen schließen sich die Wirtschaftsgebäude der Schloßökonomie an, die „Administration", die Stallungen und Schuppen, die „Fabrik" sowie Brauerei und Mälzerei. Besondere Aufmerksamkeit lenkt das große Steildachgebäude auf sich, welches der Kirche vorgelagert ist. Später auch als Stall und Scheune genutzt, war es ursprünglich der Schüttkasten, in den die Naturalabgaben von den grundbaren Bauerngütern einge-

Die Gerner Schloßallee wurde wohl bei der Erbauung des Neuen Schlosses, das 1921 abbrannte, um 1723 angelegt. Die abgebildete Kastanienallee wurde vor einigen Jahren abgeholzt und durch Linden ersetzt.

bracht werden mußten. Dieses stattliche Gebäude im Stil der späten Gotik hat als einziges außer der Pfarrkirche den Dreißigjährigen Krieg überlebt.

In die Gruppe der herrschaftlichen Gebäude integriert findet sich die Pfarrkirche St. Georg, ein Bauwerk der Spätgotik, jedoch mit noch romanischen Mauerteilen. Das Innere schmücken die stark übergangenen Deckenmalereien des Eggenfeldener Rokoko-Malers Anton Scheitler (1718 bis 1790). Dem mittelalterlichen Turm sitzt über gebrochenen Giebeln eine eingeschnürte Zwiebelkuppel auf, die wohl der Neuöttinger Stadtmaurermeister Veit Weidtinger nach 1700 aufgesetzt hat.

Romantischer Glanz einer großen Vergangenheit

Burgberg, Ökonomiegebäude und Pfarrkirche umgab einst wehrhaft ein doppelter Wassergraben. Teile haben sich in den idyllischen „Gerner Weihern" erhalten. Im westlichen Bereich der „Hofmark" reihen sich die einstigen Behausungen der Hofmarksuntertanen um den geräumigen angerartigen Dorfplatz. Hier lebten neben den „Leerhäuslern" auch verschiedenste Handwerker, deren man in diesem Gemeinwesen bedurfte. Neben dem Schmied, dem Faßbinder, den Schustern und Webern seien auch der Bader bei der Rott erwähnt, der heutige Unterwirt. Am Dorfplatz dominiert das Gerichtshalterhaus, heute mit der Sparkasse, vordem das Amtshaus der Hofmarksverwaltung. Gegenüber erhebt sich das langgestreckte imposante Gebäude der ehemaligen Hofmarkstaverne. Darin waren auch eine Manufaktur und die „Landwirtschaftliche Erziehungsanstalt" untergebracht. Das Untergeschoß weist ein mächtiges Kellergewölbe auf, den einstigen „Märzenbierkeller". Hinter dem „Hofwirt" breitet sich der Schloßpark aus, umgeben von einer alten Mauer, im 18. Jahrhundert eine Anlage im französischen Stil mit abgezirkelten Rabatten und beschnittenen Hecken.

Vieles hat sich in Gern seit den Closen-Zeiten verändert, nicht immer zum Vorteil der in Jahrhunderten gewachsenen Ansiedlung. Geblieben aber sind die einmalige Atmosphäre und das Fluidum, wie sie nur in den alten Hofmarksdörfern anzutreffen sind. Geblieben ist auch die Beschaulichkeit vieler stiller Winkel, über die sich immer noch der romantische Glanz einer großen Vergangenheit breitet.

Plinganser und der Volksaufstand von 1705

Manfred Schötz

Oberhalb von Pfarrkirchen erhebt sich rechts über der Rott, von Parkbäumen abgeschirmt, Schloß Thurnstein mit der berühmten Kapelle. Unweit davon erblickte am 21. April 1681 Georg Sebastian Plinganser das Licht der Welt. Sein Vater war Gutsverwalter und ermöglichte ihm eine gute Ausbildung. In Burghausen besuchte er das Gymnasium und ging anschließend an die Universität von Ingolstadt. Nach dem Studium der Rechte begann er eine Laufbahn als „Mitterschreiber" beim Pflegamt Pfarrkirchen. Wie kam es, daß dieser Sebastian Plinganser bayerische Geschichte gemacht hat?

Max Emanuel sah sich schon am Ziel seiner ehrgeizigen Pläne, da schlug ihm der Tod ein Schnippchen. Er griff nicht nach dem spanischen König, sondern holte sich den sechsjährigen bayerischen Erbprinzen, der 1699 unerwartet in Brüssel verstarb. Dieser plötzliche Tod zerstörte die Großmachtträume Max Emanuels.

Bayern wird Besatzungsland

Im Jahr 1701 kam es zum Spanischen Erbfolgekrieg. England verbündete sich mit Österreich gegen Frankreich. Max Emanuel jedoch schlug sich überraschend auf die Seite Ludwigs XIV., der ihm die

Ende November 1704 wurden erstmals Kaiserliche und Reichstruppen in die Winterquartiere nach Bayern verlegt. Die an den Durchzugsstraßen liegenden Ortschaften mußten darüber hinaus das ganze Jahr Marschquartiere für durchziehende Truppen bereitstellen und ihnen Fahrzeuge und Vorspannpferde überlassen, die sie in den seltensten Fällen zurückbekamen.

Prinz Eugen hatte für die Einquartierungen genaue Bestimmungen erlassen. Danach sollte jeder Quartierwirt pro Mann und Tag 1 Pfund Fleisch, 2 Pfund Brot und 1 Maß Bier bereitstellen. Die oft ausgehungerten und verwilderten Soldaten waren in vielen Fällen mit diesem Verpflegungssatz keineswegs zufrieden. Auf einem zeitgenössischen Kupferstich verlangt ein kaiserlicher Soldat von dem sich demütig verbeugenden Bauern:

Ja Vatter bring herbey Fleisch, Tobak, Brot und Bier,

Ein gut Glas Brandenwein, damit es mich nicht frier;

Heu, Haber, Stroh vors Pferd, schaff mir auch etwas Geld,

So lang bis daß ich geh', aufs fry Jahr in das Feld.

Legte der Quartierwirt nicht freiwillig bei jeder Mahlzeit ein Stück Geld unter den Teller, kam es sogar zu Folterungen. Einen Bauern sollen Soldaten mit der Zunge solange am Tisch festgenagelt haben, bis seine Frau das Geld besorgt hatte.

Die ersten Ausschreitungen im Unterland

Als die Besatzer dazu übergingen, bayerische Bauernsöhne zwangsweise zur österreichischen Armee zu rekrutieren, lief das Faß über. Damals entstand der Spruch „Lieber bayerisch sterben, als in des Kaisers Gunst verderben". Am 16. Juni 1705 erging an die Pflegämter ein Erlaß, wonach je vier Höfe einen tauglichen Mann zu stellen hätten.

Am 26. Oktober mußte die Administration in München allerdings nach Wien melden: Aus den Rentämtern Landshut und Burghausen wurde nicht ein Mann aufgebracht. Daraufhin wandte man Gewalt an. Soldaten holten die Burschen von den Feldern oder nachts aus den Betten, umstellten an Sonntagen während des Got-

Am Stadtplatz von Pfarrkirchen prangt der Name des Anführers des niederbayerischen Volksaufstands von 1705 auf einem Wirtshausschild.

Um 1700 war Spanien eines der größten und einflußreichsten Länder. In den düsteren Gemächern des Madrider Schlosses lag König Karl II. im Sterben. Er hinterließ keine Kinder, besaß aber zwei Schwestern. Die eine war mit dem Sonnenkönig Ludwig XIV. verheiratet, die andere mit Kaiser Leopold von Österreich. Letztere besaß eine Tochter, die man 1685 mit dem bayerischen Kurfürsten Max Emanuel vermählt hatte. Der Sohn aus dieser Ehe, Erbprinz Josef Ferdinand, war daher mit dem spanischen König verwandt.

Karl II. setzte den bayerischen Prinzen zum Universalerben seines Weltreichs ein.

spanischen Besitzungen in den Niederlanden garantierte.

Bald schon marschierten österreichische Truppen in Bayern ein. Nach ersten Anfangserfolgen Max Emanuels an vielen Fronten kam es am 13. August 1704 bei Höchstädt zum entscheidenden Sieg der Österreicher und Engländer über die Bayern und Franzosen. Der bayerische Kurfürst floh nach Brüssel und überließ seine Familie und Bayern den Österreichern, die zunächst die Rentämter Burghausen, Landshut und Straubing besetzten.

Das Land wurde über Jahre hinweg zu einem Durchzugs- und Rekrutierungsland.

tesdienstes Kirchen, trieben die Rekruten zusammen und transportierten sie an Wagen gefesselt zum neuen Kriegsschauplatz in Italien. Viele Bauern und Knechte flohen in die umliegenden Wälder.

Plinganser hat dieses Geschehen hautnah miterlebt. Bei einer Musterung, die der Pflegskommissär Hormayer in Pfarrkirchen angesetzt hatte, marschierten 600 mit Büchsen, Spießen und Stecken bewaffnete Burschen und Knechte in den Markt. Sie erschossen den unbeliebten Eisenamtmann und verlangten die Herausgabe von Steuergeldern und Gewehren. Erst nachdem sie gewaltsam ins Amt eingedrungen und den Pfleger mißhandelt hatten, rückte dieser das Geld heraus. Anschließend fielen sie über das Schloß Reichenstein her und feierten ihren Sieg in den umliegenden Wirtshäusern mit viel Bier bis tief in die Nacht hinein.

In Birnbach überrumpelte der „Pfeifer Jackl" mit einigen hundert Burschen ein 24 Mann starkes Werbekommando, das sich zufällig in der Ortschaft aufhielt. Er nahm ihnen die Werbegelder ab und ließ einige der Soldaten splitternackt „mit Streichen traktieren". Wohl wegen des Fremdenverkehrs, vielleicht aber auch aus einer gewissen Bewunderung für diesen „Rebeller und Rabauken" bietet heute ein Gastwirt in Birnbach auf seiner Speisekarte einen „Pfeifer Jackl Spieß" an.

Am selben Tag drang in Eggenfelden ein Haufen von 500 Burschen und Knechten in den Markt ein: Ein des Wegs kommender Amtsknecht wurde niedergeschossen, das Pflegsgebäude gestürmt und bereits zwangsweise eingelieferte Rekruten unter viel Hallo aus dem Gefängnis befreit. Der unbeliebte Gerichtsschreiber Hinteregger verdankte sein Leben einzig dem Umstand, daß ihn ein Bürger unter Stroh versteckt aus dem Markt hinausfuhr.

Der Aufstand erhält eine Führung

Am 9. November 1705 fielen erneut Aufständische in Pfarrkirchen ein. Niemand weiß, was damals tatsächlich im Ort geschah. Aber am Ende des Tages hatte der bisher nur durch Einzelaktionen und rohe Gewalttaten in Erscheinung getretene Aufstand einen Anführer. Der Mitterschreiber Plinganser, ein juristisch geschulter, wortgewandter junger Mann, stand plötzlich als ordnende, treibende Kraft an der Spitze der Bauern. Noch am selben Abend begann er, den ungeordneten Hau-

fen in Abteilungen zu gliedern und ehemalige Soldaten als Anführer einzusetzen. In der Nacht marschierte er mit seiner bunt zusammengewürfelten Truppe rottalabwärts. In den nächsten Tagen unterstellten sich ihm die Aufständischen aus der Griesbacher Gegend unter dem Lebzelter Brunner sowie die Burschen aus Kößlarn und Rotthalmünster.

Strafexpedition aus München

Am 12. November setzte Plinganser mit 5000 Taschnerbauern, so nannte man die Rottaler, bei Frauenstein über den Inn, um sich bei Obernberg mit den Weilhartingern zu treffen, Bauern aus dem damals noch zu Bayern gehörenden Innviertel. Johann Georg Meindl aus Altheim, ein Studienkollege und alter Freund Plingan-

sers, wartete hier bereits mit mehreren tausend Mann. Innerhalb kürzester Zeit standen Plinganser und Meindl an der Spitze von ungefähr 12 000 schlecht ausgerüsteten Bauern, die nur ein Ziel kannten, nämlich Bayern von der Fremdherrschaft der Österreicher zu befreien.

In München beschloß der Kriegsrat unter dem Administrator Graf Löwenstein, „zur Dämpfung des Rebellionfeuers" eine Abteilung Soldaten unter Führung des Obersten Freiherrn de Wendt ins Unterland zu entsenden. Am 11. November trafen sie abends in Neuötting ein. Kundschafter berichteten, die Rebellion habe das ganze Rott- und Vilstal ergriffen, und in Eggenfelden seien aufständische Bauernburschen in großer Zahl versammelt. De Wendt überlegte nicht lange, sondern

Eine Votivtafel in der Kapelle St. Koloman bei Hebertsfelden erinnert an die ersten Opfer unter den aufständischen Bauernburschen.

marschierte am 12. November dem „Schelmenpack" bei Eggenfelden entgegen.

Nachdem die Kunde von anmarschierenden Soldaten die versammelten Bauern erreicht hatte, zogen sich diese vorsichtshalber aus Eggenfelden über Gern in Richtung Pfarrkirchen zurück. De Wendt setzte ihnen jedoch mit seiner Reiterei nach und holte sie beim Pfarrhof von Hebertsfelden ein. Gegen drei Uhr kam es zu dem Zusammentreffen, bei dem an die 100 Bauernburschen getötet wurden. Eine Votivtafel in der Kapelle St. Koloman erinnert an diese ersten Opfer unter den aufständischen Bauern. Die Österreicher schlugen die Rebellen unbarmherzig zusammen. Ein Bauer rettete sich in letzter Sekunde auf einen Baum. Die Überlebenden des Massakers, „welchige in groser

wehren bewaffnete Bauernabteilungen. Als die Kaiserlichen bei Wurmannsquick durchstoßen wollten, holten sie sich eine Abfuhr und mußten mit mehreren Toten das Feld räumen. Der Sperriegel zwischen Rott und Inn hielt.

Partisanentaktik bewährt sich

Plinganser und Meindl versuchten nun, die Innstädte einzunehmen, um für das notdürftig ausgerüstete Bauernheer Waffen zu beschaffen. Durch die Eroberung von Braunau, Burghausen, Schärding und Wasserburg wollte man außerdem die Verbindungswege nach Österreich blockieren. In dieses Konzept paßt auch die Besetzung Vilshofens, das die Donauwasserstraße kontrollierte. Mit vereinten Kräften sollte dann München eingenommen und

Bier und organisierte den Transport zu dem Heerhaufen, um diesen bei Laune zu halten. Durch Rekrutierungsaufrufe versuchte er, neue Männer zu gewinnen und das Feuer des Aufstands in ganz Bayern zu entfachen. Er stand in Kontakt zu Gleichgesinnten in Kelheim, bei Cham und in der Gegend um Bad Tölz.

Die Aufständischen nannten sich „Kurbayerische Landesdefension" und schufen sich in Braunau ein Parlament, in dem schon 1705 neben Adel, Geistlichkeit und Bürgern auch Bauern mitbestimmten. Dort versuchten Plinganser und die aufständischen Bauern, ihre politischen Ziele durchzusetzen, denn sie betrachteten sich als rechtmäßige Vertreter ihres Landes.

Das Gemetzel bei Sendling und Aidenbach

Ende Dezember marschierten zwei Bauernheere aus Ober- und Niederbayern in Richtung München. Sie hatten verabredet, sich zum gemeinsamen Sturm vor den Toren der Stadt zu treffen. Eingeweihte Münchner Bürger sollten ihnen heimlich die Tore öffnen. Vermutlich wegen schlechter Nachrichtenverbindungen trafen die 4500 Alpenländler früher vor München ein als vorgesehen. Ohne auf das Heptheer zu warten, das bereits von Osten heranrückte, begannen sie den Angriff. Dieses leichtsinnige Vorgehen endete mit der „Sendlinger Mordweihnacht". Am 24. Dezember 1705 kam es zu einer vernichtenden Niederlage, wobei 1100 Bauern, die sich bereits ergeben und ihre Waffen weggeworfen hatten, ohne jeden Pardon umgebracht wurden. Am Abend des 25. Dezember 1705 erreichte die Schreckensnachricht 30 km vor München den Heerhaufen der Unterländler. Niedergeschlagenheit breitete sich aus, und Tausende von Bauernburschen machten sich noch am selben Tag heimlich davon. Hoffmann, ihr Anführer, befahl daraufhin den Rückzug. Von den anfangs 16 000 Bauern blieben am Ende des Rückmarsches bei Neuötting ganze 1100 übrig.

Das Hügelland bei Egglham war einer der Schauplätze, an denen der Bauernaufstand von 1705 blutig niedergeschlagen wurde.

Khriegsgefar gestanden und gott sey lob mit leben noch davon komen anno 1705", widmeten diese Tafel „Zü lob und ehr und grosser dancksagung der schmerzhaften Muetter".

Nach weiteren Strafaktionen mit vielen Toten in Vilsbiburg und Frontenhausen zog de Wendt nach Arnstorf und weiter in Richtung Braunau, um „dem losen Gesindel einen Schlag zu versetzen". Als de Wendts Truppe vom Rottal aus die südliche Hügelkette überschreiten wollte, waren jedoch Straßen und Waldwege durch Baumstämme blockiert. Dahinter lauerten, im Wald versteckt, kleine, mit Ge-

ganz Bayern befreit werden. Ende des Jahres 1705 traf eine Erfolgsmeldung nach der anderen bei Plinganser ein: Am 16. November wurde Neuötting besetzt, am 17. November fiel Burghausen, am 27. November zogen die Landesverteidiger in Vilshofen ein, am 28. November kapitulierte Braunau und am 4. Dezember Schärding. Die Führung des Bauernheeres hatte Plinganser Hoffmann und Hartmann anvertraut, zwei ehemaligen Soldaten.

Die zu Tausenden zusammengeströmten Bauern mußten aber auch versorgt werden. Plinganser fuhr ununterbrochen übers Land, requirierte Fleisch, Brot und

Es kam aber noch schlimmer. In Braunau traf die Nachricht ein, daß Vilshofen wieder von den Kaiserlichen besetzt worden sei. Deshalb sollte ein in Ering am Inn neu aufgestellter Heerhaufen von 3000 Bauern unter der Führung Hoffmanns Vilshofen wieder einnehmen. Etwa zwei Wochen nach dem Massaker im Oberland, am 7. Januar 1706, stand dieser schlecht ausgerüstete Bauernhaufen bei Aidenbach. Die Münchener Administration hatte kurz nach dem Erfolg bei Sendling Generalwachtmeister von Kriechbaum beauftragt, mit 800 Infanteristen und 500 Reitern im Unterland „aufräumen zu lassen". Kriechbaum hielt sich gerade in Eggenfelden auf, als er von der Bauernarmee bei Aidenbach hörte. In Eilmärschen ließ er seine Soldaten noch während der Nacht vorrücken und stand am 8. Januar gegen 10 Uhr vor Aidenbach. Nachdem das Nahen des Feindes bemerkt worden war, stellte Hoffmann seine Bauern auf dem Höhenrücken östlich Aidenbachs zum Kampf auf. Auch Kriechbaum ließ seine Mannschaft sofort in Schlachtordnung antreten und rückte vom Ort aus gegen die Aufständischen vor.

Panik, Schweigen, Trauer

Der Anblick einer geschlossenen Phalanx geschulter Soldaten, dazu die schrillen Befehle und der unheimliche Trommelwirbel müssen auf die unerfahrenen und miserabel ausgerüsteten Bauern- und Handwerkersöhne aus dem Inn-, Rott- und Vilstal ungeheuer bedrohlich gewirkt haben. Panik erfaßte die vordersten Reihen, und noch ehe es zu einer Berührung mit dem Feind gekommen war, begannen sie, Hals über Kopf zu fliehen. In der allgemeinen Verwirrung rissen sie auch die Rückwärtigen mit ins Verderben. Die Kürassiere auf ihren Pferden brauchten die Davonlaufenden nur zu verfolgen und zusammenzuschlagen. Es wurde kein Pardon gegeben. Das Abstechen und Abknallen dauerte bis zum Abend. Tausende von Toten bedeckten die Täler und Höhen südöstlich Aidenbachs.

Die Schreckensmeldung löste im ganzen Land zunächst bedrücktes Schweigen und tiefe Trauer aus. Doch bald schon schuf sich das einfache Volk heroische Erinnerungen, die sich bis heute erhalten haben. Beim Resch im Dobl, einem Einödhof bei Aidenbach, sollen sich die letzten Bauern, die dem Gemetzel entkommen waren, gesammelt und bis zuletzt gekämpft haben. Schließlich warfen die Soldaten

Feuer in den Stadel. Aber noch aus dem brennenden Haus heraus schossen sie aus allen Fenstern auf ihre Verfolger, bis die Balken brennend niederbrachen und alles Leben unter sich begruben. Den etwa 2000 bis 3000 getöteten Aufständischen stehen lediglich acht tote Soldaten gegenüber. Während der folgenden Tage beerdigte man die Toten in großen Gruben. Beim Resch im Dobl, auf dem Kleeberg und auf dem Handlberg haben Vereine zu Ehren der gefallenen Bauern später Denkmäler errichtet.

Das Kriegerdenkmal auf dem Kleeberg bei Beutelsbach gilt dem Gedenken der vielen Toten des furchtbaren Gemetzels bei Aidenbach im Januar des Jahres 1706.

Ein fester Platz nach dem anderen ging jetzt verloren. In Simbach stand Plinganser auf verlorenem Posten. Es war höchste Zeit, die Bauern heimzuschicken und selbst an Flucht zu denken. Häscher streiften bereits durch Dörfer und Märkte. Es gab Verhaftungen, Verhöre, peinliche Prozesse und Hinrichtungen. Plinganser konnte sich bei den Kapuzinern in Eggenfelden

verstecken und setzte sich anschließend ins Salzburgische ab.

Bei einer Wallfahrt nach Altötting erkannte man ihn, nahm ihn fest und kerkerte ihn im Falkenturm in München ein. Als 1708 die Richter das Urteil verkündeten, war die Strafe erstaunlich mild: sechs Jahre Gefängnis. Bereits nach zwei Jahren wurde er entlassen. 1715, nach der Heimkehr Max Emanuels aus den Niederlanden, erhielt Plinganser die Ernennung zum Hofgerichtsrat in München. Später berief ihn der Abt des Reichsstifts von Augsburg zum Rats- und Stiftskanzler. 57jährig verstarb er dort am 7. Mai 1738. Seine Grabstätte ist unbekannt.

Umstrittene Bittbriefe

Plinganser, der den Aufstand weder verursacht noch angezettelt hat, machte sich seit jenem 9. November 1705 zum Anwalt der unterdrückten Bauern und wurde zur treibenden Kraft der Revolte. Er beseitigte das anfängliche Chaos und versuchte der Rebellion ein Ziel und eine rechtliche Basis zu geben. Wegen seiner demütigen Bitt- und Rechtfertigungsbriefe, die er aus dem Gefängnis an den Kaiser schrieb, wurde ihm später der Vorwurf gemacht, „ein Mann von Ehre hätte sich niemals so erniedrigen dürfen."

In Aidenbach fand keine Bauernschlacht statt, schon eher ein Abschlachten. Hier wurde auf brutale und grausame Weise der niederbayerische Volksaufstand im Blut erstickt. Die einfachen Leute aus dem Donau-, Inn-, Vils- und Rottal beklagten Tausende von Toten, ohne daß der Traum von einem Leben ohne Unrecht und Unterdrückung in Erfüllung gegangen wäre. Johann Atzenberger, der Verwalter der Ortenburgischen Hofmark Neudeck, berichtete als Augenzeuge und Opfer an die Regierung:

„Die Erhebung geschah nicht nur zur Landesverteidigung, sondern es war dabei auch auf die völlige Aufhebung des bisherigen Landesfürstlichen Regiments und auf die Einführung einer freien Republik abgesehen. Die Bauern wollten hinfür selbst Herren und freie Stände sein."

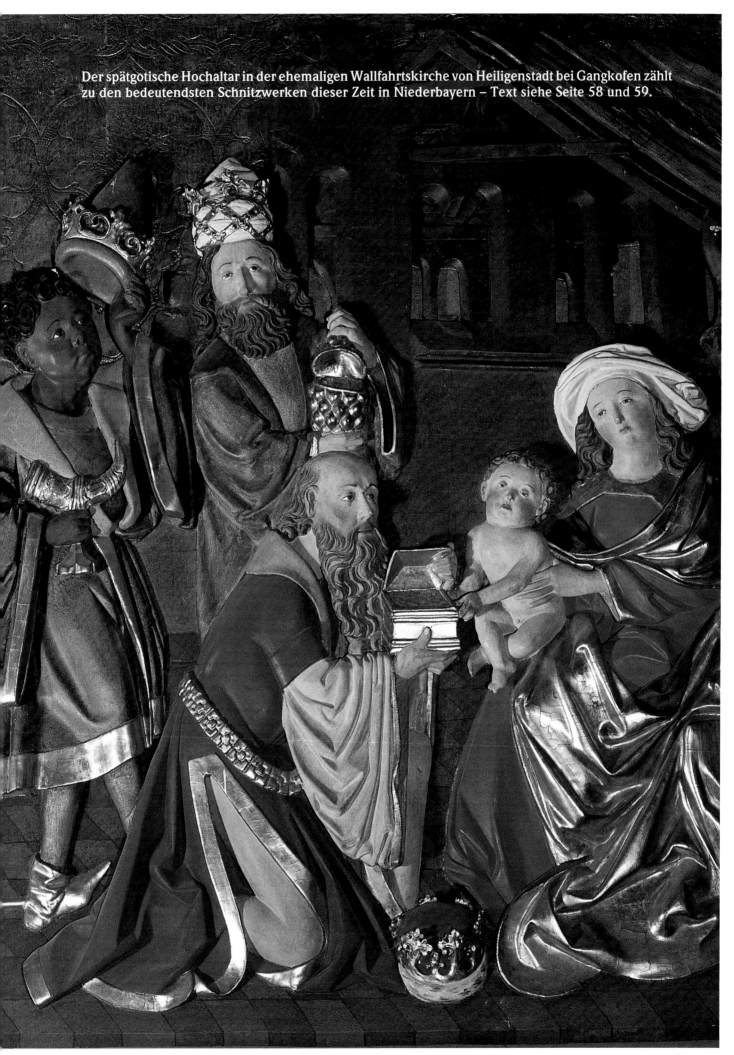

Der spätgotische Hochaltar in der ehemaligen Wallfahrtskirche von Heiligenstadt bei Gangkofen zählt zu den bedeutendsten Schnitzwerken dieser Zeit in Niederbayern – Text siehe Seite 58 und 59.

Die Kapelle von St. Nikola bei Gangkofen: Der Außenbau (um 1240) weist charakteristische Zierelemente, darunter am Dachansatz Rundbogenfriese, das „Deutsche Band" und einen Konsolenfries auf.

Zur Kunstgeschichte des Rottals

Josef Haushofer

Aus den Jahrhunderten nach dem Ende der römischen Herrschaft haben sich, abgesehen von oberirdischen Bodendenkmälern, über die an anderer Stelle berichtet wird, im Rottal keine Kulturdenkmäler erhalten. Am Beginn einer ersten Periode des Kunstschaffens steht die Persönlichkeit des heiligen Bischofs Altmann aus Westfalen, der im 11. Jahrhundert auch in Passau gewirkt hat.

Die *vita altmani,* die im Jahr 1139 entstandene Lebensbeschreibung, berichtet, der Heilige habe fast nur aus Holz gezimmerte schmucklose Kirchen angetroffen; er gab die Anweisung, man möge die Gotteshäuser in Mauerwerk errichten. Damit wurde die erste Welle des Kirchenbaus, die über unser Land ging, ausgelöst. Man griff das Ziegelbrennen wieder auf, das die Römer gebracht hatten.

Es war die Zeit des bereits blühenden Rundbogenstils. Zwischen 1050 und 1250 entstanden im Rottal viele romanische Kirchen. In der Hauptsache waren es Gotteshäuser von bescheidenen Ausmaßen.

Schlichte romanische Kirchen

Das Land stand nach den Rückschlägen der Ungarnzeit erst am Beginn eines erneuten Erblühens. Im westlichen Rottal haben sich in abgelegenen Gebieten eine Anzahl einfacher romanischer Kirchen erhalten. Bei allen reiht sich an das kubische „Langhaus" verkleinert ein ebensolcher Chor an. Die Chöre waren ursprünglich nach Osten gerade geschlossen. Erst nach 1150 kamen halbrunde Altarnischen, die Apsiden, hinzu. Als Beispiel sei die Kirche von Imming erwähnt, die noch ohne Apsis vor 1150 erbaut wurde.

Die romanischen Gotteshäuser waren ursprünglich flach gedeckt. In den Chören wurden vielfach später gotische Gewölbe eingezogen, meist waren es derbe Kreuzrippengewölbe. Ab 1150 brachte man an den Außenwänden Rundbogenfriese und das „Deutsche Band" mit seinen über Eck gestellten Ziegelsteinen an, bereicherte die Wände mit flachen lisenenartigen Mauerstreifen und fügte am Dachansatz Konsolenfriese hinzu wie an der oben abgebildeten Kirche St. Nikola bei Gangkofen.

Gegen Ende der romanischen Bauperiode, um und nach 1230, wurden die Bauten höher und schlanker; die Rundbogenfriese nahmen spitzbogige Gestalt an (St. Nikola). Wenngleich unsere romanischen Kirchen bescheiden und schwerfällig von Gestalt sind und nur wenig Zierat aufweisen, waren sie doch im Inneren fast ausnahmslos mit Wandbildern geschmückt. Davon hat sich etliches erhalten, obwohl um die Mitte des 17. Jahrhunderts aller mittelalterliche Bildschmuck auf kirchliche Anordnung hin übertüncht wurde. Diese Bilder waren im Sinn einer „Armenbibel" wertvolle Hilfen für die predigenden Priester gewesen.

Die künstlerische Qualität ist zum Teil beachtlich, wie bei den Wandbildern von Grafing und im Lorenzikirchlein von Kindhofen, beide bei Hörbering gelegen. Der umfangreichste Bildzyklus aber hat sich, wenig beachtet, nahebei in der kleinen Kirche von Imming erhalten. Die Bilder entstanden etwas später, am Ende des 14. Jahrhunderts. Noch romanischen Ursprungs sind die Wandmalereien in St. Nikola bei Gangkofen. Als sie zu Anfang unseres Jahrhunderts wiederentdeckt wurden, hat man sie ergänzt und restauriert.

Der Spitzbogenstil setzt sich durch

Im Spitzbogenstil – die Bezeichnung „Gotik" war ebenso wie „Romanik" erst zu Beginn des 19. Jahrhunderts üblich geworden – versuchte man, an die Stelle des schwer lastenden romanischen Baugefüges einen geschmeidigen Raumkörper zu gestalten, indem man kühn daran ging, die Bauten steil und hoch zu errichten und die Wände bis auf die tragenden Teile aufzureißen. In unserem Bereich kam die frühe und hohe Gotik nur vereinzelt zum Tragen. Einige romanische Kirchen erhielten anstelle ihrer Flachdecken gotische Gewölbe. Als Beispiele sind anzuführen die Kirchen von Grafing und Imming im oberen Rottal. Die gegen 1350 entstandenen Gewölbe ruhen auf schweren Wulsten von Kreuzrippen, die sich von einer Ecke zur anderen spannen und am Kreuzungspunkt einen Schlußstein aufweisen. Das spätere, wohl gegen 1400 entstandene Chorgewölbe der Kirche von Rottenstuben zeigt reichere Formen.

Die Blütezeit: das 15. Jahrhundert

Die große Zeit des Kirchenbaus kam für unser Gebiet mit dem 15. Jahrhundert, als

der gotische Stil in sein spätes Stadium eingetreten war. Die Baukunst verzeichnete wesentliche Fortschritte. Man hatte gelernt, die Baumassen auf die notwendigen Glieder zu beschränken. Mit der Erfindung der Rippengewölbe waren schwierige Probleme gelöst, denn die Einwölbung konnte nun durch ein Gerüst von tragenden Elementen immer engmaschiger erfolgen; man sparte damit Zeit, Material und vor allem lastendes Gewicht.

Die Entfaltung des Bauschaffens im 15. Jahrhundert ist nur zu verstehen, wenn

In der Apsis von St. Nikola ist der Pantokrator (Allesbeherrscher) abgebildet, den Stilformen nach in der späten Romanik um 1240 gemalt. Er sitzt auf dem Regenbogen, der „große" Heiligenschein, die Mandorla, umgibt ihn.

man die soziale, politische und wirtschaftliche Situation der Zeit in Betracht zieht. Ein friedlicher Abschnitt in der Geschichte verschonte die Menschen vor kriegerischen Auseinandersetzungen. Es war die Zeit, als drüben in Landshut die „Reichen Herzöge" regierten und ihrem Land den

Stempel von Ordnung, Wohlhabenheit und Kunstsinn aufprägten. Auch im Rottal blühten Handel und Gewerbefleiß. Die Bewohner auf dem Land, vor allem aber die Bürger in den Märkten, waren zu Wohlstand gekommen. Große mittelalterliche Gemeinschaftsleistungen künden davon. Es entstanden Siechen- und Armenhäuser und überall wohlhabende Spitalstiftungen.

Das geistige Klima des ausgehenden Mittelalters aber, die Zeit der späten Gotik, ist gekennzeichnet durch große religiöse Ergriffenheit, eine Gläubigkeit, die jene in der Barockzeit weit übertraf. So kam es, daß mehr als neunzig Prozent unserer Kirchenbauten in diesem Jahrhundert der späten Gotik entstanden sind. Unsere Vorfahren von damals haben fast alles Ersparte, weitgehend das gesamte „Bruttosozialprodukt" für das sakrale Bauwesen aufgewendet. Darin liegt auch begründet, daß die Baukunst der späten Gotik in unserem Bereich fast nur kirchliche Bauten betrifft, daß nur wenige Profanbauten aus dieser Zeit zu finden sind.

Die Merkmale der späten Gotik im Rottal

Einige Merkmale unserer heimischen Gotik des 15. Jahrhunderts sind als gebietstypisch zu bezeichnen: Auffallend ist, daß die Außenwände weitgehend geschlossen bleiben und vielfach nur schmale Fenster aufweisen. Die Westwände werden schlicht belassen, ohne Gliederung und nicht durchfenstert. Dafür ist ihnen im Inneren fast ausnahmslos eine gemauerte Empore vorgesetzt.

Die Innenräume weisen vielfach eine lebhafte Farbigkeit auf, die nach Befunden wiederhergestellt werden konnte. Unsere Spätgotik zeichnet sich durch besonders schöne Maßverhältnisse aus. Das ist zum Teil der Ziegelbauweise zuzuschreiben. Man findet nicht mehr die hochstrebende, steile Gotik. Die Räume sind breitgelagert, „erdverwurzelt". Es überrascht die Verwandtschaft mit der „Innviertler Gotik". Viele Beispiele ließen sich aufführen; hingewiesen sei auf den Gleichklang der Kirchen von Braunau und Eggenfelden, auf

Die Pfarrkirche von Eggenfelden wird allgemein als das bedeutendste Bauwerk der Spätgotik unserer Rottaler Heimat eingeschätzt. Die Aufnahme vom Sommer 1995 zeigt die Farbfassung der jüngsten Restaurierung.

die „breitbrüstigen Querräume" von Staudach und Roßbach, auf die steiler geführten Langhäuser der Kirchen von Erlach und Weng.

Das Bauen und Werken lief in großer Anonymität ab, und es ist schwer, einzelne Bauwerke bestimmten Meistern zuzuordnen. Nachdem in der Romanik fast ausschließlich baukundige Laienbrüder und Conversen tätig waren, entstanden im 14. Jahrhundert die ersten organisierten Hüttenbetriebe, wegen ihrer klösterlichen Herkunft stark religiös geprägt. Das 15. Jahrhundert kannte die Organisation in Haupt-, Vor- und Unterhütten. Die an einem Kirchenbau Beschäftigten lebten in einer besonderen Hüttengemeinschaft nach eigenen Gesetzen und bei großer

Geheimhaltung aller Gepflogenheiten zusammen. Die Bauleute waren in die bestehenden Gemeinwesen weder eingebürgert noch eingezünftet und dürften nur so lange an einem Ort geblieben sein, bis ihr Bauauftrag erfüllt war.

Das größte Bauvorhaben im Rottal

Als frühestes größeres Bauwerk der Gotik entstand in unserem Bereich zur Mitte des 14. Jahrhunderts der Chor der Klosterkirche St. Veit in Neumarkt, der in typischer Bettelordens-Architektur einschiffig und schluchtartig eng hochragend angelegt ist.

Das größte Bauvorhaben des 15. Jahrhunderts im Rottal war die Pfarrkirche in Eggenfelden, zweifellos das bedeutendste und aufwendigste Werk im Umkreis. Der

Baubeginn ist kurz nach 1400 anzusetzen, nur das Jahr der Weihe, 1444, kennen wir; die Vollendung fällt in das erste Viertel des 16. Jahrhunderts. Als bestimmenden Baumeister der ursprünglich kleiner geplanten Kirche nehmen wir Stephan Krumenauer an. Das imposante Bauwerk weist bei einem schlanken Chor ein nahezu quadratisches Langhaus auf. Es ist dreischiffig mit angefügten geräumigen Seitenkapellen. Die Maßverhältnisse sind von großer Ausgewogenheit, das Mittelschiff doppelt so hoch wie breit, die Seitenschiffe halb so breit wie das Mittelschiff.

Besonders schön und reichhaltig sind die Gewölbe der Eggenfeldener Pfarrkirche. Als Baumeister der Gewölbe, vollendet laut Inschrift 1488, werden Schüler und Nachfolger des 1461 verstorbenen Stephan Krumenauer angenommen: Michael Sallinger und Wolf Wisinger (auch Wieser). Sallingers Tätigkeit ist nur in Pokkings Pfarrkirche und Kößlarns Kirchenbefestigung bezeugt. Er gehörte jener Gruppe fachkundiger Werkmeister an, die im Jahr 1474 zur Beratung über die Einwölbung der Frauenkirche nach München geholt wurden.

Bedeutende Bauwerke haben ihre Ausstrahlung. So findet man in Abhängigkeit von Eggenfelden die Kirchenräume von Staudach, Unter- und Oberdietfurt. Reich gestaltete Gewölbe samt interessanten Details an Portal, Empore und den Maßwerkfenstern finden sich in der Kirche von Karpfham. Als ein hochrangiges Bauwerk muß auch die Kirche von Johanniskirchen angesprochen werden. Die Raumverhältnisse sind ausgewogen; eine Netzfiguration in Dreiparallelen vereinheitlicht Langhaus und Chor.

Für die Gruppierung unserer spätgotischen Kirchenbauten wurden verschiedene Merkmale herangezogen, ohne daß damit eine überzeugende Aussage möglich erscheint. Dreischiffige Räume finden sich in Eggenfelden und davon abhängig in Staudach, Ober- und Unterdietfurt sowie in Rotthalmünster und in Arnstorf. Die Pfarrkirche zu Arnstorf, eine spätgotische Anlage um 1470 bis 1480, ist von beträchtlichen Ausmaßen mit einem stattlichen Turm. Ursprünglich einschiffig geplant, wurde sie nach dem Brand von 1500 um zwei Seitenschiffe erweitert. Dazu öffnete man die Langhauswände mit ihren drei Jochen durch breite Bogen und fügte schmale Abseiten an. Die Bezeichnung „einschiffig", die die umliegenden kleineren Kirchen betrifft, hat nichts Abwertendes an sich. Eine Sonderstellung nehmen die Kirche von Tettenweis und die Wallfahrtskirche von Aigen am Inn ein, die einzigen zweischiffigen Räume, die unser Bereich aufzuweisen hat.

Zum Zeitpunkt der spätesten Gotik stößt man auf Besonderheiten, die den Stil der „Endzeit", der „sterbenden" Gotik, verkörpern: Der Formenreichtum hatte sich erschöpft, die Erfindungsgabe ließ nach. Das südliche Seitenschiff von Rotthalmünster sei beispielhaft genannt. Dort stehen jeweils die Ansätze des Gewölbes „auf Lücke". Damit verschiebt sich die Rippenzeichnung des Gewölbes in einer merkwürdigen, bizarren Weise; sie „wackelt" von Joch zu Joch hin und her.

St. Anna bei Ering wird mit einem Baumeister in Verbindung gebracht, der – sicherlich unrichtig – zu den wenigen namentlich bekannten in unserem Bereich gehört: mit Hans Wechselberger. Sein Meisterzeichen ist das einzige, das sich an einigen Kirchen diesseits des Inns feststellen läßt. Es findet sich von Heiligkreuz bei Burghausen, 1477, bis herab nach Pokking, 1491, bisweilen ist es seitenverkehrt und weist geringfügige Abänderungen auf. Stilistischen Übereinstimmungen zufolge dürften Heiligkreuz und Ering am Inn in erster Linie „Wechselberger-Kirchen" sein.

Der Name eines Meisters ist noch in Grongörgen in einer Tafel an der Außenwand der Kirche eingeschrieben. Ihr zufolge wurde das Bauwerk innerhalb von zwölf Jahren vom „Meister Thaman (Thomas) von Braunau" errichtet.

Figürliche Darstellungen und Bildwerke der Gotik

Der Gotik unserer Kunstlandschaft kommt nicht nur wegen der Qualität der Sakralbauten Bedeutung zu. Sie hat auf dem Gebiet der Plastik ebenso Beachtliches aufzuweisen. Die älteste figürliche Darstellung, die wir besitzen, ist die überlebensgroße Pietá von Neukirchen. Sie soll aus dem Kapuzinerkloster von Brau-

nau hierher gekommen sein und stand dann über hundert Jahre im Stadel eines Bauern. Die aus der Zeit um 1350 stammende Plastik ist noch etwas steif befangen, aber im Gesichtsausdruck von tiefer menschlicher Regung. Auch der reiche, lebhafte Faltenwurf der Kleidung verrät einen begabten Meister, dem es auf große Realitätsnähe ankam; aus den Wunden quillt in dicken Trauben das Blut hervor. Aus derselben Zeit haben sich noch ein paar Plastiken in der ehemaligen Klosterkirche von Neumarkt-St. Veit erhalten.

Der Turm von Schildthurn wurde um 1520/1530 in einem Wurf nach einem Konzept errichtet und gilt als einer der schönsten im Land. Den Turm schmücken Blendarkaden.

Das 15. und das beginnende 16. Jahrhundert sind in unserem Bereich mit einer auffallend großen Anzahl von spätgotischen Bildwerken vertreten. Die Figuren stammen vielfach aus einstigen Flügelaltären und sind von beachtlicher künstlerischer Qualität. Die Reihe beginnt mit einer Predellengruppe in der Kirche Guteneck, einem Bildwerk der Mystik, die Ver-

mählung der heiligen Katharina mit dem Jesuskind. Die vielfigurige Gruppe ist in lebhafter Wechselbeziehung mit großer menschlicher Regung der dargestellten Personen gestaltet, anmutig und liebenswürdig in der Auffassung des Seelischen. In den Gewandungen mit überreichen Röhren- und Schüsselfaltungen begegnet dem Beschauer ein Faltenstil voller Wohllaut der Melodik; die Gruppe gehört dem „Weichen Stil" um 1420 an. Wenige Jahre danach dürfte die Pietá von Gehersdorf entstanden sein, ein fast ebenso bedeutendes, doch schlichteres Bildwerk, bei dem die stille Klage der Vesperbilder in wunderbarer Weise zum Ausdruck kommt.

Einige spätere Marienfiguren mit ihrem zum Kind hin fürsorglich geneigten Haupt lassen in ihrer gezierten Körperhaltung und dem weich fallenden Faltenwurf einen Nachklang zum „Weichen Stil" erkennen; eine in dieser Hinsicht besonders schöne Madonna besitzt die Kirche von Dietersburg.

Madonnen im Vergleich

Nach 1450 setzt sich eine bürgerliche Auffassung durch, die Erzählerfreude mit volkstümlicher Anschaulichkeit verbindet. Die Plastiken verlieren das Höfisch-Elegante und wirken ruhig in gesammelter Haltung mit ernstem, nachdenklichem Gesicht. Als Beispiel für viele sei auf die Madonna von Rogglfing hingewiesen.

Um 1480 überrascht dann ein etwas strenger, konzentrierter Blick; in die Gewandfalten kommt immer mehr Unruhe, die bis zum endlichen Abbruch der Gotik um das Jahr 1530 in äußerst unruhige Knitterungen und aufgewühlte Kräuselnester übergeht. Auch dafür gibt es viele höchst bemerkenswerte Zeugnisse, so das Chorbogenkreuz von Eggenfelden oder die Wallfahrtsmadonna von Anzenberg. Beides sind Plastiken von höchster Qualität, die man Leinberger zugeschrieben hat. Sie sind jedoch dem Kreis der Mühldorfer Bildschnitzer um Niclas Leeb und Mathäus Crinis zuzuweisen.

Neben den vielen Plastiken haben sich auch gotische Altäre erhalten. Die Reihe

führt das kleine Altärchen von Pildenau an; es gilt als eine Salzburger Arbeit, ist in die Zeit um 1430 zu datieren und weist nur Tafelmalerei auf. Andere gotische Altäre sind im Mittelteil mit figürlichen Darstellungen geschmückt, so in Oberdietfurt oder in Pischelsberg bei Eggenfelden.

Flügelaltäre und andere kunstvolle Schnitzwerke

Im gotischen Flügelaltar von Pischelsberg hat sich ein besonders schönes Ausstattungsstück dieser Kirche erhalten. Dominierend nimmt es den weiträumigen Chor ein. Mit seinem schönen Raumgefüge, den einfühlend wiederhergestellten Farben und dem erhaltenen Ziegelpflaster atmet Pischelsberg wie kaum ein anderes Gotteshaus noch den Geist der Gotik. Der Altar ist auf 1504 datiert; der geschnitzte Aufsatz war verloren und wurde nach 1900 einfühlsam neogotisch ergänzt. Bemerkenswert ist die Behandlung des geschnitzten Rankenwerks im Mittelschrein, das um die Zeit nach 1500 allgemein ins Vegetabile (Pflanzenformen) umgewandelt wurde. Der Altar ist ein bemerkenswertes Beispiel für die Entfaltung der bodenstän-

Links: Pietá von Gehersdorf (etwa 1430). Voller Innigkeit ist das Antlitz der Gottesmutter mit dem „fassungslosen" Blick. Die Madonna von Dietersburg spricht uns dagegen mit menschlichem Blick als eine bürgerliche Frau an. In den schroffen Kanten und unruhigen Knitterungen des Faltenwurfs kommt die soziale Unrast des späten 15. Jahrhunderts zum Ausdruck.

digen Kunst der späten Gotik. Der Flügelaltar von Unterdietfurt steht nicht nach. Bei ihm fehlt das Gesprenge. Den Mittelteil nimmt der Schrein mit den beiden Schnitzfiguren, den Titelheiligen Simon und Judas Thaddäus, ein. Die bemalten Flügel beziehen sich auf deren Lehrtätigkeit und auf ihre schaurige Marter.

Aus der zweiten Hälfte des 15. Jahrhunderts haben sich im mittleren Rottal eine Reihe von Schnitzwerken erhalten, die große stilistische Verwandtschaft miteinander erkennen lassen. Sie sind vermutlich von einer Werkstätte geschaffen worden, deren Meister nicht zu erfassen ist. Aus der völligen Anonymität ragt nur jener Hans Nagel von Pfarrkirchen heraus, der 1481 den Palmesel von Kößlarn geschaffen hat. Ein weiterer Palmesel, wohl nicht von dessen Hand, findet sich in Erlach. Das bedeutendere Kunstwerk in dieser Kirche ist aber die gotische Wallfahrtssil-

bermadonna, 1480 gefertigt vermutlich in einer Passauer Werkstätte (s. Abb. S. 191).

Schnitzaltar von Heiligenstadt

Der größte Schnitzaltar dieser Zeit in besonders reicher Ausführung steht in der ehemaligen Wallfahrtskirche Heiligenstadt (Abb. S. 54/55). Auch bei ihm fehlte das Gesprenge. 1867 wurde es von dem Hengersberger Franz Seywald in übereinstimmenden Formen ersetzt, und ein Pfarrer und Kunstsammler schenkte dazu die gotischen Figuren. In der Mitte des Schreins thront der Salvator mundi gebieterisch in repräsentativer Haltung. Ein Reigen von musizierenden Engeln umgibt ihn; zwei davon wurden zu Beginn unseres Jahrhunderts einfühlsam ergänzt. Diese Engel sind von großer Anmut. Auch die beweglichen Flügel lassen in ihren Reliefschnitzereien eine herausragende Qualität erkennen. Bei diesem Altar sind einige zeitliche Ungereimtheiten vorhanden. Der Mittelschrein, vor allem mit den noch in strengem Maßwerk ausgeführten geschnitzten Ranken, dürfte um 1480 zu datieren sein; diese Jahreszahl findet sich auch auf der Rückseite. Die Flügel aber sind den Stilmerkmalen zufolge in die Zeit um 1500 zu verweisen. Neben der Predellennische findet sich die gemalte Darstellung des seinerzeitigen Deutschordenskomturs Perchtold von Sachsenheim; er wird als „Stifter" des Altars bezeichnet. Er stand aber erst nach 1500 der Deutschordenskommende Gangkofen vor. Der Altar, der sich heute so einheitlich darbietet, wurde also wohl zu einer viel späteren Zeit aus ursprünglich nicht einander zugehörigen Stücken zusammengefügt. Dennoch zählt er zu den bedeutendsten Werken dieser Zeit in Niederbayern.

Die Spätgotik des 15. Jahrhunderts hinterließ im Rottal noch andersgeartete Kunstwerke. Nennenswert sind Taufsteine von guter Steinmetzarbeit aus Adneter Rotmarmor, so in Dietersburg, Eggenfelden, Ering, Pfarrkirchen, Rogglfing, Stubenberg, Wittibreut und Zimmern. Das Können einheimischer Handwerksmeister beweisen viele Kirchentüren mit ihren schmiedeeisernen Beschlägen. Vom Dorfschmied aus einem Stück gearbeitet, endigen sie meist in der gotischen Lilie. Bei diesen Türen können auch die Holzteile auf das Alter von über 500 Jahren zurückblicken. Besonders schöne Türen besitzen Heiligenberg, Unterdietfurt, Jägerndorf, Taubenbach, Schildthurn, Kirchdorf am Inn und Waldhof. Glasmalereien hingegen sind nur vereinzelt anzutreffen, in Gambach, St. Anna bei Ering oder auch in Sallach.

Zuletzt noch ein Hinweis auf die Kirchtürme, an denen meist die Jahrhunderte gebaut haben und bei denen auch die Gotik vertreten ist. Wenngleich viele Türme in späterer Zeit ausgebaut wurden wie der von Neumarkt-St. Veit, 1766 mit der wohlgeformten Zwiebelkuppel von Johann Michael Fischer, so haben sich auch Turmspitzen des 15. Jahrhunderts erhalten.

Hoch aufragende Kirchtürme

Die gotische Kunstlandschaft dieser Region zeichnet sich durch besonders hohe Türme aus. Alle überragt der von Eggenfelden mit seinen 76 Metern Höhe. Er ist eigentlich ein Vertreter der „niederbayerischen Backsteintürme" und als solcher bis zur neugotischen Kreuzblume hin in Ziegel gemauert. Vor wenigen Jahren mußte er mit einer Kupferhaut überzogen werden, weil man im 19. und 20. Jahrhundert unsachgemäße Ausbesserungen vorgenommen hat. Dem Eggenfeldener Kirchturm, für dessen Vollendung ein eingebürgerter Bader 1519 eine stattliche Geldsumme stiftete, gehen stilistisch die Türme von Malching und Aigen am Inn voraus. Der Eggenfeldener Pfarrkirchenturm hatte jahrhundertelang nicht nur die Aufgabe eines Glockenturms, sondern auch die des Stadtturms, eines Wachturms, zu erfüllen. Daraus ergab sich die einprägsame Durchgestaltung der oberen Geschosse mit der Maßwerkgalerie für die Wächter und den Ecktürmen zum Unterschlupf.

Bedeutende Kunstwerke sind die beiden Türme von Schildthurn und Taubenbach, wohl von demselben Baumeister errichtet. Stattlich erhebt sich der von Schildthurn mit seiner Höhe von 72 Metern auf einem Bergrücken. Er entstand nach einheitlicher Planung in einem Guß in den Formen der spätesten Gotik um 1520/1530. Die Geschosse zieren Blendarkaden mit Maßwerk und gotischer Lilie. Vom Übergang zum Oktogon aus klettern mehrfach abgesetzte Strebepfeiler bis zum Ansatz des Helms empor.

Nur spärlich sind die Zeugnisse der Renaissancekunst in unserem Raum. Der plötzliche Abbruch der Gotik um 1530, ausgelöst auch durch die Glaubensspal-

Die Kirchentür von Waldhof ist eine der vielen erhaltenen gotischen Türen aus dem 15. Jahrhundert. Das Türblatt zeigt Einschubleisten aus Eiche sowie den Beschlag aus Eisen. Der von Waldhof ist besonders üppig gearbeitet mit Rankenwerk, Früchten und eingestreuten Tieren.

tung, hätte dem neuen Stil eigentlich die Möglichkeit zur Entfaltung geben können. Aber die Renaissance, die Erneuerung der Antike, die Gelehrsamkeit und Humanismus voraussetzt, entsprach nicht der schlichten Art unserer Volkskultur. Im übrigen war das Baubedürfnis gesättigt. Die Wirren der Reformation und das Chaos des Dreißigjährigen Krieges behinderten zudem jede künstlerische Tätigkeit.

Renaissance spärlich vertreten

Die Renaissance kam bei uns nur in der Grabmalplastik zur Entfaltung. Angehörige von bedeutenden Adelsgeschlechtern, die fast alle Hochschulbildung genossen hatten, ließen sich Epitaphien meist schon zu Lebzeiten fertigen. Solche Steinmetzarbeiten aus Marmor von hoher künstlerischer Qualität finden sich in den Pfarrkirchen zu Stubenberg für die Grafen von Baumgarten, in Falkenberg für die Tattenbach oder auch in Neumarkt-St. Veit für einen Abt, dessen Grabdenkmal Stephan Rottaler geschaffen hat. Dieser vielbeschäftigte einheimische Meister fertigte auch

das kunstvolle Grabmal des Hans von Closen in der Pfarrkirche Arnstorf an.

Etwas reicher ist die Anzahl von Profanbauten. Bei den Schlössern von Arnstorf, Mariakirchen und Baumgarten wurden die Innenhöfe mit Renaissance-Arkaden ausgestattet. Auch einige Bürgerhäuser wiesen Laubenarkaden auf, am besten erkennbar am Gasthaus „Zum Plinganser" in Pfarrkirchen. Die zwar schmucklosen, doch im Baukörper eindrucksvollen Adelssitze von Peterskirchen und Seiberstorf entstanden ebenfalls in jener Zeit.

Barock und Rokoko: der zweite Höhepunkt

Ein zweiter Höhepunkt des Kunstschaffens fiel in unserem Bereich in die Stilepoche von Barock und Rokoko, wenngleich der Gipfel, den die Gotik erklommen hatte, nicht wieder erreicht wurde. Erneut nimmt der sakrale Bereich den breitesten Raum ein, nachdem das Konzil von Trient (1545 bis 1563) die innerkatholische Erneuerung eingeleitet hatte. Im Kunstbereich rückte es die bildlichen Darstellun-

gen erneut in den Vordergrund. Die befohlene Übertünchung mittelalterlicher Malereien und die Entfernung älterer Kreuzaltäre sind in unserem Bereich zu beklagen. Nach dem Konzil versuchte man auch die Wallfahrten umzufunktionieren und damit wiederzubeleben. Die Gottesmutter sollte an die Stelle früherer Wallfahrtsheiliger treten, in Taubenbach für den heiligen Alban, in Schildthurn anstelle der heiligen drei Jungfrauen Einbeth, Warbeth und Wilbeth.

Dem Übereifer der Zeit ist es auch zuzuschreiben, daß sich in Kirchen mit Wallfahrten, die im Mittelalter blühten, keine einzige gotische Plastik erhalten hat. Auch in Kößlarn, der größten Marienwallfahrt im bayerischen Unterland vor Altötting, finden sich nur noch der gotische Palmesel und die Silbermadonna von 1487. Wur-

Kirche und Kloster St. Salvator bei Griesbach, 1632 an der Stelle eines abgebrannten Prämonstratenserklosters (1309) errichtet, bilden eine malerisch gelegene Baugruppe.

den gotische Altäre belassen, weil die Mittel zur Anschaffung neuer fehlten, nahm man ihnen die entfernbaren geschnitzten Gesprenge und Ornamente ab.

Es dauerte geraume Zeit, bis wieder Neubauten entstehen konnten. Mitten im Dreißigjährigen Krieg, unmittelbar nach dem ersten verheerenden Schwedeneinfall, errichtete man nach einem Brand die Klosterkirche samt den Konventgebäuden in St. Salvator bei Griesbach neu. Kirchenbaukunst und Kunsthandwerk lagen damals so darnieder, daß der Auftrag an einen „welschen" Meister, den Oberitaliener Bartolomeo Viscardi, vergeben wurde. Die geräumige Wandpfeilerkirche weist neben antiquierten Motiven auch zukunftsweisende auf, so die sphärisch verzogenen Quergurte an den Langhausintervallen.

Zuccalis Doppelturmfassade der Gartlbergkirche

Nach 1664 entstand die Gartlbergkirche in Pfarrkirchen, die Domenico Christòforo Zuccalli plante. Die von der Architektur her schlichte Anlage mit der hochragenden Doppelturmfassade wurde in zwei Abschnitten durch eine prunkvolle Innenausstattung bereichert. Seit 1668 gestalteten oberitalienische Künstler, die zur selben Zeit den ausgebrannten Dom zu Passau erneuerten, den Chor; Giovanni Battista Carlone und Paolo d'Aglio schufen den Hochaltar und die voluminösen, sorgfältig geschnittenen Stukkaturen. Das Hochaltarbild ist ein vorzügliches Werk des Pfarrkirchener Franz Ignaz Bendl. Ein anderes Mitglied der Familie Bendl, Ehrgott Bernhard, damals in Augsburg tätig, schmückte nach 1713, als nach dem Spanischen Erbfolgekrieg wieder Friede ins Land gezogen war, das Langhaus mit seinen zierlichen, dekorativ gestreuten Stukkaturen im Stil des frühen Rokoko.

Mit den Bendl begegnet uns eine Künstlerfamilie, die Mitte des 17. Jahrhunderts in unsere Gegend gekommen war. 1640 heiratete der Sohn des Stammvaters in die Schloßtaverne von Baumgarten ein, um sich 1643 in Pfarrkirchen niederzulassen. Er arbeitete zu dieser Zeit an der herrlichen Ausstattung der Wallfahrtskirche von Sammerei. Es sei darauf hingewiesen, daß nachfolgend in ganz Europa Bendl tätig waren, so in Krumau, Prag, Preßburg, St. Petersburg, Rom und Paris.

Fast gleichzeitig mit der Gartlbergkirche entstand nach 1686 die Wallfahrtskirche

Langwinkl, zwar nicht in denselben Ausmaßen, doch ebenfalls von großer Schönheit. Auch hier waren „welsche" Meister tätig; Zuccalli erbaute das Gotteshaus. Den Hauptaltar schuf Andrea Solari, und der ebenso bekannte Passauer Hofkünstler Giovanni Pietro Camuzzi fertigte die reichen, sorgfältig gearbeiteten Stukkaturen mit Blüten und Fruchtranken und den auffallend teigigen Kartuschen.

Im 18. Jahrhundert entstanden nur noch wenige neue Gotteshäuser. Nach 1726 ließ der Aldersbacher Konvent die Wallfahrtskirche in Frauentödling vom Landauer Stadtmaurermeister Dominikus Magzinus (auch Mazino) erbauen. 1748 wurde die Hustenmutterkapelle bei Postmünster errichtet, ein kleiner, reizvoller

Zentralbau, den wohl der damalige Marktmaurermeister zu Pfarrkirchen, Anton Krämer, geplant hat. Die zusammen mit dem Klostergeviert nach dem Brand von 1715 errichtete Kirche von Seemannshausen wurde bei der Säkularisation nach 1802 abgebrochen. Mit ihr ist der Verlust eines der fünf großen Freskenzyklen des Eggenfeldener Rokoko-Malers Anton Scheitler (1718 bis 1790) zu beklagen.

Ein weiteres größeres Bauvorhaben des 18. Jahrhunderts war die Pfarrkirche von Mariakirchen, geplant und errichtet von Niclas Wolf aus Stadtamhof nach 1741, abgeschlossen 1756 mit dem stattlichen Turm, dessen pathetisch geformte hohe Zwiebelkuppel zum Wahrzeichen des Kollbachtals geworden ist. Das Innere, deut-

Hauptaltar der Wallfahrtskirche von Anzenberg, der mit der locker aufgebauten Bühne für das Gnadenbild aus der spätesten Gotik um 1520 einer Rotunde gleicht. Den Altaraufbau schuf der Griesbacher Wenzel Jorhan.

lich am Übergang zum Rokoko, an dessen Ausschmückung weniger bekannte einheimische Meister beteiligt waren, besticht durch seine Einheitlichkeit.

Darüber hinaus beschränkte sich im 17. und 18. Jahrhundert das Kunstschaffen hierzulande vorwiegend auf Um- und Ausbauten. Wenige Kirchtürme erhielten eine barocke Zwiebelkuppel, so die Klosterkirche von Neumarkt-St. Veit. Im Jahr seines Todes, 1766, hat sie Johann Michael Fischer noch geplant; er begann sein Lebenswerk 1722 mit Kirchham bei Bad Füssing im unteren Rottal und beendete es mit St. Veit im oberen Rottal.

Einige Kirchen wurden „barockisiert": Stubenberg nach 1743 mit den zierlichen, volkskundlich interessanten Deckenbildern des Karl Johann Gasteiger aus Tann von 1773, der sonst nirgendwo mehr in Erscheinung tritt. Oder auch Schildthurn, an dessen Barockausstattung auch Wenzel Jorhan beteiligt war.

Dieser aus Bilin in Nordböhmen stammende Künstler wurde, über Vornbach kommend, 1725 in Griesbach ansässig und ist dort 1752 gestorben. Er bereicherte unsere Kunstlandschaft mit Schnitzwerken von hervorragender Qualität. Beispielhaft gelten die Altarausstattungen in Dietersburg und in Heiligenberg. Aber auch viele Einzelfiguren sind ihm zu verdanken, darunter ein heiliger Nepomuk in der Spitalkirche zu Eggenfelden.

Johann Baptist Modler und Wenzel Jorhan aus Griesbach

Noch zur Mitte des 17. Jahrhunderts erhielt die Wallfahrtskirche Taubenbach eine frühbarocke Altarausstattung. Das fällt wiederum in die Zeit des Dreißigjährigen Krieges, zwischen die zwei Schwedeneinfälle von 1632 und 1642, ein Zeichen dafür, daß das Leben in bayerischer Unverwüstlichkeit seinen Fortgang nahm. An der prachtvollen Altarausstattung, eine der aufwendigsten des Gebietes, haben ein-

heimische Handwerker, vor allem aber mit den ins Auge fallenden Schnitzarbeiten die Gebrüder Martin und Michael Zürn gearbeitet.

Ein Meisterwerk hochbarocker Altarbaukunst findet sich in Erlach. Das gewaltige Retabel wurde 1676 in schweren Barockformen errichtet. Aus dem Rahmen des hierzulande Üblichen fällt der 1712 angefertigte Altar von Obereregglham heraus. Ohne tektonisches Gerüst „architekturlos", umspielen reich geschnitzte Akanthusranken das Mittelfeld in spiraligen Drehungen. Dieser „böhmische Rankaltar" könnte ein Werk des in Böhmen vielfach tätigen Stephan Tabor sein.

Einem ebenfalls seltenen Stück begegnet man in Schwaibach im Rottal. Die kleine, im wesentlichen noch romanische Kirche beherbergt einen reizvollen Altar aus künstlichem Stuckmarmor, um 1760

Asbach ist das letzte Glied in der langen Reihe unserer herausragenden barocken Klosterkirchen, ganz dem Zeitgeist ergeben, ein Werk des frühen Klassizismus. Daraus ergibt sich die zurückhaltende, etwas steife Vornehmheit, die dem Gotteshaus aber seine besondere Note verleiht.

gefertigt vom Kößlarner Meister Johann Baptist Modler. Dieser errichtete etwas früher den Altar in Rotthof, der zu den originellsten Werken dieses begabten Stukkateurs zählt. Der Spätstil, der zu dieser Zeit auch bei uns seine Früchte trug, ist mit zwei reizvollen Rokoko-Juwelen vertreten. Eines treffen wir in Anzenberg an. Die kleine, in der Gotik erbaute Wallfahrtskirche wurde nach 1733 von dem Neumarkter Maurermeister Silvester Mayerhofer barock umgestaltet. Für das Gnadenbild sollte ein neuer Altar geschaffen werden; Wenzel Jorhan wurde damit nach 1740 beauftragt. Er arbeitete zu dieser Zeit in Maria-Dorfen zusammen mit Egid Quirin Asam; von dort lieferte er seine Schnitzwerke. Der Anzenberger Hochaltar gleicht in seiner prächtigen Anlage einer Rotunde. Der halboffene Säulenaufbau mit überreichen Ornamenten und den von Wenzel Jorhan hervorragend gearbeiteten Schnitzfiguren ist ein würdiges Gehäuse für das wunderschöne Wallfahrtsbild: die spätgotische Madonna von 1520/1530.

Joseph Deutschmann und die Schloßkirche von Thurnstein

Das andere bedeutende Kunstwerk des späten 18. Jahrhunderts ist die Schloßkirche von Thurnstein, die den Ostflügel der nach 1670 errichteten Anlage einnimmt. 1763 erstmals ausgestattet, wurde sie zwanzig Jahre später nochmals bereichert. Der Schloßherr Johann Nepomuk von Goder betraute damit bedeutende Künstler, Joseph Deutschmann aus Passau (1717 bis 1787) und Christian Jorhan aus Landshut (1727 bis 1802), den Sohn des Wenzel Jorhan. Während im unteren Bereich des hohen Kirchenraumes das voll erblühte, überschäumende Rokoko den Blick in seinen Bann zieht, geht nach oben zu die Ausstattung in den bereits abgekühlten frühen Klassizismus über.

Die Deckenmalereien, die Johann Nepomuk della Croce aus Burghausen (1736 bis 1819) dort im Jahr 1783 anbrachte, stehen an Qualität keinesfalls nach. Über einem illusionistisch gemalten hohen Architektursockel ist in vier Szenen die Geschichte der Esther aus dem Alten Testament dargestellt.

Nicht nur in Thurnstein ist zu dieser Zeit das Eindringen eines neuen Stilgefühls erkennbar. Wieder muß man sich das „geistige Klima" der Zeit vergegenwärtigen, um auch die Strömungen in der Kunst zu

Der Siebenschläferaltar von Rotthof, ein höchst originelles Kunstwerk. Johann Baptist Modler aus Kößlarn zauberte in die Nische des Hochaltars die Legende von den Siebenschläfern. In einer Grotte ruhen die Jünglinge in sanftem Schlaf, beleuchtet nur durch ein Chorscheitelfenster, zu dessen Licht sich magisch das Rot und Gelb aus hinterlegten Scheiben mischt.

verstehen. Die Aufklärung, die Französische Revolution von 1789, die landesherrlichen Mandate ab 1770, die eine „reine und regelmäßige Architektur" forderten, wirkten herein. Leider wurde durch die Säkularisation von 1802/03 der neue Stil abgewürgt, denn er zeigte alle Ansätze zu einer kunstvollen Entwicklung.

Klassizistische Kirche von Asbach

Ein bedeutendes Bauwerk des frühen Klassizismus ist die Kirche von Asbach. Bei der dortigen Benediktinerabtei ließ 1771 Abt Maurus die große romanische Basilika niederlegen. Als Abgeordneter beim Landtag und Mitglied bei der Bayerischen Akademie der Wissenschaften hatte er beste Kontakte zum höfischen München und war dem Zeitgeist aufgeschlossen. So stellte er den sofortigen Neubau unter das Gebot der „edlen Simplizität", und es entstand eine Wandpfeilerkirche als weitgedehnter Saal unter Verzicht auf besondere Effekte. Asbach gilt als „Cuvilliés-Kirche", eine Zuschreibung an François Cuvilliés den Jüngeren (1721 bis 1777), und zwar im Hinblick auf die stilistische Übereinstimmung mit Zell an der Pram, einer gesicherten Cuvilliés-Kirche.

Der 1777 nachfolgende kunstsinnige Abt Rupert verpflichtete für die Ausstattung erstrangige Künstler: Für die Deckenmalereien engagierte er den Tiroler Joseph Schöpf (1745 bis 1822), für sämtliche Altarbilder Martin Johann Schmidt, den „Kremser Schmidt" (1718 bis 1801), und für die Figuren den Passauer Bildschnitzer Joseph Deutschmann (1714 bis 1774). An Altären und Kanzel sind viele „Zopfelemente" erkennbar; dennoch gelang es neben dem Baumeister nur Schöpf, sich voll in den neuen Stil einzufinden. Schöpf hat die riesige Malfläche des Hauptfreskos überschaubar eingeteilt. Die dargestellten Figuren sind in einem klaren akademischen Stil gemalt, die Farbigkeit ist sehr lebhaft, besondere Akzente in blau und rot sind sicher gesetzt.

Die Altarblätter des „Kremser Schmidt", übrigens die einzigen dieses vielbeschäftigten Österreichers auf bayerischem Bo-

Baumeister ist sicher bekannt, daß er in Asbach mitgewirkt hat, von Martin Desch, dem damaligen Marktmaurermeister von Pfarrkirchen. Er errichtete nach 1798 selbständig im reinsten Klassizismus die Pfarrkirche von Tann, hat aber auch bei der Wiederherstellung der Kirche von Vilshofen nach einem Brand ein Zeugnis seines Könnens gegeben.

Historismus im 19. Jahrhundert

Im 19. Jahrhundert bedingte ein neuer Zeitgeist wiederum eine Abkehr vom überkommenen Stilempfinden. Als sich im Biedermeier ein nostalgischer, romantischer Glanz über das Land breitete, besann man sich auch auf frühere, schon „historisch" gewordene Kunstformen. Durch deren Wiederbelebung begann das Zeitalter des

besonders gefördert. Viele Kirchen wurden „im reinen, altteutschen Styl wieder hergestellt", verloren damit wertvolle Ausstattungen, an deren Stelle fade neugotische Einrichtungen traten. Das betraf vor allem die Pfarrkirchen, so auch in Eggenfelden oder Pfarrkirchen; dort gingen wertvolle Kunstwerke des Christian Jorhan zugrunde.

Bekannte Kirchenbaumeister waren im 19. Jahrhundert tätig, darunter der favorisierte Leonhard Schmidtner aus Landshut, der die neue Kirche Hebertsfelden errichtete. Zu erwähnen ist auch Johann Schott, München. Es ist charakteristisch für die Zeit, daß dieser zur selben Zeit nach 1890 in Schönau die Kirche in neogotischen, die Basilika in Altötting in neobarocken und die Kirche Pleinting in Neorokoko-Formen errichtete. Man hatte die Stile in der Schublade, beherrschte den Formenkanon, aber nicht den Geist, der einst die Kunstrichtungen beseelt hatte.

Jugendstil-Rathaus in Simbach

Es war dann nicht zu verwundern, daß 1896 als Reaktion auf die ausufernde Stilimitation der Jugendstil mit allem Herkömmlichen brach. Unter Verwendung von vegetabilen Formen versuchte er, völlig neue Wege zu beschreiten. 1910 entstand das Jugendstil-Rathaus in Simbach am Inn nach den Plänen des Architekten Peter Danzer aus München. Der stattliche Baukörper ist lebhaft gruppiert als dominierender Akzent der Stadtmitte. An den Turm gliedert sich ein Schweifgiebeltrakt an, geziert mit Majolika-Putten-Gruppen.

Im Anschluß an diese Epoche kam nochmals das Neobarock zum Tragen, allerdings in stark reduzierten Formen, bei uns mit den Kirchen von Ulbering (1925) und von Gschaid (1928). Bisweilen ergab sich eine Vermischung mit Jugendstilformen, man spricht dann vom „Jugendstil-Barock", welcher in Eggenfelden bei dem Umbau des alten Rathauses 1901 und bei der Gestaltung der Kirchengasse angewandt wurde. Auch die evangelische Christuskirche in Pfarrkirchen trägt diesen Stil.

Nach dem Zweiten Weltkrieg ergaben sich im Sakralbau neue Aufgaben durch die Liturgiereform. So mußte der gotische Chor der Pfarrkirche von Pfarrkirchen einem Neubau nach 1971 durch Karl Habermann aus Gauting weichen. Umgebaut und erweitert wurden auch die Kirchen von Egglham und Simbach am Inn.

Eine Besonderheit in unserer Kunstlandschaft ist das Rathaus von Simbach am Inn: reinrassiger Jugendstil, 1910, Architekt Peter Danzer aus München. Vor allem der stattliche Turm, der die lebhaft gegliederte und durchformte Baugruppe überragt, setzt einen Akzent im Stadtbild.

den, stehen wegen ihrer grundtonigen Farbigkeit in Kontrast zum hellen klassizistischen Raum; es herrscht ein mystischer Zug vor. Die verinnerlichten figürlichen Darstellungen Deutschmanns lassen das klassizistische Bemühen eines noch im Rokoko befangenen Meisters erkennen.

Die Kunstgeschichte würdigt Asbach als eines der letzten großen Glieder in der langen Tradition altbayerischer Klosterkirchen. Die zurückhaltende, steife Vornehmheit und Würde ist es, die dem Gotteshaus eine einmalige Note verleiht. Von einem

Historismus. Eigentlich hatte dieser seine Wurzeln schon im 18. Jahrhundert, als in Parkanlagen gotische Parkburgen und Ruinen nachempfunden wurden. Zum Tragen kam er in seiner zweiten Phase, im nachbiedermeierlichen strengen Bauherren-Historismus. Die Stilrichtung des späten, auch akademisch genannten Historismus erwies sich in unserem Bereich als besonders fruchtbar.

Nach der Neoromanik begann die Neugotik, im Bereich der Bistümer Regensburg und Passau von den Domkapiteln

Der Chor der Gartlbergkirche Pfarrkirchen, ab 1659 eine blühende Wallfahrt. Die Kirche wurde zeitgleich mit dem Passauer Dom von Italienern in der Barockzeit gebaut und geschmückt. Das Hochaltarblatt „Auferstehung Christi mit den drei Frauen" stammt jedoch von dem Pfarrkirchner Künstler Franz Ignaz Bendl. Obenauf stößt der Altar in die Deckenzone und vereint sich dort mit den voluminös durchgekneteten Stukkaturen Carlones und d'Aglios.

Wallfahrten gibt es bei allen Völkern und in allen Kulturen. Sie sind Ausdruck menschlicher Hilflosigkeit und Ohnmacht in den täglich erlebten Bedrängnissen und Nöten durch Unglücksfälle, Krankheiten und den Tod. Als Ursache aller Übel gilt der Zorn der himmlischen Mächte über die Unvollkommenheit der Menschen. Den Groll der Götter und Dämonen suchen gläubige Menschen zu besänftigen, indem sie ihnen an besonders ausgezeichneten Plätzen – auf Bergen, an Quellen, unter Bäumen usw. – Opfer und Weihegaben darbringen.

Das Gefühl des Ausgeliefertseins hat sich auch im Christentum nicht geändert. Dieses hat ausdrücklich alle Widerwärtigkeiten des Lebens den Menschen als Strafe Gottes vor Augen geführt. Nur durch Gebet, Buße und Opfer ist die Gnade Gottes und das ewige Heil zu gewinnen.

Fern- und Nahwallfahrten

Diese Gnaden fließen reichlich an besonders heiligen Stätten: am Grab Christi zu Jerusalem, am Grab der Apostelfürsten Peter und Paul zu Rom, am Grab des heiligen Apostels Jakobus zu Santiago de Compostela oder auch am Grabesschrein der Heiligen Drei Könige in Köln.

Die Reise zu diesen Stätten war gefahrvoll und mit hohen Kosten verbunden, so daß sie nur wenigen möglich war. Dies änderte sich mit den Kreuzzügen. Die Ritter brachten aus dem Heiligen Land zahlreiche Reliquien (vor allem Kreuzpartikel) mit in ihre Heimat und begründeten so Nahwallfahrten zum Heiligen Kreuz. An hohen Festtagen wurden diese hochgeschätzten Reliquien in kostbaren Gefäßen und Schreinen dem Volke zur Schau gestellt. An solchen Tagen strömten die Menschen zusammen, um den Segen und die Gnade dieser Reliquien zu empfangen. Man opferte Geld und kaufte Wallfahrtsandenken. So verband sich bald religiöse Inbrunst mit tüchtigem Geschäftssinn. Wirtshäuser, Herbergen und Devotionalienhändler boten ihre Dienste an. Wallfahrtsorte mit bedeutenden Reliquien erlangten Ruhm und Wohlstand.

Wallfahrten zu den heiligen Stätten der Christenheit, zu den Gräbern der Apostel oder auch zu Reliquien wurden im 13. Jahrhundert mehr und mehr abgelöst durch Kultbildwallfahrten zu heimischen Gnadenstätten. St. Leonhard, die Mutter Anna und vor allem die Mutter Gottes traten in

Der gold glänzende Altar der altehrwürdigen Holzkapelle von Sammarei, ein Werk Joseph Deutschmanns. Das Gnadenbild zeigt Maria mit dem Kind, das sich innig an die Wange der Mutter schmiegt.

den Vordergrund der Verehrung. Dies hing einerseits zusammen mit dem Verlust des Heiligen Landes an den Islam, vor allem aber mit dem wachsenden Einfluß der Reformorden (Zisterzienser, Dominikaner), die durch eine besondere marianische Frömmigkeit geprägt waren. Gebetserhörungen und Wunderwerke wurden manchen Bildern nachgesagt. Statuen wurden auf geheimnisvolle Weise an bestimmte Orte verbracht, oder sie wurden an Büschen, an Bäumen usw. aufgefunden. Auch Tiere wiesen gelegentlich durch abnormes Verhalten auf das Vorhandensein eines wundertätigen Bildes hin.

Wunder, die von dem Kultbild ausgingen, bewiesen den Menschen die besondere Gegenwart Gottes an diesem Ort,

denn Wunder wurden allgemein als Zeichen göttlichen Wirkens verstanden. Zu diesen Stätten der Gnade eilten die Menschen in ihrer Not. Die Fernwallfahrt wurde fast ganz durch die Nahwallfahrt verdrängt.

Der Zulauf der Pilger, ihre Opferbereitschaft, vielfach auch die Unterstützung durch Kirche und Adel führten dazu, daß das heilwirkende Bild bald eine prächtige Behausung fand: eine Holzkapelle, ein steinernes Kirchlein, eine mächtige Kirche mit einem weithin sichtbaren Turm. Dazu kam eine kostbare Ausstattung der Kirchenräume mit mehreren Altären, die sich Zünfte und Bruderschaften einrichteten. Die Pilger brachten vielfache Votivgaben an den Gnadenort: Geld, Wachs, Silber, Tiere usw. Viele Pilger brauchten Unterkunft und Verpflegung. So verquickten sich unaufhaltsam tiefe Religiosität auf der einen mit sehr weltlichem Geschäftssinn auf der anderen Seite. Daß sich hier auch erhebliche Mißstände breitmachten, ist kaum verwunderlich.

Barocker Marienkult

Einen jähen Zusammenbruch des Wallfahrtswesens brachte die Reformation und ihre Folgen. Die Verehrung von Bildern wurde für Götzendienst erklärt. Pilger blieben aus, Bilder wurden zerstört, und Kirchen wurden geplündert. Kriege, Pest und die Verödung ganzer Landstriche brachten viele Wallfahrten zum Erlöschen.

Erst nach dem Dreißigjährigen Krieg begann man vor allem in Bayern und Österreich im Zuge der Gegenreformation, die Marienverehrung wieder zu beleben. Bayern wurde unter den Schutz Mariens gestellt. Im ganzen Land entstanden unzählige kleine und kleinste Marienwallfahrten. Der Marienkult wurde auch von der Kirche propagiert. Die erfahrenen „Guttaten" wurden in sogenannten „Mirakelbüchern" aufgeschrieben und an Sonntagen öffentlich verlesen.

Das Gnadenbild wurde ins Zentrum der Kirche gerückt, auf den Altar erhoben und mit kostbaren Gewändern bekleidet und gekrönt. Das Kircheninnere wurde dem Geschmack der Zeit angepaßt und mit barockem Prunk versehen. Die Bildtafeln der Gotik verschwanden auf Dachböden, oder man verheizte sie einfach. Religiöse Schauspiele, Prozessionen und Umzüge waren Zeichen der Zeit. Die vielen wundertätigen Bilder traten in Konkurrenz zueinander, und die einfachen Menschen verließen zu oft Haus und Hof, um keinen Ablaß und keine Gnade zu versäumen, die von einem neuen wundertätigen Bild zu erhoffen waren.

Wallfahrtskult beschnitten

Um das immer mehr um sich greifende „Wallfahrtsgeläuf", das die Menschen von der Landarbeit abhielt und nach Meinung der Obrigkeit auch zu moralisch bedenklichen Verhältnissen an den Wallfahrtsorten führte, einzudämmen, wurden schon im 18., verstärkt im 19. Jahrhundert von Kirche und Staat zahlreiche Einschränkungen erlassen. Wallfahrtstermine und Kreuzgänge wurden erheblich beschnitten (von 50 Terminen wurden in Kößlarn nur noch drei zugelassen). Geld sollte

nicht außer Landes getragen werden, und die Pfarrkinder sollten an Sonn- und Feiertagen in ihren Pfarreien die Gottesdienste besuchen. Den vielen kleinen Wallfahrten wurde so ganz bewußt das wirtschaftliche Fundament entzogen. Weitere Einschränkungen, die bis in die Mitte des 19. Jahrhunderts andauerten, brachten das Ende der meisten Kleinwallfahrten.

Heute erinnern uns an die Blütezeit des Wallfahrtskultes vielfach nur noch die über das ganze Land verstreuten Kapellen und Kirchen mit ihrer prachtvollen Ausstattung. Von der tiefen Frömmigkeit der Pilger zeugen heute noch die Votivgaben, die in manchen Kirchen in Schaukästen gezeigt werden und vor allem die vielen Votivtafeln. Kästen, Kisten und Kirchenwände waren einstmals voller Votivga-

Die Wallfahrtskirche St. Ägidius in Schildthurn mit dem mächtigen gotischen Turm ist bis in die Gegenwart Ziel der Wallfahrer.

ben, die die Pilger auf Grund von Verlöbnissen oder aus Dankbarkeit und gläubiger Hoffnung abgelegt hatten. Votivtafeln schmückten schon im Mittelalter die Kirchenwände zu Hunderten.

Votivgaben – gläubige Hoffnung

Votivtafeln unterlagen einer eigenen Ikonographie. Im Zentrum des Bildes steht das Ereignis, dessentwegen die Tafel gestiftet wurde: ein Unglück, eine Geburt, usw. Über dieser Szene schwebt in einer Wolke der Heilige, an den sich das Anliegen richtet. Im unteren Drittel ist eine Aufschrift angebracht, die den Stifter, das

Ereignis, den Ort und das Datum nennt. Die Bilder unterscheiden sich in Größe und Qualität. Sie wurden in der Regel von Schreinern gefertigt und gemalt. Mit dem Verbot der Tafeln im 19. Jahrhundert wurden die Bilder anonym und ohne Aussage. Wir finden nur noch „Maria hat geholfen" oder ähnliche Kürzel.

Auch die übrigen Votivgaben, die es in großer Vielfalt gab, waren Ausdruck von menschlicher Not, Dankbarkeit und tiefer Religiosität, vielleicht auch von Aberglauben. Gegenstände, die Todesgefahr oder große Schmerzen bezeugen, wurden in Silber gefaßt am Altar niedergelegt (Zähne, Gallensteine, verschluckte Nadeln und Kerne usw.). Herzen, Körperteile, Bildnisse, Kröten (Symbol der Gebärmutter) usw. aus Silberblech oder Wachs standen für

Genesung, aber auch für Bitten um Beistand in Gefahren und Nöten. Eine beachtliche Rolle spielten auch Naturalopfer wie Wachs, Flachs oder auch lebende Tiere. Selbst Tiersymbole aus Eisen wurden dem Heiligen vorgelegt (St. Leonhard), damit er seine schützende Hand über das „liebe Vieh" halte.

Von den Gaben der Wallfahrer, die wesentlich zum Wohlstand mancher Wallfahrtsstiftungen beitrugen – in Notzeiten wurde sogar Geld verliehen –, ist infolge von Kriegen und der Säkularisation nach 1802 nur ein Bruchteil erhalten.

Sebastian Kaiser

Burgen und Schlösser

Josef Haushofer

Schloß Schönau. Die alte gotische Wasserburg erfuhr nach 1855 eingreifende Veränderungen. Um 1900 folgte ein umfassender An- und Umbau durch den Münchner Architekten Gabriel von Seidl. Nur geringe Teile der mittelalterlichen Anlage sind noch erkennbar. In sein romantisch-historisierendes Konzept hat der Architekt vor allem Renaissance-Elemente aufgenommen. Den stattlichen Turm glich er dem Wittelsbacher Turm von Burg Trausnitz in Landshut an. Der Schloßkomplex mit der Gartenanlage hinterläßt einen nachhaltigen Eindruck.

Niederbayern war einst ein Land der Herrensitze; mit über 800 an der Zahl übertraf es das bayerische Oberland fast um das Vierfache. Das Rottal war davon nicht ausgenommen. Noch im 18. Jahrhundert konnte man hier zählen: im alten Landgericht Eggenfelden achtzehn, im Landgericht Pfarrkirchen sechzehn Hofmarken, dazu in beiden Sprengeln 24 adelige Sitze und im Tal der Rott dreizehn Burgen und Schlösser. Seit dem hohen Mittelalter wuchsen, in der Flußniederung von Wasser umgeben, auf Höhenrücken durch Wall und Graben geschützt, die wehrhaften Sitze empor. Heute künden nur noch Überreste davon.

Die ältesten burgähnlichen Anlagen begegnen uns in oberirdischen Erdwerken, die unter der Bezeichnung „frühmittelalterliche Burgställe" oder besser „ebenerdige Ansitze" bekannt sind. Sie entstanden auf Bergspornen, die in Niederungen hinausragen, und bei denen drei steil geböschte Seiten einen natürlichen Schutz bilden. Die vierte Seite zum Bergrücken hin ist tief abgegraben. Die noch erkennbaren „ebenerdigen Ansitze" finden sich überwiegend im Hügelland abseits des Rottals. Man glaubt, in diesen Anlagen die bewehrten Sitze von gehobenen Grundherren einer frühen Siedelzeit zu sehen. An der Schwelle zum hohen Mittelalter wurden sie wieder verlassen.

Mittelalterliche Höhen- und Wasserburgen

Seit dem hohen Mittelalter entstanden dann in Ziegelmauerwerk zahlreiche Höhen- und Wasserburgen. Nur zwei haben sich weitgehend unverfälscht erhalten, die Wasserburg Teising im Oberen Rottal und der Schloßkasten Hellsberg bei Massing. Alle anderen sind seit dem vorigen Jahrhundert abgängig, und wir bedauern heute das Fehlen dieser imposanten Burgen. Beispielhaft für die verschollenen Anlagen seien erwähnt die Burg Neudeck bei Bad Griesbach und die Reichenburg, auch Reichersberg genannt, bei Pfarrkirchen. Neudeck beschreibt Merian im 17. Jahrhundert als *arx magnifica in excelso colle*, als eine großartige Burg auf hochragendem Hügel. Reichersberg bildete Wening kurz nach 1700 ab. Die nicht minder gewaltige Anlage diente jahrhundertelang als Verwaltungssitz. Im Jahr 1804 wurde sie abgebrochen und als Steinbruch für die Bevölkerung freigegeben. Das Ziegelbrennen,

bei uns seit der Römerzeit bekannt, war ein Monopol der Herrschaften und Kommunen; die Ziegel aus niedergelegten Gebäuden schätzten die Landbewohner als begehrtes Baumaterial.

Hellsberg ragt kurz vor Massing südlich auf dem Höhenrücken als ein mächtiger Kasten auf. Auch dieses Gebäude ist nur ein Teil der einstigen Anlage. Der frei stehende Bergfried und weitere Nebengebäude, die Wening noch abbildete, sind verschwunden. Hier hatten schon im 12. Jahrhundert die „de Hailsperg" ihren Sitz, nach ihnen die Visler, von denen einer, Heinrich der Visler, sogar als päpstlicher Procurator am Hof zu Avignon fungierte. Im Jahr 1459 kauften die Wittelsbacher die Burg, welche sie bald den Trennbekken zu Lehen gaben. Erasmus von Trennbach ließ 1520 einen Neubau ins Werk setzen; die Tafel über dem Eingang am alten Gebäude kündet davon. In drei Geschossen türmt sich das Gebäude auf, ein mächtiges Walmdach sitzt ihm auf. In den letzten Jahren wurde es beispielhaft restauriert, die alte Bausubstanz unverfälscht hervorgeholt. Wir freuen uns, daß Hellsberg erhalten blieb.

Die Wasserburg Teising findet man oberhalb Neumarkt-St. Veits in einem Seiten-

tal der jungen Rott. Dort waren nach den „de Teisingen" im 12. Jahrhundert die Harskirchner behaust. Die begüterte Familie konnte dem Spital zu Braunau eine riesige Geldsumme schenken; ein Hartprecht mit Vornamen unternahm sogar im Jahr 1412 zusammen mit Hanns von Trennbeck eine Pilgerreise nach Jerusalem. Später kamen die Magensreiter; Nicarius Otto Heinrich aus diesem Geschlecht gelobte 1623 die nahe gelegene Maria-Einsiedel-Kapelle, als seine Gattin auf einer Reise in Zürich schwer erkrankte. Mit Alexander Freiherr von Pelkhoven starb 1903 die nachfolgende Adelsfamilie aus. Nach 1930 brach für Teising eine Zeit des Verfalls an, jedoch der nunmehrige Besitzer ließ das Schloß seit 1968 in der alten Schönheit erstehen. Es ist noch heute vom

Dreizehn Burgen und Schlösser standen einst im Tal der Rott. Von Burg Neudeck hat sich lediglich der aufragende Burgstall Bad Birnbach gegenüber erhalten. Das Aquarell, ein wertvolles Dokument zur Siedlungs- und Volkskunde, verdanken wir Friedrich Casimir Graf von Ortenburg (1591–1658). Neben dem hochragenden Burggebäude erkennen wir den Hofbau und im Tal ein „Haufengehöft" mit Szenen aus dem bäuerlichen Leben.

bach ließ 1520 einen Neubau ins Werk setzen; die Tafel über dem Eingang am alten Gebäude kündet davon. In drei Geschossen türmt sich das Gebäude auf, ein mächtiges Walmdach sitzt ihm auf. In den letzten Jahren wurde es beispielhaft restauriert, die alte Bausubstanz unverfälscht hervorgeholt. Wir freuen uns, daß Hellsberg erhalten blieb.

Die Wasserburg Teising findet man oberhalb Neumarkt-St. Veits in einem Seiten-

Burggraben umgeben, und in seinem eigenartigen vieleckigen Grundriß lebt die Bauweise des Mittelalters fort, wie sie vielleicht schon bei den „ebenerdigen Ansitzen", natürlich in verkleinertem Umfang, als maßgeblich gegolten hatte.

Eine Höhenburg, zwar weitgehend verbaut, aber in ihrer mittelalterlichen Anlage noch erkennbar, hat sich in der Burg Griesbach erhalten. Von den Vornbacher Grafen gegründet, fällt die erste Nennung in das Jahr 1074. 1230 kam sie an die Orten-burger Grafen, von denen sie durch Kauf 1260 an die Wittelsbacher überging. Seit-dem war die Burg Behördensitz bis zum Jahr 1972, als der Landkreis Griesbach aufgehoben wurde. Den letzten Eingriff in die alte Bausubstanz zog ein Ereignis von 1805 nach sich. Eine Magd und ein Kut-scher hatten im Hof Reisig angezündet, das Feuer griff in Windeseile auf die Ge-bäude über. Als 1822 zur Austeilung von „Seelenwecken", einem uralten Brauch zu Allerseelen, viele Leute zur Burg ka-men, stürzte die hölzerne Zu-gangsbrücke unter der Last der Menschenmenge ein.

Verschiedentlich finden sich im Gelände Burgställe, schwer zugänglich, von dichtem Wald verborgen, wie in Guteneck bei Johanniskirchen oder Julbach im Inntal. Andere Burgkegel sind verbaut und weisen nur noch Spuren im Gelände auf, so in Stubenberg, in Tann oder in Brombach. In manchen Orten erinnern durch andere Nutzung völlig veränderte Gebäude an einen einstigen Edelsitz wie in Ritzing bei Simbach am Inn. Andere heben sich durch ihre besondere Bauweise vom Sied-lungsbild ab wie die hübschen Schlösser von Malgersdorf und Loderham. In Pischelsdorf bei Simbach und in Peterskirchen erkennt man in den beiden schlichten, jedoch charaktervol-len Gebäuden immer noch den Sitz einer Hofmarksverwaltung.

Bei einer weiteren Anzahl von Burghügeln können wir das Ausmaß der Anlagen, die einst aufragten, nur noch erahnen. Beispielhaft sei die Burg Gern erwähnt, früher von einem doppelten Wassergraben umschlos-sen. An anderer Stelle wird über sie aus-führlich berichtet.

In Neumarkt-St. Veit zeichnen sich im Stadtbereich zwei ehemalige Edelsitze ab, die auf burgähnliche Gründungen zurück-gehen. Noch in den 1960er Jahren war das dortige Schloß Adlstein von einem Was-sergraben umzogen, einem Relikt aus dem Mittelalter. Im Jahr 1608 erhielt Adlstein schon die Bezeichnung „Pfleghaus" als Sitz des Landrichters; der damalige Pfleg-richter Hilpolt von Neuhaus erwarb das

Schloß durch Kauf. 1760 ging es in den Besitz der Familie von Klessing über. Seit-dem ist für Adlstein, zumindest im Volks-mund, die Bezeichnung „Klessing-Hof-mark" üblich, obwohl es in den Hofanlage-büchern nur als „Sitz" erscheint. Nach einem häufigen Besitzwechsel ging in un-serer Zeit Adlstein in das Eigentum der Stadt über, die es zum Rathaus umbauen läßt. Eine ähnliche Anlage war in Neu-markt-St. Veit auch die „Baumburg". Im vorigen Jahrhundert wurde sie an Private veräußert; sie zeigt nur noch wenig von

Teilansicht von Schloß Thurnstein. Im Ostflügel ist die Schloßkapelle, ein Rokokojuwel, eingerichtet.

ihrem mittelalterlichen Erscheinungsbild.

Als eine stattliche Anlage, hervorgegan-gen aus einer mittelalterlichen Höhen-burg, ragt Schloß Baumgarten mitten im Hügelland nördlich Pfarrkirchens auf ei-nem Höhenrücken auf. Eine Burg ist dort schon 1130 in Verbindung mit einem Ortsadelsgeschlecht genannt. Nach den Grafen von Hals, ab 1323, erwarben Baum-garten 1379 die Ortenburger. Ab 1417 findet man dort die Siegenheimer und die

Pienzenauer, nach 1673 die Tattenbach als Herren. Von diesen kam der Besitz 1821 an die Grafen Arco-Valley. Das Schloß in seiner heutigen Form ließ 1570 Hans Conrad von Pienzenau umbauen; die mit-telalterliche Burg erhielt die Gestalt eines Renaissance-Schlosses mit Innenarkaden. Die Schloßkirche daneben ist ein klassizi-stisches Bauwerk von 1796. Unsachgemä-ße Nutzungen schadeten dem stattlichen Schloß Baumgarten, dessen Restaurierung wegen Schwierigkeiten der Nutzung ins Stocken geriet.

Vier Schlösser sind bewohnt

Es sind neben dem im Inntal gelegenen Ering noch vier Schlösser, die in unserem Be-reich den angestammten Fami-lien als Wohnsitz dienen, im Kollbachtal das Obere Schloß zu Arnstorf und das zu Maria-kirchen, außerdem Schönau und Thurnstein.

Das Obere Schloß zu Arnstorf bietet sich heute als ein Umbau aus einer großangelegten mit-telalterlichen Wasserburg dar; der Burggraben hat sich weitge-hend erhalten. Zu den älteren Teilen zählen der Turm über dem Eingangsbereich und ein rippengewölbter Saal im Erdge-schoß. Im Obergeschoß findet sich der Kaisersaal mit den Fres-ken des Melchior Steidl von 1714; sie zählen zu den besten barocken Dekorationsmalerei-en im weiten Umkreis.

In Arnstorf ist das Geschlecht der Closen seit 1132 nachweis-bar. Die Herkunft verbirgt sich in einer frühen Zeit, vielleicht leitet sie sich von den kurz zuvor schon genannten „de Arenstarf" ab. 1614 teilte das Ge-schlecht seinen Besitz; es entstand auch der Untere Anteil mit dem Barockschloß am Marktplatz bis zum Jahr 1720. Die Marktgemeinde hat es gekauft und vor-bildlich instandsetzen lassen.

Eine wehrhafte Wasserburg an der Koll-bach war auch immer das Schloß Maria-kirchen, das schon dem im 12. Jahrhun-dert genannten Geschlecht als Sitz diente. Nach 1310 kam dieser an die Chamerau-er, und 1493 gingen Burg und Hofmark käuflich an die Closen zu Arnstorf und

Gern über. Nachdem es 1663 die Haidenburger Closen eingetan hatten, zogen 1678 die Pfetten auf. Diesen wiederum folgten 1820 die Fallot von Gmeiner, 1839 der Universitätsprofessor von Bernhard und 1846 ein Freiherr von Beck. 1854 kam es wieder in Arnstorfer Besitz, in den von Joseph Graf von Dyem, der in die Closen-Königsfeldsche Familie eingeheiratet hatte. Im Jahr 1590 bauten die Closen die Wasserburg um, ohne ihr die Würdesymbole des Adels, Wall und Graben, Zinnen und Türme, zu nehmen.

Mariakirchen präsentiert sich heute noch als eine wasserumflossene Vierflügelanlage von großer Schönheit.

Auch das Schloß Thurnstein, dessen Name „-thurn" nichts anderes als „Burg" bedeutet, ist bewohnt. Eine Höhenburg also schon im Mittelalter mit einem 1140 dort nachweisbaren Geschlecht. Ihm folgten die Siegenheimer und Paulstorfer, in der Barockzeit die Strobel und Scheibel, insbesondere aber zu Ende des 17. Jahrhunderts die Imbsland. Als der letzte von ihnen in den Reichsfreiherrenstand erhoben wurde, ging er daran, um 1680 die mittelalterliche Burg durch den noch bestehenden barocken Komplex zu ersetzen. Im Ostflügel der nach Süden offenen Dreiflügelanlage baute er die Schloßkirche ein. In drei Etappen, 1726, 1763, und 1783, wurde sie zu einem wahren Juwel umgestaltet. Wir finden darin als Künstler die besten der Zeit: Joseph Deutschmann, Christian Jorhan und Johann Nepomuk della Croce mit seinem 1783 entstandenen Deckenfresko. Der besondere Reiz des Sakralraumes besteht darin, daß die Ausstattung vom voll erblühten bayerischen Rokoko bis zum etwas steifen, aber vornehmen Klassizismus, der sich zu dieser Zeit durchzusetzen begann, reicht.

Als bewohntes Schloß ist schließlich Schönau anzuführen. Hier ist derselbe geschichtliche Ablauf zu erkennen. Nach den „de Sconnuove" ab 1170 waren seit 1438 die Perkoffer, ab 1470 die Lengfelder, ab 1510 die Erlbeck, auch Edlweck geschrieben, die Inhaber. Seit 1671 besitzen das Schloß die Riederer von Paar. Die mittelalterliche Anlage, eine Wasserburg, hat sich bis ins 19. Jahrhundert herein erhalten. Seit 1850 wurde an den Gebäuden gebaut. Im Jahr 1900 aber beauftragte der Schloßherr den Münchener Architekten Gabriel von Seidl mit Umbau und Erweiterung des Wasserschlosses. In einem romantischen Historismus nahm dieser die Veränderungen vor; der alte Bergfried wurde dem Wittelsbacher Turm von Burg Trausnitz in Landshut angeglichen.

Seit 1867 gestaltete der königliche Oberhofgärtner Carl Joseph Effner aus München den Schloßpark neu im Stil eines englischen Landschaftsgartens. Er zählt zu den besten Leistungen der Gartenbaukunst im Geschmack jener Zeit. Reizvoll ist der Übergang vom Gartenparterre beim Schloß zum gestalteten Landschaftsgarten, der sich unmerklich im naturgewachsenen Waldbestand fortsetzt.

Das Wasserschloß Mariakirchen im Kollbachtal (links). Die malerische Anlage mit erhaltenem Burggraben weist Zinnen und Türme, Wall und Graben auf. Auch die mittelalterliche Höhenburg Baumgarten (rechts) wurde nach 1570 umgebaut. Aus dem mächtig aufragenden Baukörper sollte ein Renaissanceschloß werden.

Das Freilichtmuseum Massing

Martin Ortmeier

Fruchtbares hügeliges Ackerland, Wiesen bis an die Ufer der Rott, seit Menschengedenken Bauern, Häuser aus Ziegel und Holz. Ein Hauch von Schmalzgebakkenem in der Stube, die Geduld der Tiere im gewölbten Stall, Sonne auf der Hausbank... Stimmung aus vergangener Zeit lebt im Freilichtmuseum Massing.

Dort sind nicht einfach alte Häuser zusammengetragen, sondern kleine Welten historischer Landwirtschaft. Bei den Häusern stehen die Stallungen, Stadel und Wagenschupfen, Hühner- und Bienenhaus, da und dort auch ein kleines Inhaus oder Austragshaus. Das Klohäusl und die Hundehütte sind nicht vergessen.

Auf dem Misthaufen scharren die Hühner, ein Pfau stolziert über den Hof, und auf dem Dachfirst sitzen die Tauben. Ein gußeisernes Wegkreuz, das IHS-Zeichen am bemalten Hoftor des Schusteröderhofs und das Kruzifix im Herrgottswinkel der Stube erinnern an die Frömmigkeit der niederbayerischen Bauersleute und sind heute noch für manchen Besucher des Museums lebendige Andachtszeichen.

Rund um die Museumshöfe blühen Wildkräuter, wie sie von den versiegelten Bauernhöfen landauf, landab längst verschwunden sind. Sie konkurrieren mit den Rosen und den Schnittlauchblüten im Bauerngarten vor dem Hoftor. Entlang dem Hanichelzaun „glühen" die Johannisbeerstauden. Die Hofauffahrt ist von hochstämmigen Mostapfel- und Mostbirnbäumen gesäumt.

Zeugnisse der alten Bauernkultur

Noch vor zehn Jahren war das Museumsgelände ausgeräumt, verloren eingestreut drei Anwesen, die hölzernen Häuser eng zusammengerückt, umgeben von Agrarsteppe mit schier endlosen Reihen von Futtermais und blütenlosen Wiesen. Nach und nach wurden kleine und große Wege angelegt, Hohlgassen eingetieft, Weidezäune und dornige Etter gesetzt, Tausende von Büschen und Bäumen gepflanzt, da und dort ein Holzstoß aufgerichtet, ein Haufen von Feldsteinen zusammengetragen. Refugien für Rainpflanzen, kleine Wildtiere und unsere Augen.

Niederbayern ist uraltes Bauernland, und neben dem Gäuboden und der Hallertau hat vor allem das hügelige Rottal den bäuerlichen Charakter dieses Landes geprägt. Durch all die Jahrhunderte war dieses Land einem steten Wandel unterworfen, Altes ging verloren, Neues wurde eingeführt. Keine Zeit aber hat so radikal alles umgestaltet, wie es die jüngst vergangenen Jahrzehnte getan haben, seit der Traktor die Felder erobert hat. Vieles ist bereits unwiederbringlich verloren: strohgedeckte Städel, Hundsbrunnen, hölzerne Saukoben, gemauerte und gezimmerte Hoftore. Alte Wohnhäuser haben sich in größerer Zahl erhalten, wenngleich auch davon viele gedankenlos abgerissen wurden. Einige aber sollen im Freilichtmuseum Massing erhalten bleiben, manches soll nach alten Zeugnissen rekonstruiert werden. Das Museum ist ein langwieriges, ehrgeiziges Projekt. Es hat sich, gemeinsam mit den Freilichtmuseen Finsterau,

Im Rottal hat die Pflege der Musiktradition einen hohen Stellenwert.

Großweil und Bad Windsheim, die Aufgabe gestellt, ein Stück bäuerlicher Vergangenheit zu bewahren, zurückzuerobern.

Rundweg zu den fünf Höfen

Fünf Höfe sind inzwischen im Freilichtmuseum Massing zugänglich. Der Rundweg beginnt beim alten Schusteröderhof, mit dem 1969 das Museum als eines der ersten Bauernhofmuseen in Bayern begonnen wurde. Jeden Mittwoch duftet es im ganzen Hof nach Brot, wenn der gemauerte Backofen angeheizt wird und am frühen Nachmittag die großen Bauernbrotlaibe auf der Holzbank neben dem Backhäusl zum Verkauf ausgelegt sind. Dienstags kann man aus der Machlkammer die Drehbank des Drechslers schnurren hören. Vor allem Kleinbauern, die sich Geld dazuverdienen mußten, waren früher auf das Abdrehen von Tellern und Schüsseln aus Holz spezialisiert, manche konnten auf einer größeren Drehbank Schrotsäulen für die repräsentativen Balkone an den Bauernhäusern drechseln. Gelegentlich ist auch ein Rechenmacher, ein Besenbinder oder ein Körbezäuner in einem der Museumshöfe bei der Arbeit anzutreffen. Es ist Leben im Museum.

Im Schusterhof findet jedes Jahr eine Reihe von großen Brauchtumsfesten mit Volkstanz, Musik und dörflichen Brotzeiten statt, außerdem gibt es Bauernmärkte und einen Kirchweihmarkt mit all dem Ramsch, der auf einen richtigen Jahrmarkt gehört. Das Museumsgasthaus, das seit der Gründung unverändert besteht, ist in einem der Häuser des Schusteröderhofs untergebracht. Ein Rottaler „Kartoffelbratl", das eigentlich zu Unrecht so heißt, weil vor allem Schweinernes und nur nebenbei auch einige Erdäpfel mit in der Reine gebraten werden, gibt es fast nirgendwo mehr so wie in diesem kleinen Wirtsstüberl des Museums. Das Wohnstallhaus des Schusteröderhofs ist eines der letzten Stockhäuser, ein urtümlicher Haustyp, der einmal im ganzen Altlandkreis Eggenfelden verbreitet war.

Wirtsstüberl pflegt Tradition

Ein fester Feldweg, gesäumt mit Büschen, einzelnen Bänken dazwischen, entlang von Feldern und Weiden, führt vom Schusteröderhof zum Kochhof, dem Kernstück des Freilichtmuseums Massing. Von weitem sieht man schon den Windbrunnen, eine großschaufelige Windturbi-

ne auf einem hölzernen Turm, die aus einem elf Meter tiefen Schachtbrunnen Wasser für den Hof fördert. Es ist ein echter Brunnen, keine Zisterne, die aus der Wasserleitung gespeist würde. 1984 hat ein alter Brunnenbauer den Schacht von Hand ausgehoben, eine hölzerne Brunnstube in den Quellhorizont gesetzt und aus Vollziegeln mörtellos den Brunnenschacht aufgemauert.

Ein geschlossener Vierseithof

Der Kochhof ist ein geschlossener Vierseithof, wie er für die großen Bauernanwesen des Rottals typisch ist: Wohnhaus, Stadel, Stall und Wagenremise sind im Viereck um einen großzügigen Hofplatz angeordnet, an den Ecken verbinden hölzerne Tore die einzelnen Gebäude. Es ist ein repräsentatives Anwesen wohlhabender Rottaler Getreidebauern, mit Zimmermannsmalerei und Schmuckbundwerk am Stadel von 1836, zwei Schroten vor der Fassade des Wohnhauses und einem – das ist sehr wichtig! – großzügig bemessenen Misthaufen.

An der Größe des Misthaufens konnte jeder, der den Hof betrat, sofort erkennen, wieviel Stück Vieh der Bauer im Stall, und das heißt, wieviel Wiesen und Felder er in Besitz hatte. Das Wohnhaus, in dem auch der Pferdestall untergebracht ist, trägt den Namen seiner Herkunftsregion: Rottaler Bauernhaus.

Von Griesbach und Simbach bis Eggenfelden und Arnstorf wurden seit etwa 1680 solche Häuser gebaut: mit der breiten Giebelseite zum Hof, Schrote vor dem voll ausgebauten Obergeschoß und dem Dachgeschoß, die Stube in der sonnigsten Ecke des Hauses, dahinter eine Küche, über der Stube eine helle Schlafkammer. Die Fletz im Erdgeschoß und die Diele im Obergeschoß gehen durch die ganze Tiefe des Hauses. Das weit vorkragende Dach dieses Haustyps besitzt wie das Stockhaus eine geringe Neigung, weil die ursprüngliche Eindeckung mit hölzernen Legschindeln kein steileres Dach zugelassen hat.

Es sind die dreißiger Jahre des 20. Jahrhunderts, in die uns der Kochhof versetzt. Alle Erweiterungs- und Umbauten, die Wasserversorgung mit dem Windbrunnen,

Im Schusterhof findet jedes Jahr eine Reihe von großen Brauchtumsfesten mit Volkstanz, Musik und dörflichen Brotzeiten statt.

die Einrichtung des elektrischen Stroms und die Ausstattung der Räume des Bauernhauses entsprechen genau dieser Zeit. Mit Hilfe von alten Fotografien, Vergleichsobjekten und Befragungen alter Gewährsleute wurde der Zustand dieser Zeit so sorgfältig rekonstruiert, daß wir jetzt sagen können: Ja, genau so war's. Ein blau und weiß gekachelter gemauerter Herd in der Küche, der schmale „Berliner" Ofen in der Stube, ein verglastes Buffet, ein ledernes Kanapee und noch immer der große Stubentisch im Herrgottswinkel, maserierte Schränke und Betten in den Schlafkammern, genau so, wie es um diese Zeit bei fast allen Bauern in Niederbayern aussah.

Beim Kochhof steht das Freilinger Häusl. Es ist eines der ältesten Bauernhäuser Niederbayerns, über der Schrottür ist es 1611 datiert. Dem Kochhof ist es als Inhaus zugeordnet, denn so war es an seinem alten Standort in Freiling bei Wurmannsquick lange Zeit genutzt. Besitzlose Dienstleute wohnten darin und standen dem Bauern mit ihrer Arbeitskraft zur Verfügung. Im Museum ist das Haus aber nicht als Inhaus eingerichtet, sondern es ist als Dokument seiner Denkmalgeschichte präsentiert. Eine Ausstellung erläutert die Geschichte des Hauses und beschreibt, wie die Übertragung ins Museum technisch gemacht wurde.

Das Freilichtmuseum Massing zeigt nicht nur die Sonnenseiten der Vergangenheit.

um in Massing so lebendig machen. Immer wieder soll das Museum verführt werden, sich mit schönen Fassaden, einem Streichelzoo, ein paar malerischen Bauernschränken und alten Feuerspritzen dem Publikum gefällig zu machen. Aber wo bliebe dann die wahre Zeit, die vergangene Wirklichkeit, die in unseren Köpfen wieder lebendig werden soll?

Museumspädagogik statt Brauchtumsrummel

Auch wenn es manchmal etwas mühsam ist, sich auf die Genauigkeit einzulassen, mit der allein Geschichte betrieben und erfahren werden kann, so ist es doch der einzige Weg, dem ein dauerhafter Erfolg, über die vergänglichen Vergnügungen des Tages hinaus, beschieden ist.

ernhof. Alle Gebäude sind aus Ziegeln errichtet und verputzt und tragen das für die Hallertau typische Steildach. Die Anordnung der verschiedenen, aneinander angebauten Gebäudeteile ist unübersichtlich. Denn der wirtschaftliche Erfolg mit dem Anbau des Hopfens hatte, besonders im 19. Jahrhundert, dazu geführt, daß immer wieder erweitert, erneuert und umgebaut wurde. Auf dem Dachboden des Wohnhauses wurden Kammern ausgebaut, der Stadel wurde erweitert, die Maschinenhalle verlängert, eine Turmdarre für den Hopfen wurde angebaut.

Die Bauern wußten jedoch genau, daß die Konjunktur des Hopfens sehr starken Schwankungen unterworfen war und daß Schädlinge eine ganze Ernte vernichten konnten. Deshalb stützten sie sich zusätzlich auf Milchwirtschaft oder Getreidebau, die Bauern auf dem Lehnerhof verlegten sich auch noch auf die Schweinemast. Dafür bauten sie Kartoffeln an und verbrauchten einen großen Teil ihres Getreideertrags. Der Schweinestall neben der Hopfendarre ist ein jüngerer Anbau zu diesem Zweck, der Pferdestall wurde zu einem Saustall umgebaut, als ein Traktor die Zugtiere ersetzte.

Lehnerhof aus der Hallertau

Der Lehnerhof, der heute im Museum steht, bestand so etwa um 1960. Die familiäre Situation war der Grund dafür, daß sich danach nichts Wesentliches mehr geändert hat. Auch wenn diese Zeit kaum dreißig Jahre zurückliegt, sie ist vollständig vergangen und hat einer gewandelten, mehr bürgerlichen und internationalen Kultur auch bei den Bauern in Niederbayern Platz gemacht.

Bemerkenswert an diesem Hof ist der Dekor in den Räumen. Es war fast vergessen, wie bunt früher einmal die Bürger- und Bauernstuben und -kammern ausgemalt waren. Im Lehnerhof wurden unter jüngeren Anstrichen mit Rollmustern der fünfziger und sechziger Jahre aufwendige Schablonendekore freigelegt. Diese Art der Wandgestaltung war seit Beginn des Jahrhunderts populär geworden. „Mehrschlägige" Schablonen ermöglichten auch mehrfarbige und gestalterisch sehr anspruchs-

Die Marxensölde dokumentiert das bescheidene Leben und Wirtschaften der kleinen Leute. Es ist ein Mittertennhaus, das heißt, alles, was zu dem kleinen Anwesen gehört, befindet sich unter einem Dach: Wohnung, Tenne, Stadel und Stall. Nur der Backofen, ein kleines gemauertes Häuschen mit Backgewölbe, steht frei hinter dem Haus. 1812 ist der Bau der Marxensölde über der Schrottür datiert. 1887 ist in die kunstvoll gesägten Bretter des Schrots geschnitten: ein Umbaudatum. Auch in diesem Haus sind die Räume mit altem Inventar ausgestattet. Nur selten steht der Besucher vor einer Schranke, die besonders wertvolle Dinge vor Diebstahl und Beschädigung schützen soll. Es sind die tausend Dinge des Alltags, die das Muse-

Kinder, denen an mehreren Tagen im Jahr Erlebnistage im Museum gewidmet sind, zeigen sich aufgeschlossen für diese Ernsthaftigkeit im Umgang mit den alten Dingen; Ernsthaftigkeit, die mit viel Spaß verknüpft ist. Die Kinder können sehr wohl zwischen Brauchtumsrummel und einfühlsamer Museumspädagogik unterscheiden.

Der Lehnerhof ist das jüngste Museumsanwesen in Massing. Von 1991 bis 1995 dauerte seine Übertragung aus Train in der Hallertau ins Freilichtmuseum. Weil der Hof aus einer ganz anderen Region Niederbayerns kommt als der Kochhof, der Schusterhof und die Marxensölde, wurde er weit abgesetzt von den anderen errichtet. Ein neu angelegter Weg führt an einem Hopfengarten vorbei zu diesem Bau-

Wer wissen möchte, wie die Alten ihre Trachten fertigten, erfährt es bei den Lehrgängen von Franziska Rettenbacher im Freilichtmuseum.

volle Dekore. Firmen spezialisierten sich auf die Schablonenherstellung, Hausierer brachten sie unter die Leute; chemische Farben standen billig zur Verfügung. Später wurden Walzenmuster beliebter. Sie waren einfacher und schneller herzustellen. In der Stube, die häufiger ausgemalt werden mußte, waren mehrere Farbschichten mit Walzendekoren übereinander.

Eine der Schichten wurde im Museum rekonstruiert. Sie entspricht der Zeit um 1960, als der Lehnerhof noch in Betrieb war. Auch in der Küche und im Flur sind solche Rolldekore rekonstruiert. Zum Teil sind sie auch im Original erhalten, weil bei der Übertragung des Hofs einige große Wandstücke im Ganzen an den neuen Ort verbracht wurden. Die Schablonendekore sind in der Stube und in der Fletzkammer in kleinen Streifen nebeneinander rekonstruiert. Der Wandel des Geschmacks ist auf einen Blick nachzuvollziehen.

Bäuerliches Leben vor der großen Technisierung

Natürlich wird im Lehnerhof auch ausführlich über den Anbau, die Ernte, Lagerung und Weiterverarbeitung des Hopfens informiert. Originale Geräte, eine begleitende Ausstellung, die funktionstüchtige Hopfendarre und der Hopfengarten direkt beim Hof geben ein umfassendes Bild dieser bäuerlichen Sonderkultur.

Wenn man das Umfeld des Lehnerhofs verläßt, geht man durch eine Allee von Pappeln. Nach dem Krieg von 1870/71 waren die Pappeln bei den Bauern sehr beliebt. Weil diese Bäume aber nicht viel mehr als 100 Jahre halten und nur wenige erneuert wurden, sind diese einst landschaftsprägenden Alleen nach und nach verschwunden. Im Eingangsgebäude und im vierten Hof des Museums, dem Heilmeierhof, sind wechselnde Sonderausstellungen zu sehen. Keramik und Möbel, Geräte, alte Fotografien und Themen des bäuerlichen Alltags vergangener Zeiten werden in den Ausstellungen behandelt. Auch die aktuellen Probleme und Chancen der Denkmalpflege, des Naturschutzes, der Ökologie, der landwirtschaftli-

Die Marxensölde dokumentiert das bescheidene Leben und Wirtschaften der kleinen Leute. Alles, was zu dem kleinen Anwesen gehört, ist in diesem Mittertennhaus unter einem Dach zusammengefaßt.

chen Überproduktion, des Weltmarktes, der Subventionierung und des Höfesterbens werden dokumentiert. Der Heilmeierhof verdient insbesondere außen unsere Aufmerksamkeit. Kaum ein zweites Bauernhaus in Niederbayern besitzt wohl so reich bemalte Fassaden wie der Heilmeierhof von 1795. Traditionelle Dekore der Zimmermannsmalerei sind aufgemalt, vor allem der „laufende Hund", aber auch viele Szenen bäuerlichen Brauchtums und Alltags. Vor allem die Balkenvorköpfe, die den umlaufenden Schrot tragen, sind dekoriert. Vom oberen Schrot an der Giebelseite waren früher an beiden Seiten Taubenschläge abgetrennt; auch das soll in den nächsten Jahren wieder so hergestellt werden.

Den Hofraum ziert ein Taubenhaus, das zum Schutz vor Mardern auf einem hohen Pfahl ruht. Tauben waren ein teurer Luxus, den sich nur wohlhabende Bauern

leisten konnten. Der Futter- und Zuchtaufwand war weit höher als der bescheidene Ertrag. Wer sich solches Geflügel, das nicht selten vom Habicht dezimiert wurde, leisten konnte, ließ es auch nicht an einem augenfälligen Taubenhaus fehlen.

Einige Zeit wurde der Heilmeierhof als Wirtshaus genutzt. Zumindest die Stube soll wieder so eingerichtet werden. Im Dachboden, so wurde berichtet, habe man damals Kegel geschoben, auf der Diele im ersten Stock getanzt.

Es ist schön, erholsam und anregend im Freilichtmuseum Massing, es ist nicht bloß gemütlich. Die Sorgfalt, mit der hier Vergangenes anschaulich gemacht wird, fordert heraus, sich mit den Dingen auseinanderzusetzen, sich zu erinnern – ja mit jedem Jahr, das vergeht, eher neu zu lernen –, wie das bäuerliche Leben, das Wohnen und Wirtschaften auf dem Land vor der großen Technisierung tatsächlich war.

W elcher Rottaler kennt es nicht, das „Wimmer-Roß" auf dem Pfarrkirchener Stadtplatz bzw. „Das schreitende Pferd", wie es sein Schöpfer Professor Hans Wimmer, ein gebürtiger Pfarrkirchener, genannt hat? Fast eineinhalb Tonnen Bronze schwer, überlebensgroß, kraftstrotzend und doch zuchtvoll verhalten, verkörpert das Roßdenkmal von Pfarrkirchen genau das Idealbild jenes Arbeitsrosses, das im Rottal über Jahrhunderte herangezüchtet wurde (s. Abb. S. 165).

Wann es mit der Pferdezucht im Rottal angefangen hat, ist bis heute nicht geklärt. Manche meinen, die von den Ungarn im 10. Jahrhundert erbeuteten Pferde könnten den Grundstock für eine eigene Rottaler Zucht gebildet haben. Andere vermuten, mit Pferden von durchziehenden Hunnenscharen des 5. Jahrhunderts oder gar mit zurückgelassenen Rössern römischer Hilfstruppen sei schon der Anfang gemacht worden. Mag sein, daß von den genannten Herkunftsquellen die eine oder andere Stute im Rottal geblieben ist und

vielleicht auch gefohlt hat, aber zu einer systematischen Zucht dürfte es nicht gereicht haben. Außerdem war das Roß bis ins hohe Mittelalter fast nur Reittier und damit für den Bauern weniger nutzbar; vor dem Pflug und dem Wagen ging damals in der Regel der Ochse.

Pferdezucht für die Kavallerie

Urkundlich gesichert sind Pferdehaltung und Pferdezucht im Rottal erst seit der Mitte des 16. Jahrhunderts, als Bayernherzog Albrecht V. im Jahre 1559 an Kloster- und herzogliche Eigengüter, darunter auch Asbach und Griesbach, Hengste verteilen ließ, die den Bauern zum Decken ihrer Stuten zur Verfügung standen. Albrecht war es auch, der zur Förderung der Pferdezucht die „Scharlachrennen" einführte, die so genannt wurden, weil ein scharlachrotes Tuch der Siegespreis war. Freilich, auch diese Bemühungen dienten weniger der Förderung der Landwirtschaft als der Bereitstellung eines Pferdereservoirs für den Kriegstall. Bis 1800 waren die staatli-

cherseits aufgestellten Zuchthengste meist Holsteiner, die in ihrem Blutaufbau auch orientalisch-spanische Blutströme führten und eine gewisse Größe und Stärke, harmonischen Körperbau mit stattlichem Halsaufsatz hatten, also das typische Reitpferd jener Zeit.

Erst das 19. Jahrhundert wurde die hohe Zeit der bäuerlichen Pferdezucht im Rottal. Nicht mehr nur der Bedarf der Kavallerie war nun ausschlaggebend, sondern auch der des Bauern. Die damalige extensive Landwirtschaft mit der entsprechenden Bodenkultur verlangte nach nicht zu schweren, gängigen und ausdauernden Pferden, also nach einem mittelschweren Warmbluttyp. Um dieses Ziel zu erreichen, führte man hauptsächlich englische Halbblüter ein, aber auch ungarisch-sie-

Bis zu ihrem dritten Lebensjahr durften die „Heißen" (Fohlen) auf den saftigen Wiesen weiden und konnten, wie hier bei Singham, sogar „in die Schwemme gehen".

benbürgische Hengste sowie Normänner und Zweibrücker und stellte sie in staatlichen Beschälstationen auf, zunächst in Weihmörting und Hörgertsham (1768) sowie in Griesbach (1769), im 19. Jahrhundert auch in Pocking, Mittich, Weng, Gern, Brombach, Pfarrkirchen, Eggenfelden, Eholfing, Kirchham und Malching.

Der Warmblüter

Die Bauern konnten sich dieser Beschälhengste, „Etallonen" genannt, unentgeltlich, später gegen eine geringe Gebühr bedienen. Schon bald durfte nicht jede beliebige Stute von einem kurfürstlichen bzw. königlichen Etallonen beschält werden. Man hatte erkannt, daß auch die Qualität der Muttertiere die Nachkommenschaft bestimmte. Also führte man Stutenmusterungen mit Prämierungen durch. Nur noch Stuten, die man für gut und in die Zuchtrichtung passend befand, waren zu den Beschälstationen zugelassen. In den „Ansichten zur Verbesserung der Pferdezucht in Bayern", einem staatlichen Bericht von 1849, hieß es bereits über die Rottaler Pferdezucht: „Die beste und bedeutendste Zucht befindet sich im Rottal, besonders im Bezirk Griesbach, wo große und starke Pferde gezogen werden."

Die zweite Hälfte des 19. Jahrhunderts brachte in der Landwirtschaft den entscheidenden Wandel zur intensiven Bodenkultur. Ein stärkeres Roß, das die schwerere Arbeit auch leisten konnte, war die Forderung der Zeit. Also kaufte der Staat Hengste der Cleveländer Rasse an, seit 1874 auch Oldenburger, und stellte sie in den Beschälstationen auf. In Oldenburg züchtete man größer gewachsene, elegante „Karossierpferde" mit schwungvollem Gang, aber auch gedrungene, kurzbeinige, starkknochige Wirtschaftstypen. Die Quintessenz aus all diesen züchterischen Bemühungen wurde der typische „Rottaler", ein vielseitiger, harmonisch gebauter, tiefer und breiter, starkknochiger und kurzgeschienter Wirtschaftstyp mit einer ausgezeichneten Mechanik, Adel der Erscheinung und unübertroffenem Gangvermögen.

Der Traber

Ein Seitenstrang der Warmblutzucht, der freilich in eine ganz andere Richtung führte, war die Traberzucht. Sie kam im

Der Fuchsstute mit „Blassen" (Bläße, weißer Streifen auf der Stirn) ist als Festschmuck Buchsbaumgrün in die flachsblonde Mähne geflochten.

Rottal kurz vor 1900 auf und war hochoffiziell von der Königlichen Landgestütsverwaltung München angeregt. Diese hatte 1894 den Landstallmeister Peter Adam in Landshut beauftragt, „Erhebungen darüber zu pflegen, ob und inwieweit sich das niederbayerische Pferdematerial qualitativ durch Einführung systematisch geleiteter Rennen heben ließe". Der Landstallmeister machte „nicht ungünstige Erhe-

Der „Rottaler Warmblutzuchtverein", 1906 gegründet, eine Art Überwachungs- und Prüfungsorgan für die Pferdezucht, führte eine Stutenkörung und das „Stutbuch" sowie den Brandzwang (R = „Rottaler" auf dem linken Hinterschenkel) ein. Über 150 Züchter mit über 1000 Stuten gehörten diesem Verein zeitweilig an.

bungen", und so kam es noch 1894 zur Gründung des „Niederbayerischen Rennvereins", den man später in „Verein zur Förderung der Traberzucht in Bayern" umtaufte. Schon ein Jahr später bauten die Pfarrkirchener – also noch vor München-Daglfing und Straubing – die erste „stabile" Rennbahn in Süddeutschland, verbunden mit Stallungen für Zucht und Ausbildung von Trabern.

Das Rottaler „Waglrooß", das Karossierpferd, sollte so verbessert werden, daß es sich auch über die Grenzen des Zuchtgebietes hinaus gut verkaufen ließ und durch Renngewinne Geld ins Land brachte. Zuchtziel war also ein ausdauerndes und gängiges Sportpferd. Um dieses Ziel zu fördern, kaufte der bayerische Staat 1899 drei amerikanische Traberhengste (Dr. Sphinx, Que Allan, King Vasco) und stellte sie als Beschäler in Pfarrkirchen auf.

Die neue Zuchtidee verbreitete sich im roßnärrischen Rottal und weit darüber hinaus wie ein Lauffeuer. Wer es sich leisten konnte, Bräuer, Großbauern, Geschäftsleute, Gastwirte, und manchmal auch, wer es sich nicht leisten konnte, hielt sich bald einen oder mehrere Traber, ließ sie von fliegengewichtigen Jockeys trainieren, fuhr auf Rennen, wettete im Totalisator, gewann und verlor. Zwischen 30 und 40 Stuten (Höchststand 68) waren ständig in Pfarrkirchen zu Zuchtzwecken eingestellt, bis zu 20 Pferde wurden während der Wintermonate in Pfarrkirchen dauernd trainiert. Dem Trabrennverein gehörten 1907 schon 359 Mitglieder an, 1920 sogar 579. Die Trabertradition führt heute der „Verein für Traber- und Warmblutzucht im Rottal e.V." mit Sitz in Pfarrkirchen fort. Er hat 188 Mitglieder und führt jedes Jahr drei Rennen durch (Stand Frühjahr 1995).

Der Noriker

Die Umstellung der Landwirtschaft auf die Intensiv-Bodenkultur brachte eine Veränderung des Warmblüters mit sich und schleuste einen ganz neuen Pferdetypus ins Rottal ein: das „Süddeutsche Kaltblut".

Zuchtziel dieses neuen Typs war ein gewichtiges, großes Roß mit kraftvollen Gängen und besonders gutmütigem, arbeitswilligem Temperament; schon mit Vollendung des zweiten Lebensjahres sollte es zur Arbeit tauglich sein. Der erste schwere Hengst, „Leon" aus der rheinisch-belgischen Zucht, war ab 1884 in Weihmörting aufgestellt. Ein Jahr darauf erwarb man für die Beschälstation Kirchham den ersten echten Noriker-Hengst mit dem sprechenden Namen „Bürgermeister", geboren in Kärnten, also dem römischen Noricum. Da die staatliche Gestütsverwaltung mehr die Warmblutzucht betreute, war die Kaltblutzucht mehr der privaten Initiative überlassen. So kam es, daß je nach Geschmack und Vermögen des Züchters nicht nur Noriker, sondern auch Bel-

noch als Arbeits- und Zugkräfte auf allen Gebieten, aber dann setzte der unaufhaltsame Siegeszug der technischen Pferdestärken ein, bis das Arbeitsroß von Traktor, Unimog und LKW verdrängt war.

Einige Roßzüchter besannen sich auf eine neue Möglichkeit, mit dem im Rottal gezüchteten Roß Geld zu verdienen: Das Kriegsende hatte ja eine Menge Pferde verschiedener Herkunft ins Land geschwemmt, teilweise hervorragende Reitpferde. Mit ihnen und auch mit eigenem Stutenbestand konnte man ein Sportpferd mit eigener Note züchten.

Roßparadies Rottal

Zuchtziel wurde ein Rottaler Reitroß, größer als das alte „Waglroß", das auch als Reit- und Springpferd geeignet war.

Festwiesen, überall dominierten die Rösser. Auf allen Höfen – die Kleinstlandwirte, die nur Kühe hatten und diese auch für Spanndienste verwendeten, ausgenommen – stand wenigstens ein Paar Rösser im Stall, meistens waren es aber viel mehr. Der Bauer, der etwas auf sich hielt, züchtete die Rösser, die er brauchte, selbst.

In den anderen berühmten Pferdezuchtgebieten Deutschlands, in Württemberg, am Niederrhein, in Oldenburg, Hannover, Schleswig-Holstein und Ostpreußen wurde die Zucht fast nur in Großgestüten mit beträchtlichem Einfluß des Staates betrieben. Hierzulande lag sie fast ganz in Händen mittelbäuerlicher Betriebe. Die größeren Bauern züchteten auch zum Verkauf und machten auf den Roßmärkten des Landes gute Gewinne. Auf diesen Höfen konnte man das ganze Jahr über „Roßtäuscher" (Pferdehändler) aus nah und fern antreffen. Das Roß brachte halt das meiste Geld ins Rottal. Auf manchen Züchterhöfen tummelten sich zeitweilig bis zu 40 Rösser. Eine Pferdestatistik von 1930 weist folgende Bestände aus: Absmeier in Gerau und Schmalhofer in Kirchham je 36 Pferde, Wimmer in Schalkham 35, Pirkl in Wopping und Wasner in Riedhof je 32, Gerauer in Hartham und Gollmeier in Lengham je 28, Stadlberger in Kühnham 24, Gerauer in Pfaffenhof 22, Niedermeier (Lehner) in Heinriching 21, Frankenberger (Mair) in Neuhofen 20 Pferde usw. (nach Stelzenberger, Franz: Roß und Rottal, Passau ohne Jahr, S. 94).

Kein Wunder, daß sich in einer solchen Umgebung alles ums Roß drehte: die Männergespräche in den Wirtshäusern genauso wie die Kinderspiele auf der Straße. Der Bauer kannte nicht nur die Blutlinien seiner eigenen Rösser, vor allem der Zuchtstuten, sondern auch die der Rösser der weiteren Umgebung, und die Buben kannten jedes Roß zumindest des eigenen Dorfes. Wenn ein Gefährt mit unbekanntem Fuhrmann auftauchte, so wurde er mit Hilfe der Rösser sofort identifiziert: „Aha, des is da nei Knecht vom Hofbauern!"

gier, Clydesdaler, Rheinländer, Shirehengste zur Zucht verwendet wurden. Als 1921 der „Norische Kaltblutzüchterverein im Rottal" gegründet wurde, sprachen sich die Kaltblutzüchter einmütig für die Zucht des Norikers in der schwereren Form aus. Seitdem unterstützten auch die staatlichen Gestüte das einheitliche Zuchtziel, indem sie reinrassige Noriker-Hengste zur Verfügung stellten: im Jahre 1926: 42 Hengste, 1938: 110, 1945: 160 und 1949 immer noch 156 Hengste.

Das neue Rottaler Reitpferd

Nach dem Zweiten Weltkrieg setzte auch im Rottal das große Rossesterben ein. Zunächst brauchte man die natürlichen Pferdestärken zwar ein gutes Jahrzehnt lang

Der Kopf wurde kleiner, trockener, edler, die Haltung eleganter, der Rahmen etwas länger, der Widerrist stärker betont, der gutmütige Charakter sollte bleiben. Mit Hilfe ausgesuchter Hannoveraner Hengste wurde dieses Zuchtziel auch erreicht.

Der wachsende Wohlstand ermöglichte vielen „Roßnarren" nun auch die Haltung eigener Reitpferde, da und dort entwickelte sich ein Bauernhof durch Zu- und Anbauten zu einem Reiterhof, und in manchen Orten entstanden reiterliche Vereinigungen, die die alte Rosseherrlichkeit im Rottal bis zum heutigen Tag hochhalten.

Im 19. und bis weit hinein in die erste Hälfte unseres Jahrhunderts muß das Rottal das reinste Roßparadies gewesen sein. Auf Straßen, Plätzen, Feldern, Weiden,

Fürsorge für das Roß

Gute Pflege und Fürsorge für die Rösser waren da eine Selbstverständlichkeit. Sie begann schon lange vor der Geburt eines Fohlens. Zwar wußte ein jeder „Rosserer" (Roßbauer, Roßknecht), daß eine Mutterstute durchschnittlich elf Monate oder 336 Tage trägt. Von diesem Durchschnitt gab und gibt es halt Abweichungen. Da half nur eines: aufpassen, wann die Bekkenbänder einfielen und das Euter anschwoll. So eine hochträchtige Stute wurde natürlich nicht mehr vor einen Wagen gespannt, sondern täglich eine Stunde lang „gegankert" (spazieren geführt). Der Laufstall, in dem die Stute „füllen" (gebären) sollte, wurde sorgfältig hergerichtet, damit sich Stute und Fohlen nicht verletzten, die Fenster wurden im Winter abgedichtet, damit es ja nicht zog. Sogar die Hufeisen wurden der Stute manchmal noch abgezogen, damit sie das Fohlen nicht durch eine jähe Bewegung „schlagen" konnte. Tag und Nacht wachte jetzt jemand bei der Stute, was man „Heißenpassen" nannte. Auf vielen Höfen hatte der Baumann, der Oberknecht, ohnehin eine Bettstatt im Roßstall stehen und konnte den Schlafplatz zwischen Roßstall und Mannerleutkammer wechseln. Mancher Baumann schlief ständig im Roßstall, vor allem im Winter, weil es dort warm war.

Nach der Geburt des Fohlens wusch der Bauer oder der Baumann der Stute das Euter rein und molk die ersten Milchstrahlen in ein Gefäß, um den Milchfluß anzuregen. Zehn bis zwölf Liter Milch gab so eine Mutterstute täglich, in den vier Säugemonaten 1000 bis 1700 Liter.

Vorsichtig wurde das Fohlen an seine Umgebung gewöhnt, zuerst nur an den Hofraum, dann an die Weide und schließlich – nach drei glücklichen Jugendjahren auf den weitläufigen Weiden – an das Arbeitsgerät, den Wagen, Schlitten, Pflug, die Pflichten eines erwachsenen Rosses.

Bindung von Mensch und Tier

Nicht nur die Aufzucht eines Rosses verlangte die Fürsorge der Menschen, auch die ganz alltägliche Pflege forderte Zuwendung, ja, Liebe zum Roß: das Ausräumen, d.h. Säubern des Standes von Mist, das Striegeln, Putzen, Einfüttern, Tränken, die Hufpflege, die Geschirrpflege, das regelmäßige „Gankern" im Winter, mindestens jeden zweiten Tag, damit die Rösser keine „Harnwinde" bekamen, auch der Hufbeschlag usw. Je liebevoller ein Roßknecht mit seinen Rössern umging, desto angesehener war er in der Öffentlichkeit, desto geschätzter bei seinem Bauern. Und man hatte ein feines Gehör für die Unterschiede, ob so ein Roßknecht über „meine Rooß" oder „unsere Rooß" oder „an Bauern seine Rooß" sprach.

Das Festtagsgeschirr für ein „Waglroß" (Karossier- oder Kutschpferd), bestehend aus leichtem Kummet, Trense, Zaumzeug und Zügel.

Es sind viele wundersame Geschichten überliefert, die die enge, ja, kameradschaftliche Bindung zwischen Roß und Rosserer verherrlichen. Daß ein treues Roß seinen stocktrunkenen und bierselig auf dem Wagl schlafenden Bauern des Nachts sicher vom Wirtshaus heimbringt, das scheint eines der bekanntesten und am weitesten verbreiteten Vorkommnisse gewesen zu sein. Daß ein „gescheites" Roß Gefahr witterte und seinen Rosserer vor Schaden rettete, konnte man auch nicht selten hören. Daß jedoch ein zum Kriegsdienst abgeliefertes oder verkauftes Roß sich „ledig machte" (befreite, aushalfterte) und wieder in seinen alten Stall zurückkehrte, das war freilich selten.

Eines der schönsten Zeugnisse für die Verbundenheit von Roß und Mensch ist folgendes Ereignis, das sich in der Hofmark Gern zutrug: Man schrieb das Jahr 1928. In der Hofmark Gern bei Eggenfelden herrschte der Graf zwar längst nicht mehr als Grund- und Gerichtsherr über seine Untertanen, aber er war mit seinen Gütern immer noch der größte und wichtigste Arbeitgeber. Im Roßstall des Grafen, in dem immer um die 40 Rösser standen, war der Karl der verantwortliche Baumann. Er war ein Roßnarr wie sein Herr, und deshalb verstanden sie sich besonders gut. Der Graf tat alles, um die Zufriedenheit seines Baumanns zu erhalten. So kaufte er eines Tages auf dem sogenannten Luxusmarkt in München um sündteures Geld ein prächtiges Paar schwerer Rheinländer. Sie wurden der ganze Stolz des „Schloß-Karl", denn wo immer er mit ihnen auftauchte, liefen die Leute zusammen, und es wurde kein Ende des bewundernden A und O.

Eines Tages erschien der Bauer in der Öd im Roßstall des Grafen und „weiste" (führte) die zwei Braunen aus dem Stall, und dem Karl half kein Aufbegehren und Protestieren; der Ödbauer hatte dem Grafen angeblich 2000 Mark mehr geboten für die Rheinländer, als der Graf dafür ausgegeben hatte. Am nächsten Morgen waren nicht nur die beiden Rösser, sondern auch der Karl nicht mehr da, und er war trotz eifrigem Suchen und Nachfragen nicht zu finden. Man fürchtete schon, er könnte aus Gram über den Verlust der Rösser in die Rott gegangen sein. Im gräflichen Roßstall aber fehlte nun die ordnende Hand und der „Roßverstand" (Ver-

wesenheit des Grafen Erst als das schwere Gefährt auf der festen Straße stand, hielt er an und sagte nur: „Sans S'ma net bes, Herr Graf, i ha's ohne de zwoa Rooß net ausghalten bei Enk. De zwoa Rooß hand mei Lebn, und i bleib bei ea, bis sie oder i umstengan." (Seien Sie mir nicht böse, Herr Graf, ich habe es ohne die zwei Rösser nicht ausgehalten bei Euch. Die zwei Rösser sind mein Leben, und ich bleibe bei ihnen, bis sie oder ich sterben.) Was blieb dem Grafen übrig, als die zwei Rösser wieder zurückzukaufen, und zwar um einen Tausender mehr, als er sie verkauft hatte? (Erzählt nach Stelzenberger, a.a.O., S. 31)

In solcher Roßvernarrtheit war es dann auch leicht möglich, daß jener Spottvers aufkam, mit dem man Roßliebhaber cha-

chen Höhepunkte. Da sind vor allem die Roßwallfahrten und -weihen zum bayerischen Viehpatron Sankt Leonhard. Wo immer eine Leonhardikirche steht, in Asenham (Pfarrkirche), Eichhornseck bei Tann (Nebenkirche), Gambach (Nebenkirche von Postmünster), Grongörgen (Leonhard ist dort Nebenpatron), fanden bis zum Kriegsende und noch darüber hinaus Pferdeumritte und Pferdesegnungen statt.

Roßwallfahrten und Roßweihen

Am bekanntesten ist bis heute die Pferdewallfahrt am 6. November (Leonharditag) nach Aigen am Inn. In vergangenen Jahrhunderten, vor allem als das Innviertel noch bayerisch war, muß diese Wallfahrt einen ungeheuren Zulauf gehabt haben. Zwar beteten die Bauern und Bäuerinnen zum „bayerischen Herrgott", wie Sankt Leonhard auch genannt wurde, um den Segen für all ihr Vieh; die kleinen schmiedeeisernen Votivtierchen aller Art, die sie in der Anzahl ihres Viehbestands kauften und dann opferten, sind Beweis dafür. Das große Spektakel lieferten aber doch der Umritt der Rösser und deren Segnung durch den Ortsgeistlichen. In den Kirchenakten von „Sanct Leonhard im Aygn" sind aus früherer Zeit Beteiligungen von bis zu 500 Rössern belegt. Nach dem Zweiten Weltkrieg, als die Rottaler Roßkultur nach und nach einzugehen drohte, wurden statt Rösser die Traktoren der Bauern gesegnet. Seitdem die Reit- und Fahrvereine des Rottals aktiv sind, kennt man auch wieder die Pferdesegnungen in Aigen am Inn und anderswo.

Ein anderer Höhepunkt der Rottaler Roßkultur waren und sind immer noch die Roßrennen. Ein „Rennats", gleichgültig ob ein großes oder kleines, ein berühmtes oder weniger bekanntes, zog immer eine Menge Roßnarren an und war meist der Kern einer größeren Festlichkeit – wie es heutzutage das Brillantfeuerwerk ist. Und „Rennats" gab es in jedem Marktflecken und sogar in größeren Dörfern, gerittene Rennen im Sommer und Schlittenrennen im Winter: in Eggenfelden und Gern, in Wurmannsquick, Massing, Gangkofen, Dummeldorf, Birnbach, Griesbach, Karpfham, Rotthalmünster, Pocking, Ering, Simbach und in anderen Orten. Die meisten dieser Kleinrennen finden mangels Rössern nicht mehr statt. Nur die großen Pfingstrennen der Traber auf der Pfarrkirchener Rennbahn sind noch lebendig und

Pfingstrennen auf der Trabrennbahn von Pfarrkirchen. Die Traberzucht, aus der Warmblutzucht hervorgegangen, kam um die Jahrhundertwende in Mode und begeisterte die Rottaler „Roßnarren".

ständnis für das Roß) eines Karl, und deshalb trauerte der Graf seinem tüchtigen Baumann lange nach. Eines Tages ließ er zwei leichte Warmblüter vor die Kutsche spannen und fuhr hinüber nach Öd; er wollte wenigstens die zwei Braunen wieder sehen und nachschauen, ob ihnen doch nichts fehlt. Und er fand sie auch gesund und munter vor, als sie gerade eine schwere Fuhre Erdäpfel „herausmenten" (herauszogen) aus dem Acker. Und neben ihnen auf der „Sattelseiten" (links) ging – der Baumann Karl und ließ sich in seiner Aufmerksamkeit nicht beirren von der An-

rakterisierte: „Weibasterm is koa Vadeam, aba Rooßvaregga tuat an Bauan schregga" (Weibersterben bedeutet kein Verderben, aber Rossesterben schreckt den Bauern). Natürlich eine Übertreibung wie jeder Spottvers, aber ein Körnchen Wahrheit steckt dahinter.Nach dem Tod einer Bäuerin kam in der Regel eine zweite Frau auf den Hof und brachte Mitgift ein, das Verenden einer Zuchtstute aber war bis zur Einführung entsprechender Versicherungen ein herber Verlust für den Bauern.

Wie jede Kulturform, so schuf sich auch die Rottaler Roßkultur ihre eigenen festli-

anziehend wie eh und je. Am Pfingstdienstag kann man in Pfarrkirchen die Traberbesitzer und Freunde dieses Sports aus ganz Bayern treffen, denn das „Bayerische Zuchtrennen" der besten Dreijährigen zieht sie wie ein Magnet an. Auch die anderen Rennen am Pfingstmontag finden ihr Publikum. Die Stadt Pfarrkirchen und der „Verein für Traber- und Warmblutzucht" investieren viel – die Pflege der Stallungen und des Geläufs, auch die Geldpreise sind Voraussetzung und Lockmittel für gut beschickte Rennen.

Das „Karpfhamer Reiten"

Die größte Ausstrahlung der Rottaler Roßkultur ging und geht noch immer vom Karpfhamer Fest bzw., wie man im Rottal sagte, dem „Kahamer Reidn" aus. Kein gewöhnliches Volksfest ist das, obwohl es natürlich Bierzelte, Schießbuden, Würstlbuden und sonstige Verkaufsstände, Fieranten und Landmaschinenverkäufer gibt wie überall. Was Karpfham schon immer von anderen Volksbelustigungen abgehoben hat, das sind bis heute am ersten Festtag Zuchtschau und Prämierung der schönsten zwei- bis fünfjährigen Stuten, ferner der Wettbewerb der besten Gespanne mit der Vorführung des vielbewunderten Zehnerzugs (s.S. 11/12) und das Turnier der Springreiter.

Es muß ein überwältigendes Bild gewesen sein, wenn nach der Prämierung die Bauern und Bäuerinnen mit ihren schönsten Gespannen im weiten Wiesengrund aufführen: erst Zweispänner, dann Vierer-, Sechser- und Achterzüge, am Ende, mit Spannung erwartet, der Zehnerzug. Eine vierzig Zentner schwere gelbe Postkutsche, besetzt mit feschen Burschen, wird von fünf Perdepaaren gezogen, gehorsam den Zügeln, die der Kutscher vom hohen Bock aus führt. Es verlangt höchste Fuhrmannskunst, den Zehnerzug in den drei Gangarten, Schritt, Trab und Galopp, zu fahren in Gerade, Kreisen und Achterschleifen. Der alte Wirt von Weihmörting, der Haslinger, hat mehrere Male sogar einen Zwölferzug gefahren, aber außer ihm konnte das keiner, und so ist dieses Kunststück wieder abgekommen. Ein Gewicht von einem bis eineinhalb Zentnern hat der Fuhrmann da „in der Pratzn", erzählte der Haslinger voller Stolz. Es sind ja nicht nur die Fahrleinen, die dieses Gewicht ausmachen, sondern auch der Maulzug der Rösser, die an den Trensen spielen und zerren.

800jährige Rossetradition

Bis ins 12. Jahrhundert soll der Ursprung dieses Festes der Rosse und Rosserer zurückreichen, auf jene Landtage, die Herzog Heinrich der Löwe 1162 und 1175 auf den Wiesen bei Karpfham abgehalten hat. Es ist ja leicht vorstellbar, daß damals die Wiesen rundum voll waren von den Rossen der angereisten Landstände, der Ritter, Grafen und des Gefolges des großmächtigen Herzogs, und daß das umwohnende Bauernvolk die Pracht der bei solchen Anlässen üblichen Turniere bestaunte – und diese am Ende nachahmte, soweit es das eigene Vermögen zuließ.

Sollte diese Annahme stimmen, so ergäbe sich daraus immerhin eine mehr als 800jährige Rossetradition im Rottal.

Land und Leute im alten Rottal

Literarische Wanderung mit Wilhelm Dieß – Von Hans Göttler

„Zwischen Donau und Inn, wo sie sich schon sehr genähert haben, treibt sich im Zwischengelände ein kokettes, launisches, äußerst charmantes und liebenswertes Flüßchen herum, die Rott, die unweit Schärding sich in die Arme des Inn schmeichelt. Dort liegt die Heimat, von der ich rede."

Mit diesem Bekenntnis zur Rottaler Heimat, entnommen seiner Wanderungsbeschreibung „Zwischen Donau und Inn", die erstmals in „Das Heimweh" (Ernst Heimeran Verlag, München 1940) abgedruckt war, schlägt der Erzähler Wilhelm Dieß (1884-1957) die Grundmelodie seines Lebens an, die den Weg des Lehrerssohnes aus Bad Höhenstadt bei Fürstenzell vielseitig klingend begleiten sollte. Dieses Bekenntnis des damals 56jährigen Rechtsanwalts und Bauern, der es nach dem Zweiten Weltkrieg zum Ministerialrat, Staatstheaterdirektor und Honorarprofessor in München brachte, zeigt an, daß sich Dieß dem Rottal und Niederbayern zugehörig fühlte, auch nachdem er diese Heimat aus Studien- und Berufsgründen längst hatte verlassen müssen. Der begnadete Stegreiferzähler hat der Rottaler Heimat in seinem literarischen Werk ein bleibendes und in sich stimmiges Denkmal gesetzt, unaufdringlich, aber nachhaltig, wie es eben seine Art war.

Wanderung durch die Geschichte

An Wilhelm Dieß, dem erfahrenen und bewährten Wanderer, haben wir den kompetentesten und sprachgewaltigsten Führer, den das Rottal je gehabt hat, einen, der Land und Leute, Geschichte und Kultur gebildet, anschaulich und farbig zu schildern weiß und dabei auf Hochglanzfotos moderner Tourismusprospekte und deren austauschbare Texte verzichten kann.

Mit Wilhelm Dieß und seinem Werk können vor allem die Rottaler selbst ihre Jahrtausende während Geschichte erfahren und nacherleben, auf angenehme Art und Weise, nicht in einem trockenen Geschichtsunterricht mit Jahreszahlen und Herrschergenealogien, dennoch fundamental und umfassend, weil Geschichte mit Leben, das heißt bei Wilhelm Dieß vor allem mit Menschen, angefüllt wird.

Vorherige Seiten: Der Festzug beim Erntedank in Kößlarn vereint ein breites Spektrum Rottaler Menschen (1993). Oben: Rottaler mit Tracht vor Pfarrkirchen. Das Bild stammt aus den sechziger Jahren.

In der Geschichte „Die guten Fürbitter" zwingt Wilhelm Dieß angesichts des Kirchleins von Rotthof die Vorstellung des Lesers zurück in die römische Zeit, als das Rottal Teil der Provinz Noricum war und die Vertreter der reichen römischen Oberschicht „im Rottal Landgüter eingerichtet haben, um ihr Geld anzulegen und für den Urlaub ein Vergnügen mit Jagd und Fischfang zu haben". Nicht große Geschichte wird erzählt, Dieß interessieren Namen und Schicksale der Menschen, „die vor Zeiten hier fern ihrer Heimat gelebt haben", der Gutsverwalter Ursus, seine Ehefrau Flora, die Verwalterin Trebonia, die Magd Donata, „Namen einfacher Menschen", die auf den Grabsteinen in Rotthof zu lesen sind; ihre Existenz beweist Dieß, daß Einheimische und Fremde neben- und miteinander lebten und Kultur schufen, wenn auch die Moderne sich dieser Gemeinsamkeit nicht mehr erinnert.

Die Rotthofer Kirche mit der plastischen Darstellung der Siebenschläferlegende aus Ephesus – während der großen Christenverfolgung unter Kaiser Decius –, geschaffen vom Kößlarner Meister Johann Baptist Modler um die Mitte des 18. Jahrhunderts, erscheint bei Dieß daher als der „stille Erdenfleck, bevölkert von Namen einfacher Menschen aus dem Mutterlande des römischen Weltreiches, die einmal hier gearbeitet haben, wo sie fremd gewesen sind und wo sie noch heute keine Heimat in der Vorstellung ihrer bäuerlichen Nachfolger haben". Die Rottaler Bauern als Nachfolger der einst hier lebenden Römer – nur ein historisch so gebildeter und gleichzeitig über Grenzen hinweg denkender Mensch wie Wilhelm Dieß konnte wohl eine solch treffende Formulierung finden. Als man im Sommer 1955 die Siebenschläferkapelle zu Rotthof nach der Renovierung wieder einweihte, war unter den Anwesenden auch Wilhelm Dieß, der hier seine Erzählung „Die guten Fürbitter" vortrug, an einem historischen Ort, der von Menschen der verschiedensten Völker bewohnt und gestaltet worden war, durch Jahrtausende hindurch.

Der letzte übriggebliebene Ungar

Auf das Zusammenleben der verschiedenen Völker und ihre Vermischung verweist Dieß auch bei der Beschreibung des früheren Deckengemäldes der Pockinger Pfarrkirche St. Ulrich in der Geschichte „Der Heilige Geist".

Nach einer grandiosen Schilderung der auf dem Gemälde dargestellten Ungarnschlacht auf dem Lechfeld 955 – der ironisch-distanziert erzählende Dieß spielt hier in einer seiner klassischen Geschichten alle Register seines Könnens – steuert der Dichter wiederum auf das Schicksal eines einzelnen zu, auf den angeblich einzigen überlebenden Ungarn nach der grausamen Schlacht bei Augsburg: „... der Mann, der als einziger sich rechtzeitig davongemacht hatte, ist auf dem Rückweg auf einem Hof bei Mittich hängen geblieben, wo er als Knecht gearbeitet hat bis an sein Lebensende. Wahrscheinlich hat er den Feldzug satt gehabt, er ist ja ein einfacher Reiter gewesen und hat sich vielleicht gedacht, er wird keine Ehre aufheben, wenn er nach Hause kommt und

meldet, daß die andern alle gefallen sind, und überhaupt ist er nicht sicher, ob man ihm glaubt, daß in Bayern Leute sind, die noch gröber zuhauen als die Ungarn, und Gott weiß, was dann alles aus der Geschichte entsteht, und schließlich muß er wieder einrücken – kurz und gut, er ist auf dem Hof geblieben, hat sich zum christlichen Glauben bekehrt, etwas Nachkommenschaft erzeugt, und man hat weiter nichts Unrechtes von ihm gehört."

Wilhelm Dieß veröffentlicht diese Geschichte 1940 in dem Band „Das Heim-

weh", zu einer Zeit, in der die nationalsozialistische Kriegspropaganda den Volksgenossen rigoros heldische Ideale aufstellte und ihre Erfüllung einforderte. Dieß dagegen schreibt zu dieser Zeit – der brave Soldat Schwejk läßt grüßen – von einem Krieger, der sich davongemacht hat, der den Feldzug satt gehabt hat und nicht wieder einrücken will, der statt dessen in einer für ihn fremden Umgebung ein Rottaler Bauer wird, und der Autor – ein hochdekorierter Offizier des Ersten Weltkriegs – drückt sein Verständnis für ein solches Verhalten aus!

Die dritte Station der Wanderung durch die Geschichte des Rottals ist die Gegend um Schwaim (bei Griesbach), Kößlarn und Stubenberg, allesamt Orte, die in der Erzählung „Der kurbairische Füsilier" durch

„... Höhenstadt war dazumal ein viel besuchtes Schwefel- und Moorbad. Die Gebäulichkeiten bestanden aus einem langgestreckten Kurhaus mit Baderäumen, Speisesälen und Fremdenzimmern an der Straßenfront, ... aus einer Villa an der anderen Straßenseite und ... einem Bierkeller."

die traurige Lebensgeschichte des Kleinhäuslersohnes Johann Weeger miteinander verbunden sind, der 1705 mit 19 Jahren, wie Dieß schreibt, „völlig wider seinen Willen in einen Erbfolgestreit hineingezogen wurde, in einen sehr verwickelten und unübersichtlichen Streit, bei dem es um die Krone Spaniens ging und in dem viele große Herrscher widereinander standen, die ihr gutes Recht an der Erbschaft dadurch zu beweisen unternahmen, daß sie einander mit Krieg überzogen, Armeen aufeinander losschlagen ließen

„... unter mir strömt der Inn in mächtigen Fluten dahin, wie ich es von zu Hause her kenne, am anderen Ufer steigt eine Hügelkette hinan, oben sehe ich vereinzelte Höfe, es ist ganz still." Aus: Wilhelm Dieß, „Heimweh".

und alle Länder verwüsteten, die ihnen erreichbar waren."

Wilhelm Dieß steht hier auf der Seite des einfachen Rottaler Roßknechts, der den Sinn des sogenannten Spanischen Erbfolgekrieges nicht versteht, der es schon gar nicht nachvollziehen kann, in diesem Krieg als Bayer auf der Seite der Habsburger zu dienen. Dieß schreibt im Jahr 1940: „Er wollte nicht, was ihm kein vernünftig denkender Mensch verübeln kann." Nach einigen mehr oder weniger erfolgreichen Fluchtversuchen findet er sich schließlich als kurbairischer Füsilier in sein Schicksal. Weihnachten 1718 kommt er als „zerbrochener, alternder Mann" in die Heimat zurück, „seine einstmals wohlhabende, gesegnete Heimat, jetzt ein armes, ausge-

sogenes Stück Land", ohne Hoffnung, denn er „hatte ausgespielt, auch seine Heimat wollte nichts von ihm wissen." Der einstige kurbairische Füsilier Johann Weeger, der mit Weib und Kindern in den Wäldern des Rottaler Hügellandes haust und „gartend im Lande" (raubend und stehlend) herumzieht, endet schließlich am Galgen, nachdem er in einem Wald bei Eggenfelden einen Wanderer ausgeraubt hatte.

Vor dem bitteren Ende erzählt Dieß aber noch das wunderbare Erlebnis, das dieser Johann Weeger einst in der Stubenberger Kirche gehabt hat, als er die goldene Kette der Muttergottes raubte. Weeger hört da die Stimme der Madonna, die zu ihm spricht: „,Aber, Kind, was machst du denn da?'" Nachdem der ertappte Räuber

erschrocken auf seine Armut hinweist, läßt ihn die Muttergottes gewähren, prophezeit ihm aber seinen Tod am Galgen, wenn er nicht vom Rauben abläßt. Die Muttergottes „kann in sein Herz, sein klobiges, rauhes Herz schauen, und dort sieht sie noch unter dicker verkrusteter Schale den leise schimmernden Kern und hört aus der wüsten Stimme das Zittern des leidenden Menschen und betrachtet seine Armut".

Es findet sich beim Dichter-Juristen Wilhelm Dieß kein Wort der Verurteilung des Johann Weeger, auch er sieht in erster Linie den leidenden Menschen, der zusammen mit seiner verwüsteten Rottaler Heimat ein Opfer der Machtpolitik der Herrschenden geworden ist.

Die Stillen im Lande kommen bei Dieß zur Sprache

Die zweite Wanderung führt uns zu den Menschen des Rottals, wie sie Wilhelm Dieß in seinem Werk so unnachahmlich beschrieben hat: Menschen jeden, aber meist niederen Standes, vor allem männlichen Geschlechts.

Wilhelm Dieß interessiert sich besonders für diejenigen unter ihnen, die nicht viel reden, und nur um diese soll es im folgenden gehen! Die Stillen im Lande, die großen Schweiger treten bei Dieß nämlich so gehäuft auf, daß man schon fast eine Rottaler Lokal- bzw. Regionaleigenschaft dahinter vermuten könnte. Das beginnt mit den kleinen Marbauernbuben in der gleichnamigen Erzählung, die über die Jahre in der Schule kein Sterbenswörtchen hervorbringen wollen, obwohl sie viel zu sagen gewußt hätten.

Der Pockinger Lehrer – es ist Johann Nepomuk Dieß, der Vater des Dichters – akzeptiert schließlich die Individualität, die Eigenständigkeit dieser Rottaler Bauernbuben, wenn es heißt: „Da hat man sie halt gehenlassen, die Marbauernbuben. In ihren Leistungen waren sie nicht schlecht. Sie haben saubere Buchstaben und Ziffern gemacht, haben auf ihren Schiefertafeln gerechnet, sind in der Fibel mit dem Finger die Zeilen auf und ab gefahren – so ist die Zeit auch vergangen."

„Unlust zu reden" ist aber vor allem eine hervorstechende Eigenschaft der Erwachsenen. Der Posthausl in der Geschichte „Ein eigener Mensch" etwa, Chrysant Hiefinger mit Namen, „zeigte eine Scheu zu reden, die für den Hausmeister eines

Gasthofs durchaus ungewöhnlich war. Fremde Gäste etwa, die sich ihm, den sie nicht näher kannten, mit siegesgewohnter Liebenswürdigkeit näherten, behandelte er mit eisiger Sachlichkeit. Menschen mit der Gabe überzeugender Rede aber ging er weit aus dem Wege." Erst im hohen Alter wird er gesprächiger, „wenn auch beileibe nicht redselig."

Von seiner einstmaligen Rettungstat während des großen Hochwassers 1899 schweigt er, da er den Neid seiner Mitmenschen fürchtet: „Wenn sie ihn aber hätten loben müssen, wäre ihm das niemals verziehen worden, und alle hätten ihn insgeheim angefeindet. So seien die Menschen nun einmal, und danach müsse man sich richten, wenn man seine Ruhe haben wolle."

forscher können sie darin nicht irremachen. Für sie gilt, daß er sich, als Kaplan am königlichen Hof, im Feld auf Kriegszügen gegen die Ungarn, als Bischof unter seinen Landsleuten benommen hat, wie es ihrer/seiner Art gemäß war, und daß er sich nie vorne hingedrängt hat. Wer könnte richtiger als sie würdigen, was es bedeutet, daß er im Schaufenster der Weltgeschichte von Macht und Glanz, davon der Stuhl Petri zu jeder Zeit überreiche Möglichkeiten anbot, sich nicht bezaubern ließ, sondern in der ersten Stunde, da es möglich war, aus Rom fort und in die Stille und in den Tod gegangen ist, der ihm nicht zweifelhaft sein konnte."

Zurückhaltung beim Reden muß aber nicht damit zusammenhängen, daß man nichts zu sagen wüßte. Der bairische Papst

und man konnte ihm nicht ansehen, was er dachte. In Wahrheit war er ein guter Beobachter, hatte seine Augen überall, und reden konnte er wie ein Buch und grundgescheit, wenn es einmal der Mühe wert war."

Viele Rottaler – wie der Stationsdiener Huber in „Die Konkurrenz" – „von Natur gegen nervöse Eile gefeit", reden also erst dann, wenn es der Mühe wert ist; so wie der Posthausl am Ende seines Lebens, wie der Waizinger, als er im „Leichenbegängnis" dem Mesner „… einen Anstand beibringen" will, wie der Pfarrer in „Der Heilige Geist", der die wenig gottesdienstgemäßen Ausrufe des Totengräbers kurz und bündig verbal ahndet: „… und weil die Predigt nun doch schon unterbrochen ist, erledigt er auf der Stelle, was er zur Sache zu sagen hat. Er bedient sich dabei der Tonart des Totengräbers, die ihm als bodenständigem Mann natürlich geläufig ist, deren Verwendung in der Kirche er aber beim andern scharf rügt. Diesem also ruft er zu, er sei ein Rindvieh, ein saudummes, das nicht aufpassen könne, und ein grober Hammel dazu, weil er in der Kirche so abscheuliche Ausdrücke verwende."

Der Rottaler kann also auch deutlich und laut werden, der Pfarrer von Pocking genauso wie der alte Vater des Stangenreiter Martl aus Ering, an den man das Ansinnen stellt, den toten Sohn im Friedhof umzubetten, weil der – nach Ansicht der Eltern der Jungfer Zäzilie – als Vater eines ledigen Kindes nicht in einem Grab neben ihrer tugendsamen Tochter liegen dürfe: „Der Vater vom Martl lacht zuerst hellauf, als ihm der Pfarrer mit der Sache kommt. Dann aber, als er richtig begriffen hat, was man von ihm will, redet er ganz gotteslästerlich daher und erklärt, der Martl hätte sich ohnehin gleich umgedreht, wie er gemerkt hat, neben wen er hingeraten ist, und wenn ‚denen' der Martl zu schlecht sei, könnten sie ja ihre ‚trockene Jungfrau' woanders hinlegen; der Martl bleibe, wo er ist, und jeder der sein Andenken verunehre, bekomme es mit ihm zu tun."

Frauengestalten spielen in unserem Zusammenhang nur eine geringe Rolle. Zu erwähnen bleiben da nur die weiblichen Wesen im „Leichenbegängnis", die beim Leichentrunk „sehr abfällige Bemerkungen über die Mannsbilder" machen, welche am Vormittag samt Sarg auf der eisigen Straße zu Fall gekommen waren. Die Reaktion der Männer beim Leichentrunk

„Sie hätten viel zu sagen gewußt, und man hat gemerkt, es ist schwer gewesen, nichts zu sagen – aber sie sind stumm geblieben, haben sich gegenseitig angeschaut und die Lippen aufeinandergepreßt."
Aus: „Die Marbauerbuben".

Der Posthausl war „immer ein eigener Mensch gewesen", ein Rottaler Philosoph, einer der gerne still war, wie der Totengräber in „Der Heilige Geist", einer, der lieber bescheiden im Hintergrund blieb, um sich so seine Ruhe zu bewahren, so wie der aus dem Rottal stammende Ehemann der Frau Bas in München („Die Frau Bas"), oder der bairische Papst Damasus II. aus Pildenau bei Ering am Inn stammen soll und von dem Dieß schreibt, die bayerischen Bauern dort „bezeichnen heute noch den Papst Damasus als den ihrigen, die Geschichts-

Damasus II. ist ein Beispiel dafür, einer der vier Sargträger im „Leichenbegängnis", nämlich der Stadlberger, ein anderes.

Mehr sein als scheinen

Der reiche und angesehene Bauer – er ist nebenbei Mitglied des Reichstags und besitzt „eine richtige Bibliothek im Haus" – ist ein typischer Rottaler Bauer, der nach dem Motto „Mehr sein als scheinen!" lebt: „Wer ihn nicht näher kannte, mußte denken, daß nicht viel hinter ihm stecke. Denn er zeigte immer Unlust zu reden,

beschreibt Wilhelm Dieß lapidar so: „Diese indessen schenkten ihnen keine Beachtung." Wir wissen auch warum! Der typische Rottaler antwortet bei Dieß nur dann, „wenn es einmal der Mühe wert war."

Skeptisch gegen den „Fortschritt"

Es waren wohl die breit angelegten Rottaler Landschaftsschilderungen in seinem Werk, die den Ruf und den Ruhm von Wilhelm Dieß als Heimatdichter des Rottals begründet haben. Wenn auch inzwischen allgemein anerkannt wird, daß Wilhelm Dieß mit seinem Werk über die oft engen Grenzen eines Heimatschriftstellers hinausgelangt ist, so soll das Rottal sich doch immer wieder neu auf ihn berufen und mit Stolz auf ihn verweisen, auf einen Rottaler, der seine Heimat im dichterischen Wort verewigt hat, der sprachlich festgehalten hat, was heute zum Teil schon nicht mehr besteht und durch die Menschen und den – laut Dieß – nur ihnen eigentümlichen Fortschritt verändert wurde.

Das gilt für die vielen Kirchen und Friedhöfe in seinem Werk ebenso wie für die zahllosen Dörfer, die er durchwandert, und die Flüsse und Ströme, die er beschrieben hat. Den Inn beispielsweise, den Grenzstrom unserer Heimat, hat Wilhelm Dieß noch als „nervösen, rassigen Fluß, bildsauber und draufgängerisch" („Zwischen Donau und Inn") in Erinnerung.

Ähnlich ist es mit dem Wetter im alten Rottal: „… zu jener Zeit hat man sich auf die Jahreszeiten verlassen können, niemals hat es an Ostern geschneit, und niemals hat man zu Weihnachten Gänseblümchen gepflückt." („Die guten Fürbitter") Der Mensch ist noch völlig eins mit der ihn umgebenden Natur: „In den Jahreszeiten herrschte dazumal eine richtige Ordnung, die trafen zu den ihnen gesetzten Kalendertagen ein und brachten das Wetter mit, das ihnen zugehörte. Der Frühling begann Ende März; war es am Anfang auch noch frisch, so lachte doch die Sonne mit hellem Licht hernieder, und die Kätzchen an den Weiden und Haselnußsträuchern wiegten sich leise im Winde, und die ersten Anemonen

nickten dazu. Die Ackerfurchen wurden dunkel und die Wiesen grün. Die Wärme nahm stetig zu, und bald kam der ersehnte Tag, an dem wir zum erstenmal die Erde mit bloßen Füßen betreten durften – die glücklichste Stunde des ganzen Jahres." („Die Frau Bas")

Die alte Rottaler Landschaft lebt

Einige Seiten vorher schildert Dieß als Lobpreis der heimatlichen Erde den Weg von der Badeanstalt in sein Geburtsdorf Höhenstadt: „Dieser Fußweg ging über

„… er zeigte immer Unlust zu reden, und man konnte ihm nicht ansehen, was er dachte. In Wahrheit war er ein guter Beobachter … und reden konnte er wie ein Buch und grundgescheit, wenn es einmal der Mühe wert war."

schwarze Moorerde, er federte unter jedem Schritt; man merkte ihm an, daß er mit den Füßen, die ihn betraten, freundlich spielte, es war eine Lust, auf ihm einherzugehen, besonders barfuß."

Geändert hat sich überhaupt auch die Größe und Beschaffenheit der Straßen und

Verkehrswege. „Große, breite Straßen oder gar Autobahnen fehlen dort heute noch", kann Wilhelm Dieß noch Ende der dreißiger Jahre in „Zwischen Donau und Inn" schreiben, und am Beginn von „Leichenbegängnis" wird ganz deutlich, wem die Sympathie des Fortschrittskeptikers Wilhelm Dieß gilt: dem „Erntewagen" und dem „Rottaler Wagenpferd", aber nicht „einem wichtigtuenden Lastkraftwagen". Die „alte, erfahrene Landstraße, die sich vor Jahrhunderten schon so richtig ihren Platz gewählt hat, daß an ihr nichts herumkorrigiert werden kann und sie ihre Ruhe hat", ist inzwischen verschwunden. Der Optimismus von Wilhelm Dieß, „daß sich die vielen Sträßlein und Wege aller Art, Feldwege und samtenen Wiesenwege dereinst mit keinem Blick nach diesen glatten Ungetümen umschauen und sich ganz gewiß nicht nach ihnen ausrichten werden", hat sich als Trugschluß erwiesen. Mit den glatten Ungetümen meinte Dieß schon im Jahr 1940 die großen, breiten Straßen und die Autobahnen.

Es ist schon so: Die Heimat, von der Wilhelm Dieß redet, die alte Rottaler Landschaft, müssen wir mit ihm in seinen Büchern suchen, in seinen Erzählungen und Geschichten, im „Heimweh" und in „Die Frau Bas", in „Der singende Apfelbaum" und „Zwischen Donau und Inn", und im „Leichenbegängnis", der nachgerade klassisch zu nennenden Geschichte des Wilhelm Dieß, die mit einer breiten und ruhigen Beschreibung der Rottaler Landschaft anhebt und daher auch unsere literarische Wanderung durch das Untere Rottal beschließen soll:

„Die Rott, ein spielerisches, dunkeläugiges Flüßlein, hat zur rechten Seite ein weitgeschwungenes Tal, das fruchtbar ist wie ein Garten und hinüberreicht bis zum Inn und seinen Steilufern, und zur Linken einen Höhenzug, der sie fast den ganzen Weg begleitet. Die Landschaft auf der Höhe, nicht minder fruchtbar wie das Tal, ist ungemein faltig – nicht eine Viertelstunde kann man nach irgendeiner Richtung eben aus gehen. Das Tal ist besetzt von behäbigen, schweren Dörfern, auf der Höhe sind die Einzelhöfe zu Hause. Eine Landstraße zieht am Fuße der Hügelkette die Rott entlang, eine alte, erfahrene Landstraße, die sich vor Jahrhunderten schon so richtig ihren Platz gewählt hat, daß an ihr nichts herumkorrigiert werden kann und sie ihre Ruhe hat. Sie ist breit genug, daß zweispännige Erntewagen aneinander vorbeifahren können, kräftig genug, daß sie unter einem wichtigtuenden Lastkraftwagen nicht einbricht, und elastisch genug, daß ein Rottaler Wagenpferd, ohne Schaden an seinen Beinen zu nehmen, nach Herzenslust austraben kann. Alte Obstbäume stehen an ihren Rändern, für den Ablauf des Regenwassers hat sie zwei richtige Straßengräben, kurz, man kann an ihr seine Freude haben.

Auf die Höhe hinauf schickt sie viele Seitensträßlein, die je nach der Aufgabe, die sie zu erfüllen haben, kerzengerade ansteigen oder in Kehren oder den Hügel flach anschneiden. Von allen Arten kann man sie antreffen, natürlicherweise. Eines macht sich unvermerkt in einem Dorfe

davon und wird erst auf halbem Hang von unten sichtbar. Es hat eine ziemliche Höhe zu überwinden, läßt sich das aber nicht verdrießen, sondern steigt gerade an, solange es Atem hat, schwingt kräftig aus und nimmt den Rest wieder wie ein Abschneider. So ist es schon immer gewesen, wie die alten Apfelbäume und Pappeln, die es begleiten, beweisen.

Das Dorf, aus dem es kommt, ist ein Pfarrdorf, das sich schmal an den Hügel lehnt. Es besteht aus einigen mächtigen Bauernhöfen, einem Wirtshaus mit Metzgerei, Schulhaus, Pfarrhof, einem Bäcker, einem Kramer, einer Schmiede vor allem; an den Ausläufern sitzen der Schneider, der Schuster, einige Kleinhäusler. Mittendrin, versteckt unter hohen Bäumen, steht die Kirche, im ummauerten Friedhof. Wer von der Ebene kommt, kann das Dorf lange nicht sehen; er glaubt, der Zwiebelturm, der allein sichtbar ist, gehöre zu

einer einsamen Kirche. Das Dorf nämlich ist völlig versunken in seiner Baumwildnis und verschmolzen mit der Hügelwand, an die es sich schmiegt.

Wenn es den Menschen gegeben wäre, glücklich zu sein, dieses Dorf wäre dazu geschaffen. Es ist nicht zu groß und nicht zu klein, an Arbeit fehlt es nicht und nicht an Brot und nicht an Zeit. Der Zwiebelturm zwar trägt eine Uhr, aber wer sie ablesen wollte, müßte auf den Friedhof gehen, da er sie sonst von keiner Stelle sehen kann, und niemand kann den Stundenschlag hören, da er in den Wipfeln der Bäume verklingt. Wer hier lebt, spürt die Stunde und weiß damit besser Bescheid über den Ablauf der Zeit als der Uhrenleser. Indessen – die Menschen, so trefflich sie oft alles anrichten können zum Glücke -- zufrieden und glücklich sein, das gelingt dann doch nicht. Weiß der Teufel, woran das liegt."

„Wenn es den Menschen gegeben wäre, glücklich zu sein, dieses Dorf wäre dazu geschaffen. Es ist nicht zu groß und nicht zu klein, an Arbeit fehlt es nicht und nicht an Brot und nicht an Zeit." Aus: „Leichenbegängnis".

Der Mittermoar-Hof zu Riedertsham

Harald R. Sattler

An der Kreisstraße von Griesbach über Uttlau nach Haarbach liegt der Weiler Riedertsham mit einem der schönsten noch voll bewirtschafteten niederbayerischen Vierseitgehöfte, dem „Mittermoar-Hof". Betritt man den Hof durch das kunstvoll bemalte Tor, sieht man sich zurückversetzt in die Tage verschwunden geglaubter bäuerlicher Hofkultur. Um den Mittermoar-Hof ranken sich viele Geschichten, die belegt sind durch eine Marotte seines Erbauers, der über viele Ereignisse seines Lebens und Vorkommnisse auf dem Hof penibel Buch geführt hat.

Das Hofensemble – Lebenswerk des Bauern

Die Hofstatt ist besiedelt seit ca. 1140, urkundlich erwähnt wird sie ab 1582. Mit Akribie hat Johann Mayer den Bau seines Hofes geplant, Aufrisse und Skizzen gezeichnet, Baumaterialien kalkuliert und den Holzbedarf berechnet und sich auch um die künstlerische Ausschmückung des Hofes bemüht. Der Mayer Johann kam von einem ordentlich geführten Anwesen in Eschlbach, das er im Jahre 1810 durch Übergabe vom Vater erhalten und 11 Jahre mit „Ältern und Geschwisterten" bewirtschaftet hatte. Schon im November des Hochzeitsjahres begann er mit den ersten Berechnungen und Vorarbeiten zum neuen „Wohnhauß". Er fertigte einen Generalplan, auf dem er exakt zeichnete, was an Baulichkeiten benötigt wurde, wie diese zueinander aufzuteilen und in Relation zu bringen seien. Die Frucht dieser gründlichen Überlegungen: ein in sich stimmiges Hofensemble, das heute noch den Wunsch seines Erbauers nach Verbindung von Zweckmäßigkeit und Schönheit erkennen läßt.

Oft kommt einem der unbeirrbare Hiob in den Sinn, wenn man in der „Beschreibung oder Gründliche Denckmall Der Unglücks Fälle Auf dem Pfadt Meines Lebens" Mayers blättert.

Die Aufzählung beginnt mit der Schilderung eines Ereignisses „kaum daß wir 3 Monate sind Verheurathet", also am „29sten Jenner 1822" wo, während die „Weibsbülder die Einwäsch reinigten, so trug es sich zu", daß ein Waschweib der jungen Ehefrau „den rechten Arm im winden überträhet, ja fast ganz ausgeträhet hat, so daß sie keinen Handgrief mehr" zu

Der Mayer Johann hat nicht nur den Bau seines Hofes geplant, Aufrisse und Skizzen gezeichnet, Baumaterialien kalkuliert, sondern auch dieses Selbstporträt gemalt.

tun imstande war. Die Behandlung der Ehefrau, die in „Peitelspach" (d.i. Beutelsbach) erfolgte und „nach Achttägiger Kuhr" mit der Gesundung der Bäuerin ein gottlob gutes Ende nahm, schlug mit 1 fl (Gulden) 24 x (Kreuzer) zu Buche.

Die meisten der überlieferten Unglücksfälle betrafen naturgemäß das Vieh und Unfälle der am Gehöft Beschäftigten. Da

ist zu lesen von einem halbjährigen Kalb „liegt tott im Stall ... nach Abzug der Haut ein schatten (Schaden) von mindestens 12 fl", etwas später im Jahr, im „Jully 1823", ein ähnlicher Fall: Der Mayer erfährt, daß im Holzdobel ein totes Kalb liegt. Ihm schwant Böses, und „so ist es wirklich unser zwey Jähriges Stierl"; Schaden nach Enthäutung beim Eintreffen des Abdekkers: 15 Gulden.

28 Leute am Mittagstisch

Es muß damals lebhaft und hoch hergegangen sein auf dem Hof zu Riedertsham. Die Aufzeichnungen sagen viel aus über die damaligen Verhältnisse und das Leben auf dem Lande, z.B. über Preise von Handwerkern oder über die Kosten, die der Bader in Rechnung stellte. Aus Nebensätzen bei der Schilderung einer neuerlichen Erkrankung der Hausherrin erfährt man, daß zur Zeit des „Wohnhauß"-Baues 28 Leute am Mittagstisch gesessen haben!

Der Mittermoar überliefert uns auch den Bericht von einem „Proczes", der ihm besonders zusetzte und den er gegen einen übelwollenden Nachbarn führen mußte, welcher die Grenzsteine versetzt hatte: „... der Jacob Nidermayr hat mir im Grangernger fild (d.i. im Grongörgener Feld) um 5 Schu(h)e über das Marck gegraben (also über den Rain geackert)." Die durch die Habgier und Uneinsichtigkeit des Niedermayer nötig gewordene Auseinandersetzung zog sich über die Jahre 1842 und 43 hin, bereitete dem Johann Mayer viel Verdruß und manch schlaflose Nacht und schlug „trotzdem ich habe niemals verspillt und wurd mier vom Landgericht niemals Abgesprochen" (also keinen Prozess verloren, immer im Recht gewesen!) „mit Gerichts- und Atwokätten (d.i. Advokaten) kösten" immerhin mit rund 60 Gulden (!) zu Buche. Nimmt man die vom Mittermoar bei anderen Fährnissen genannten Preise als Grundlage, so hat ihn der vom Nachbarn aufgezwungene

Prozess den Gegenwert von 2 Jungstieren (je 15 fl), einem schönen Fohlen (20 fl) und 10 Stücker Ferkel (zu je einem Gulden) gekostet.

Ein gottesfürchtiger Mann

Wie immer es den Mittermoar traf, er wußte sich in der Obhut des Herrn. Das mag ihm die Kraft gegeben haben, sein Leben in Würde und mit Anstand zu meistern. Dann und wann im Frühjahr, wenn man am Mittermoar-Hof vorbeiwandert in einen milden Rottaler Maiabend, ertönen aus der zum Hof gehörigen und ebenfalls von Johann Mayer errichteten Kapelle – übrigens ein wahres Schmuckstück bäuerlicher Sakralkultur und erst kürzlich liebevoll und stilsicher restauriert – die hellen Frauenstimmen mit der Litanei zur Maiandacht. Sie klingen, wie sie schon geklungen haben mögen vor vielen Jahrzehnten, als der Mayer seine Kapelle gebaut hat „für die Dorfs gemeinde Riedersham und zur Ehre Gottes".

Was die Natur gemeinhin den Eltern – sieht man von Kriegs- und Seuchenzeiten

ab – erspart, der Mittermoar mußte es ertragen: am Grab des eigenen Kindes zu stehen. Gleich zweimal traf Johann Mayer dieser schwere Schicksalsschlag 1825:

„Als mein Weib die Schwangerschaft Empfand, so ist sie kräncklich, so daß sie im Lauter Schmerzen ihre Zeit erfüllen muß". Man schickte um die Hebamm, man holte den Doktor. Der ließ schließlich die in qualvollen Wehen liegende zur Ader und entband sie endlich von einem Knäblein. „Diß war aber so Schwach, daß man kaum ein Leben daran sahe ..." Mayer eilte mit dem Knaben zum Pfarrhof um die Nottaufe. Am Rückweg zum Hof verstarb das Kind in den Armen des Vaters. „Als wir zu Hauß kamen so hat sie schon wider ein Mägdlein geboren, diß war aber frisch ... und ward im der Nahme Maria gegeben ... Unbeschreiblich ist die Freude, die wir an diessen Dirnel haten, aber es wurde balt in Traurigkeit verwandlet." Im September

stirbt auch das Mirzel (die Maria) nach zweistündigem Ringen ums Überleben. „Es stritte über zwey Stunde fort, bis es Entlich ihre Selle ausgehauchet hat... Nun der Willen Gottes ist es allso!"

Dem Johann Mittermayr und seiner Magdalena blieb weiterer Kindersegen versagt, und als die Eheleute die Hoffnung auf einen Erben aufgeben mußten, setzte der Mittermoar einen Passus ins Testament, um doch noch sein Lebenswerk in die ihm genehmen Hände gelangen zu lassen. Sein Wunscherbe – ein leiblicher Neffe, der seit seinem zwölften Lebensjahr am Hofe arbeitete und lebte – war der Schwestersohn Weinholzer Franz aus Holzham. Gottlob hat es damals mit dem Weinholzer Franzl und der ins Auge gefaßten Braut geklappt, und seitdem ist der Mittermoar-Hof in guten Händen, hat alle Wechselfälle der Zeiten und zwei Weltkriege unzerstört und nahezu unverändert überstanden.

Auf dem Mittermoar-Hof, der noch bewirtschaftet ist, sieht man sich zurückversetzt in die Tage verschwunden geglaubter bäuerlicher Hofkultur. Zweckmäßigkeit und Schönheit widersprechen einander nicht.

Berta Hummel

Die Künstlerin und Ordensfrau Berta Hummel (1915–1946) entstammt einer in Massing eingesessenen, seit dem 15. Jahrhundert in Württemberg nachweisbaren Kaufmannsfamilie. Großes Zeichentalent war ihr in die Wiege gelegt. Nach dem Besuch der Höheren Mädchenschule kam nur noch das Weiterstudium an der Kunstakademie in München in Frage, das sie 1931 mit der Note 1 beendete; der Weg ins höhere Lehramt wäre offen gestanden. Die ihr vom Elternhaus mitgegebene tiefe Frömmigkeit ließ jedoch den Entschluß reifen, in das Kloster der Franziskanerinnen in Sießen bei Saulgau einzutreten. 1931 nahm sie den Schleier. Die nunmehrige Schwester M. Innocentia fand als Zeichenlehrerin Möglichkeit auch für eigene Studien und war bald mit Aufträgen überhäuft. Besonders fühlte sie sich zum Zeichnen von Kinderbildern hingezogen. Ihre kleinen Wesen mit den zerzausten Haaren, klobigen Schuhen und rutschenden Strümpfen machten sie in Kürze berühmt. Als ein geschäftstüchtiger Fabrikant 1934 auf sie aufmerksam wurde, begann die Herstellung der „Hummel-Figuren", die bald die Welt eroberten. In Amerika, dem größten Markt für Hummel-Figuren, wurden Hummel-Clubs gegründet, die zum Teil über 200 000 Mitglieder haben.

Das „Berta-Hummel-Museum" im Elternhaus in Massing ist bestrebt, die „andere Berta Hummel" zur Geltung zu bringen. Gewiß, ihre Berühmtheit verdankt sie den niedlichen Kleinplastiken. In Wirklichkeit war Berta Hummel eine begnadete Künstlerin, die uns mit heiteren Darstellungen ebenso wie mit ausdrucksstarken Porträts und wunderschönen Landschaftsbildern beschenkt hat.

Bruder Konrad

Unter den großen Söhnen unserer Rottaler Heimat ist der heilige Bruder Konrad von Parzham die bekannteste und populärste Persönlichkeit. Überall werden Kinder auf seinen Namen getauft; in allen Kontinenten entstehen Bruder-Konrad-Kirchen. 1994 wurde ein Bruder-Konrad-Festspiel aufgeführt, das bayernweit Beachtung fand.

Dabei bietet die Lebensgeschichte des Heiligen nichts Besonderes. 1818 kam er auf dem Venushof als neuntes von elf Kindern zur Welt. Die Jugend war angefüllt von harter Bauernarbeit. Doch machte sich bald tiefe Frömmigkeit bemerkbar. Mit 31 Jahren verzichtete er auf das stattliche Erbe und bat um Aufnahme bei den Kapuzinern im unteren Kloster zu Altötting. Die Strenge der Ordensregel überformte den einfachen Bauernburschen. Über 40 Jahre versah er den Dienst an der Pforte mit Hingabe, stets ein frommes Gebet auf den Lippen. Wenn Zeit blieb, konnte man ihn in Versunkenheit vor dem Kreuz im Rosenkranzgebet bemerken. Das alles aber gereichte zur Vollkommenheit. Als er sich 1894 zum Sterben legte, gab es keinen Zweifel an seiner Heiligkeit.

Die Heiligsprechung im Jahr 1934 war dann weit mehr als nur ein prunkvoller Akt in St. Peter zu Rom. Eben kam in seinem Heimatland der Nationalsozialismus zur Macht. Es mußte als Herausforderung gesehen werden, als man den schlichten Ordensmann dem Pseudoideal der germanischen Herrenmenschen nationalsozialistischer Prägung entgegenstellte.

Die Amtsenthebung: Ludwig und Bruni Mayer

Hans Holzhaider

Am Montag, den 17. August 1987 verkündete der Verwaltungsgerichtshof München seine Entscheidung im Disziplinarverfahren gegen den 52jährigen Ludwig Mayer, den seines Amtes enthobenen Landrat im Rottal. Es war ein schwarzer Tag für Ludwig Mayer. Der Verwaltungsgerichtshof entschied, der als „König vom Rottal" bekanntgewordene Politiker habe sich in fünf Fällen eines Dienstvergehens schuldig gemacht und sei deshalb als Landrat nicht mehr tragbar. Aus der Traum – die Karriere Ludwig Mayers war zu Ende. Ein schwarzer Tag aber auch für Ludwig Mayers Ehefrau Bruni, die ihren Mann zu jeder Gerichtsverhandlung begleitet hatte und die manchmal ihre Empörung und Erbitterung kaum zügeln konnte. „Ich war so enttäuscht, ich war am Boden zerstört, als wir nach der Urteilsverkündung aus dem Gericht gekommen sind", erzählt sie.

Aus der Traum von der Karriere

Mit Mayers Rechtsanwalt Dr. Ernst Frikke gingen die beiden ins Uni-Café in der Münchener Ludwigstraße, und da sagte der Anwalt, aus einer plötzlichen Eingebung heraus: „Jetzt gibt's nur noch eins, Bruni: Du mußt Landrätin werden." Eine wilde Idee, wenn auch nicht ganz ohne Vorbild. Als seinerzeit Ludwig Volkholz, der „Jager-Wiggerl", nicht mehr Landrat in Kötzting sein durfte, da sprang auch dessen Ehefrau Paula in die Bresche, und später wurde gemunkelt, die bayerische Staatsregierung habe den Landkreis Kötzting nur deshalb im Zuge der Kreisgebietsreform aufgelöst, um die ungeliebte Landrätin auf elegante Weise wieder loszuwerden. Ein so brillanter Schachzug bot sich im Rottal nicht an: Der Landkreis hatte die Gebietsreform schon hinter sich, als 1982 wegen eines schon zehn Jahre zurückliegenden Vorfalls das Disziplinarverfahren gegen Ludwig Mayer eingeleitet wurde.

Bruni und Ludwig Mayer fuhren dann ein paar Tage nach Ungarn, um sich von den Strapazen des Gerichtsverfahrens zu erholen. „Kandidier doch", drängelte Ludwig Mayer, auf einer Luftmatratze auf dem Plattensee schwimmend. „Ich hab' doch keine Ahnung", wandte Bruni ein. Aber der Gedanke hatte sich schon im Kopf festgesetzt: „Jetzt mach' ma's, grad um die zu ärgern."

Und so nahmen die Dinge ihren Lauf. Am 15. November 1987 verpaßten die Wählerinnen und Wähler im Landkreis Rottal-Inn der CSU einen Denkzettel, daß ihr Hören und Sehen verging.

Bruni Mayer haushoch gewählt

Mit 17,5 Prozent kam der CSU-Kandidat Michael Osterholzer nicht einmal in die Stichwahl; Bruni Mayer fuhr mit 43,5 Prozent mehr als doppelt so viele Stimmen ein wie der amtierende Landrat Josef Poisl von den Freien Wählern. Zwei Wochen später machte sie ihren Triumph komplett: 53,6 Prozent in der Stichwahl. Zum erstenmal seit der Gebietsreform hatte Bayern wieder eine Landrätin.

Man muß sich, um dieses Ergebnis richtig würdigen zu können, vor Augen halten, daß der Landkreis Rottal-Inn einer der schwärzesten in ganz Bayern ist. Bei überregionalen Wahlen fährt die CSU hier in der Regel zwischen 65 und 70 Prozent in die Scheuer. Was also war geschehen? Die Erklärung könnte in dem Umstand zu suchen sein, daß die CSU eine Partei ist, in der sich zwei Komponenten der bayerischen Psyche auf das Schönste zusam-

mengefunden haben: zum einen das beharrende, alle Veränderungen mißtrauisch beäugende, autoritätsgläubige Element, zum anderen eine Neigung zur Anarchie, zur Aufmüpfigkeit, die Lust daran, es „denen da oben" mal so richtig zu zeigen, wo der Bartl den Most holt, sich über die von oben verordneten Regeln einfach hinwegzusetzen. Der Landrat Ludwig Mayer nun war einer, der zwar durch die CSU und mit der CSU groß geworden war und an die Macht gekommen war, dessen autokratische und anarchische Neigungen aber so ausgeprägt waren, daß es im Konfliktfall einfach zum Krach kommen mußte. Als es

Selbst seine Gegner haben Ludwig Mayer bescheinigt, er sei ein „Landrat mit Leib und Seele" gewesen. Volkstümlich hieß er der „König vom Rottal".

so weit war, da zeigte sich eben, daß die Leute den Herrn Mayer noch ein bißchen lieber mochten als die CSU.

Ludwig Mayer ist ein großer, breiter, schwerer Mann mit schwarzen Haaren, der ohne weiteres auch als Zigeunerprimas glaubwürdig wäre. Er sei, sagt seine Frau, einer, der „wahnsinnig schnell denkt", „unheimlich g'scheit" sei er, aber „Geduld mit einem Dummen, die hat er nicht", und wenn ihn die Wut packe, dann sei er wie ein Elefant: „Wo der hintritt, da wachst nix mehr."

Mayers Vater hatte ein landwirtschaftliches Lagerhaus in Eggenfelden; 1959, als der Vater starb, übernahm Ludwig Mayer den Betrieb. Das machte ihn zu einem attraktiven Kandidaten für die CSU: Er kam aus der Stadt, hatte aber über den Betrieb beste Kontakte zur Landbevölkerung. 1966 kam er in den Kreistag, 1972, nach der Gebietsreform, stellte ihn die CSU als Landratskandidaten auf, sehr zu seiner Freude, denn: „Das wollt' ich von Anfang an. Ich wollt's einfach."

Es klappte dann auch auf Anhieb, ganz knapp, mit 1700 Stimmen Mehrheit. Es war eine Zitterpartie bis zur letzten Minute, bei den Freien Wählern hatten sie schon den Sekt entkorkt, und der Sparkassendirektor von Pfarrkirchen hatte schon einen Blumenstrauß dem falschen Kandidaten überreicht. Auch seine späteren Gegner und die Gerichte durch alle Instanzen

weigerten, zeigte er sie wegen fahrlässiger Tötung an. Mit solcherlei Aktionen macht man sich natürlich keine Freunde; insbesondere der damalige bayerische Innenminister und spätere CSU-Generalsekretär Gerold Tandler war seit der Alleebaum-Affäre nicht mehr besonders gut auf den Rottaler Landrat zu sprechen.

Es war nicht allzu lang nach dieser Geschichte, daß Tandler Anlaß fand, den Landrat Mayer näher unter die Lupe zu nehmen. Der Kommunale Prüfungsverband war dahintergekommen, daß Mayer außerhalb des offiziellen Landkreishaushalts über ein Konto verfügte, welches sich aus allerlei Spenden speiste, und aus dem nach Mayers Gutdünken Zuschüsse für soziale und gemeinnützige Zwecke finanziert wurden. Die Regierung von Nie-

gab aber schon auch Handfesteres, vor allem die Sache mit der Intensivstation für das Krankenhaus in Simbach. Diese Geschichte spielte sich einige Tage vor Weihnachten im Jahre 1972 ab und ist es wert, etwas ausführlicher erzählt zu werden.

Im Sitzungssaal des Landratsamts in Eggenfelden trat an diesem Tag der Kreisausschuß zu einer geheimen Sitzung zusammen. Thema: die desolate Situation im Simbacher Krankenhaus. Anwesend waren der Landrat, elf Ausschußmitglieder, der Kreiskämmerer, ein Architekt, der Chefarzt von Simbach und ein Zeitungsredakteur, den man zur Geheimhaltung vergattert hatte. Mayer schilderte die Lage: Leider befinde sich das Krankenhaus in Simbach nicht auf dem neuesten Stand der Technik. Es fehle eine Röntgenanlage, es fehle eine Intensivstation, und das, obwohl von der nahe gelegenen Bundesstraße immer wieder Unfallopfer mit schwersten Verletzungen eingeliefert würden. Es sei kein Geld vorhanden, um Abhilfe zu schaffen. Trotzdem gebe es eine Möglichkeit, die jedoch nicht ganz legal sei. In Eggenfelden werde gerade ein neues Krankenhaus gebaut, das vom Staat mit 85 Prozent der Investitionskosten bezuschußt werde. Ein Herr von der Baubetreuungsfirma habe nun die Idee gehabt, man könne doch die Röntgenanlage und die Intensivstation für Simbach in den Eggenfeldener Baukosten unterbringen und die staatlichen Zuschüsse dafür kassieren. Nur müsse natürlich alles streng vertraulich gehandhabt werden, denn objektiv gesehen war dies nichts anderes als ein Zuschußbetrug.

Die Herren vom Kreisausschuß zeigten sich beeindruckt. Der Kreisrat Sextl sagte: „Wer nichts wagt, gewinnt nichts", der Architekt W. sprach von einer „Humanmanipulation", und der Kreisrat Josef Poisl gab, wie im Protokoll vermerkt, „seinen Segen dazu und wünscht viel Glück". Das Vorhaben wurde mit zwölf zu null Stimmen gebilligt, das Protokoll erhielt den Vermerk „Geheim – streng vertraulich". Kein Mensch hätte etwas gemerkt, wenn nicht der Kreiskämmerer Jahre später so unbrauchbare Verwendungsnachweise für die Krankenhauszuschüsse abgeliefert hätte, daß die Prüfer stutzig wurden, und wenn nicht der Landrat den Krankenhausverwalter Günther Z. von seiner Tätigkeit abgelöst hätte, weil dieser sich persönliche Vorteile aus seiner Stellung verschafft habe.

Das Simbacher Kreiskrankenhaus heute. Es wurde zum Teil zu einer Naturheilkundeklinik für die ganzheitliche Medizin umgebaut.

haben Ludwig Mayer bestätigt, er sei ein „Landrat mit Leib und Seele" gewesen. Er ließ sich unkonventionelle Dinge einfallen, um den Landkreisetat zu entlasten. Er schaffte fünf der acht Dienstwagen ab, nahm den Abteilungsleitern im Landratsamt die Sekretärinnen weg und richtete ein zentrales Schreibbüro ein, er ließ die gehfähigen Patienten im Kreiskrankenhaus ihr Mittagessen selbst abholen, statt es ans Bett zu servieren. Nach einer Serie schwerer Unfälle auf der Staatsstraße zwischen Roßbach und Arnstorf wies er das Straßenbauamt an, einige hundert Alleebäume zu fällen, und als die Behördenleiter sich

derbayern sah sich veranlaßt, Mayers Finanzgebaren genauer unter die Lupe zu nehmen, und siehe da, es kam eine lange Liste von Beanstandungen zusammen.

Der Zuschußschwindel – einstimmig beschlossen

Einige waren weniger gravierend – das Weißwurstfrühstück mit 150 Beamten und Angestellten der Regierung von Niederbayern zum Beispiel (Kosten: 900 Mark), von dem Mayer später gern sagte: „Die gleiche Regierung, die die Weißwürscht gegessen hat, hat's mir dann hinterher ins Disziplinarverfahren neig'schrieben". Es

Z. schrieb an die Regierung von Niederbayern, er fühle sich von Mayer bedroht, weil dieser geäußert habe, wenn er, Mayer, sterbe, dann würden noch ein paar andere mitsterben. Einmal am Erzählen, erzählte Günther Z. auch gleich noch die Geschichte mit dem Geheimprotokoll – der Vorgang lag inzwischen zehn Jahre zurück –, und so kam der Stein ins Rollen. Keine vier Wochen später war der Landrat seines Amtes enthoben. Die Amtsgeschäfte führte von da an der stellvertretende Landrat Josef Poisl, eben jener Poisl, der in der Geheimsitzung des Kreisausschusses ausdrücklich seinen Segen zu dem Zuschußschwindel gegeben hatte.

Nun ist also Bruni Mayer Landrätin im Landreis Rottal-Inn, schon in der zweiten Amtsperiode, und sie ist es mindestens so mit Leib und Seele wie früher ihr Mann. Der Versuchung, seiner Frau in die Amtsführung zu reden, hat er konsequent widerstanden; Stimmen, die Bruni Mayer als eine „Landrätin von Ludwigs Gnaden" diffamieren wollten, sind längst verstummt.

Berichtenswert ist noch die Geschichte, wie Ludwig Mayer sich um eine Begnadigung durch den bayerischen Ministerpräsidenten bemühte. Es ging dabei vor allem um den Pensionsanspruch: Mit der endgültigen Amtsenthebung hatte Mayer auch seine Altersversorgung eingebüßt. Franz Josef Strauß hatte signalisiert, daß er zur Milde bereit sei, aber er starb, ehe er den Gnadenakt unterzeichnen konnte. Max Streibl, der knochentrockene Bürokrat auf dem Sessel des Ministerpräsidenten, kannte keinerlei Pardon. Zehn Tage vor Weihnachten 1988 ließ er Mayers Rechtsanwalt wissen, er sehe sich nicht in der Lage, „Ihrem Mandanten den erbetenen Gnadenbeweis zu gewähren". Eine gnadenweise Milderung der gerichtlichen Entscheidung müsse „bei der rechtstreuen Bevölkerung auf Unverständnis stoßen".

Max Streibl mußte, wie bekannt, fünf Jahre später selbst erleben, daß in der Politik nicht immer alles mit der letzten Gerechtigkeit zugeht. „An dem Tag, als der Streibl zurückgetreten ist", erinnert sich Bruni Mayer, „haben wir ein Flascherl Sekt aufgemacht."

Ein halbes Jahr später hat der neue Ministerpräsident Edmund Stoiber dem Ex-Landrat Ludwig Mayer einen staatlichen Unterhaltsbeitrag gewährt und ihm außerdem gestattet, die Bezeichnung „Landrat a.D." zu führen.

Einer der schönsten Landkreise Niederbayerns – Rottal-Inn

Bruni Mayer

Aufgewachsen in der Kreisstadt Pfarrkirchen und daher verbunden mit der Mentalität der Menschen in Niederbayern, bin ich sehr stolz, deren Landrätin sein zu dürfen. Gerade für uns Frauen ist es noch nicht selbstverständlich, solche Spitzenpositionen, die früher und zum großen Teil noch heute von Männern beherrscht werden, zu erreichen.

Geprägt durch das Erleben und die Erziehung meiner Großmutter, die aus ärmsten Verhältnissen stammte und Spiegelbild der Kriegsgeneration für uns war, ist

Anzahl von Patienten für ein allgemeines, ohne Fachabteilungen geführtes Haus gewinnen. Die umliegenden, gut geführten Krankenhäuser Altötting, Rotthalmünster etc. stellten natürlich eine „Konkurrenz" dar. Trotz vielerlei Widerständen gelang es, mit der Unterstützung aufgeschlossener Kreisräte, das Kreiskrankenhaus umzustrukturieren und in Simbach eine Naturheilkundeklinik zu schaffen. Ein modernes Haus entstand, dessen guter Ruf bereits nach einem Jahr weit über die Grenzen Deutschlands hinausreicht. Groß-

Szene vom Umzug des Mittelalterfests in Arnstorf im Juni 1995: Bruni Mayer hat sich als Zigeunerin eingereiht. Ministerpräsident Edmund Stoiber im Mai 1995 zur Landrätin: „Ich schätze Sie als eine tatkräftige Frau."

es mein größtes Anliegen, den Menschen zu helfen, die einer Fürsprache bedürfen.

Natürlich sind auch bei uns im Landkreis Rottal-Inn noch viele Wege zu ebnen, aufgeschlossen zu sein für Erneuerungen und dabei Kultur und Tradition zu erhalten. Um so schöner ist es, von Erfolgen berichten zu können.

Ich bin stolz auf Erfolge

Das Simbacher Kreiskrankenhaus litt viele Jahre unter mangelnder Auslastung. Eingebunden in den Grenzbereich zu Österreich, konnte es nur eine begrenzte

artiges wurde erreicht – die Versorgung für Tausende von Bürgerinnen und Bürgern, die ihr Heil in der ganzheitlichen Medizin suchen. Ich gebe zu, daß ich stolz auf dieses Erreichte bin.

Kirchen, Schlösser und eine wunderbare Hügellandschaft prägen meine Heimat, den Landkreis Rottal-Inn. Die Sensibilität einer Frau, die die Kraft und den Willen hat, sich als gute Politikerin zu beweisen, bestärken mich in meiner Arbeit. Der Landkreis Rottal-Inn ist gewiß einer der schönsten in Niederbayern und erfordert deshalb meinen ganzen Einsatz.

Anna Wimschneider

Ernst Piper

Im Piper Verlag kommen Jahr für Jahr ungefähr 1500 unverlangte Manuskripte an. Etwa jedes zehnte wird geprüft und ein bis zwei werden zur Veröffentlichung angenommen. Eines unter 1500 – das ist fast wie die berühmte Stecknadel im Heuhaufen: Wie schwer ist sie zu finden, wie leicht zu übersehen! Deshalb ist der Verleger dankbar, wenn solche unverlangten Manuskripte mit einer besonderen Empfehlung kommen, und das war bei Anna Wimschneider der Fall. Dr. Heinz Usener, unser Hausarzt, hatte sie kennengelernt bei einer Hochzeit, denn sein Praxiskollege hatte eine der Wimschneider-Töchter geheiratet. Damals war Anna Wimschneider dabei, etwas über ihre harten Kindheits- und Jugendjahre für ihre Töchter aufzuschreiben, die diese Zeit ja nicht miterlebt hatten und unter so viel günstigeren Umständen aufgewachsen waren, daß sie kaum eine Anschauung davon haben konnten.

Usener gab den Text an uns weiter. Meine damalige Frau und ich waren begeistert. Dieser Text hatte alles, was ein gutes Buch braucht. Er hatte einen interessanten Gegenstand, das Landleben, dessen Härte schonungslos und realistisch geschildert wurde. Viele Bayern sind stolz auf die agrarischen Traditionen ihres Heimatlandes und wissen doch so wenig davon! Hier konnten sie nachlesen, unter welchen Entbehrungen das tägliche Brot erarbeitet wurde und was es bedeutete, wenn einem Bauern die Frau starb. Zum zweiten verfügte Wimschneider über eine urwüchsige Sprachkraft seltenen Grades, und zum dritten hatte dieser Text in hohem Maße Anschauung. Wenn Wimschneider schildert, wie sie sich als kleines Mädchen über zwei Stunden durch meterhohen Schnee kämpfen mußte, um zur Schule zu gelangen, erlebt man das beim Lesen mit größter Intensität nach.

Als Verleger habe ich Dutzende von Erinnerungswerken gelesen, immer wieder auch von Menschen, die in der Nazizeit verfolgt wurden. Viele dieser Menschen haben Schreckliches durchgemacht, bei weitem nicht alle vermögen es aber so zu schildern, daß eine dichte Atmosphäre entsteht. Andere, die vielleicht etwas ganz ähnliches erlebt haben, ergreifen uns mit ihrer Schilderung. Für Anna Wimschneider traf das in ganz besonderer Weise zu.

Anna Wimschneider mit Verleger Ernst Piper bei der Überreichung der *Herbstmilch* aus Gold, nachdem eine Million Bücher verkauft waren.

Das Manuskript, das als Buch später den Titel „Herbstmilch" trug, hatte uns überzeugt. Wir wollten es verlegen. Allein, es war viel zu kurz, kaum 50 Seiten lang. Da uns der Text so gut gefallen hatte, beschlossen meine Frau und ich, die Verfasserin zu besuchen. Wir fuhren nach Pfarrkirchen, fanden nach einiger Mühe den Steinerhof im nahen Schwarzenstein und wurden auf das herzlichste empfangen.

Die Stunden vergingen mit Erzählungen wie im Fluge; schnell war klar: Anna Wimschneider kann viel mehr berichten, als sie bisher aufgeschrieben hat. So nahm sie, als wir abgereist waren, wieder ihre Hefte vor und schrieb mit ihrer schönen Handschrift auf, was ihr noch einfiel.

Meine Frau hat diese Aufzeichnungen später inhaltlich gegliedert, die Interpunktion den Duden-Regeln angeglichen und hier und da etwas stilistisch korrigiert. Alles zusammen war eine Menge Arbeit, so daß sie auf Seite 4 des Buches als Redakteurin genannt wurde. Dadurch entstand das Mißverständnis, Katrin Meschkowski-Piper habe Anna Wimschneider umgeschrieben. Hermann Unterstöger behauptete in einem „Streiflicht" der *Süddeutschen Zeitung* gar, erst durch die Bearbeitung sei das unbayerische Imperfekt in den Text gekommen. All dies ist Legende. Wimschneiders luden Unterstöger zum Essen ein, und anhand des Originalmanuskripts konnte er sich nunmehr davon überzeugen, daß der Duktus der Texte ganz unverändert war. Ich behaupte: Bei den meisten professionellen Schriftstellern muß mehr lektoriert werden als es hier der Fall war. Anna Wimschneider war ein großes Naturtalent.

Herbstmilch. Lebenserinnerungen einer Bäuerin erschien im Herbst 1984 in einer Auflage von 6000 Exemplaren. Um der Autorin die Gewöhnung an den Umgang mit den Medien zu erleichtern, hatte ich zur Buchpräsentation in meine Wohnung eingeladen. Der Empfang war gut besucht, die Resonanz freundlich. Es erschienen viele Rezensionen, wir mußten nachdrucken, die ersten Journalisten fuhren nach Pfarrkirchen, das Bayerische Fernsehen brachte einen schönen Film. Alles deutete auf einen mittleren Erfolg hin.

Doch dann kam alles ganz anders. Der erste Weihnachtsfeiertag brachte einen überraschenden Durchbruch. Am 25. Dezember 1984 trat Anna Wimschneider auf Einladung von Dagobert Lindlau in „3 nach 9" auf, einer Talkshow, die damals sehr beachtet wurde, zur besten Sendezeit vor einem Millionenpublikum. Im Studio saßen Vertreter von *Spiegel* und *Stern* und anderer Medien. Der „Weißwurstäquator" war überschritten. Nun setzte ein wahrer Pilgerstrom zum Steinerhof ein: Fernsehteams, Fotografen, Journalisten und auch immer mehr Leser und Bewunderer – einer der letzteren hieß Josef Vilsmaier. Die Bestsellerlisten eroberte *Herbstmilch* nun im Sturm, und bis Ende 1985 waren knapp 150 000 Exemplare verkauft. Die Autorin war überaus populär geworden. Sie trat in Fernsehsendungen auf, reiste zu Buchhandlungen — eine von Albert Wimschneider besorgte Deutschlandkarte wies bald zahllose Stecknadeln auf –, sprach zur Landjugend, gab Signierstunden, schmückte Prominentenrunden, erhielt Orden und empfing mit unerschöpflicher Geduld und Liebenswürdigkeit immer neue Besucher von überall her.

Als 1989 Vilsmaier seinen Film fertiggestellt hatte, war bei der Premiere das Kino voll bis auf den letzten Platz (sonst kommen zu solchen Voraufführungen manchmal nur 20 oder 30 Leute). Als Anna Wimschneider die Bühne betrat, erhob sich donnernder Applaus. Die Werbung der Filmtheater war dominiert von Wimschneiders markantem Kopf, demgegenüber die Konterfeis der Hauptdarsteller in den Hintergrund traten. Für das Filmplakat wurde das Umschlagbild verwendet, das Erika Hausdörffer für das Buch gemalt hatte. So etwas habe ich nie zuvor oder danach erlebt, während das Umgekehrte – die Verwendung eines Filmmotivs für den Buchumschlag – gang und gäbe ist. In der Startphase profitierte der Film stark von der Popularität des Buches. Doch schon bald sollte sich das gründlich umkehren. Durch den Erfolg des Film kletterte das Buch noch einmal die Bestsellerlisten empor und verkaufte sich besser als je zuvor. Es war das einzige Mal in der Geschichte des Piper Verlags und vielleicht sogar des deutschen Buchhandels überhaupt, daß ein Buch zugleich auf Platz 1 der Hardcover-Bestsellerliste und auf Platz 1 der Taschenbuchbestsellerliste stand. *Herbstmilch* verkaufte als einziger Band der „Serie Piper" mehr als eine Million Exemplare, und der Autorin wurde feierlich ein goldenes Taschenbuch überreicht. Die deutschsprachige Gesamtauflage von *Herbstmilch* betrug am Ende weit mehr als zwei Millionen Exemplare, und der große Erfolg regte auch eine Reihe von Übersetzungen an, von denen die spanische und die italienische besonders erfolgreich waren.

Hunderte von Menschen haben seitdem ihre Manuskripte dem Piper Verlag zur Veröffentlichung angeboten und sich dabei auf Wimschneider und ihren Erfolg bezogen. Die besseren unter diesen Manuskripten haben wir geprüft, aber eine zweite *Herbstmilch* war nicht dabei. Anna Wimschneider, die 1988 verstorben ist, war einzigartig wie ihr Erfolg. Das letzte Wort soll sie selbst haben: „Wie ich mein Leben so erzählt hab, haben manche Kinder gesagt, das hätt ich nicht ausgehalten, da wäre ich davongelaufen! Ich hab gesagt, das gewöhnt man, man kann auch den Geschwistern nicht davonlaufen, dem Vater nicht davonlaufen. Man muß einfach machen, was das Beste ist."

Nach der Vorlage von Anna Wimschneiders Buch wurde 1987 der Film *Herbstmilch* von Joseph Vilsmaier gedreht – Dana Vavrova spielte die Hauptrolle.

Die Wirtschaft –
das Rottaler Bauernland im Umbruch

Das Rottal ist ein traditionelles Milchwirtschaftsgebiet. 1898 gründete Johann Roiner bei Kirchham die erste Käserei. 1927 siedelte das Werk nach Rotthalmünster über. Das Foto entstand 1927 vor dem „Wiesmüller", der ehemaligen Brauerei mit dem damaligen „Frischdienst-LKW". Links im Bild stehen Butterfässer, die fast ausnahmslos nach Sachsen und Thüringen „exportiert"

Rottaler Bauernland im Umbruch

Alfons Sittinger

Mehr als jeder zehnte Erwerbstätige findet im Rottal-Gebiet noch sein Auskommen in der Landwirtschaft. Für Bayern ist das überdurchschnittlich viel. Da Bodenschätze zwischen Kollbach, Rott und Inn weitgehend fehlen, kam es nie zu nennenswerter Industrialisierung. Der fruchtbare Lößboden war somit für Jahrhunderte eine der wichtigsten Erwerbsgrundlagen. An anderer Stelle (S. 18 ff) wird berichtet, wie das Rottal seit frühesten Zeiten bewirtschaftet wurde.

Das Jahr 1848 brachte mit der neuen Verfassung in Bayern den selbständigen Bauern, der frei war von kirchlicher oder hoheitlicher Abhängigkeit. In dieser Zeit formten sich auch das Selbstverständnis der Bauern, das Brauchtum und die Traditionen, die bei den zahlreichen Festen heute wieder aufleben.

Auch von staatlicher Seite schenkte man den Bauern und einer Steigerung der Erträge größere Aufmerksamkeit. Das erste Flurbereinigungsgesetz kam im Jahr 1886, und 1871 wurde in Pfarrkirchen die Landwirtschaftliche Winterschule gegründet, deren Besuch freiwillig war.

Einzug der industriellen Technik

Mit der Erfindung der Dampfmaschine Ende des 18. Jahrhunderts durch James Watt setzte die industrielle Revolution ein. Zuerst im Handwerk und in der gewerblichen Produktion hielt die Technik Einzug. Es dauerte nicht lange, bis um 1850 die Dampfmaschine auch in der Landwirtschaft eingesetzt wurde und viele Arbeitsgänge erleichterte. Vor allem die schweißtreibende Arbeit des Dreschens stand im Mittelpunkt technischer Neue-

rungen. 1879 brachte Heinrich Lanz seine erste Dampfdreschgarnitur auf den Markt. Die wenigsten Bauern konnten sich natürlich eine eigene „Dampf" leisten. In ganz Niederbayern waren um diese Zeit knapp fünfzig Dampfmaschinen eingesetzt.

Die Besitzer von Dreschgarnituren waren in der ersten Zeit Unternehmer, die mit eigenen Maschinisten und Bedienungspersonal von Hof zu Hof zogen. Die Ernte des Bauernhofes eines ganzen Jahres schafften diese Maschinen in nur wenigen Tagen. Mit dem Dreschflegel hatten der Bau-

Das Rottaler Bauernland mit seinen typischen Vierseithöfen konnte trotz des Strukturwandels in der Landwirtschaft sein Gesicht als abwechslungsreiche bäuerliche Kulturlandschaft bewahren.

er und seine Knechte dazu mehrere Wochen gebraucht.

Den größten Einschnitt für die Landwirtschaft brachte der Schlepper. Auf der DLG-Ausstellung 1921 in Leipzig stellte die Firma Lanz den ersten Rohölschlepper der Welt, den 12 PS starken Bulldog HL, vor. Das Fahrzeug kostete etwa 3500 Mark und wurde bis 1929 in über 6000 Exemplaren verkauft. Eine imposante Sammlung zur landwirtschaftlichen Technikgeschichte hat Leo Speer in einem Anwesen in Mitterrohrbach zusammengetragen. Vor allem Traktoren der Firma Lanz, Dampf- und Dreschmaschinen sowie stationäre und fahrbare Diesel- und Benzinmotoren der ersten Generation können in dem kleinen Museum besichtigt werden.

Maschinen verdrängen Menschen

Hatte der Bauer zum Transport der Dampfmaschinen Zugtiere und zum Dreschen Helfer gebraucht, konnte er mit Hilfe der neuen Technik die Feldarbeit ohne Zugtiere und Arbeitskräfte erledigen.

In den fünfziger Jahren machte die Technisierung große Fortschritte. Nach dem Traktor kam der Mähdrescher und der Häcksler, und mit ihnen verschwanden die Arbeitspferde und Ochsen aus den Ställen, die Arbeitskräfte aus den Dörfern. Im Jahre 1925 waren auf dem Gebiet des Altlandkreises Pfarrkirchen von den 41 489 Einwohnern noch 25 283, das waren 61 Prozent, in der Land- und Forstwirtschaft beschäftigt. Im Altlandkreis Eggenfelden, damals noch Bezirk Eggenfelden, lebten gar 66,2 Prozent in und von der Landwirtschaft. 1950 waren im Pfarrkirchener Landkreis nur noch 51,9 (Eggenfelden 57,1%) und 1970 gar nur noch etwas mehr als 34 Prozent (Eggenfelden 39,9%) in der Landwirtschaft tätig. Nach der letzten Volkszählung 1987 wies der Landkreis Rottal-Inn immer noch den höchsten Anteil bäuerlicher Erwerbstätiger in ganz Bayern auf (fast 15%).

Die Zahl vor allem der kleineren und mittleren landwirtschaftlichen Betriebe ist in den letzten zwanzig Jahren von 9000 auf etwa 6000 um ein Drittel zurückgegangen. Wie überregional auch, ist die Tendenz zu einer geringeren Zahl von Betrieben mit einer größeren landwirtschaftlichen Fläche zu verzeichnen. Lag die durchschnittliche Betriebsgröße 1974 noch bei elf Hektar, so weist die Statistik nunmehr bereits 15 Hektar aus.

Milchprodukte und Rindfleisch

Durch seine große Entfernung von Großstädten und Industriezentren sowie abseits der internationalen Verkehrswege

Moderne Maschinen erleichtern die Arbeit auf dem Lande erheblich. Der Mensch als Arbeitskraft auf den Höfen wurde auch im Rottal zunehmend verdrängt.

besitzt das Rottal günstige Rahmenbedingungen für die Produktion hochwertiger Lebensmittel. Die Bodengüte und die klimatischen Voraussetzungen für die Landwirtschaft im Landkreis sind durchschnittlich bis gut. Größere regionalspezifische Unterschiede sind nicht gegeben. Spitzenlagen wie im Gäuboden, wo auch Zuckerrüben angebaut werden können, sind selten. Sie beschränken sich auf einige Flächen im unteren Inn- oder Rottal. Der Marktfruchtanbau hat deshalb auch nur eine untergeordnete Bedeutung. Sonderkulturen sind fast nicht vertreten. Lediglich Raps und Sonnenblumen nehmen zu und bereichern aufgrund ihrer Farbigkeit die Rottaler Landschaft.

Einige Erzeugergemeinschaften bauen die nachwachsenden Rohstoffe verstärkt an, um Rapsöl und pflanzliche Treib- und Schmierstoffe produzieren zu lassen. Die Fruchtfolgen sind relativ vielseitig. Die Erträge aus dem Ackerbau verfüttern die Landwirte gewöhnlich selbst. Vor allem der Silomaisanbau hat in den letzten Jahrzehnten stark zugenommen. Auch andere Getreidesorten, Weizen, Hafer und Gerste, sind mit einem Anteil von knapp einem Drittel an der landwirtschaftlichen Fläche häufig anzutreffen. Das Grünland, also Wiesen und Weiden, macht ebenfalls etwa ein Drittel der Fläche aus.

Die Haupteinnahmequellen der Bauern liegen aber in der Milchviehhaltung und Schlachtvieherzeugung. Der Viehbestand ist relativ konstant. Er bewegt sich in den letzten zehn Jahren mit geringen Schwankungen um die 180 000 Rinder, von denen etwas mehr als 50 000 Milchkühe sind. Aufgrund der Milchkontingentierung nimmt die Milchviehhaltung langsam, aber stetig ab. Die Milch wird in den Molkereien zu Butter, Sahne, Joghurt und zunehmend nun auch zu schmackhaften Käsesorten verarbeitet. Der „Rottaler", ein Emmentalerkäse, hat bereits einen guten Namen.

Bei einer durchschnittlichen Milchleistung von etwa 5000 Litern pro Kuh werden allein im Landkreis Rottal-Inn jährlich mehr als 200 Millionen Liter Milch verarbeitet. Mit Milch und Milchprodukten können die Rottaler Bauern allein über eine halbe Million Menschen versorgen. Die Kälber der Milchkühe gehen in der Regel in die örtliche Mast. 40 000 Bullen werden jährlich gemästet und vor allem über die Firma Südfleisch in Pfarrkirchen vermarktet. Ein großer Teil der Fleischproduktion geht in den Export nach Italien, wo das Qualitätsfleisch aus dem Rottal einen guten Namen hat. Die Schwäche der Lira macht den Fleischerzeugern im Rottal große Sorgen, und 1995 waren deswegen große Einkommensverluste zu beklagen. Die Rottaler Produkte werden in Italien teurer und können nicht mehr abgesetzt werden.

Neben dem großen Schlachthof haben sich eine Vielzahl kleiner und mittelständischer Metzgereien im Landkreis etabliert, die die Bevölkerung vor Ort versorgen. Auch beim Rindfleisch sind unter dem Markennamen „Plinganser" Erzeugnisse aus ökologisch wirtschaftenden Betrieben erhältlich. Das im Rottal produzierte Rindfleisch deckt den Bedarf von fast einer Million Menschen. Bei den Schweinen

wolle zu Dämmaterial für das Baugewerbe verarbeitet. Dadurch könnte es in unserer Region auch zu einer stärkeren Nachfrage nach Schafwolle kommen.

Hoher Viehbesatz – Ökologische Probleme

Mit einem Viehbesatz von etwa 1,57 Großvieheinheiten je Hektar landwirtschaftlicher Nutzfläche liegt das Rottal über dem Landesdurchschnitt mit knapp 1,2 Großvieheinheiten. Der hohe Hektarbesatz vor allem im oberen Rottal bringt ökologische Probleme mit sich. Für manche Betriebe ist intensiver Futterbau auch an ungeeigneten Standorten notwendig. Vor allem der Maisanbau in Hanglagen führt bei starkem Regen zum Abtrag der wertvollen Humusschichten. Die Ver-

Die intensivere Bewirtschaftung der landwirtschaftlichen Nutzfläche mit der Ausbringung von Pestiziden und Wirtschaftsdüngern wirkt sich vor allem auf das Grundwasser negativ aus. Aufgrund der extremen Streusiedlungsstruktur im Rottalgebiet ist der Anschlußgrad an die öffentlichen Wasserversorgungsanlagen unterdurchschnittlich. Zwischen Kollbach und Inn sind noch etwa 10 000 Einzelbrunnen in Betrieb. Von diesen Brunnen werden rund 60 Prozent bei der regelmäßigen Trinkwasseruntersuchung wegen Überschreitung der chemischen oder mikrobiologischen Grenzwerte beanstandet.

Staatliche Förderprogramme, wie Flächenstillegung, Kulturlandschafts- oder Extensivierungsprogramm mit der Folge einer gedrosselten Produktion nehmen die Landwirte vermehrt in Anspruch. Im Bereich des Rottals haben verschiedene Behörden und Institutionen Ende der achtziger Jahre ein Konzept zur gesamtökologischen Verbesserung dreier Schwerpunktgebiete entwickelt. Als Leit- und Symbolfigur wählte man den Storch, der bis in die sechziger Jahre im Rottal brütete. Neben dem Storchenprogramm, das gebietsmäßig beschränkt ist und auch die Wiederansiedlung anderer Tiere und seltener Pflanzen zum Ziel hat, hat der Landkreis Rottal-Inn ein Landschaftpflegekonzept entwickelt. Durch Pflegemaßnahmen, die die Landwirte auf ihren eigenen Flächen durchführen, werden schützenswerte Biotopflächen erhalten und langfristig ein Biotopverbundsystem geschaffen.

Neue Aufgaben und Perspektiven für die Landwirtschaft

Aufgrund der gewaltigen Agrarüberschüsse in Europa einerseits und der negativen Auswirkungen der Intensivlandwirtschaft auf Natur, Umwelt und die Qualität der Lebensmittel andererseits wird der Bauer wieder verstärkt als Bewahrer einer gesunden Kulturlandschaft gefragt sein.

Insgesamt ist auf dem Agrarmarkt ein noch stärkerer Wettbewerbsdruck zu erwarten. Die landwirtschaftlichen Erzeugnisse müssen sich gegen importierte Waren und industriell erzeugte Ersatzprodukte auf dem Markt behaupten. Man hat vorgerechnet, daß es den Bauer billiger kommt, die Kuh mit Getreideextrakt aus Brasilien zu füttern als mit dem Gras vor der Stalltür. Die Haushalte sind dazu erzogen, nicht die Nahrungsmittel, wie sie

Der Lanz Leo und seine Frau Traudl mit einer Dampfmaschine aus ihrer umfangreichen Sammlung von alten Landmaschinen, die im Lanz-Museum in Mitterrohrbach zu besichtigen sind. Das Bild ist ein Szenenfoto von den Dreharbeiten zu dem Film *Herbstmilch,* der um 1935 spielt.

liegt der Bestand seit Jahren relativ unverändert bei etwa 90 000 Stück. Dazu finden sich als Zusatzverdienst für manchen Landwirt oder seltener auch als Haupteinnahmequelle um die 700 000 Hühner auf den Bauernhöfen. Einige Höfe verarbeiten Eier auch zu Frischeinudeln oder Eierlikör. Die Schafhaltung hat größeres Gewicht bekommen. Rund 10 000 Schafe halten die Bauern derzeit. Die Fleischerzeugung steht noch im Vordergrund, doch entsteht in Simbach am Inn ein leistungsfähiger moderner Betriebszweig, der Schaf-

schmutzung und Überfrachtung der Fließgewässer mit Nährstoffen ist die Folge. Mit Untersaaten, einer Mulchschicht oder einer hangparallelen Bewirtschaftung versucht man, die Erosion einzuschränken. Hoher Viehbesatz bedeutet nicht nur intensiven Futteranbau, sondern auch ein Übermaß an Mist, vor allem in Form von Gülle, der oft den betriebseigenen Bedarf übersteigt. Auch reichen die Lagerkapazitäten der Landwirte oft nicht aus, so daß Gülle auch außerhalb der Vegetationsperiode ausgebracht wird.

vom Feld kommen, sondern hochveredelte und verarbeitete Produkte, die den Anforderungen an eine schnelle Küche genügen, zu kaufen. Der Großteil von dem, was an den Nahrungsmitteln verdient wird, verbleibt daher nicht mehr bei den Erzeugern, den Landwirten, sondern geht an die Lebensmittelindustrie, das Handwerk und den Handel.

Die wirtschaftlich rentable Mindestbetriebsgröße liegt nach Ansicht von Fachleuten in Bayern bei 30 Hektar. Nach dieser Rechnung wären nur noch wenige tausend Betriebe überlebensfähig. Ist der Trend in Richtung auf immer stärkere Konzentration in der Landwirtschaft mit all den negativen Auswirkungen auf das soziokulturelle Erscheinungsbild der Landschaft unumkehrbar?

Neue Einnahmequellen

Viele Landwirte auch im Rottal sind gezwungen, sich nach neuen Einkommensquellen umzusehen und neue Absatzmärkte zu erschließen. In den letzten Jahren hat sich vor allem der Fremdenverkehr unter der Losung Urlaub auf dem Bauernhof zu einem wirtschaftlichen Standbein entwickelt. Eine ganze Reihe von Bauern stellt komfortabel eingerichtete Gästezimmer oder Ferienwohnungen bereit. Im Rottal, wo der Einödhof oder Weiler das Landschaftsbild bestimmen, finden sich hervorragende Voraussetzungen für einen erholsamen Aufenthalt. Trotz des Strukturwandels in der Landwirtschaft hat sich hier ein hohes Maß an bäuerlicher Tradition und dörflicher Kultur erhalten. Die Landschaft des niederbayerischen Hügellandes diesseits und jenseits der Rott ist relativ kleingliedrig und durch den Wechsel von Hügeln und kleinen Tälern, zahlreichen Wasserläufen und Bächen, Wiesen, Wäldern und Äckern abwechslungsreich. In dieser reizvollen Landschaft kann man zu Fuß oder mit dem Rad die frische Luft und die kunsthistorischen Sehenswürdigkeiten entdecken.

Neben den Dörfern und Märkten sowie zahlreichen Kirchen und Kapellen geben die typischen Vierseithöfe mit den umgebenden Obstgärten, als Einöden oder Weiler in die Landschaft gestreut, dem Rott-, Inn- und Kollbachtal ihr Gepräge. Etwa 100 bäuerliche Denkmäler, hauptsächlich Wohnhäuser, wurden mit staatlicher Unterstützung instand gesetzt und tragen zur Attraktivität der bäuerlichen Kulturlandschaft bei. Für den Landwirt bringt der Kur- und Fremdenverkehr vor allem im Bäderdreieck zusätzliches Einkommen durch die Vermietung. Daneben kann er seine eigenen Erzeugnisse zu einem akzeptablen Preis an die Gäste verkaufen. Gerne nimmt der Urlauber das „Gselchte", wie das Schwarzgeräucherte hier heißt, den Bauerngickerl, die Gans, Honig, Saft oder Marmelade oder das echte Rottaler Bauernbrot mit nach Hause.

Beliebte Bauernmärkte

Der Birnbacher Wochenmarkt war einer der ersten Bauernmärkte, der sich wieder etablierte und eine enorme Nachfrage von seiten der Anbieter und Verbraucher über die Jahre geweckt hat. Erfolgreiche Bauernmärkte finden sich nun auch an anderen Orten im Rottal. Beim Bauern kann man sich da über die Art und Weise der Erzeugung sowie die Eigenschaften des Produkts informieren. Meist bekommt man auch gute Tips zur schmackhaften Zubereitung. Zum andern gibt der Bauer dem Verbraucher die Sicherheit der Herkunft und die Garantie, daß er kein industriell hergestelltes Nahrungsmittel mit chemischen Zusätzen zur Haltbarkeit, sondern ein natürliches Lebensmittel vom Lande erwirbt. Der Verbraucher leistet auch einen Beitrag zum Umweltschutz, da die Transportwege kurz sind und überflüssige Verpackungen eingespart werden.

Eine solide Ausbildung ist heute die unabdingbare Voraussetzung für eine erfolgreiche Hofbewirtschaftung. Die Landwirtschaftsschule Pfarrkirchen, gegründet 1871, ist die traditionsreiche Bildungseinrichtung für die jungen Bäuerinnen und Bauern des Rottals.

URLAUB BEIM BAUERN

Das Rottaler Stockhaus bei Hebertsfelden, denkmalgeschützt und von den Besitzern liebevoll gepflegt, lädt ein zum Urlaub beim Bauern. Vor allem Familien mit Kindern und ältere Leute erholen sich auf dem Bauernhof weitab von städtischem Trubel. Der persönliche Kontakt zur Bauernfamilie, die Beziehung zu den Tieren, Ausflüge in die Umgebung, typische bayerische Schmankerln aus der Bauernküche machen den Urlaub auf dem Bauernhof zu einer attraktiven Ferienform. Auch kleine Bauernhöfe können mit dieser Einkommensquelle weiterwirtschaften. Neu ist das Erlebnisprogramm „Rottaler Hoftour – dem Bauern über die Schulter geschaut", das dem Feriengast Einblick in das Leben und Arbeiten auf dem Bauernhof gewährt.

QUALITÄTSPRODUKTE

Die ländlichen Spezialitäten aus Ostbayern sind überregional relativ unbekannt, und doch besteht im Rottal zum Beispiel eine jahrhundertealte Käsereitradition. Viele tausend Liter Milch werden tagtäglich an die Molkereien geliefert und zu einer Bandbreite von Käsespezialitäten verarbeitet. Viele heimische Handwerksbetriebe sind lebendig wie eh und je. Sinnvollerweise werden ihre Produkte auch in der Region verkauft. Die Ideen dazu kommen vor allem aus den alteingesessenen mittelständischen Unternehmen und brauchen keine Werbespots. Es liegt an den Verbrauchern, regionalbewußt zu kaufen, ein wichtiger Beitrag zur Erhaltung der bäuerlichen Kulturlandschaft des Rottals.

DIREKTVERMARKTUNG

Selbstgebackenes Brot, das frisch gelegte Frühstücksei, Butter und Käse aus eigener Herstellung oder selbstgemachte Marmelade, Rindfleisch und Schaffleisch aus eigener Schlachtung, Obst und Säfte, Apfelmost, Apfelwein und Obstbrand – über 120 Bauern im Rottal verkaufen das als Direktvermarkter an Gaststätten, Bioläden und die Verbraucher. Zu ihnen zählen die Urlaubsgäste, die sich in Hotels und Pensionen verwöhnen lassen.

Eine Adressenliste der bäuerlichen Direktvermarkter und einen Terminkalender für die Bauernmärkte im Rottal und im ganzen ostbayerischen Raum verschickt:

Touristikverband Ostbayern, Landshuter Straße 13, 94047 Regensburg.

Der ökologische Landbau

Alfons Sittinger

Daß die Landwirtschaft nicht nur Nahrungsmittel produziert, sondern eine Schlüsselfunktion hat, um Boden, Wasser, Luft, mithin die Lebensgrundlagen zu erhalten, sagen die Öko-Bauern und finden damit immer mehr Zustimmung. Sie verzichten auf chemische Insektenvertilger und Wachstumsregulatoren beim Landbau und halten ihre Tiere artgerecht, Bemühungen, die die Verbraucher zu honorieren beginnen. Während der Öko-Landbau auf dem aufsteigenden Ast ist, hat die Zahl der konventionell wirtschaftenden Betriebe 1994 wieder abgenommen. Vor allem Gemüse und Obst bieten die Ab-Hof- vermarktenden Betriebe an. Einige Bauern richteten einen Hofladen mit breitem Sortiment und Öffnungszeiten das ganze Jahr hindurch ein.

Intakter Kreislauf im Ökobetrieb

Die ständig wechselnde und abgestimmte Fruchtfolge gewährleistet ein niedriges Gefährdungspotential durch Unkraut, Schädlinge und Pflanzenkrankheiten. Als Dünger findet vor allem der auf dem Hof anfallende Wirtschaftsdünger Verwendung. Zusätzlich setzt der Biobauer auf die Aussaat von Leguminosen, die den Luftsauerstoff in Stickstoff umwandeln und an ihren Wurzeln sammeln. Nachfolgende Kulturen können den Stickstoff dann als Dünger aufnehmen. Gemüse aus ökologischem Anbau ist daher deutlich geringer mit Nitrat belastet als konventionelle Ware, wie das Umweltinstitut München nachgewiesen hat.

In der ökologischen Landwirtschaft ist auch der Zukauf von Fremdfuttermitteln beschränkt. Die Viehdichte auf den Höfen ist auf die zur Verfügung stehende landwirtschaftliche Fläche abgestimmt. Ein intakter Kreislauf zeichnet den Ökobetrieb aus. Die alternativ wirtschaftenden Betriebe werden durch Anbauverbände wie „Bioland", „Biokreis Ostbayern", „Naturland" und „Demeter" auf die Einhaltung der Produktionsrichtlinien kontrolliert. In Ostbayern werden etwa 50 000 Hektar nach strengen ökologischen Richtlinien bewirtschaftet.

Im Jahre 1990 gründete sich eine Arbeitsgemeinschaft zur Förderung des ökologischen Landbaus im Landkreis Rottal-Inn. In der Arbeitsgemeinschaft sind 16 Landwirte zusammengeschlossen. Der

Eigentlich haben die Bäuerinnen aufgrund der Einkommenssituation in der Landwirtschaft wenig zu lachen. Die Direktvermarktung der Produkte, das Programm „Urlaub auf dem Bauernhof" oder auch der ökologische Landbau geben manchem Betrieb eine neue Perspektive.

Landkreis Rottal-Inn ist ebenfalls Mitglied. Der Arbeitskreis will vor allem neue Absatzwege etablieren und ausbauen. Getreide von Ökobetrieben aus der ganzen Region wird in der Mühle in Antersdorf bei Simbach am Inn vermahlen, teilweise zu Müslis und Flocken verarbeitet und in ganz Deutschland und darüber hinaus angeboten. Für die gemeinschaftliche Vermarktung kann die Einführung eines Öko-Käses unter dem Markennamen „Plinganser" neue Maßstäbe setzen. Die Metzgerei Hahn in Eggenfelden bietet Öko-Rindfleisch ebenfalls unter dem Markennamen „Plinganser" an. Auch hier liefern Bauern aus der Arbeitsgemeinschaft. Einige Öko-Bauern haben Lieferbeziehungen zu der Naturheilklinik in Simbach am Inn sowie zu den Kreiskrankenhäusern in Pfarrkirchen und Eggenfelden aufgebaut.

Öko-Produkte in Restaurants und Hotels

Ein weiteres Ziel der Arbeitsgemeinschaft ist die Absatzförderung ökologischer Produkte in der Region, die Alternative zu den teuren und umweltbelastenden Transporten landwirtschaftlicher Produkte. Dabei steht nicht die Verbesserung der Wirtschaftlichkeit der derzeitigen Ökobetriebe im Vordergrund, sondern die Ausweitung des ökologischen Landbaus insgesamt in der Region. Das nahe liegende Bäderdreieck ist ein vielversprechendes Absatzgebiet. Die Kurgäste zeichnen sich in der Regel durch ein erhöhtes Gesundheitsbewußtsein aus und sind für ökologische Produkte aufgeschlossen.

Der Landkreis Rottal-Inn bemüht sich um Fördermittel der EU für ein Projekt „Regional-Öko-Marketing Rottal-Inn".Man will die Hotellerie und Gastronomie als Absatzmarkt für regional erzeugte Lebensmittel gewinnen. Der Touristikverband Ostbayern hat in seinen Urlaubskatalog von 1995 nur Hotels, Gasthöfe und Pensionen aufgenommen, die wenigstens einen Teil ihrer Frischprodukte von Bauern aus der Nachbarschaft kaufen.

Vielleicht kann ein Großteil der Bauern im Rottal seine Existenz aus Grund und Boden erhalten und das Bild vom Rottal als altes bäuerliches Kulturland bewahren.

Gewerbe, Handwerk und Industrie

Hanns Weber und Alfons Sittinger

Ein dünn und zerstreut besiedeltes Land mit seinen Rottalern Vierseithöfen. Dazwischen einige Städte und Märkte mit ihren bunten niederbayerischen Marktplätzen. Hier fing es wohl an mit Handwerk, Gewerbe und Handel. Die wohlhabenden Bürgerhäuser an diesen Marktplätzen beweisen es. Zuerst waren es sicher nur Viehmärkte, dann Warenmärkte, die mit landesherrlicher Erlaubnis abgehalten wurden: in Eggenfelden und Pfarrkirchen, in den Marktorten Arnstorf, Gangkofen, Massing, Tann, im oberen Rottal in Neumarkt-St. Veit, im unteren Rottal in Rotthalmünster, Griesbach, Pocking, Triftern und Wurmannsquick und auch in der Hofmark Birnbach, schließlich seit der Abtrennung des Innviertels (1779) auch in Simbach am Inn. Diese alten Märkte waren und sind auch heute noch die wirt-

schaftlichen Schwerpunkte des niederbayerischen Hügellandes zwischen der Donau und dem Inn.

Strom aus Wasserkraftwerken

Außer an Ton-, Lehm-, Kies- und Sandvorkommen, die nur für das örtliche Baugewerbe Bedeutung haben, ist das Rottalgebiet arm an Bodenschätzen. Das Bayerische Bergamt hat zwar im Jahr 1886 einem Beringmeier unter dem Namen „St. Markus-Zeche" das Bergwerkseigentum an einem im Raum Eggstetten-Kirchberg

am Inn-Wittibreut vermuteten Braunkohlevorkommen zuerkannt, eine Ausbeute fand jedoch nicht statt. Im Raum Malgersdorf wurde bis 1925 Weißtonerde (Bentonit) abgebaut, aber auch hier ohne größere wirtschaftliche Bedeutung. Nach dem Zweiten Weltkrieg hat man einige Jahre lang im sogenannten „Simsa-Werk" bei Kirchberg am Inn eine etwa zehn Zentimeter dicke Schicht von Kalkmuscheln und Schneckenschalen unter Tage abgebaut und als begehrtes Hühnerfutter auf den Markt gebracht.

Im Jahr 1928 begann die Firma Heraklith in Simbach, Holzwolle-Leichtbauplatten zu fertigen, die neben anderen Dämmstoffen weltweit vertrieben werden. 24 Millionen investierte das Unternehmen nun in eine Produktionsanlage zur großindustriellen Herstellung von Dämmstoffen aus nachwachsenden Rohstoffen, ein wichtiger Beitrag zum ökologischen Bauen. Gestartet wird mit Schafwolle, die als HERAWOOL auf den Markt kommt.

Durch Ausnutzung der Wasserkraft entstand im Rottalgebiet eine Reihe von Triebwerksanlagen für Mühlen und Sägewerke, die heute kaum noch Bedeutung haben, mit denen aber vielfach elektrischer Strom erzeugt wurde. Schüler der landwirtschaftlichen Winterschule in Pfarrkirchen besuchten 1888/89 die Bavaria-Kunstmühle in Mahlgassing, wo ihnen die neu eingerichtete elektrische Beleuchtung gezeigt wurde.

Die Stadt Pfarrkirchen wurde von dem städtischen Elektrizitätswerk erstmals im Jahre 1904, die Stadt Eggenfelden vom Werk der Herren Sailer und Sohn schon im Jahre 1900 mit Strom beliefert, während das E-Werk Josef Hellmannsberger mit Dampflokomobile und Dynamo im November 1894 die Stadt Simbach am Inn mit elektrischem Licht versorgte, zu einer Zeit, da München und Nürnberg die moderne Lichtquelle noch fehlte.

Im Rahmen eines weiträumigen Energieprogramms, das die Ausnutzung der Wasserkräfte der bayerischen Flüsse vorsah, entstanden am Inn zwei bedeutende Kraftwerke. Das Inn-Kraftwerk Ering-Frauenstein der „Innwerk-AG Töging" wurde in den Jahren 1939-1942 während des Zweiten Weltkriegs gebaut. Es war für die Stromversorgung der Aluminiumhütte Ranshofen bestimmt. Um gemeinsam Ausbau und Nutzung von Wasserkräften an den österreichisch-bayerischen Grenzflüssen zu fördern, wurde am 16. Oktober 1950 ein Vertrag zwischen der Bundesregierung, der Republik Österreich und der Regierung des Freistaats Bayern über die Errichtung der „Österreichisch-Bayerischen Kraftwerke AG" (ÖBK) geschlossen. Der Ausbau des Innkraftwerkes Simbach-Braunau dauerte von der Planung bis zur Fertigstellung (mit kriegsbedingten Unterbrechungen) von Ende 1942 bis Ende Oktober 1953, als der erste Strom in die Leitungen ging. Der zunehmende Strombedarf der chemischen und metallurgischen Großindustrie machte den Bau des Kraftwerkes neben den bereits bestehenden Kraftwerken Ering-Frauenstein und Egglfing-Obernberg (Landkreis Passau) notwendig. Es war das erste Grenzkraftwerk am unteren Inn, das von Österreich und Bayern gemeinsam gebaut wurde.

Mannigfaltiges Handwerk

Das Heimatmuseum in Pfarrkirchen gibt einen hervorragenden Einblick in den For-

menreichtum handwerklichen Könnens. Wir bewundern die Mannigfaltigkeit der ausgestellten Tuchmodel und die ausgewogenen Formen der „Haferl", der „Krügl" und der „Weichbrunnen" (= Weihwasserkessel). Wie der Markt Triftern für sein blühendes Hafnergewerbe bekannt war, so war es Peterskirchen durch seine aus dem Ton des nahe gelegenen „Saugartens" hergestellten Kannen, Pfeifenköpfe, Vasen, Kerzenhalter, Blumentöpfe und Vogelnirschl (= Vogelfutterbehälter). Deshalb sprach man vom „Voglnirschl-Dorf" und von den „Peterskirchner Kannenbäckern". Diese Erzeugnisse fanden einen guten Absatz und wurden auf dem Donau-Wasserweg bis nach Österreich, Ungarn und in die Türkei verschickt. Die Inn-Schiffahrt

ist schon für die Bronzezeit (1800-1250/ 1200 v. Chr.) bezeugt. Über die Salzach kam das Salz aus dem Raum um Hallein auf dem Inn bis nach Passau. Natürlich wurden auf eben diesem Wasserweg später auch andere Güter verschifft. In einer Urkunde von 904 ist ein Anlandeplatz *(portus)* bei Malching, hart an der heutigen Landkreisgrenze, erwähnt. Bedeutende Schiffahrtsorte waren Laufen a.d. Salzach und Obernberg am Inn. Dieser Schiffahrt und den Salztransporten verdankt Passau großenteils seine frühe Bedeutung.

Das Bier war stets ein erstrangiger Wirtschaftsfaktor

Schauen wir uns nun die Märkte und ihre emsig schaffenden Menschen in der

Schreinerhandwerk: Im Tal der Rott entwickelte sich ein recht eigenständiger Typ des Bauernmöbels. Das Bild im oberen Türfeld links zeigt die Gartlbergkirche von Pfarrkirchen.

Vergangenheit an. Die größte Bedeutung kam – wie könnte es in Altbaiern auch anders sein – den Bierbrauern zu. In Pfarrkirchen wirtschafteten nach einem Umlagenbuch von 1490 nicht weniger als 31 Brauer und Weißbierwirte, zu denen noch 13 Weinwirte kamen – bei einer Einwohnerzahl im Markt von kaum 500 Seelen. Pfarrkirchen war auch einer der Hauptumschlagplätze des welschen Weines für Böhmen. Pfarrkirchner Tuchwaren gingen schließlich bis nach Italien. In Pfarrkirchen finden jetzt noch folgende Jahrmärkte statt: der Lichtmeßmarkt, Mittefastenmarkt, der Mai- und Dreifaltigkeitsmarkt, der Ernte- und Michaelimarkt, der Simonimarkt als Haupt- und Patroziniumsmarkt (28. Oktober) und der Adventsmarkt. Die Bedeutung der Märkte läßt sich auch aus der Zahl der Krämer, Händler und Handwerker ersehen, die aus den umliegenden Städten kamen: 50 bis 70 fremde Stände pro Markt.

Um 1700 zählte man 38 verschiedene Berufe

Eggenfelden, eines der Mittelzentren des Großlandkreises Rottal-Inn, verfügte 1807 über 55 Berufsstände. Entsprechend der Bedeutung des ansässigen Gewerbes waren auch die Märkte alt und zahlreich: der Erhardi-Markt am Montag nach Heiligdreikönig. Er wurde den Bürgern 1451 zusammen mit dem Ägidimarkt und anderen Rechten und Freiheiten neu bestätigt, muß also schon länger vorher entstanden sein.

Im 18. Jahrhundert heißt er der „Erhardi- oder Schweinemarkt", heute nur mehr „Saumarkt"; der Mittefastenmarkt am Mittwoch in der Mitte der Fastenzeit: Er ist kein alter privilegierter Markt, sondern entstand erst im späten 18. Jahrhundert, in dem es auch noch einen Wollmarkt und einen Wachsmarkt gab, die aber in der zweiten Hälfte des 19. Jahrhunderts wieder verschwanden; der Johanni- oder Heumarkt am 3. Sonntag im Juni: Er geht auf ein Privileg Herzog Heinrichs des Reichen von 1455 zurück; der Nikolaimarkt am 3. Adventssonntag ist der älteste Eggenfeldener Markt, der als Patroziniumsmarkt

schon im zweiten bayerischen Herzogsurbar um das Jahr 1300 aufgeführt ist.

Heute wie eh und je ist die Gerner Dult einer der beliebtesten Jahrmärkte, alljährlich um Georgi (23. April) in einer der typischen niederbayerischen Hofmarken nahe Eggenfelden abgehalten (s. S. 46 ff).

Die Handwerker der Lederer, Schmiede und Wagner waren in Viertl-Laden zusammengeschlossen. Welche – für die damalige Zeit geradezu internationalen – Handelsbeziehungen im Rottal bestanden, ergibt sich aus einer Urkunde von 1715 über

Auf der Jacobi-Dult in München soll sich 1387 der bayerische Herzog mit Tanner Tuch eingedeckt haben.

eine Freisprechung von Lederern. Damals traten als Zeugen auf: ein Lederer aus „Niclasburg aus dem Mährn", Plattling, Riedt aus der Pfalz, Braunau, Traunstein, Schärding, Aibling, Hambach aus der Pfalz, Wien, Radstatt, Cham und „Claus von Dieroll" (= Tirol).

Zu erwähnen ist auch die Glockengießerei Mathias Koch in Arnstorf, die in den Jahren 1759 bis 1783 zahlreiche Kirchen (unter anderen die Stadtpfarrkirche zu

Pfarrkirchen) mit Glocken bestückte. Wie in Massing noch heute das Bauernhofmuseum von einer reichen Tradition zeugt und das vorhandene Gewerbe den Fleiß und die Aufbauarbeit von Jahrhunderten bestätigt, so vielfältig ist die Geschichte seines Handwerks. Nach dem Stiftsbuch des Kastens Mässing 1619 gab es in dieser Zeit vier Bierbrauer im Markt. 1645 war ein Uetz Hafeneder „Essigmann".

1654 bis 1778 wirkten in Massing 38 verschiedene Berufe. Neben den aus den anderen Märkten schon bekannten gab es einen Böttcher, einen Pfeiffer-Spielmann, einen Paukenschläger, einen Flötenpfeifenmacher, einen Pettermacher (Rosenkranzmacher) und einen Ringler. In Massing existierten seit dem 15. Jahrhundert die Handwerkszünfte der Weber und der Schuster.

Die Warenmärkte können wir in Massing besonders weit zurückverfolgen. Eine in Landshut ausgefertigte Urkunde aus dem Jahre 1343 sagt: „Die Bürger von Massing beweisen mit Briefen des Kaisers Heinrich von Luxemburg (1308 bis 1313), des Herzogs Otto von Niederbayern (1290 bis 1312) und des Heinrich (1322 bis 1339), eines Bruders von Otto, dem Kaiser Ludwig dem Bayer (1302 bis 1347), daß sie von diesen Herrschern einen Wochenmarkt erhalten haben und zwar auf jeden Pfinztag (Donnerstag) des Jahres, ferner vier Jahrmärkte, der jeglicher drei Tag weren solle, nämlich am nechsten Sontag nach St. Görgentag, den andern auf St. Stephanstag im Simmer, den dritten auf den nechsten Sontag nach Unser lieben Frau Schidung und den vierten auf St. Andreaßtag des Zwölfbothen."

Diese Privilegien werden Massing durch Ludwig den Bayern bestätigt. Er gewährt „sicher gelaidt auf 3 tage denen, die auf diese Märkte kommen". Wie es auf so einem Jahrmarkt zuging, erfahren wir aus einem Protokoll des Jahres 1753.

„Es wurde am 3ten Tag zuvor am Freitag Mittag 12 Uhr die Freiung mit dem Rathausglöckl eine halbe Stunde lang ohne Absetzen eingeläutet. Das Fähnl wurde ausgesteckt samt dem Armb mit dem

Schwert in der Hand (ein Justizbildnis von 1731) und am Erchtag (Dienstag) um 12 Uhr wieder eingesteckt. Die Krämer hatten sich im Unteren Markhte zunächst der heyl. Missionskapelle bei der alldort stehenden Linde zu postieren. Die ordentliche Frühmeß wurde schon um 6 Uhr früh gelesen. Dies geschah sowohl wegen der allher kommenden Crämmer, als auch anderer Leuth, namentlich, daß man auch bei Burgerschaft abwechseln konnte. Am Markttag gegen 7 Uhr soll der gebräuchige Pfandschab (ein Strohwisch, der aufgestellt das Recht gibt, die Übertreter zu pfänden) beim Marktbrunnen durch den Ratsdiener öffentlich aufgestellt werden und am Erchtag gleich nach 12 Uhr abgeworfen werden. Die Hafner hatten ihren Stand vor des Thomas Duschls-Praustatt an bis zum Rathaus gegen den vorhandenen Schranken.

Die Tuchmacher und Kürschner waren auf dem Rathaus am Tanzpoden. Der Roßmarkht sollte außerhalb des unteren Thores gehalten werden, der Kühmarkht im Preingarten". 1752 heißt es dann: „Ein Innerer und äußerer Rhatsfreund stand an den 4 gefreyten Jahrmärkten, jeder bei einem Thor und nahm daselbst gleich beim Eintrieb des Viehes den Pflasterzohl ein. Beim oberen und unteren Thor standen auch zwei Wächter bei der Mauth mit der Helleparthen, um Renitenten zur Erlegung der Gebühr anzuhalten und nit münder auf das etwa anher kommende suspecte gesündl Obsicht zu halten."

Das Gewerbeleben in Tann war vor allem von den Tuchmachern und Webern bestimmt, deren Erzeugnisse bis nach Brabant, Gent, Amsterdam und Venedig gingen. Um das Jahr 1700 sind in Tann an die 22 Tuchmacher und ebenso viele Webereien verzeichnet.

Das Marktrecht verlieh der Herzog

Das Recht, Märkte abzuhalten, verlieh den Bürgern von Tann Herzog Friedrich von Bayern schon im Jahre 1389. Den Hauptanziehungspunkt in früheren Jahren bildete der Viehmarkt, und die Hauptabsatzgebiete waren die Gegenden um Alt- und Neuötting, Burghausen, Trostberg, Laufen, Tittmoning und Waging. Eine Statistik von 1830/1831 lautet: Zutrieb: Rindvieh 4731 Stück, verkauft: 2790, Schweine 373, verkauft 200. Noch heute werden in Tann der berühmte Wachsmarkt, der Mittefastenmarkt, der Peters-

Die Rottaler Märkte hatten im 17. Jahrhundert ein entwickeltes Gewerbsleben. Unter den Handwerken sind auch die Kürschner verzeichnet.

markt, der Bartholomämarkt sowie der Martinimarkt abgehalten.

Ähnlich war die Situation im Markt Triftern. Hier arbeiteten 1677 vier Bierbrauer, zwölf Leinenweber, vier Tuchmacher, sechs Lederer. Die Tuche aus Triftern gelangten bis nach Franken und Tirol. Die Erzeugnisse der Schuhmacher (Lederer) wurden wagenweise zu den Kunden nach München gefahren. Nicht ganz die gleiche Bedeutung im Verhältnis zu den

anderen Märkten hatte der Markt Wurmannsquick. Hier gab es im 18. Jahrhundert unter anderem: drei Brauereien, drei Metzger, drei Bäcker, einen Tuchmacher und einen Hafner. Von den alten Warenmärkten bestehen heute noch der Maimarkt, jeden zweiten Samstag im Mai, und der Saumarkt am Samstag vor dem Kathreintag.

Mit der Erfindung von Dampfmaschine, mechanischem Webstuhl, Elektro-Dyna-

Bis etwa 1930 haben Zeug- und Blaudruckereien in jeder größeren Ortschaft gearbeitet. Die Modeln sind aus Birnbaumholz. Die Werkstatt von Eduard Zinsberger in Reut verfügt über 50 Farben und 200 Druckmuster.

mo und Benzinmotor begannen seit der Mitte des 19. Jahrhunderts Technik und Industrie auf das heimische Handwerk einzuwirken, das sich jedoch nur zögernd diesen Neuerungen im Produktionsprozeß und im Verkehrswesen öffnen konnte. „Eine Zeitlang schien es, als wenn die industrielle Entwicklung dem Handwerk ein sicheres Grab schaufle", schrieb der Volkswirtschaftler Prof. Weber 1935.

Viele Handwerker nicht mehr konkurrenzfähig

Viele Berufsstände, die früher das Rottal bekannt gemacht hatten, wie Nagelschmiede, Tuchmacher und Leinenweber, waren nicht mehr wettbewerbsfähig und mußten ihren Betrieb einstellen. In den Akten aus dieser Zeit lesen wir oft von den „erwerbslosen Handwerkern, deren Kinder zum Betteln verurteilt" waren.

Viele Familien wanderten deshalb in dieser Zeit nach Amerika aus. Doch erkannte mancher Handwerksbetrieb auch die Vorteile der modernen Technik, stellte sich um und erlangte damit die notwendige Konkurrenzfähigkeit.

Wenn man die Geschichte unserer alteingesessenen Industriebetriebe verfolgt, so stößt man bei fast allen auf ihren Ursprung im Handwerk, der teilweise in die Mitte des 19. Jahrhunderts zurückreicht. Vom Niedergang des Handwerks in der zweiten Hälfte des 19. Jahrhunderts bis

zum „deutschen Wirtschaftswunder" der Gegenwart war ein weiter und zeitweise dorniger Weg. Der Erste Weltkrieg und die Krisenzeiten, die ihm folgten, machten eine kontinuierliche wirtschaftliche Entwicklung immer wieder zunichte. Um so mehr ist die Leistung jener Betriebe zu würdigen, die, den harten Zeiten trotzend, zur Stärkung der Wirtschaftskraft unserer Region beigetragen haben. Als Beispiele sind zu nennen: die Rottaler Schuhfabrik Hartlieb, die Schuhfabrik Straßner, die Koffer- und Lederwarenfabrik Durner (alle in Eggenfelden), das Bayerische Radiatorenwerk der Gebrüder Schwab, Pfarrkirchen, das Brunnenbauund Spezialtiefbohrunternehmen Aufschläger, die Leichtbauplattenfabrik Deutsche Heraklith, die Fleischwarenfabrik Welsch (alle in Simbach am Inn), Heizung-Lüftung-Ölfeuerung-Sanitäre Anlagen Ackermann, Spezialestriche und Isolierung, Dachhautsystem, Fußbödenbeläge Hofmeister (beide in Massing), der Mühlen- und Maschinenbaubetrieb Romberger, das Rottaler Hammerwerk Wensauer (beide in Anzenkirchen, Markt Triftern), die Großschreinerei Lorbeer in Zainach (Gemeinde Hammersbach), die Fleischwarenfabrik Spateneder in Kerneigen (Gemeinde Wittibreut) sowie die Ziegelei Schlagmann in Lanhofen, Gemeinde Zeilarn.

Den schwersten Einbruch in das bisherige Gesellschafts- und Wirtschaftsgefüge

verursachte der Zweite Weltkrieg – schriller Schlußakkord einer vergangenen sowie Auftakt einer neuen Epoche, die technisch durch die Nutzung der Atomkraft und der Weltraumraketen, politisch und wirtschaftlich durch das Ringen um die Europäische Gemeinschaft bestimmt war. Bis zu diesem Wendepunkt war die Bevölkerungsentwicklung im Landkreis – von Kriegsverlusten abgesehen – keinen besonderen Schwankungen unterworfen, ehe dann die Jahre 1945 bis 1949 einen wesentlichen Umbruch brachten. Bedingt durch den Zustrom von Heimatvertriebenen und Flüchtlingen stieg die Einwohnerzahl im Altlandkreis Pfarrkirchen von 41 596 im Jahr 1939 sprunghaft auf 60 771 im Jahr 1946, im Altlandkreis Eggenfelden von 41 635 im Jahr 1939 auf 58 415 im Jahr 1946.

Bittere Wohnungsnot und furchtbare Arbeitslosigkeit waren die Folge, so daß das Landkreisgebiet zum staatlichen Notstandsgebiet erklärt werden mußte. Die damalige Reichsmark hatte fast gänzlich ihre Kaufkraft verloren, das Tauschgeschäft und der Schwarzhandel blühten. Die Währungsreform vom 20. Juni 1948 brachte eine erste Wende. Als die Regierungsgeschäfte und die Verwaltung auf Landesebene von den Besatzungsmächten wieder in deutsche Hand übergingen, konnte man die vordringlichsten Aufgaben – Belebung der Wirtschaft, Beseitigung des Wohnungselends und Beschaffung von Arbeitsplätzen für die Arbeitslosen – anpacken.

Erfolge des Wiederaufbaus

Der Krieg hatte ein weiteres Erbe hinterlassen, das die wirtschaftliche Entwicklung hemmte: die politische Abtrennung alter Absatz- und Handelsgebiete. Dies gilt nicht nur für das sogenannte Zonenrandgebiet, es gilt auch für das Gebiet des Rottals. Erinnern wir uns der Chroniken, die z.B. Pfarrkirchen als Umschlagplatz für Waren nach Böhmen erwähnten. Aber nicht nur der Eiserne Vorhang, auch die politische Grenze zu Österreich erzeugte große wirtschaftliche Probleme. Durch die Abtrennung von ehemaligen Absatzgebieten und Handelspartnern geriet das Rottal in eine Abseitsstellung. Dies wurde durch die Verlagerung von wirtschaftlichen Schwer- und Mittelpunkten im Zuge des Aufbaus der EU oft noch verstärkt. Das Rottal lag lange Zeit am östlichsten Rand der Gemeinschaft. Dennoch gelang es den

Auf einer Ausstellung in der Rottgauhalle in Eggenfelden gewähren die Metzger Einblick in die Kunst der Weißwurstherstellung.

ansässigen Unternehmern, vom einsetzenden Aufwind der wirtschaftlichen Entwicklung gefördert, einen Teil der Arbeitslosen in den Arbeitsprozeß einzugliedern. Daneben entstanden, nicht zuletzt auch dank des ungebrochenen Unternehmungsgeistes vieler Heimatvertriebener, in den Nachkriegsjahren bis etwa 1959 folgende Produktionsbetriebe, die vielfach heute in dieser Form nicht mehr existieren:

Die Spielwarenfabrik, Maschinen- und Formenbau-Werkstatt Günther, das Milchwerk Huber, die Metall- und Kunststoffbau-Firmen Neumayer bzw. Röke, Schokoladen- und Zuckerwarenherstellung Rolle, die Schuhfabrik Wiland (alle Eggenfelden), die Kleiderfabrik Allramseder, Fabrikation Phototechn. Meßgeräte Bertram (beide in Simbach am Inn), Natursteinverarbeitung Schwate in Birnbach, die Strickwarenherstellung Dörner, die Schuhfabrik Steckermeier (beide in Gangkofen), die Fenster- und Türenfabrikation der Firma Dechantsreiter, das Baufertigteilwerk Laumer (beide in Massing), die Transformatorenfertigung Senzel in Wurmannsquick,

die Spielwarenfabrik Eichhorn in Egglham und die Möbelfabrik Erwin Fink GmbH in Hebertsfelden.

Einheimische, Heimatvertriebene und Flüchtlinge haben als Unternehmer oder Arbeiter in den Industrie- und Handwerksbetrieben, im Handel, Gewerbe und in freien Berufen am Wiederaufbau des einheimischen Wirtschaftslebens mitgearbeitet, unterstützt und gefördert von den kommunalen und staatlichen Behörden. Trotz der wirtschaftlichen Belebung konnte der überwiegend ländlich strukturierte Landkreis nicht genügend Arbeitsplätze bieten, um möglichst allen Arbeitsuchenden eine Beschäftigung zu bieten.

Bemühungen, die Erzeugnisse der einheimischen Landwirtschaft in Genossenschaftsbetrieben industriell zu verarbeiten und so zusätzliche Arbeitsplätze zu gewinnen, ließen sich zunächst bis auf die Ansiedlung des Schlachthofes in Pfarrkirchen durch die Firma Südfleisch e.G.m.b.H. und die Milchverarbeitungsbetriebe in Rotthalmünster und Sammarei nicht verwirklichen. So kam es, daß viele Arbeitsuchende aus dem Landkreis in die süddeutschen Großstädte, in den schwäbisch-württembergischen Raum und in die rheinischen Industriegebiete abwanderten, vor allem aus dem Kreis der Heimatvertriebenen. So sanken die Einwohnerzahlen in den Altlandkreisen Griesbach, Pfarrkirchen und Eggenfelden von 1950 bis 1960 wieder ab. Bis zur Landkreiszusammenlegung im Jahre 1972 stiegen die Einwohnerzahlen mit etwa 1000 je Altlandkreis an. Der neu gebildete Landkreis Rottal-Inn, der einen Großteil des Rottalgebiets umfaßt, hatte 1995 etwa 113 000 Einwohner.

Der seit 1972 bestehende Schlachthof Südfleisch GmbH wird von 10 000 genossenschaftlich verbundenen Landwirten beliefert. Das Unternehmen organisiert die Geschlachtetvermarktung (Exportländer u. a. Frankreich, Italien) und beliefert den internationalen Markt bis nach Japan mit Fertigprodukten vom Cocktailwürstchen bis zum kleinen Menü.

Handwerk und mittelständische Betriebe

Martina Bubl

D as Leben der Menschen zwischen Rott und Inn ist traditionell von der Landwirtschaft geprägt. Der Anteil der Haupterwerbslandwirte lag hier immer über dem niederbayerischen Durchschnitt. Wie in allen überwiegend ländlich strukturierten Gebieten wurde nach 1945 die Landwirtschaft mehr und mehr zurückgedrängt, die Region war zuerst einem schleichenden, ab Mitte der achtziger Jahre einem rasanten Strukturwandel ausgesetzt. Viele Landwirte gaben auf, andere versuchten, ihre Anwesen im Nebenerwerb zu erhalten und pendelten als angelernte Fachkräfte ins benachbarte oberbayerische Chemiedreieck und später auch zu BMW nach Dingolfing.

Die Landwirtschaft verlor zunehmend an ökonomischer Bedeutung, und man suchte nach neuen Erwerbsquellen. Viele Arbeitsplätze wurden in neuen kleinen und mittelständischen Handwerksbetrieben geschaffen.

Der niederbayerische Markt ist klein, und viele Betriebe mußten sich darauf orientieren, ihre Waren in anderen Teilen Deutschlands, in Europa und auch auf dem Weltmarkt zu vertreiben. Wie aus den Angaben der Handwerks- und Industrie- und Handelskammern hervorgeht, liegt die Exportquote der niederbayerischen Betriebe sehr hoch.

Stabile Struktur kleiner und mittlerer Betriebe

Die niederbayerischen Betriebe haben sich frühzeitig spezialisiert und können Produkte von hoher Qualität vorweisen. Zudem entwickelten sich weiterverarbeitende Betriebe der Landwirtschaft: Rotta- ler Molkereien, Käsereien oder Fleischwarenerzeuger sind innerhalb der EU konkurrenzfähige Betriebe.

Für die kleinen, bereits ansässigen Betriebe ergaben sich zunächst Probleme in der Bezahlung der Arbeitskräfte, da zu Zeiten der Hochkonjunktur die Großbetriebe Fachkräfte wie Mechaniker, Elektriker, Maschinenschlosser etc. mit Angeboten gut bezahlter Arbeitsplätze im Schichtdienst abwarben.

Das Lohnniveau erhöhte sich stark, und die kleinen Betriebe konnten mangels Fach-

Die Firma Erform in Simbach fertigt Möbelteile und Bauelemente im Postformingverfahren. Die Produktion des mittelständischen Betriebs ist ohne neueste CNC-gesteuerte Automaten nicht mehr denkbar.

kräften oder wegen überhöhter Lohnvorstellungen der Mitarbeiter ihre Produktion nur wenig oder gar nicht erweitern.

Die wirtschaftliche Bedeutung der Thermalbäder

Mit dem Aufbau der Thermalbäder im unteren Rottal entwickelte sich der Tourismus zu einer neuen Einnahmequelle. Die Anfänge machten findige Bäuerinnen, die den Urlaub auf dem Bauernhof als Nebenerwerbsquelle entdeckten und später entsprechende staatliche Förderprogramme in Anspruch nehmen konnten.

In den meisten Städten und Gemeinden im Rottal liebäugelte man mit der Ansiedlung eines Großbetriebs wie BMW oder eines Elektronikkonzerns, der mehrere hundert oder gar Tausende von Arbeitsplätzen bereitstellen würde. Dazu kam es nicht, da von seiten der Wirtschaft die schlechte Verkehrsanbindung des Rottals (keine Autobahn, Grenzlage zu Österreich) beklagt wurde und die staatliche Förderung (keine Zonenrandförderung) des Gebiets fehlte. Das größte Potential waren die im Bundesdurchschnitt „billigen" Arbeitskräfte der Region. Gewerbeansiedlungen im großen Stil wie z. B. im Raum Landshut konnten nicht realisiert werden.

Für die weitere konjunkturelle Entwicklung sollte sich diese Tatsache jedoch nicht negativ auswirken, da die gesunde Struktur des Handwerks und der vielen kleinen mittelständischen Unternehmen heute eine solide Basis für die wirtschaftliche Entwicklung auch in der Zukunft darstellt.

Nach 1989 kurzer Aufschwung

Der Region drohte durch die Abwanderung der jungen Menschen in die Ballungsräume oder durch Pendeln zu Gewerbebetrieben in andere Regionen, vor allem zu BMW nach Dingolfing und in das Chemiedreieck bei Burghausen, ein Ausbluten. Die Städte und Gemeinden des Rottals gerieten finanziell in Bedrängnis. Für Investitionen in die Infrastruktur zum Wohle der Bevölkerung und der erhofften Urlauber fehlte das Geld.

Um dem Ausbluten der Region einen Riegel vorzuschieben, gaben Ende der achtziger Jahre die politisch Verantwortlichen im Landkreis Rottal-Inn bei Prof. Kleinhenz von der Forschungsstelle für Wirtschafts- und Sozialpolitik der Universität Passau ein Gutachten in Auftrag. Es sollte ökonomische und strukturelle Schwachpunkte der Region, aber auch deren Stärken und Zukunftsperspektiven aufzeigen.

Inzwischen war 1989 die Mauer gefallen, und auch die gewerbliche Wirtschaft im Rottal profitierte vom kurzfristigen konjunkturellen Aufschwung. Eine Welle von Betriebsgründungen und -erweiterungen erfaßte auch das Rottal. Viele neue Arbeitsplätze wurden geschaffen, das Lohnniveau stieg. Doch bald folgte die große

Die Bemühungen der Behörden um die Ansiedlung eines Großbetriebes im Rottal blieben vergeblich. Kleine und mittelständische Betriebe hatten dadurch eher eine Chance. Andererseits ist die Zahl der Pendler im Rottal sehr hoch. Die BMW-Werksbusse verkehren bis nach Bad Birnbach.

Moderne Wohnanlage in Eggenfelden. Das Rottal ist eines der wenigen ländlichen Gebiete in Bayern, dessen Einwohnerzahlen zunehmen. Der Wohnungsbau ist ein wichtiger Wirtschaftsfaktor. In Tausenden von kleinen und mittleren Betrieben finden die Menschen hier Arbeit.

Ernüchterung. Die Öffnung der Ostmärkte und die gestiegene finanzielle Belastung der Betriebe durch die deutsche Wiedervereinigung machten die in Deutschland hergestellten Waren teuer, die Ostmärkte entfielen als Abnehmer. Betriebsschließungen vor allem in der Textilindustrie und im Elektronik- und Maschinenbaubereich erhöhten die Arbeitslosenquote genauso wie Betriebsverlagerungen in die Billiglohnländer Tschechien und Ungarn.

Weniger Subventionsdenken – mehr Einzelinitiative

Gleichwohl kam Niederbayern und somit die Region zwischen Rott und Inn, gemessen am Bundesdurchschnitt, mit einem blauen Auge davon. Stabilisierendes Element im Krisenjahr 1993 war wieder einmal das Handwerk.

Während viele Großunternehmen Hunderte von Arbeitnehmern entließen, gelang es den kleinen und mittleren Betrieben durch flexiblere Fertigung und die Umstellung auf neue und qualitativ hochwertige Produkte, aber auch die flexiblere Gestaltung der Arbeitszeit, die Zahl der Beschäftigten relativ konstant zu halten.

Laut einem Bericht der Regierung von Niederbayern über die „Wirtschaftliche Entwicklung in Niederbayern 1993" ging die Zahl der Betriebe zwar zurück, und auch die Umsätze sanken, doch die Beschäftigung konnte auf hohem Niveau gehalten werden. Ebenso entwickelte sich der Tourismus erfreulich gut. Seit Anfang 1995 nehmen die Übernachtungszahlen zwar wieder leicht ab, doch Bad Birnbach ist mit zweistelligen Wachstumsraten weiterhin auf Erfolgskurs.

Das Rottal-Inn-Gebiet war durch fehlende staatliche Zuschüsse lange Zeit benachteiligt. Für viele Gewerbetreibende war dies zwar oft ein Ärgernis und ein Hemmschuh für notwendige Investitionen, andererseits waren hier die Unternehmer zu mehr Erfindungsgeist und weniger Subventionsdenken angehalten. In Zukunft werden sie von dieser Einstellung auch wieder profitieren.

Rottaler Qualitätsprodukte haben einen guten Namen

Die Region hat sich aus eigener Kraft vorangebracht. Seit Öffnung der Ostgrenzen ist nun der Landkreis Rottal-Inn ins sogenannte Förder-Zielgebiet 5b der Europäischen Union aufgenommen und als besonders förderungsfähig eingestuft. Für die ansässigen Betriebe und eventuell ansiedlungswillige mittelständische Betriebe ergeben sich neue Möglichkeiten. Primär gefördert werden in diesem Programm Arbeitsplätze für Personen, die aus der Landwirtschaft kommen, sowie seit dem Beitritt Österreichs zur EU auch grenzüberschreitende Gewerbemaßnahmen im Produktions- und Dienstleistungsbereich.

Die Mittel im Fördertopf der EU sind vorhanden, doch die einzelnen Bundesländer können ihren Anteil von 50% aus ihren Etats nicht bestreiten. Aus diesem Grund erhält manches förderungswürdige Projekt keine Zuschüsse. Es liegen eine ganze Reihe von Anträgen z.B. zur Förderung von Hackschnitzelheizungen vor. Die Prüfung und Bewilligung der Anträge ist jedoch so langwierig, daß einige Unternehmer bereits auf die Zuschüsse verzichtet haben und ohne Förderung bauen. Bürokratius läßt grüßen.

Das erwähnte, Ende der achtziger Jahre in Auftrag gegebene „Inselgutachten der Landesplanung für Bayern" für das Rottal wurde der Öffentlichkeit im Frühjahr 1994 vorgestellt. In diesem Gutachten empfiehlt Prof. Kleinhenz vielfältige Maßnahmen zur Verbesserung des Wirtschaftsraumes Rottal-Inn. Der Verfasser bietet keine isolierten Einzellösungen. Gewerbliche Wirtschaft, Landwirtschaft, Handel und Tourismus sollen gemeinsam an der Stärkung der Wirtschaftsstruktur arbeiten. Eine Standortidentität und ein eigenes Markenimage für Rottaler Qualitätsprodukte sollen entstehen. Wenn es nach dem Gutachten geht, werden die ansässigen, überwiegend klein- und mittelstrukturierten Unternehmen gefördert, die landwirtschaftlichen Unternehmen in den Tourismusmarkt einbezogen und die Urlaubsform „Ferien auf dem Bauernhof" speziell mit Blick auf (Rad-)Wandern ausgebaut.

Effizientere Ansiedlungspolitik

Laut Gutachten wird die Konzeption des „ländlichen Bades" in Bad Birnbach beibehalten und das Umland mit der reizvollen Rottaler Hügellandschaft (z.B. durch Rad- und Wanderwege) zu einer attraktiven Ferienregion ausgebaut.

Der Gutachter bemängelt die Ansiedlungspraxis der Kommunen als weitgehend unkoordiniert und auch unter Effizienzgesichtspunkten wenig erfolgreich. Er mahnt an, daß die Kommunen an einem Strang ziehen müßten, wobei der Landkreis als Katalysator dienen könnte, um die unterschiedlichen Interessen zu bündeln. Da die Interessengegensätze der Kommunen zu groß seien, schlägt er die Gründung einer Gewerbeentwicklungsgesellschaft (GEG) vor „zur Förderung der Entwicklung zu einem modernen, durch eine veränderte Landwirtschaft, durch überwiegend mittelständisches Gewerbe und durch ein vielfältiges Dienstleistungsangebot geprägten ländlichen Raum."

Gegen die Vernachlässigung der Kleinbetriebe

Nachdem die meisten Kommunalpolitiker lange von dem Wunsch beseelt waren, möglichst große Betriebe neu anzusiedeln, verloren sie häufig die bereits seit Jahrzehnten ansässigen kleineren Betriebe aus ihrem Blickfeld. Die hatten ja „nur" 20 bis 50 Mitarbeiter; wenn sie erweitern wollten, stießen sie auf keine große Kooperationsbereitschaft in den Gemeinde- und Stadtämtern. Das Gutachten weist darauf hin, daß gerade diese Betriebe ein tragen-

des gewerbepolitisches Instrument sind und mehr und mehr dazu werden.

Im Bereich Handel hat die zunehmende Mobilität der Bevölkerung und das Entstehen großer Einkaufsmärkte in den Zentren die kleinen Einzelhandelsgeschäfte („Tante-Emma-Läden") verdrängt. Im Rottal geschah dies verstärkt aufgrund der ausgeprägten Streusiedlungsstruktur. Hier sind kundenbezogene Maßnahmen des Einzelhandels sowie eine attraktive räumliche Verknüpfung der innerörtlichen Einkaufsschwerpunkte zu empfehlen.

Die Tradition der bäuerlichen Handwerkskunst wie hier der Federkielstickerei wird im Rottal gepflegt. Herbert Rieger aus Linden versteht es, in Geduldsarbeit die individuellen Muster des Prachtgürtels mit Fäden aus dem aufgespaltenen Pfauenfederkiel zu sticken. Den Prachtgürtel zählen manche Vereine zu ihrer bodenständigen Tracht.

Neben der Stärkung des Handwerks ist in den letzten Jahren ein Ausbau des Dienstleistungssektors zu beobachten. Die Nachfrage nach (hochwertigen) Dienstleistun-

gen nimmt im Regelfall mit steigendem Einkommen der Bevölkerung zu. Die Entwicklung im sekundären Sektor (Industrie und Handwerk) trägt mit zeitlicher Verzögerung auch zum Wachstum des Dienstleistungsbereichs bei.

Leider gibt die finanzielle Situation des Bundes wenig Anlaß zur Hoffnung auf verbesserte Verkehrsanbindung des Rottals an die Ballungszentren und in den Osten. Der Streit um das Für und Wider der Autobahn A94 wird die Gemüter in der Region noch geraume Zeit erhitzen.

Auch der öffentliche Personennahverkehr wird nicht mehr so stark subventioniert werden können. Die Bahn erwägt, weitere Strecken stillzulegen und den Güterverkehr einzustellen.

Die relativ schlechten Verkehrsbedingungen benachteiligen die heimische Wirtschaft beim Transport der Waren. Das bayerische Wirtschaftsministerium rechnet zudem für das Jahr 2000 mit einer 50prozentigen Zunahme des LKW-Verkehrs auf den niederbayerischen Straßen. Das Straßennetz aber ist dem Verkehr schon heute kaum gewachsen.

Wirtschaftsjunioren als Motor des Wandels

Nach der öffentlichen Vorstellung des Inselgutachtens konstituierte sich im Landkreis Rottal-Inn eine Arbeitsgemeinschaft zur Umsetzung der empfohlenen Maßnahmen. Auch Vertreter der Wirtschaftsjunioren Rottal-Inn sind beigetreten. Sie sehen sich als Motor des Wandels und wollen ihr Know-how einbringen und Verantwortung für die Entwicklung in der Region mitübernehmen.

Die Kooperation von Wirtschaft und Politik hat viele Impulse in das Rottalgebiet gebracht; die Kommunen wissen, wie wichtig es ist, die kleinen flexiblen und nicht so stark konjunkturabhängigen Betriebe zu fördern. Wenn die Politik die Rahmenbedingungen für unternehmerisches Handeln schafft, bietet der Strukturwandel zwischen Rott und Inn große Chancen. Mit innovativen, ökologisch orientierten Unternehmen wird die Region uns allen eine lebenswerte Zukunft sichern.

Das Rottaler Hügelland – Natur und Landschaft

Von der südlichen Hügelkette des Rottals bei Steinberg zwischen Bad Birnbach und Kößlarn schweift der Blick über das Flußtal zur nördlichen Hügelkette. Auf dem Bergsporn rechts ist Bad Griesbach zu erkennen.

Botanischer Streifzug durch das Rottal

Christoph Stein

Das Rottal ist gerade auch wegen seines vielfältigen Bewuchses landschaftlich reizvoll. Wälder und Wiesen, Felder und Fluren, Flüsse und Bäche mit ihrer typischen Vegetation verleihen dem Hügelland zu beiden Seiten der Rott einen eigenen Gesichtszug. Aus der Vegetation und der ihr zugehörigen Flora ergeben sich interessante Einblicke in die natürlichen Besonderheiten des Rottales, aber auch in die menschlichen Nutzungsweisen, die der heimischen Vegetation ihren Stempel aufgeprägt haben.

Das Rottal trägt heute ein Vegetationskleid, das auf ganzer Fläche vom Menschen gestaltet oder verändert worden ist. Unter natürlichen Umständen wäre das Rottal nahezu vollständig bewaldet. Wiesen und Felder sind Produkte der menschlichen Nutzung. Jeder Landwirt weiß, daß

eine brachliegende Wiese nach wenigen Jahren zunächst in Buschland, dann wieder in Waldvegetation übergeht. So muß man annehmen, daß auf den lehmigen Böden des Rottaler Hügellandes die Rotbuche die Herrschaft des Waldkleides übernehmen würde.

Rottaler Urwald: Rotbuchen und Hallenbuchenwälder

Die Rotbuche ist unsere aggressivste Waldbaumart, die andere lichtliebende Arten wie die Stieleiche, die Hainbuche, die Waldkiefer oder die Winterlinde verdrängt oder im Unterstand kümmerlich dahinvegetieren läßt. Auch wenn unsere Hügellandschaft großflächig von einheitlichen Decklehmen überzogen ist, würden sich doch verschiedene Waldgesellschaften unterscheiden lassen. Differenzierun-

gen lassen sich anhand der krautigen Flora vornehmen und mit unterschiedlichen Böden im Hinblick auf Wasserhaushalt, Kalkreichtum, Gründigkeit sowie der Zusammensetzung des geologischen Untergrunds erklären. Am weitesten wäre unter den natürlichen Umständen der Typ von Rotbuchenbestand verbreitet, den man als Hallenbuchenwald bezeichnet. Der Name Hallenbuchenwald leitet sich von den schlanken, säulenartigen Stämmen der Rot-

Das endlose sanfte Hügelland prägt unsere Heimat. Waldreiche Kuppen, Grün- und Ackerland sowie die typischen Einzelhöfe addieren sich zu einem harmonischen Landschaftsbild. Das Foto zeigt den Talzug bei Asenham von Steina aus.

buchen ab, der reifen Beständen den Charakter weiträumiger Hallen verleiht. Da
das Kronendach der Rotbuchenwälder
überaus dicht ist, fällt nur wenig Licht auf
den Waldboden. Kräuter und Sträucher
würden nur wenig Existenzmöglichkei-
ten finden. Der Rottaler Urwald wäre also
kein undurchdringlicher Dschungel, im
Sommer vielmehr ein recht dämmeriger,
aber auch recht übersichtlicher Rotbuchen-
wald. Solche Bestände stehen noch im
Nationalpark Bayerischer Wald.

Im Rottal wie übrigens auch im Koll-
bach- und Vilstal kommen heute bis auf
den Steinkart um Griesbach sowie auf
einige Bestände im Bereich Simbach am
Inn praktisch keine dieser Buchenwälder
mehr vor. Statt dessen finden wir bei uns
vor allem Fichten- und Eichen-Hainbuchenwälder.

Der Forstmann brachte die Fichte

Im 17. und 18. Jahrhundert trat durch
die katastrophale Übernutzung der Wälder plötzlich Holzmangel ein, den man
durch die Pflanzung der schnell wachsenden Fichten zu beheben suchte. Die Fichte, die von Natur aus in unserem Hügelland nicht heimisch wäre, setzte sich durch
die Hand des Forstmanns so fest, daß sie
bis in unsere Tage noch als Brotbaum des
Bauern weit über 90 % der Waldfläche
einnimmt. Das sehen übrigens viele Forst-
leute gar nicht gerne, da man inzwischen
die Instabilität bei Unwetter und die negativen Auswirkungen der Fichtenkulturen
auf Flora und Fauna sowie auf den Boden
erkannt hat.

Die Fichtenwälder sind reine Ersatzge-
sellschaften des natürlicherweise vorhandenen Rotbuchenwaldes. Dies trifft auch
für die Eichen-Hainbuchenwälder zu, die
als Nutzungsprodukt des Mittelalters auf-
gefaßt werden. Die Waldbeweidung, oft-
malige Brennholznutzung, Streurechen
und Streumahd begünstigten Stieleiche,
Hainbuche und Winterlinde so sehr, daß
die Rotbuche fast verdrängt wurde.

Die Vegetation des Rottals unterliegt
also schon sehr lange Zeit dem Einfluß des
wirtschaftenden Menschen. Das ehedem
geschlossene Waldkleid wurde seit dem
frühen Mittelalter in mehreren Rodungs-
wellen endgültig geöffnet und in etwa auf
den heutigen Anteil von rund 25 % der
Fläche gebracht. In diesem Prozeß bildete
sich die bäuerliche Kulturlandschaft heraus, deren Grundstruktur auch heute noch

Das Rottal wird zu etwa 25 % von Wald bedeckt. Das ist bedeutend weniger als der bayerische Durchschnitt. Die Fichtenforste machen das Waldkleid unserer Heimat aus. Von Natur aus kommen sie bei uns gar nicht vor. Für die Flora sind sie ein Lebensraum, der nur wenige Arten beherbergt.

das Gesicht der Landschaft im Rottal prägt
und die wir als landschaftliches Kapital
hoher Güte schätzen gelernt haben.

Andererseits müssen wir in den letzten
Jahrzehnten den Verfall dieser Kulturlandschaft durch den Einsatz der intensiven
technischen und chemischen Landbewirt-
schaftung bedauern. Was in Jahrhunderten mühsamer bäuerlicher Arbeit an ge-

wachsener Kulturlandschaft entstand,
droht heute durch die agro-industrielle
Nutzung in wenigen Jahrzehnten verlo-
renzugehen. Das beste Beispiel sind die
sogenannten Streuwiesen. Streuwiesen
und die verwandten Hangquellmoore sind
eine ganz besondere Vegetationseinheit,
die eine Fülle von Arten, vor allem auch
von seltenen Arten aufweisen.

Hangquellmoore kann man noch an einigen Stellen im Rottaler Hügelland antreffen. Sie sind Grundwasseraustritte, die als Streuwiesen genutzt wurden und zum Teil auch Vegetation von Kalkflachmooren aufweisen.

Auch das Rottal blieb von der Zerstörung der Streuwiesen nicht verschont, weist aber für das Tertiärhügelland Südbayerns erfreulicherweise noch den besten Bestand auf. Untersuchungen haben ergeben, daß die Artenfülle der Streuwiesen des Rottales durchaus noch mit den klassischen Streuwiesen-Gebieten, wie dem Voralpenland, konkurrieren kann. Gleichwohl liegen die meisten „Fleckerln" ganz versteckt in kleinen Bachtälern, und nur Kundige wissen, wo botanische Kostbarkeiten wie Sumpfstendelwurz, Fieberklee, Herzblatt, Wald-Läusekraut, Preußisches Laserkraut, die Vielzahl der seltenen Sauergras-Arten oder das ganz seltene Glanzkraut vorkommen. Auch die verschiedenen Wollgras-Arten, das Schusternagerl, die Trollblume und das bei älteren

ders feucht, ja naß ist, wo nicht gedüngt und nur einmal im Jahr gemäht wird. Daß eine solche Vegetation aus agrarökonomischem Aspekt uninteressant ist, liegt auf der Hand. Geht die Vegetation der Streuwiesen einmal verloren, so ist sie unter keinen Umständen wiederherstellbar. Es handelt sich um eine Vegetationsform, die man als Relikt früheren bäuerlichen Kulturschaffens bezeichnen muß. Gerade das macht sie wertvoll und muß uns veranlassen, den Streuwiesen, die wir noch haben, größte Aufmerksamkeit zu schenken.

Eiszeitrelikte und Alpenflora

Es geht nicht darum, botanische Freilandmuseen einzurichten. Die Streuwiesen sollten wieder in den bäuerlichen Wirtschaftskreislauf eingebunden sein. Nur

Reliktarten, deren heutige Verbreitungsschwerpunkte weit entfernt vom Rottal liegen (in den Alpen oder im hohen Norden) und die unter eiszeitlichen Bedingungen einst größere Areale hatten. Manche dieser Arten haben sich bis heute im Rottal, das ja ein eher mildes Hügelland ist, halten können, obgleich sie hier aus klimatischen Gründen gar nicht vermutet werden können. Neben manchen Grasarten sei hier die Kelch-Simsenlilie erwähnt. Die attraktive Pflanze gehört dem präalpinen Florenelement an, also den Arten, die im Umkreis der Alpen (montane Stufe) besonders auftreten, den Flach- und Hügelländern, wie dem Rottal (colline Stufe), aber meist fehlen. Um so bemerkenswerter ist das Vorkommen dieser Art in einer flachmoorartigen Streuwiese im Raum Zell.

Die echte Sumpfwurz, eine heimische Orchideenart. Noch 40 Vorkommen im Rottal.

Das Breitblättrige Knabenkraut, eine andere, den Älteren auch als „Adam und Eva" bekannte Orchideenart.

Die Kelch-Simsenlilie, ein Eiszeitrelikt, nur in einem Hangquellmoor nördlich der Rott noch vertreten.

Bauern noch als „Adam und Eva" in Erinnerung verbliebene Breitblättrige Knabenkraut sind in Streuwiesen zu bestaunen.

Besonderer Wert der Streuwiesen

Streuwiesen sind ein Element der bäuerlichen Kulturlandschaft, weil sie zur Gruppe der Halbkulturformationen gehören. Es sind dies Vegetationseinheiten, die ein gewisses Maß an menschlicher Nutzung benötigen, auf der anderen Seite aber stark von den natürlichen Standortfaktoren geprägt sind. So können Streuwiesen nur dort existieren, wo es besonders

dann ist das langfristige Überleben der Streuwiesen sicherzustellen.

Am Beispiel der Streuwiesenflora lassen sich interessante Schlüsse auch auf die Florengeschichte des Rottals ziehen. Flora und Vegetation sind stetem Wandel unterworfen. Die natürlichen Standortfaktoren wie Klima, Böden, Wasserhaushalt usw. verändern sich permanent, wenngleich nur in langen Zeiträumen und für den Menschen kaum wahrnehmbar. In unserer heimischen Flora besitzen wir Arten, die uns viel über diesen langsamen Wandel sagen können. Es sind die sogenannten

Hier konnte sich ein kleines, aber individuenreiches Vorkommen an einem kühlen, quelligen Nordhang bis in unsere Tage erhalten. Dies ist auch deshalb bemerkenswert, weil die nächsten Vorkommen so weit entfernt sind, daß ein Sameneintrag über den Wind auszuschließen ist.

Ein besonderes Zentrum dieser Reliktarten liegt im Südosten des Rottales, im Gebiet zwischen Triftern, Simbach am Inn und Wittibreut. In den Tälern von Altbach, Aichbach und rings um den Schellenberg sind viele bedeutende botanische Vorkommen zu bestaunen, die man hier gar nicht vermuten würde, weil es sich um Arten der Gebirge oder Skandinaviens handelt. Diese plötzliche Artenfülle ist geologisch, aber auch klimatisch zu erklären. Der Schellenberg ist mit 550 m über dem Meeresspiegel der höchste Berg des Hügellandes zwischen Isar und Inn, also gegenüber dem Rott- und Inntal klimatisch etwas rauher und kühler. Andererseits tritt hier großflächig der Quarzrestschotter auf, der sehr nährstoffarm ist und über viele Quellhorizonte verfügt.

Durch die Nähe des Inntals ist das Relief außerdem sehr stark zertalt, wodurch zahlreiche kleine kühle Schluchten und Tälchen entstanden sind. In diesen Kleinstandorten haben sich immer wieder ganz delikate Pflanzenarten ansiedeln und bis heute halten können. Es seien hier nur der Kronenlattich, der Blaue Eisenhut, das Alpen-Wollgras, das Gabelästige Habichtskraut in einer sehr seltenen Unterart, die Schlangenwurz sowie die Zweihäusige Segge erwähnt. Dazu kommt eine besondere Vielzahl an Moosarten, die man sonst im Rottal vergeblich suchen würde und auch bayernweit seltene Arten enthält. Viele sind wiederum Arten der Streuwiesen, aber auch der Moore und Waldquellen – von Feuchtbiotopen also, die sich als Lebensraum für derartige Reliktarten auszeichnen.

Botanische Wanderachse Inntal

Für viele Gebirgsarten hat das Inntal eine wichtige Funktion zur Ansiedlung im Hügelland zwischen Rott und Inn gespielt. Der Inn mit seinen begleitenden Auen und Hangleiten ist eine der wichtigsten Wanderstraßen für Pflanzenarten des Alpenvorlandes. Arten des Gebirges und des Gebirgsrandes wandern mit dem Fluß in das Vorland hinaus, andere Arten, die im Tiefland beheimatet sind, konnten Vorkommen bis weit flußaufwärts etablieren. Der Inn war noch vor rund 100 Jahren ein ungebändigter Wildfluß, der viele Samen, Wurzelmaterial und ganze Pflanzenexemplare mitschwemmte und in den weiten Kiesflächen ablagerte. So ist nachgewiesen, daß selbst hochalpine Arten wie das Edelweiß, die Gemskresse, das Alpen-Leinkraut sowie die Wildflußarten Deutsche Tamariske und Zwergrohrkolben weit in das Vorland mitgeführt wurden. Durch die Umgestaltung des Inns in eine Kette von Stauseen kommen diese Arten heute nicht mehr vor.

Eine Ausnahme bildet das Grasnelken-Habichtskraut. Dieser recht unscheinbare Korbblütler ist zwar vom Inn verschwunden, sitzt aber erstaunlicherweise noch in den hohen, offen-kiesigen Steilhängen der Dachlwand und – als wirkliche Kostbarkeit – auch des Tannenbaches. Die Dynamik des Baches führte hier zur Bildung einer hohen Prallwand, in die die einst zusammenhängenden Populationen des Innflusses Vorposten aussenden könnten. Für das Fortkommen dieses Vorpostens

sollte man den verbauten Bach wieder öffnen, damit ein Unterspülen des Hangs und ein stetes Nachrutschen des Gerölls ermöglicht wird.

Weitere Arten, die die Wanderachse „Inntal" nutzten und in der Gegend von Simbach und Ering Vorposten und Randvorkommen ihrer eigentlich in den Alpen liegenden Areale besitzen, sind z. B. der Klebrige Salbei, der Stinkende Hainlattich, der Lanzett-Schildfarn, der Hasen-Lattich, das Pyrenäen-Löffelkraut, die Frühlings-

Nährstoffarme, ungedüngte Wiesenstandorte zeichnen sich stets durch eine hohe Artenvielfalt und sehr bunte Blühaspekte aus. Oben: Eine Wollgraswiese, die durch die Lage am Wald gegen Nährstoffeintrag aus Ackerland abgepuffert ist. Unten: Die bunte Blumenwiese liegt an einem Steilhang, der nicht gedüngt werden kann.

Knotenblume und einige andere Arten. Es sind dies Seltenheiten, die der Landschaft zwischen Rott und Inn botanisch Glanz verleihen. Schon im Rottal oder gar im Vilstal kommen sie nicht vor. Man bezeichnet diese Arten als „florengeographische Kennarten", die die botanische Identität einer Landschaft ausmachen und daher besonders schutzbedürftig sind.

Zu den florengeographischen Kennarten des Hügellandes zwischen Rott und Inn zählen nicht nur Arten, die den Alpen entstammen, sondern auch wärmebedürftige Arten, die im Mittelmeergebiet zu Hause sind. Dieses „submediterrane Florenelement" konzentriert sich wie schon das „präalpine Florenelement" auf das Gebiet zwischen Rott und Inn, ist aber noch enger an den Randbereich des Hügellandes zum Inntal hin gebunden. Beispielarten sind etwa das Melissen-Immenblatt, der Kümmel-Haarstrang, der Schwärzende Geißklee oder die Fliegen-Ragwurz. Dazu kommen noch einige nicht näher identifizierte Brombeeren-Arten. Diese Arten haben einiges gemeinsam: Sie benötigen viel Sonne, lieben kalkhaltigen Boden und wachsen entweder in lichten Wäldern oder als Säume an nach Süden gerichteten Waldrändern. Diese Ansprüche vor allem an den Boden sind im Hügelland gar nicht so leicht zu erfüllen. Im Raum um Simbach kommen neben der sehr günstigen Lage zum Inntal als botanischer Wanderstraße auch noch andere Gunstfaktoren dazu. In den tiefen Schluchten und steilen Hängen sind nämlich Schichten der Meeres- und Brackwassermolasse angeschnitten worden, die bedeutend mehr Kalk führen als die Ablagerungen der sonst weitverbreiteten Oberen Süßwassermolasse. Augenfälliges Merkmal des Kalkreichtums sind die Muschelschalen, die flözartig in die Schichten eingebunden sind.

Stromtalarten an Rott und Vils

Dieser Kalkreichtum ist in Verbindung mit den südseitigen Steilhanglagen der bedeutendste Umstand für eine ganz spezifische Flora des Raumes um Taubenbach, Simbach und Ering. Schon jenseits der Wasserscheide zwischen Rott und Inn fallen diese Arten komplett aus. Manche treten erst wieder im Kollbachtal auf, so das Melissen-Immenblatt und der Schwärzende Geißklee, hier begünstigt durch das mildere Klima, das das Gebiet um Arnstorf und Roßbach auszeichnet.

Nicht nur der große Innfluß mit seinen Auen und den Hangleiten ist eine botanische Wanderstraße, auch Vils, Kollbach und Rott besitzen für die heimische Flora diese Funktion, wenngleich in stark abgeschwächter Ausprägung. Diese Flüsse decken bei weitem nicht so viele unterschiedliche Florenbezirke ab wie etwa der Inn oder die Donau. Unsere kleineren Heimatflüsse münden aber in diese größeren Wanderachsen und erhalten so manchen Einfluß durch diese. Die Artengruppe der größeren Flußtäler, die in Südbayern schwerpunktmäßig an der Donau vorkommen, nennt man Stromtalarten. Sie sind an das Wechselwassermilieu angepaßt und benötigen eine natürliche Wasserdynamik. Am stärksten hat die Vils von den typischen Arten des Donauraumes profitiert.

Raritäten der heimischen Flora: der Blaue Eisenhut (links) und die Glänzende Wiesenraute, Art der Roten Liste.

So kommen bzw. kamen einige Arten der Uferfluren und Röhrichte des Donaustromes auch an der Vils vor, ja teils sogar bis an die untere Kollbach im Raum Schmiedorf. Das Ufer-Greiskraut und auch die Gelbe Wiesenraute wachsen heute noch. Durch die intensiven wasserbaulichen Umgestaltungen des breiten Vils-Kollbach-Beckens, dem viele Altwasser zum Opfer fielen, sind andere Arten leider ausgestorben, so etwa der Wasserfenchel und die attraktive Wasserfeder. An der Rott sind weit weniger Stromtalarten vorhanden. Dies ist nur damit zu erklären, daß die Rott in den Inn mündet, der als Alpenfluß für Stromtalarten grundsätzlich weniger in Frage kommt und somit auch keine Arten in das Rottal „einspeisen" konnte. Doch zeichnen Arten wie der Rüben-Kälberkropf, das Flutende Laichkraut, die sehr seltene Glänzende Wiesenraute und bei Pokking sogar der Blaustern den Rottfluß aus.

Isolierte Populationen

Die Auen und Täler der Flüsse sind bei uns die am stärksten veränderten Landschaftsbereiche. Siedlungen, Verkehrswege, Hochwasserfreilegungen und Stauseen haben tiefe Spuren hinterlassen, die in die Bedeutung als botanische Wanderachsen eingegriffen haben. So müssen wir heute annehmen, daß diese Eingriffe, die auf die Populationen der Pflanzenarten isolierende Effekte haben, als Barrieren wirken, welche zukünftige Wanderbewegungen der Flora beeinträchtigen oder gar ausschließen. Dies sehen wir z. B. sehr deutlich an der Rott mit dem Verbreitungsbild des Gelben Buschwindröschens, dem seltenen gelbblühenden Verwandten des häufigen Weißen Buschwindröschens, dessen Samen von Ameisen verbreitet werden. Hier tritt der hübsche Frühjahrsblüher nur noch in wenigen Abschnitten, so etwa unterhalb von Pfarrkirchen, auf. Demgegenüber bestehen in manchen weniger beeinträchtigten Seitenbächen, etwa bei Linden und bei Griesbach, noch die typischen Bandareale. Die Vorkommen in den Bachtälern stehen mit denen des Rottales

heute nicht mehr in genetischem Kontakt, so daß langfristig der Zusammenbruch der Populationen nicht ausgeschlossen werden kann. Renaturierungsmaßnahmen an den Bächen und Flüssen könnten hier wirksame Verbesserungen zeitigen. Wichtige Schritte in diese Richtung waren großflächige Biotop-Neuanlagen am Stausee Postmünster, in welchen die Lebensraumtypen des Rottales mit Auengehölzen, Altwassern und Feuchtwiesen wiederhergestellt worden sind. Gleichwohl darf dieses Positivbeispiel nicht darüber hinwegtäu-

Lebensraum für Mensch, Tier und Pflanze: die Rottaler Landschaft.

schen, daß andere wichtige Feuchtbiotope des Rottales, etwa ein botanisch wertvolles Niedermoor bei Massing, das die bayernweit sehr seltene Rasen-Segge enthält, zurückgedrängt wurden.

Wenn wir das Rottaler Hügelland in einer botanischen Gesamtschau betrachten, so können wir feststellen, daß unser Gebiet im Vergleich zu praktisch allen anderen Landschaften des südbayerischen Tertiärhügellandes noch überdurchschnittlich reichhaltig mit Pflanzenarten und de-

ren Fundorten ausgestattet ist. Allein im Landkreis Rottal-Inn, der etwas mehr als ein Drittel der Fläche des Hügellandes zwischen Isar und Inn einnimmt, konnten mehr als die Hälfte (nämlich rund 6000) aller besonderen botanischen Fundorte des Isar-Inn-Hügellandes nachgewiesen werden. Diese erfreuliche Tatsache geht vor allem auf das Konto der Streuwiesen- und Moorflora, die das Rottal besonders auszeichnet. Die gesamte Florenausstattung des Isar-Inn-Hügellandes hat sich mit rund 300 Moosarten und rund 1100 Höheren Pflanzenarten als reichhaltig herausgestellt, wobei allerdings von letzterer Gruppe bereits 15 % als ausgestorben oder verschollen gelten müssen. Es sind vor allem die Ackerwildkräuter, obwohl der größte Flächenanteil des Landkreises ackerbaulich genutzt wird. Auch die Arten der Gewässer zeigen große Verlustbilanzen. Von beiden Artengruppen ist jede fünfte jemals im Isar-Inn-Hügelland nachgewiesene Art nicht mehr heimisch. Von den aktuell nachgewiesenen Pflanzenarten fallen etwa 30 % in die Kategorie „Seltenheit", nur rund 20 % aller Arten sind häufig oder sehr häufig. Auf der bayerischen Roten Liste der Pflanzenarten stehen rund 120 Arten, die aktuell noch im Isar-Inn-Hügelland vorkommen.

Das Rottal gilt als eine historisch gewachsene Kulturlandschaft zu Recht als attraktiver Lebensraum für den Menschen. Diesen Lebensraum müssen wir aber mit den wildlebenden Tieren und Pflanzen teilen. Denn auch Flora und Fauna benötigen Räume, also Biotope, in denen sich ihre Lebenszyklen abspielen können und in denen wir die Schönheit und Eigenart unserer heimatlichen Natur bestaunen und schätzen können. Wer mit offenen Augen durch unsere Landschaft wandert oder fährt, wird erkennen, daß die naturnahen Zellen stark eingeengt wurden und weiter verdrängt werden. Die naturnahen Zellen im Landkreis Rottal-Inn hat man in der amtlichen Biotopkartierung erfaßt. Danach können nur noch etwa 2 % der Landkreisfläche eine Funktion für die schutzwürdige Flora ausüben.

Wasserbau im Rottal

Simon Halbinger

Der Bau von Triebwerken zur Erzeugung von Strom erforderte Eingriffe am Fluß selbst. Um eine möglichst große Fallhöhe nutzen zu können, mußte der Fluß aufgedämmt werden. Die hochliegenden Triebwerksstaue störten die natürliche Geländevorflut. Im Bild das Stauwehr beim Voitl in der Au bei Kindlbach.

Man geht davon aus, daß sich das Rottal mit seinen Seitentälern in den letzten zwei Millionen Jahren, im Diluvium und Alluvium, ausgeformt hat. Über Jahrhunderttausende hatte die Rott als freier Wildfluß Zeit, sich hin- und herpendelnd von einem Talrand zum anderen ihr Bett immer wieder neu zu suchen. In den ersten Jahrtausenden menschlicher Besiedlung dürfte sich daran kaum Wesentliches geändert haben.

Erst im Mittelalter mit zunehmender Bevölkerungsdichte und gewachsenem technischen Können griff der Mensch spürbar und auf Dauer in das Flußsystem ein; zum einen durch Rodungen im früher weitgehend bewaldeten Niederschlagsgebiet – die auf unzähligen Rodungsinseln entstandenen Weiler und Einzelhöfe des Rottals zeugen davon –, zum anderen durch Triebwerke in Form von Wassermühlen, die nach und nach an der Rott und an den größeren Nebenbächen entstanden und die Fallenergie des Wassers nutzten. Durch die Rodungen entstanden große neue Freiflächen, die den oberirdischen Wasserabfluß bei Regen und Schneeschmelze gegenüber der früheren Waldbedeckung erhöhten und beschleunigten. Das Rottal dürfte damit wenigstens seit den großen Waldrodungen im Mittelalter stark hochwassergefährdet sein.

Der Bau von Triebwerken erforderte menschliche Eingriffe am Fluß selbst. Um eine möglichst große Fallhöhe nutzen zu können, mußte der Fluß abschnittsweise aus der Talsohle an den Talrand verlegt oder aufgedämmt werden. Zum Schutz und Betrieb der baulichen Anlagen waren Überfallwehre, Schützenwehre und Umlaufgerinne zu bauen. Hinzu kamen die Mühlwerke selbst, die schon viel handwerkliches Können erforderten. So segensreich und notwendig die Mühlen für die Bevölkerung waren, so sehr störten die hochliegenden Triebwerksstaue die natürliche Geländevorflut. Die Folge war, daß mit der Zeit weite Talgründe vernäßten und versauerten.

Vernässung und Hochwasser

Nach Abschluß der großen staatlichen Flußkorrektionen im 19. Jahrhundert an Donau, Lech, Isar, Inn, den Hauptflüssen Bayerns, drängten ab der Jahrhundertwende Staat und fortschrittlich denkende Landwirtschaftskreise auf eine Fortsetzung der Regulierungen auch an Mittel- und Klein-

wasserläufen. Anlaß waren neben der Dauervernässung großer Talflächen die immer wiederkehrenden Hochwasser, die die Regelbewirtschaftung der Talniederungen verhinderten. Zwei, manchmal auch vier und mehr Überschwemmungen pro Jahr waren keine Seltenheit. Viele Höfe litten unter der Leberegelseuche, die, eine Folge des Futterverzehrs von staunassen Wiesen, wiederholt hohe Einbußen an Vieh forderte. Man wollte sich vor allem gegen die häufigen Sommerhochwasser schützen und in staunassen Lagen den Grundwasserspiegel durch Entwässerung so weit senken, daß die Talflächen bewirtschaftet werden konnten.

Das Bayerische Wassergesetz von 1907 schuf die rechtlichen Voraussetzungen für öffentliche Baumaßnahmen auch an Mit-

Die ersten größeren Gewässerausbauten und Entwässerungen am Oberlauf der Rott und an anderen Gewässern im damaligen Amtsbezirk Pfarrkirchen waren noch vor dem Ersten Weltkrieg geplant, wurden jedoch erst im Rahmen von Arbeitsbeschaffungsprogrammen in den zwanziger und dreißiger Jahren durchgeführt. Die Autarkiebestrebungen des Dritten Reiches lösten eine weitere Regulierungswelle auch im Rottal aus. Die Arbeiten wurden zum Teil noch in den Zweiten Weltkrieg hinein fortgeführt. Erst Anfang der fünfziger Jahre konnte man sie zu Ende führen.

Mitwirkung der Bevölkerung

Die Gewässerausbauten, meist in Eigenregie unter Mitwirkung der Bevölkerung in Hand- und Spanndiensten durchgeführt,

Das letzte größere Hochwasser führte die Rott 1991. Nach dem Jahrhunderthochwasser von 1954 beschloß man, mit öffentlichen Baumaßnahmen die Hochwasserabführung zu sichern.

tel- und Kleingewässern. Träger waren Genossenschaften, in denen die nutznießenden oder sonstwie berührten Grundstücks- und Anlagenbesitzer (z. B. Triebwerkseigner) zusammengefaßt waren. Über ganz Bayern verteilt wurden Kulturbauämter eingerichtet (später die Wasserwirtschaftsämter), die die Genossenschaften berieten, die technischen Maßnahmen planten und die Bauleitung übernehmen sollten. In Pfarrkirchen richtete man mit dem Kulturbauamt eine Kulturbauschule für ganz Bayern ein, die Kulturbauingenieure ausbildete. Sie bestand bis 1936.

waren sehr arbeitsintensiv und kosteten viel Geld. Wo es irgend ging, wurden für die Hochwasserabführung Flutkanäle gebaut, die wegen ihrer tiefen Sohl- und Wasserspiegellage auch als Entwässerungsvorfluter dienten. Die Gewässeraltläufe samt ihrem Uferbewuchs konnte man auf diese Weise vielfach erhalten und als Triebwerkskanäle weiterbenützen. Die Ziele – Hochwasserschutz während der Wachstumszeit und Beseitigung stauender Nässe – wurden im wesentlichen überall erreicht.

Ausgebaut wurden nahezu die ganze obere Rott von Kaismühle oberhalb Post-

Nach dem Bau des Rückhaltebeckens bei Postmünster konnte man im unteren Rottal auf weitere Ausbauten des Flusses verzichten. Eine natürliche Flußauenlandschaft konnte sich entwickeln.

münster aufwärts auf rund 40 km Tallänge, dazu die Bina auf dem Großteil der Tallänge von etwa 30 km sowie eine Reihe von Seitenbächen. Von Kaismühle abwärts kam es zu örtlich begrenzten Ausbauten im Stadtbereich Pfarrkirchen und bei Birnbach. Nach Unterlagen des jetzigen Straßen- und Wasserbauamtes Pfarrkirchen bestanden im heutigen Landkreis Rottal-Inn 104 Wasser- und Bodenverbände.

Vom ökologischen Standpunkt wie auch aus wasserwirtschaftlicher Sicht werden die damaligen Gewässerausbauten und Entwässerungen vielfach als Fehler gewertet. Eine ökologische Betrachtungsweise war früheren Generationen fremd. Ein Großteil der Bevölkerung lebte damals noch von der Landwirtschaft, die längst

nicht die heutigen Hektarerträge und Viehleistungen erbrachte. Die Behauptung, daß durch Gewässerausbauten in den Oberläufen die Hochwassergefahr in den Unterläufen verschärft wurde, ist zwar auch für die Rott nicht von der Hand zu weisen, das Ausmaß der Verschärfung aber aus der Hochwasserstatistik nicht zu beweisen.

Jahrhunderthochwasser von 1954

Vom 9. bis 11. Juli 1954 kam es nach fast viertägigen, teilweise sintflutartigen Regenfällen in ganz Südbayern, darunter auch im Rottal, zu einem Katastrophenhochwasser, das das letzte bekannte große Hochwasser von 1899 noch beträchtlich übertraf. Rund 7000 Hektar landwirtschaftlicher Nutzfläche im Rottal waren überflu-

tet, zahlreiche Gebäude und Brücken stürzten ein, ganze Straßenzüge wurden unterspült und weggerissen. Trotz vieler Rettungseinsätze, darunter auch von amerikanischen Pionieren, fanden fünf Menschen in den Fluten den Tod. Weitere größere Schadenshochwasser waren 1955, 1956 und 1965. Der Hochwasserschutz, seit Jahren gefordert, wurde vor allem für das untere Rottal immer dringlicher.

Folgende Projekte hat man verwirklicht:

– Hochwasserschutz im Ortsbereich Ruhstorf. Das Projekt wurde 1960/62 unter der Trägerschaft des Bezirks Niederbayern ausgeführt. Der Schutz wurde durch das später gebaute Hochwasserrückhaltebecken Postmünster noch verstärkt.

– Schutz für Teile der Stadt Eggenfelden gegen Hochwasser des Mertseebachs (Niederschlagsgebiet 33 qkm). Um einen kostspieligen Bachausbau im engeren Stadtgebiet zu vermeiden, wurde erstmals im Rottal ein Hochwasserrückhaltebecken mit 1 Million cbm Rückhalteraum und einem 4 ha großen Grundsee geplant und unter der Trägerschaft der Stadt Eggenfelden 1962–1964 ausgeführt. Das Becken übernahm dann der Freistaat Bayern; es hat die Bewährungsprobe mehrfach bestanden.

– Bau eines Hochwasserrückhaltebeckens an der Rott bei Postmünster zum Schutz für das ab hier noch rund 40 km lange untere Rottal. Das Rückhaltebecken wurde 1968/72 unter der Trägerschaft des Freistaates Bayern errichtet und stellt die bedeutendste wasserbauliche Maßnahme im Rottal dar.

– Hochwasserschutz für das Industrie- und Gewerbegebiet Eggenfeldens durch Ausbau der hier auf landwirtschaftliche Bedürfnisse bereits früher regulierten Rott auf ein Hochwasser der Größe von 1954 (1973/1976 unter der Trägerschaft des Bezirks Niederbayern ausgeführt).

Das Hochwasserrückhaltebecken (HRB) Postmünster

Das HRB Postmünster, das wie eine Talsperre angelegt ist, liegt etwa in der Mitte des Tallaufs der Rott, erfaßt mit 575 qkm fast die Hälfte des Gesamtniederschlagsgebiets der Rott (1200 qkm) und besteht aus folgenden Hauptbauwerken:

– einem bis zu 12 m hohen und 1100 m langen Staudamm von 6,50 m Kronenbreite,

– einem Stauraum von rund 4 km Länge und 330 Hektar Gesamtfläche,

– einem ständig gefüllten Grundsee (= Rottauensee) mit 55 ha Wasserfläche,

– dem Auslaßbauwerk in Staudammitte, bestehend aus einem Staubalkenwehr mit einer Stauklappe von 18 m Länge und 3 m Höhe sowie drei Grundablässen,

– dem Betriebsgebäude mit Krafthaus.

Das Becken kann bis 6 m, in Ausnahmefällen bis 7 m über Dauerwasserspiegel des Grundsees eingestaut werden, wobei sich ein maximaler Speicherraum von rund 13 Millionen cbm ergibt. Über den möglichen Höchststau von 388,00 Meter ü.NN hinaus besteht ein Freibord von 2,10 m bis zur Staudammkrone.

Der Staudamm ist ein mehrzoniger, filterförmig aufgebauter Erddamm mit Kerndichtung und wasserseitig vorgeschaltetem Dichtungsteppich. Er ist zusätzlich durch eine 10 bis 14 m in den Untergrund reichende Schmalschlitzwand gegen Unterläufigkeit gesichert.

Die maximale Durchflußleistung der Grundablässe ist 230 cbm/s, der maximale Abfluß über die Stauklappe 310 cbm/s. Der mögliche Gesamtabfluß des Auslaßbauwerks liegt damit weit über dem Größtabfluß von 1954 (290 cbm/s).

Staudamm und Auslaßbauwerk werden laufend, verstärkt aber bei jedem Beckeneinstau, durch eine große Zahl von Meßgeräten wie Porenwasserdruckgeber, Piezometerrohren, Erddruckgeber und durch Sickerwassermessungen überwacht.

Aufgabe des Hochwasserrückhaltebeckens Postmünster ist es,

– die landwirtschaftlich genutzten Talflächen, Siedlungen, Verkehrswege, Industrie und Gewerbeanlagen gegen Hochwasser zu schützen,

– weitere Gewässerausbauten im unteren Rottal zu vermeiden und den noch überwiegend natürlichen Flußlauf mit Resten der früheren Flußaue zu erhalten,

– Abflußverschärfungen aufgrund verlorengegangener natürlicher Retentionsräume im Oberlauf auszugleichen,

– Erholungsmöglichkeiten für die Bevölkerung zu bieten.

Die Schutzwirkung des Rückhaltebeckens wird durch eine „Köpfung" der Hochwasserwelle erreicht. Von den in das Becken einfließenden Wassermassen wird über die Grundablässe und die Stauklappe nur soviel weitergegeben, daß Ausuferungen im Unterlauf vermieden werden. Der Rest wird im Becken zurückgehalten und erst mit abklingendem Hochwasser nach und nach abgegeben. Die Scheitelhöhe des Hochwassers unterhalb des Beckens wird auf diese Weise gesenkt, dafür die Dauer des Hochwassers gestreckt. Der Schutzgrad ist unmittelbar unterhalb des HRB am größten und nimmt mit zunehmender Entfernung talabwärts ab.

Jedes Hochwasser ist anders

Die Beckenbewirtschaftung bei Hochwasser wird vom Betriebsgebäude aus von Angehörigen des Straßen- und Wasserbauamtes Pfarrkirchen rund um die Uhr wahrgenommen. Sie erfordert viel Erfahrung und Fingerspitzengefühl. Jedes Hochwasser hat seine Besonderheiten, die von verschiedenen Parametern bestimmt werden: von der Intensität und zeitlichen Abfolge der Niederschläge in den Teileinzugsge-

Die spätere Hochwasserganglinie, d.h. der endgültige Verlauf eines Hochwassers, ist zunächst nicht bekannt. Sie muß aus den Abflußwerten der verschiedenen Pegel, den Werten der Niederschlagsmeßstellen, den vorgenannten Parametern und der Entwicklung der Großwetterlage immer wieder neu abgeschätzt werden. Je nach Ergebnis ist die Wasserabgabe aus dem Becken zu drosseln oder zu erhöhen.

Die wichtigsten Pegel für den Betrieb des HRB Postmünster sind im Oberlauf die Pegel Kinning (Rott) unterhalb Neumarkt-St. Veit, Panzing (Bina) unterhalb Gangkofen und der Pegel Linden (Rott) als Zulaufpegel zum HRB, im Unterlauf die Pegel Postmünster (Rott), Birnbach (Rott), Ruhstorf (Rott) und Triftern (Altbach), letzterer als Zeigerpegel für das sehr abflußer-

Seit 1972 wurden im Bereich des Rückhaltebeckens von der Wasserwirtschaftsverwaltung rund 100 000 ortsständige Bäume und Sträucher ausgepflanzt, die inzwischen eine stattliche Höhe erreicht haben und der Tallandschaft ein parkartiges Gepräge geben.

bieten, vom Temperaturverlauf und damit der Abflußergiebigkeit von Schneelagen bei Schmelzhochwasser, von der Aufnahme- bzw. Abflußbereitschaft des Bodens, von der Marschgeschwindigkeit eines Hochwassers – sie kann je nach Ablauf eines Hochwassers bei hohem Vegetationsstand oder im Winterhalbjahr bei freiem Gelände sehr unterschiedlich sein.

Hochwasser mit hoher Abflußspitze, aber kurzer Dauer können weniger Rückhalteraum als Hochwasser mit niedriger Abflußspitze, aber langer Dauer erfordern.

giebige Niederschlagsgebiet des Altbachs. Wichtige Niederschlagsmeßstellen sind Kinning, Panzing, Wurmannsquick und Triftern. Sämtliche Meßdaten werden in das Betriebsgebäude fernübertragen.

Das HRB Postmünster wurde seit der Inbetriebnahme im März 1972 bis Ende 1994 von 82 Hochwassern bei einer durchschnittlichen Aufenthaltsdauer von drei Tagen pro Hochwasser durchlaufen. Die Abflußspitzen konnten durchweg erheblich abgemindert werden. Selbst beim Hochwasser vom 31.7./2.8.1991, das in seiner Zuflußspitze einem Jahrhunderthochwasser, in seiner Abflußfülle sogar einem noch selteneren Ereignis entsprach, konnte der Scheitelabfluß noch um rund 30 % (= 70 cbm/s) gesenkt werden.

Eine parkähnliche Tallandschaft ist entstanden

Für den Bau des HRB wurden vom Freistaat Bayern bisher 316 ha Grundflächen erworben, davon der Großteil im freien Ankauf, die Restfläche wurde über die Flurbereinigung bereitgestellt. Ein Rest von 14 ha bis zur Höchststaulinie steht noch zum Kauf an. Die bereits erworbenen Flächen sind, soweit sie nicht vom Staudamm und dem Rottauensee eingenommen werden, teils an den Zweckverband Pfarrkirchen-Postmünster für den Bau

den letzten Jahren wurden am und im Rückhaltebecken 131 verschiedene Vogelarten festgestellt. Für Freizeitgestaltung und Erholung stehen im und um den Stauraum zur Verfügung: eine 18bahnige Golfanlage mit Klubhaus, Tennishof, Segelflugplatz, Bootshafen, Reitwege und Reitgelände, Trimm-dich-Pfad, Wildgehege sowie Liegewiesen rings um den Grundsee mit Parkanlagen.

Der Rottauensee wird an Sommerwochenenden von Seglern und Surfern aufgesucht, im Winter bietet der zugefrorene See eine ideale Eisfläche für Schlittschuhläufer und Eisstockschützen. Er ist auf Satellitenaufnahmen aus 920 km Höhe noch gut zu erkennen. Die fischereiliche Nutzung des Sees liegt in Händen des Kreisfischereivereins Pfarrkirchen. Nach

werke kurz hintereinander und eine hohe Dammführung der Straße im Talgelände vermieden werden. Der Rott-Altlauf blieb als durchflossenes Altwasser erhalten. Die nach der Eingrünung des neuen Flußlaufs entstandene neue Rottauenlandschaft hat viel Anerkennung gefunden. Sie schließt unmittelbar an den künftigen erweiterten Kurpark von Bad Birnbach an.

Aufwendige Unterhaltung der Gewässer

Zu den wasserbaulichen Aufgaben heute gehört neben der baulichen Unterhaltung insbesondere eine langfristig angelegte Gewässerpflege nach ökologischen Grundsätzen. Oberstes Ziel ist es, wieder eine zusammenhängende natürliche Flußlandschaft als vernetztes Biotop möglichst über die ganze Tallänge zu schaffen. In die Gewässerpflege sind daher auch Flußauen, Altwasser, die Neuanlage von Flachwasser- und Feuchtbiotopen, der Erwerb und die Neugestaltung von Uferstreifen einzubeziehen.

Die Hauptaufgaben sind:
– Uferschäden möglichst in Lebendbauweise (Faschinen, Stecklinge) zu beheben. Soweit das Einbringen einer Steinberollung unerläßlich ist, sind in die oberflächigen Hohlräume Sumpfrasenballen einzupflanzen, die die Steine alsbald überwuchern und das Aufkommen von Kleinlebewesen fördern;
– Altwasser als wesentliche Teile einer gesunden Flußaue zu erhalten, sie bei Verlandungsgefahr abschnittsweise in Abständen zu entlanden, nach Möglichkeit zu erweitern. Nach der Festlegung des Flusses in der heutigen Kulturlandschaft können keine Altwasser mehr neu entstehen. Natürliche Senken und Mulden sind in der Geländeaue zu belassen und zu pflegen;
– ausreichende, möglichst unterschiedlich breite Uferstreifen auf beiden Seiten des Flusses als Pufferzonen zwischen Gewässer und den angrenzenden landwirtschaftlichen Nutzflächen nach und nach in öffentliche Hand zu überführen – sei es im freien Ankauf, sei es im Rahmen einer Flurbereinigung – und landschaftspflegerisch zu gestalten;
– die Ufer durch standortgerechte Nachpflanzungen, möglichst im Aufbau von mehrreihigen Ufergehölzen zu sichern;
– zusätzliche Flachwasser- und Feuchtbiotope in der Flußaue anzulegen.

Die Unterhaltung der Gewässer ist sehr aufwendig. Um Altwasser als wesentliche Teile einer gesunden Flußaue zu erhalten, muß man sie regelmäßig entlanden.

und Betrieb von Freizeit- und Erholungsanlagen, teils an Landwirte, die zum Bau des Rückhaltebeckens Grund abgetreten haben, zur Nutzung in den einstaufreien Zeiten verpachtet, teils wurden darauf von der Wasserwirtschaftsverwaltung nachträglich Flachwasser- und Feuchtbiotope angelegt und Auengehölze gepflanzt.

Insgesamt wurden seit 1972 im Bereich des Rückhaltebeckens rund 100 000 ortsständige Bäume und Sträucher ausgepflanzt, die mittlerweile eine stattliche Höhe erreicht haben und der Tallandschaft ein parkartiges Gepräge geben. In

den jährlichen Besatzaktionen wird hauptsächlich auf Karpfen, Hecht, Zander, Aale, Schleien und Barben geangelt.

Das HRB Postmünster schützt also das untere Rottal vor Hochwasser, bietet Einheimischen wie Besuchern aus nah und fern ein breitgefächertes Programm für Freizeit und Erholung und bereichert das Rottal landschaftlich.

Die Verlegung der Rott bei Birnbach auf 1 km Länge 1983/84 war Teil des Neubaus der Bundesstraße 388 im Zuge der Ortsumgehung Birnbach. Auf diese Weise konnten zwei aufwendige Brückenbau-

Vorstehende Grundsätze werden an der Rott seit Jahren praktiziert. So liegen Grunderwerbs- und Landschaftspflegepläne des Bayerischen Landesamts für Wasserwirtschaft, Sachgebiet Landschaftspflege, für die Rott vor.

Nach Angaben des Straßen- und Wasserbauamtes Pfarrkirchen stehen allein innerhalb des Landkreises Rottal-Inn mittlerweile rund 1000 ha Grundflächen (einschließlich HRB Postmünster) im Eigentum des Freistaates Bayern, ebenfalls sind rund 52 km Uferstreifen außerhalb des HRB Postmünster in staatlicher Hand. Von der Flußmeisterstelle Pfarrkirchen wurden seit 1981 im Stauraum des HRB Postmünster, aber auch im Ortsbereich Eggenfelden und an sonstigen Stellen entlang der Rott, rund 30 ha Flachwasser- und Feuchtbiotope angelegt. Im gleichen Zeitraum konnte das Straßen- und Wasserbauamt Pfarrkirchen rund 76 ha Ufergrundstücke erwerben, davon allein 26 ha im Rahmen der Flurbereinigung Birnbach. Darüber hinaus wurden zahlreiche Altwasser entlandet und zum Teil erweitert.

Die jährlich als Ergänzungs- und Neupflanzungen ausgebrachten Bäume und Sträucher werden zum großen Teil in dem rund 6000 qm großen Pflanzgarten der Flußmeisterstelle gezogen; dasselbe gilt für die Sumpf- und Röhrichtgräser für die Gewässerpflege.

Für die besonderen Verdienste um die Unterhaltung und Pflege der Gewässer wurde der Leiter der Flußmeisterstelle Pfarrkirchen, Hauptflußmeister Helmut Ries, am 22.7.1994 von Umweltminister Dr. Goppel mit der bayerischen Umweltmedaille ausgezeichnet.

Die Rott hat nach ersten menschlichen Eingriffen im Mittelalter besonders in diesem Jahrhundert mannigfache Veränderungen durch Menschenhand erfahren. Sie bestanden hauptsächlich in Gewässerregulierungen und Maßnahmen der Entwässerung im Oberlauf bis etwa zur Mitte des Jahrhunderts und fanden mit dem Bau des HRB Postmünster und einer nochmaligen Abflußsteigerung der Rott im Ortsbereich Eggenfelden ihren vorläufigen baulichen Abschluß. Unterhalb Postmünsters ist der frühere, vielfach noch urtümliche Flußlauf erhalten geblieben. Oberhalb Postmünsters sind die in der ersten Hälfte des Jahrhunderts geschlagenen Wunden weitgehend vernarbt. Auch die damals geschaffenen künstlichen Gerinne (Flutkanäle) haben durch umfangreiche Nachpflanzungen, Ausschlag von Weidenfaschinen und unregelmäßige Ufergestaltung bei Instandhaltungsmaßnahmen ein natürliches Aussehen gewonnen und sind Teil der Tallandschaft geworden. Vorrangige Aufgabe der Gewässerpflege wird es ein, wieder eine zusammenhängende Flußaue als Lebensraum für eine vielgestaltige Tier- und Pflanzenwelt zu schaffen.

Das Rottal zwischen Eggenfelden und Pfarrkirchen, im Hintergrund das Rückhaltebecken, rechts Postmünster, am oberen Rand Pfarrkirchen. Mit dem Hochwasserschutz ist eine Freizeit- und Erholungslandschaft für Besucher aus nah und fern entstanden, die das gesamte Rottal bereichert.

Das Naturreservat Unterer Inn

Helgard und Josef Reichholf

Die Kette von vier Stauseen am Unteren Inn nimmt eine Sonderstellung im Naturschutz ein. Das Gebiet wurde von der Bundesrepublik Deutschland und der Republik Österreich dem Wasservogelschutzabkommen von Ramsar unterstellt und damit als „Feuchtgebiet von internationaler Bedeutung" ausgewiesen. Es bildet einen Teil des Netzwerks von Schutzgebieten für Wasservögel, das ganz Europa, Westasien und weite Bereiche Nordafrikas umfaßt. Den Stauseen am Unteren Inn wurde zudem vom Europarat in Straßburg die Auszeichnung „Europareservat" verliehen.

Schutzgebiete von internationaler Bedeutung

Ein Großteil der Strecke zwischen der Mündung der Salzach und der Mündung der Rott steht unter Naturschutz. Das Schutzgebiet umfaßt auf bayerischer Seite den gesamten Bereich der Salzachmündung (mit Ausnahme des Bade- und Erholungsgebietes bei Bergham im Landkreis Rottal-Inn), die beiden Stauräume Egglfing und Ering vollständig sowie auf österreichischer Seite das Gebiet der „Reichersberger Au", den Stauraum Schärding-Neuhaus und die beiden Stauräume Obernberg und Frauenstein bis zur Mündung der Mattig ein Stück flußabwärts von Braunau. Die beiden mittleren Stauseen am Unteren Inn stehen damit geschlossen unter Naturschutz, während an der Salzachmündung (Stauraum Simbach-Braunau) die bayerische und im Stauraum Schärding-Neuhaus ein Teil der oberösterreichischen Seite unter Schutz gestellt ist. Eine Angleichung der Schutzbestimmungen in diesem länderübergreifenden Naturschutzgebiet steht noch aus.

Die Ausweisung zu „Feuchtgebieten von internationaler Bedeutung" und zum „Europareservat" unterstreicht den besonderen Rang des Unteren Inns, der durchaus dem von Nationalparks gleichkommt, im Hinblick auf die internationale Schutzfunktion sogar darüber hinausgeht. Besucher sollten sich daher der besonderen

Links: Nest des Teichrohrsängers.

Verpflichtung bewußt sein, die mit den Naturschutzgebieten am Unteren Inn verbunden sind. Sie bedürfen eines noch besseren Schutzes als „normale" Naturschutzgebiete, die von nationaler Bedeutung sind.

Da die Dämme jedoch vielfältige Möglichkeiten bieten, die einzigartige Natur am Unteren Inn zu erleben, ist der Naturschutz für den Besucher nicht mit unzumutbaren Einschränkungen verbunden, im Gegenteil. Außergewöhnliche Beobachtungen werden den Naturfreund belohnen, wie sie nur an ganz wenigen

Der 1870 ausgerottete Biber wurde um 1970 am Unteren Inn mit Tieren aus Schweden erfolgreich wieder eingebürgert. Die Weichhölzer, die die Biber zum Leben brauchen, wachsen rasch wieder nach.

Stellen in Mitteleuropa noch möglich sind. Die Stauseen am Unteren Inn sind Wasservogelparadiese und sehr artenreiche und landschaftlich schöne Gebiete.

Es erscheint kaum glaublich, daß es sich bei diesem so hochgeschätzten Naturraum um Stauseen handelt. Wie kam es, daß sich ausgerechnet am Unteren Inn eine so

großartige Natur entwickelt hat? Um diese Frage beantworten zu können, müssen wir zurückblenden ins 19. Jahrhundert, als der Inn noch „Aenus", der Schäumende, war, wie ihn schon die Römer genannt hatten. Als ungezähmter Fluß aus den Zentralalpen grub er sich nacheiszeitlich sein Tal in die Schottermassen, die vom Schmelzwasser der eiszeitlichen Gletscher im Urstromtal abgelagert worden waren. Er schuf Terrassen und Inseln, bildete Seitenarme und Flußschleifen aus, die das Bild einer wahren Wildflußlandschaft erzeugten – und aufrecht erhielten, bis in der zweiten Hälfte des 19. Jahrhunderts die große Korrektur erfolgte.

Die große Korrektur

Damals erschien sie als Großtat, weil der ungebändigte Alpenfluß, der im Sommer viel mehr Wasser als die Donau führt, immer wieder, oft gerade vor der Erntezeit, verheerende Hochwasser mit sich brachte. 1899 stand das halbe Inntal unter Wasser, obwohl der Fluß schon weitgehend begradigt war. Das Jahrtausendhochwasser vom Sommer 1954 war bereits gebändigt. Der Inn war von der Salzachmündung bis zum engen Durchbruchstal zwischen Neuhaus und Vornbach voll begradigt und reguliert worden. Im Verlauf eines halben Jahrhunderts grub er sich tiefer und tiefer in den Untergrund ein, so daß das Hochwasser immer seltener über die Ufer treten und schnell abgeführt werden konnte. Die Auen entlang dem Fluß wurden zunehmend trockener und landwirtschaftlich nutzbar. Das Grundwasser sank, weil sich der Inn mehr als fünf Meter tief eingegraben hatte.

Wahrscheinlich wäre eine ähnliche Entwicklung wie am Oberrhein in Gang gekommen, wo durch die Eintiefung auch große Teile des Vorlandes austrockneten und zu verseppen drohten. Daß es dazu am Unteren Inn nicht kam, hing mit den besonderen Standortverhältnissen zusammen. Am mittleren Inn war bei Mühldorf schon das Ausleitungs-Kraftwerk Töging zur Aluminiumgewinnung gebaut worden. Während des Zweiten Weltkriegs

Die Ausweisung zu „Feuchtgebieten von internationaler Bedeutung" und zum „Europareservat" unterstreicht den besonderen Rang des Unteren Inns, der durchaus dem von Nationalparks gleichkommt. Zu den Zugzeiten verwandelt sich das Gebiet in einen regelrechten Großflughafen für Vögel, die vor dem Weiterflug in die Winterquartiere zwischenlanden.

wurde sehr viel Aluminium benötigt. Zur Schmelzelektrolyse für die Aluminiumgewinnung werden aber große Mengen elektrischen Stromes benötigt. Diese Energie sollte der Inn liefern. Dazu wurden zunächst die heutigen mittleren Staustufen Ering-Frauenstein und Egglfing-Obernberg errichtet und 1942/43 in Betrieb genommen. Während des Krieges nahm man wenig Rücksicht auf die Auwälder und Uferbereiche; der Bau mußte so schnell wie möglich vollendet werden.

Die Folge war ein Glücksfall für die Natur: Bei diesen Stauseen wurden große Teile der durch die Eintiefung des Inns schon weitgehend trockengefallenen Auen bis zur Niederterrasse mit in den Stauraum einbezogen. So erhielt der Inn in seinem begradigten Abschnitt unterhalb von Simbach-Braunau praktisch sein gan-

zes früheres Gelände wieder zurück, und das auf einer Breite von über zwei Kilometern. Auch der Stauraum des Egglfing-Obernberger Innkraftwerks wurde so großzügig angelegt, daß er im Lauf der Zeit verlanden und neue Auwälder, Inseln und Seitenbuchten an Stelle der früheren ausbilden konnte.

Hohe Schwebstofffracht des Inns

Das ging sehr schnell, denn ein zweiter glücklicher Umstand kam zu Hilfe: die hohe Schwebstofffracht des Inns. In den Sommermonaten, wenn aus den zentralalpinen Bereichen die im Volksmund „Gletschermilch" genannten Wassermassen kommen, führt der Inn bis zu über eine Million Tonnen feinste Schwebstoffe pro Monat. In den Stauräumen, die in den vierziger Jahren entstanden sind, lagerten

sich die Schwebstoffe schnell ab. Auch als 1954 die Salzachmündung eingestaut wurde und das gesamte frühere Delta mit einbezogen worden war, setzten sich die Massen an Schwebstoffen ab.

Es dauerte nur gut zehn Jahre, dann waren die Staubecken aufgefüllt, und zwar genau auf den früheren Zustand vor der Regulierung des Inns. Die Ablagerung von Schlick geht nur so lange, wie die Strömungsgeschwindigkeit in den jeweils 10 bis 20 km langen Rückstauräumen abgebremst wird. Mit zunehmender Auffüllung steigt die Strömungsgeschwindigkeit wieder an, weil die gleiche Wassermenge nun schneller durch den enger gewordenen Querschnitt hindurchfließen muß. Auch bei Hochwasser setzt wieder Abtrag (Erosion) ein, so daß sich im Lauf der Zeit – in diesem Fall gut ein Jahrzehnt – das Gleichgewicht zwischen Anlandung (Sedimentation) und Abtragung (Erosion) wieder einstellte. Was sich innerhalb der großen Stauräume dabei entwickelte, entspricht in vielerlei Hinsicht dem früheren Zustand vor der Inn-Regulierung. Im Bereich von Prienbach etwa liegen heute die Inseln und fließen die Seitenarme an genau denselben Stellen wie vor der Regulierung, also vor 150 Jahren. Die bei der Verlandung entstandenen Sand- und Schlickbänke wurden rasch von Weiden, Rohrglanzgras, Schilf und anderen Ufer- und Auwaldpflanzen erobert. Schon nach weiteren drei bis fünf Jahren trugen sie einen dichten Bewuchs, der sich zu einem sehr naturnahen Auwald entwickelte, weil so gut wie keine Eingriffe seitens des Menschen mehr vorgenommen wurden.

Urwälder entstehen

Das Wechselspiel zwischen Hoch- und Niedrigwasser, das sich nach der Verlandung der Stauseen neu eingestellt hatte, bedeutet für den Auwald auf den Inseln und Anlandungen die Wiederherstellung der ursprünglichen Verhältnisse am nicht regulierten Fluß. So konnten sich Auen entwickeln, die sich in der Zusammensetzung der Bäume und der anderen Pflanzen im Auwald genau nach den naturgegebenen Verhältnissen ausrichten. Es entstanden echte Urwälder ohne Einwirkungen seitens des Menschen. Die Auen auf den Inseln werden weder forstwirtschaftlich beeinflußt noch sonst irgendwie genutzt. Auch die am Unteren Inn mit Erfolg zwischen 1970 und 1980 wieder eingebürgerten Biber tragen dazu bei, daß echter Urwald entsteht. Sie fällen am Ufer Bäume, machen dabei kleine Lichtungen und erhöhen somit die Vielfalt auf engem Raum, wie sie für einen natürlichen Auwald typisch ist. Dabei entwickelt sich der

Mehr als 290 Vogelarten sind in den letzten 30 Jahren am Unteren Inn beobachtet worden. Etwa 130 davon brüten auch regelmäßig im Gebiet. Während der Seidenreiher (links) zu den Raritäten zählt, ist das Teichhuhn ein auch an der Rott häufiger heimischer Wasservogel.

Auwald mit der Zeit über verschiedene Stadien. Die ersten gehören zur sogenannten Weichholzaue, weil sie von Weichhölzern, Silberweiden und Grauerlen sowie einigen anderen Weichhölzern gebildet werden. Später, nach 30 bis 40 Jahren, folgt die Hartholzaue, in der Eschen und Ulmen, aber auch Eichen ihren Platz finden. Am Unteren Inn sind alle Stadien der Auwaldentwicklung wie auch der Zonierung von Uferpflanzen zu beobachten. Besonders eindrucksvoll sind die frühen Entwicklungsstadien, wenn die neu auf-

getauchten Sandbänke mit dem im Hochsommer leuchtendpurpurrot blühenden Blutweiderich oder mit gelbem Zweizahn und Gauklerblumen bewachsen sind. Auch Röhrichte gibt es in unterschiedlichsten Größen. Schwerlich wird sich eine vergleichbare Fülle an Auwald- und Auwaldentwicklungsformen anderswo in Mitteleuropa ausfindig machen lassen. Über 50 qkm Fläche nehmen diese sich selbst entwickelnden Auen-Urwälder in den Stauseen am Unteren Inn mittlerweile ein.

Wasservogelparadies

Verwundert es da, daß auf den Inseln auch eine großartige Vielfalt an Tieren leben kann? Neben Biber und Rehen sind es die Seefrösche und Laubfrösche in den Buchten und Lagunen, die mit ihren Rufkonzerten auffallen, bunte Schmetterlinge, deren Artenzahl am Unteren Inn über 600 liegt, Mengen von Libellen und viele andere Tiere, die der aufmerksame Naturfreund entdecken kann. Die herausragende Besonderheit der Stauseen am Unteren Inn aber sind die Wasservögel.

Mehr als 290 Vogelarten sind in den vergangenen 30 Jahren am Unteren Inn

Einer der Gäste, die zum Überwintern an den Unteren Inn kommen, ist der majestätische Seeadler, hier auf dem Ansitz.

Die kleine Beutelmeise baut das kunstvollste Nest von allen europäischen Vögeln. Das Beutelnest hängt frei an einem Zweigende mit einer Einflugröhre, häufig über dem Wasser. Die Beutelmeise brütet im Auwald, im Uferdickicht mit Weiden- und Pappelbeständen.

beobachtet worden. Das Gebiet gehört damit zu den artenreichsten in ganz Europa. Etwa 130 Arten brüten auch regelmäßig im Gebiet, darunter große Seltenheiten wie der – inzwischen fast wieder verschwundene – Nachtreiher, die Schwarzkopfmöwen, die kleinen Beutelmeisen, die das kunstvollste Nest unter allen europäischen Vögeln bauen, oder die schmucken Blaukehlchen und der merkwürdige Schlagschwirl, dessen Gesang wie das Wetzen einer alten Nähmaschine klingt. Unter den Enten sind es vor allem die prachtvoll gefärbte, europaweit sehr seltene Kolbenente und die im Binnenland, rund 1000 Kilometer von der Meeresküste entfernt nicht erwarteten bunten Brand-

enten, die als Brutvögel den Unteren Inn auszeichnen.

In den sechziger und siebziger Jahren sah man viele Zwergdommeln und mitunter auch Bruten des Purpurreihers. Zu den Zugzeiten verwandelt sich das Gebiet in einen regelrechten Großflughafen für Vögel, die aus der arktischen Tundra oder aus Sibirien kommen, hier zwischenlanden, ein paar Tage oder Wochen Rast machen und dann in die Winterquartiere im Mittelmeerraum oder bis nach Afrika weiterfliegen. Beringte Strandläufer flogen in einer Nacht von Schweden bis an den Unteren Inn; hier überwintert auch regelmäßig der Seeadler. Zu den Höhepunkten des Zuggeschehens im Herbst und im Früh-

jahr können Zehntausende von Vögeln am Unteren Inn versammelt sein. Immer wieder entdecken die Vogelkundler auch große Raritäten wie den Strandläufer aus Nordamerika oder seltene Seeschwalben aus Südwestasien. Jeder Tag bringt Neues; keiner gleicht dem anderen.

Wasservögel und Naturhaushalt

Die Wasservögel spielen im Naturhaushalt der Innstauseen eine äußerst wichtige Rolle. Die Tiere ernähren sich von Wasserpflanzen, die insbesondere in den Seitenbuchten reichlich aufwachsen, und von Kleintieren des Bodenschlammes, wie Schlammröhrenwürmer (Tubifex) und den Larven der nicht stechenden Zuckmücken (Chironomiden), aber auch von Kleinmuscheln. Diese Tiere filtern feine Nahrungspartikel aus dem Wasser, die aus zerriebenen Pflanzen oder aus Abwässern stammen und „organischer Detritus" genannt werden. Dieser Detritus stellt eigentlich eine Belastung des Wassers dar, weil sein Abbau Sauerstoff verbraucht. Wird er durch die Kleintiere im Bodenschlamm herausgefiltert und verwertet, so bedeutet dies eine Reinigung des Wassers. Nutzen nun die Wasservögel diese Kleintiere, so sorgen sie dafür, daß diese sich immer wieder entwickeln und Nährstoffe aufnehmen, so wie eine Wiese, die beweidet wird, immer wieder das Gras nachwachsen läßt, das ohne Beweidung allmählich an sich selbst ersticken würde. Die Wasservögel entnahmen in den siebziger und frühen achtziger Jahren dem Unteren Inn über 5000 Tonnen solcher fäulnisfähigen organischen Stoffe und verwerteten sie. Dadurch haben sie die Stausee-Ökosysteme funktionsfähig erhalten und verhindert, daß sich Faulschlamm bildet. Da die Wasservögel nicht mehr bejagt werden dürfen, wurde ihre Wirksamkeit enorm gesteigert – ein beispielhafter Beitrag des Naturschutzes zum Umweltschutz! Er nützte den Fischen und den vielen anderen Tieren im Wasser und zeigte, wie wichtig die vom Menschen in Ruhe gelassenen Gebiete sind. Auch die Wissenschaft hat viele neue Erkenntnisse an den Stauseen am Unteren Inn gewonnen; über 500 Veröffentlichungen sind darüber erschienen!

Die Natur ist von Natur aus veränderlich. Diese ihr innewohnende Dynamik zeigt sich besonders gut am Unteren Inn, wo die Entwicklung in den Stauseen, aber auch außerhalb in den Auen und auf den

Fluren, immer wieder Neues hervorbringt und für Überraschungen sorgt. So geht seit den achtziger Jahren die Zahl der Wasservögel, vor allem der Tauchenten, zurück, weil die Wasserqualität des Inns durch den Bau von Kläranlagen im Einzugsgebiet nachhaltig verbessert wurde.

Immer weniger Wasservögel

Immer weniger organische Abfallstoffe (Detritus) kommen in diesen kalten nährstoffarmen Alpenfluß. Entsprechend nehmen die Bestände von Kleintieren im Bodenschlamm ab, die die Grundlage der Ernährung für Tauchenten, Fische und andere Wassertiere bilden.

Wurde Anfang der siebziger Jahre eine „Kleintierbiomasse" im Bodenschlamm von einem bis drei Kilogramm Frischgewicht pro Quadratmeter gemessen, hauptsächlich gestellt von Schlammröhrenwürmern, Zuckmückenlarven und Erbsenmuscheln, so liegen die Werte seit Anfang der neunziger Jahre durchschnittlich bei weniger als 20 Gramm, meist sogar unter zehn Gramm pro Quadratmeter.

Diese geringen Mengen lohnen das Abtauchen in die Tiefe für die meisten Enten nicht mehr. Auch für Fische ist vielerorts nicht mehr genug Nahrung im Inn, so daß auch ihre Bestände rückläufig sind.

Die Menschen sollten so wenig wie möglich eingreifen

Wenn die Mengen zurückgehen, treten die Spezialisten deutlicher hervor. Die Artenvielfalt hat nicht abgenommen; fast alljährlich werden neue Arten gefunden, die vorher noch nicht am Unteren Inn festgestellt worden sind. Überraschungen wird es auch in Zukunft geben. Vielleicht werden mit der Zeit auch die früher typischen Flußfische wieder im Inn leben können, wenn die Konkurrenz der eingeführten Arten wie Aal und Regenbogenforelle zurückgegangen ist.

Die Verlandung wird neue Inseln schaffen, aber das Hochwasser wird immer häufiger Inseln wegreißen, verlagern oder neue Seitenarme aufmachen. Die Flußdynamik ist am Unteren Inn wieder voll in Gang gekommen.

Wichtig ist, daß die Menschen so wenig wie möglich eingreifen. Als sich die Jäger freiwillig bereit erklärten, auf die Bejagung des Wasserwildes in den Stauseen am Unteren Inn zu verzichten, war dies ein entscheidender Fortschritt. Das schuf Ruhe, machte die Wasservögel vertrauter und damit auch besser beobachtbar.

Wenn jetzt auch noch zur Brutzeit und an den Hauptrast- und -überwinterungsgebieten die Fischerei sich entsprechend zurückzieht und die Störungen durch Boote und den Erholungs- und Besucherbetrieb auf dem gegenwärtig niedrigen Niveau gehalten werden können, hat der Untere Inn gute Aussichten, auch in Zukunft ein herausragendes Schutzgebiet zu bleiben – ein Gebiet, das die Bezeichnung „Schutzgebiet" für die Natur auch wirklich verdient.

Zu den großen Seltenheiten, die am Unteren Inn beobachtet werden, gehört der Nachtreiher; hier das eindrucksvolle Porträt eines Jungtiers.

Städte, Märkte und Gemeinden

Die Region, der das Heimatbuch gewidmet ist, umfaßt den Landkreis Rottal-Inn sowie im oberen Rottal Teile des Landkreises Mühldorf und im unteren Rottal Teile des Landkreises Passau. Auf den folgenden Seiten stellen sich in Texten und Bildern die Orte des Rottals in Geschichte und Gegenwart vor. Die Luftaufnahme zeigt eines der Mittelzentren des Rottals, die Stadt Eggenfelden mit ihrem Industriegebiet.

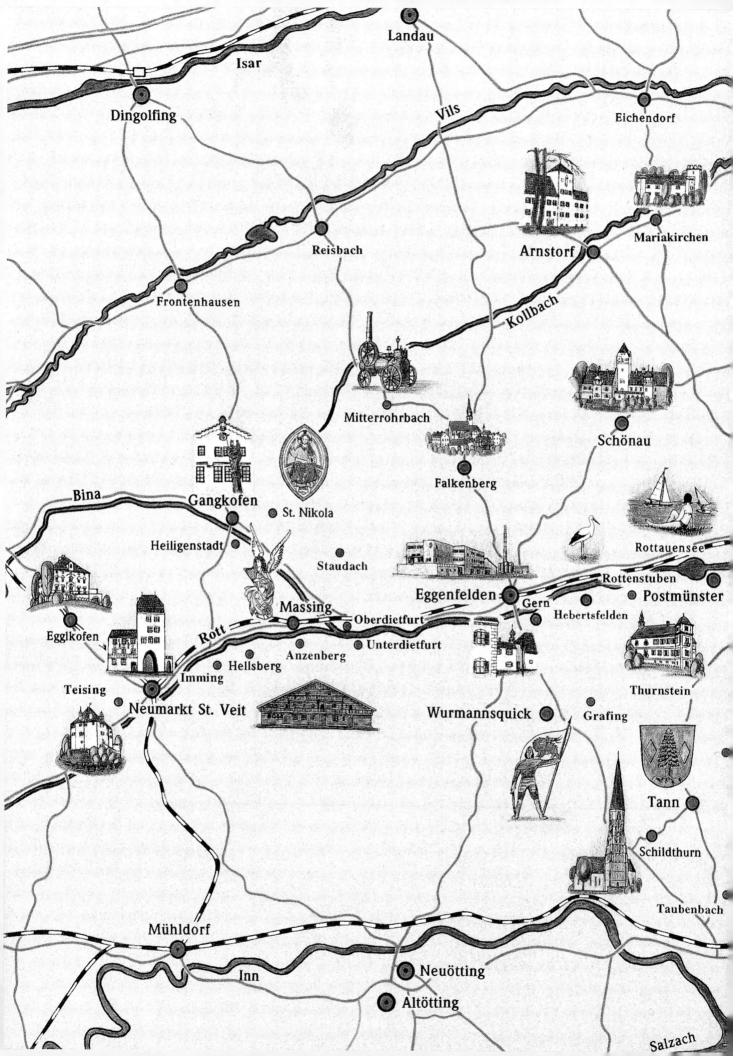

Landau

Isar

Vils

Eichendorf

Dingolfing

Reisbach

Arnstorf

Mariakirchen

Frontenhausen

Kollbach

Mitterrohrbach

Schönau

Falkenberg

Bina

Gangkofen

St. Nikola

Rottauensee

Heiligenstadt

Staudach

Rottenstuben

Eggenfelden

Gern

Postmünster

Massing

Oberdietfurt

Hebertsfelden

Egglkofen

Rott

Unterdietfurt

Anzenberg

Teising

Hellsberg

Imming

Thurnstein

Neumarkt St. Veit

Wurmannsquick

Grafing

Tann

Schildthurn

Mühldorf

Taubenbach

Inn

Neuötting

Altötting

Salzach

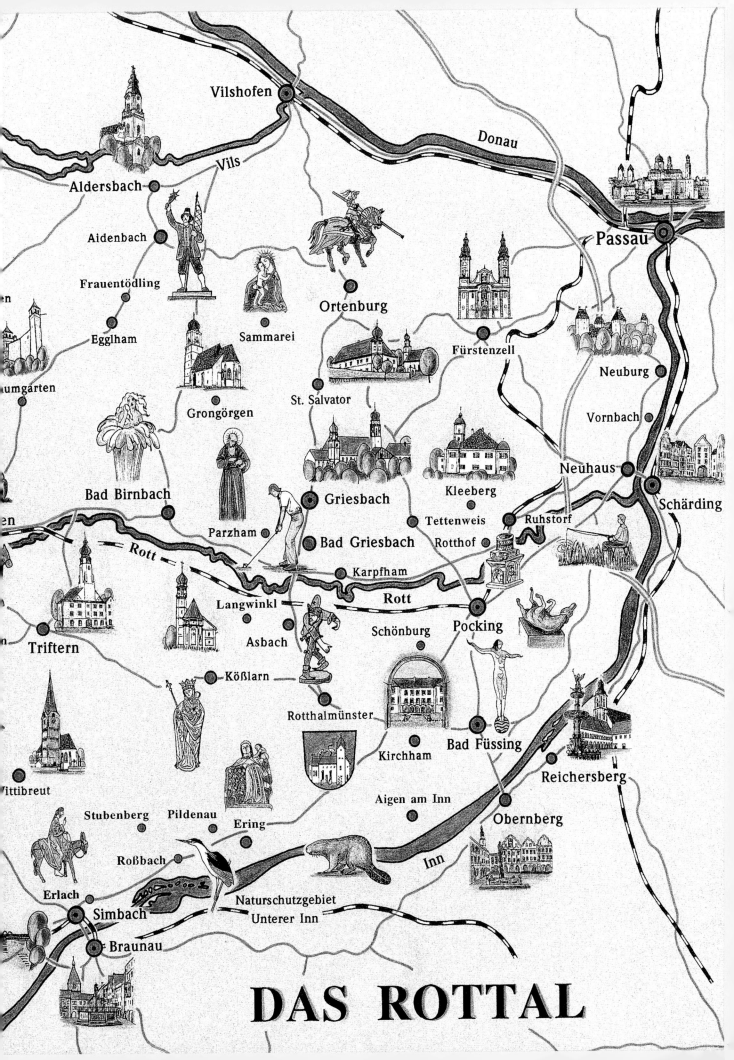

Vilshofen

Donau

Vils

Aldersbach

Aidenbach

Frauentödling

Egglham

...umgarten

Grongörgen

Bad Birnbach

Parzham

Sammarei

Ortenburg

St. Salvator

Griesbach

Bad Griesbach

Karpfham

Passau

Fürstenzell

Neuburg

Vornbach

Neuhaus

Schärding

Kleeberg

Tettenweis

Rotthof

Ruhstorf

Rott

Rott

Langwinkl

Asbach

Kößlarn

Triftern

Schönburg

Rotthalmünster

Kirchham

Pocking

Bad Füssing

Reichersberg

Aigen am Inn

...ittibreut

Stubenberg

Pildenau

Ering

Obernberg

Roßbach

Inn

Erlach

Simbach

Braunau

Naturschutzgebiet
Unterer Inn

DAS ROTTAL

Neumarkt-Sankt Veit

Rudolf Angermeier

Auf dem amtlichen Poststempel von Neumarkt-St. Veit kann man unter dem Ortsnamen die Zeile „Eingangspforte zum Rottal" lesen. Und tatsächlich findet der Reisende, der von Landshut im Norden oder von Mühldorf im Süden unser kleines Städtchen erreicht, Gelegenheit, sich nach Osten zu wenden, dem Lauf der Rott folgend, um bis an die Grenze unseres Landes zu gelangen. Die Rott hat sich nach ca. 30 Kilometern ihres Weges durch viele Zuläufe zu einem ansehnlichen Flüßchen gemausert, hat sich durch Mühlen und Sägegatter gezwängt, auch bei der Bauernarbeit als brauchbar erwiesen, und hat ihr eigenes Tal ausgebildet. Hinter dem hochaufragenden Chor des Benediktinerklosters von St. Veit beginnt eine eigene sanftwellige Landschaft, ein etwas abseitiges, dennoch reiches Bauernland mit ei-

genwilligem Charakter, dem es nicht leichtfällt, sich nach jahrhundertelanger Gemächlichkeit einem hektischen Zeitgeist zu öffnen.

Die Gründung des herzoglichen Marktes

Neumarkt an der Rott ist eine Gründung des niederbayerischen Herzogs Heinrich XIII. aus dem Jahr 1269. Man hat ihn den Städtegründer genannt, und auch mit dieser Gründung verfolgte er eine feste Absicht. Es ging ihm um den Schutz seiner wichtigen Straße zwischen den Residenzen Landshut und Burghausen, auf ihr Wegstationen einzurichten, um dem Bauernland wirtschaftlich auf die Beine zu helfen, um eine Verwaltungsstruktur aufzubauen und durch eine freie Bürgerschaft ein Bindeglied zwischen Adel und besitz-

loser Bauernschaft, einen dritten Stand ins Leben zu rufen.

Für die Gründung des „Neuenmarkh" sprach noch ein anderes Argument. Der Salzburger Erzbischof hatte hundert Jahre zuvor mit dem Benediktinerkloster St. Veit seinen Einfluß über seine Exklave Mühldorf hinaus nun noch ein Stück nach Norden hin ausgeweitet. Für Heinrich war es an der Zeit, dem Bischof endlich seine Grenzen aufzuzeigen. Dieser herzogliche Markt an der Rott schien ihm dazu das rechte Mittel zu sein. Seine besondere Fürsorge beweist die Einrichtung eines

Neumarkt-St. Veit: ein langgezogener, rechteckiger Platz mit zwei Toren an den Enden, eng aneinandergebauten Häusern und einer Bürgerkirche aus der späten Gotik.

herzoglichen Pfleggerichtes mit weitreichendem Wirkungsbereich, mit Zoll- und Mautstelle für Brücke und Straße und einer Reihe gefreiter Märkte, die die Verbindung zur ländlichen Umgebung und eine gesunde wirtschaftliche Basis für seine Gründung herstellten.

Das bauliche Konzept des Herzogs für den neuen Markt entsprach ganz der Form eines niederbayerischen Straßenmarktes. Eng aneinandergebaute Häuser bilden ein langgezogenes Rechteck, das Platz und Straße zugleich sein kann. Zwei verteidigungsfähige Wohntürme markieren den bewachten Ein- und Ausgang aus dem Geviert, anstatt einer kostspieligen Umfassungsmauer wurde ein Graben gezogen, und vor den Toren konnten sich Vormärkte bilden, die Platz für Kleinhandwerker, Knechte und Taglöhner boten. Dieses Grundkonzept aus dem 13. Jahrhundert hat sich in Neumarkt zum Glück fast unverändert erhalten, der Eindruck einer in sich geschlossenen bürgerlichen Gemeinschaft ist bis heute lebendig geblieben.

Bürgerlich wohlhabend

Das späte Mittelalter hat diese wohlhabende Bürgerlichkeit dann auch deutlich sichtbar dargestellt. In den Platz hinein baute man die Bürgerkirche zum heiligen Johannes, das dazugehörig gestiftete Benefizium sollte die Unabhängigkeit vom Kloster demonstrieren, die Herren Pflegrichter haben ihren Amtssitz zu einem stattlichen Schloß ausgebaut, und 1459 bekam der Landshuter Hofmaurermeister Thomas Altweck den Auftrag, in Neumarkt am Rand des bürgerlichen Häusergeviert einen herzoglichen Getreidekasten aufzurichten, damit die fürstlichen Untertanen des Gerichtssprengels den Zehent entrichten konnten. Kaufleute und Bierbrauer ließen ihren Hausfassaden protzige Verzierungen angedeihen, die Epitaphien ihrer Familien gestalteten sich in rotem Marmor, man leistete sich ein Haus für Sieche und Kranke, einen Schulmeister für die Jugend. Für die öffentlichen Aufgaben wählte man Magistrat und Kämmerer aus den eigenen Reihen.

Dieses Bild selbstgefälliger Bürgerlichkeit soll nicht darüber hinwegtäuschen, daß es für Neumarkt nicht auch düstere Zeiten gegeben hätte, nicht Krieg und Pest und leidvolle Bedrängnis.

Not und Elend in Kriegszeiten

Das Tagebuch des Klosterabtes Nikolaus Humbler erzählt vom niederbayerischen Bruderkrieg von 1502 bis 1504 als der größten Heimsuchung des Rottales, wie ihm „die Bauernhöfen reihenweise zu Grund abprennt" wurden.

Der Flohmarkt zum Auftakt des Volksfests wird wohl zu einer festen Institution. Der Rahmen stimmt.

Der Dreißigjährige Krieg brachte alle Grausamkeiten der Schweden noch im letzten Jahr, 1648, und dann ein Jahr später die Pest. Im Spanischen Erbfolgekrieg war es erst der Hauptmann Plinganser von Pfarrkirchen, den man voller Widerstandswillen durch das untere Tor ziehen sah, und dann die Kaiserlichen mit ihrer bitterbösen Rache. Dann kamen die Panduren und Krovoten, und in den Wirren der napoleonischen Zeit die Österrei-

cher, die sich nach der Niederlage von Eggmühl durch Napoleon noch ein Rückzuggefecht geliefert haben, das am 24. April 1809 zur „Schlacht von Neumarkt" geführt hat. Die Rottbrücke war für die zurückgeschlagenen Bayern und Franzosen zum tödlichen Nadelöhr geworden. Hunderte von Soldaten auf beiden Seiten hatten im unmittelbaren Vorfeld des unteren Tores von Neumarkt ihr Leben lassen müssen. Erst dann traf, aus Vilsbiburg kommend, Verstärkung ein, um die Österreicher zum Rückzug zu zwingen. Einen Tag später war dann der große Napoleon persönlich durch unsere Tore geritten, um im damals schon aufgelösten Kloster St. Veit eine ruhige Nacht zu verbringen.

Es war in Neumarkt wie anderswo auch, niemand konnte das Ränkespiel der großen Herren verhindern, und niemand konnte sich fernhalten. Am Ende blieben die Untertanen immer allein mit ihrem Elend, dem Verlust ihrer Väter und Söhne, dem abgebrannten Haus und dem verwüsteten Feld.

Die Eisenbahn veränderte den alten Markt

Das 19. Jahrhundert brachte dem Markt eine glücklichere Zeit. Das bürgerliche Zeitalter hat seine letzten Jahrzehnte in der Idylle des grünen Biedermeier zugebracht, mit Feuerschützen, Liederkranz und Frisch-Fromm-Fröhlich-Frei, mit dem Mäzenatentum geldiger Bierbrauer und einer honorigen königlich bayerischen Beamtenschaft. Den Beginn der Neuzeit kann man in Neumarkt auf das Jahr 1875 datieren. Mit der Eröffnung der Eisenbahnlinie Mühldorf-Plattling kam die erste Lokomotive, 1880 die Tauernbahn Landshut-Salzburg mit dem Verkehrsknotenpunkt Neumarkt. Schon mit dem Bau der Bahn, noch mehr aber mit der Inbetriebnahme war die Einwohnerschaft spürbar angestiegen. Es entstand ein ganz neues Marktviertel, 1879 konnte das Amtsgericht in ein neues Gebäude umziehen, Jugendstil und klassizistische Bauformen meldeten sich schüchtern zu Wort, der Fortschrittsglaube hatte um 1900 den alten Marktflecken erfaßt.

Die Eisenbahn veränderte den Markt, sie sprengte den traditionellen Kern des Marktplatzes, unterbrach den vielbenutzten Fußweg zur Wallfahrtskapelle in Teising, ja man kann sagen, mit dem beginnenden Jahrhundert verlor der alte Marktflecken sein Gesicht und seine traditionelle Funktion. Auch die bauliche Substanz wurde modernisiert, die hölzerne Mühle des Klostermüllers verschwand samt dem Mühlbach, die Brauereien wurden Opfer der modernen Getränkeherstellung.

Wie der Doppelname entstand

Es war das Ende der bürgerlichen Epoche, die auch Neumarkt seine Identität streitig machte. Bleiben noch die letztvergangenen Jahrzehnte zu erwähnen. Auch hier erinnern wir an zwei einschneidende Daten. Mit dem Jahr 1934 wurde aus dem jahrhundertealten Neumarkt an der Rott das jetzige Neumarkt-St. Veit. Der Doppelname hat seine Ursache in der Fusion des Marktes mit der politischen Kleingemeinde St. Veit, die nach der Säkularisation des Klosters aus der Klosterhofmark entstanden und mit den zunehmenden Verwaltungsaufgaben überfordert war.

Außerdem war die einstige Klosterkirche auf dem Vitusberg nach der Auflösung des Klosters zur Pfarrkirche für den ganzen Markt erhoben worden, so daß es auch im Ortsnamen angebracht erschien, die zwei prägenden Kräfte an der Rott in einem Namen sichtbar zu machen.

Das Jahr 1956 war ebenfalls von weitreichender Bedeutung. Die bayerische Staatsregierung hatte dem Ansuchen der Gemeinde stattgegeben, dem Markt Neumarkt-St. Veit die Stadtrechte zu verleihen. In der dazugehörigen Urkunde ist die Rede von Tradition und reicher Geschichte, von Erfüllung wichtiger Aufgaben und Integration an der Grenze von Oberbayern und Niederbayern. Es wurde damals in der Bevölkerung leidenschaftlich über Vor- und Nachteile diskutiert, aber inzwischen hat man sich an die Kleinstadt gewöhnt. Die Aufgaben an der Schwelle zum dritten Jahrtausend sind andere geworden, es geht nicht mehr um Wachstum und wirtschaftliche Expansion, vielmehr darum, wie wir uns der lebensgefährlichen Umklammerung des Verkehrs erwehren können, wie es uns gelingt, Luft und Wasser genießbar zu erhalten, damit auch kommende Generationen eine lebens- und liebenswerte Heimat finden.

Das Kloster Sankt Veit

Die Gründung des Bendiktinerklosters St. Veit geht auf eine fromme Stiftung aus dem Jahr 1121 zurück. Der Salzburger Adelige Graf Dietmar von Lungau stiftete dem Kloster Sankt Peter in Salzburg seine Grundstücke im Oberen Rottal – mit der Bedingung, daß darauf eine neue Filiale des Benediktinerordens errichtet würde. Das Geschenk wurde angenommen. Man wählte zunächst einen Standort in Elsenbach, eine Wegstunde nördlich der Rott. Die Wahl war nicht glücklich, die neue Filiale wollte nicht so recht gedeihen, und so entschied man sich nach genau 50 Jahren des vergeblichen Mühens für den Vitusberg hoch über dem Tal der Rott. Hier war alles vorhanden, was für eine gedeihliche Entwicklung einer Klostergemeinschaft notwendig war: ausgezeichnetes Acker- und Weideland, ein Fluß für den Betrieb einer Mühle, Fischweiher und Waldungen sowie ein Flußübergang, dem Straßenverbindungen aus der späten Römerzeit zugrunde lagen.

Schneller Aufstieg

Unter derart günstigen Voraussetzungen war dem Kloster ein schneller Aufstieg beschieden. Zahlreiche Stiftungen und Privilegien von seiten des Adels und der Geistlichkeit mehrten kontinuierlich den Landbesitz, 1180 schon konnte eine erste romanische Kirche aus Stein gebaut werden, aus Salzburg kam 1255 das Recht zur freien Abtwahl und 1458 das Privileg für den jeweiligen Abt, sich dem Volk im Glanz der Pontifikalien zu zeigen. Die Landshuter Wittelsbacher steuerten die Inkorporation der großen Pfarrei Vilsbiburg bei. Zu Beginn des 15. Jahrhunderts war man aller existenzieller Sorgen ledig und konnte mit großem Eifer und sicherem finanziellem Rückhalt darangehen, auch in geistlich-künstlerischer Hinsicht nach würdiger Repräsentation zu streben und dem Kloster einen stiftsmäßigen Habitus zu verschaffen. Nach dem Vorbild der Landshuter Spätgotik wurde von 1380 an eine neue Klosterkirche hochgezogen, Hans Lauffer kam als Wölbmeister aus Hans Stethaimers berühmter Bauhütte an die Rott, und Abt Nikolaus Humbler hatte kurz vor seinem Tod den großen Bildschnitzer Hans Leinberger beauftragt, für den Hochaltar seiner neuen Kirche eine Madonna zu fertigen. Diese Figur ist im Bayerischen Nationalmuseum zu München als *Neumarkter Madonna* zu bewundern.

Ein Vorbild an Kunst und Gelehrsamkeit

Von dieser Zeit der Spätgotik an hat das kunstvolle Ausschmücken der Klosterkirche von St. Veit nicht mehr aufgehört, sie wurde zum Spiegelbild für Reichtum und Wohlhabenheit. Nach der Spätgotik ist die schwarzsilberne Renaissance mit ihrem pompösen Gehabe eingezogen, das Barock hat ebenso wie das bayerische Rokoko seine aufwendige Schnörkelhaftigkeit hinzugefügt, und zum Ende der Klosterherrlichkeit wurden mit dem Salzburger Frühklassizismus noch einmal die alten Bande zu Salzburg und seiner Kunst beschworen.

Auf dem alles beherrschenden Hochaltar von 1783 scheint es, als hätten die Putten des Rokoko ihrer Heiterkeit und ihrem Übermut schon wieder abgeschworen, als hätte der große Aufklärer Hieronymus von Colloredo sein Gedankengut auch in St. Veit sichtbar hinterlassen. Die überaus günstigen Verhältnisse des Rottalklosters sowie ein ausgeprägtes Bewußtsein, in bäuerlichem Land künstlerische Akzente zu setzen, haben die Äbte bewogen, allen Stilrichtungen und künstlerischen Modeerscheinungen Einlaß in ihr Gotteshaus zu verschaffen. So ist St. Veit geradezu ein Paradebeispiel für alle zeitbedingten Veränderungen im Verlauf einer beinahe 700jährigen Geschichte geworden.

Auch wenn sich das Neue immer auf Kosten des Alten breitgemacht hat und deshalb viel vom alten Glanz verlorenging, es haben sich doch genügend hervorragende Einzelstücke aus allen Epochen europäischer Kunstgeschichte erhalten. Aber auch Musik, Literatur und Gelehrsamkeit wurden in St. Veit zu allen Zeiten gepflegt, es gibt heute noch eine große Hinterlassenschaft hervorragenden geistigen Schaffens, etwa die Schriften der Philosophieprofessoren Otto Aicher und Marian Wieser, des barocken Dramendichters Maurus Pendtner oder des Komponisten Vitus Rost, die alle den Ruhm und das Ansehen des Klosters verbreiteten.

Das unrühmliche Ende

Wenn man die Entwicklung des Klosters St. Veit als typisch für ein landsässiges bayerisches Kloster bezeichnen kann, so muß das Ende dieser Institution ungewöhnlich, ja einmalig genannt werden. Die Säkularisation, die 1803 über alle bayerischen Klöster und Bistümer hereingebrochen ist, hat St. Veit nicht mehr betroffen. Es hatte sich schon 1802 von selbst aufgelöst. Die Ursachen für den ungewöhnlichen Schritt waren ein jahrelanges Zerwürfnis zwischen Abt und Konvent und eine weitgehende Mißachtung von Klosterzucht und Gehorsam. Die inneren Verhältnisse im Kloster waren so desolat geworden, daß man sich aus Angst vor Repressalien aus Salzburg gemeinsam zum Verkauf des Klosters an das Damenstift

Der Herzogliche Kasten, jahrhundertelang Getreidespeicher, danach in Privatbesitz und unter anderem als Brauerei genutzt, wurde vorbildlich restauriert und bereichert nun die Stadt um einen repräsentativen Vortragssaal und die Stadtbibliothek (unser Bild).

St. Anna in Müchen entschloß. Der bayerische Kurfürst stand dem Unternehmen wohlwollend gegenüber, hatte er doch insgeheim gehofft, das Beispiel St. Veit könnte Schule machen, und ihm würde die Anordnung der allgemeinen Säkularisation geistlichen Besitzes erspart bleiben. Aber St. Veit blieb ein Einzelfall. Abt und Mönche ließen sich durch den Kaufvertrag ihren Klosteraustritt so versilbern, daß sie sich einem bürgerlichen Beruf zuwenden oder als Weltpriester in der Umgebung eine neue Aufgabe finden konnten. Aus der ehemaligen Klosterkirche wurde die Pfarrkirche von Neumarkt, und Coelestin Krempelsetzer, selbst Novize des Klosters, wurde bis 1815 erster Pfarrherr.

Mit diesem unrühmlichen Abgang ging eine fast 700jährige Klosterherrlichkeit vorzeitig, zumindest ein Jahr früher als anderswo, zu Ende. Der Verlust betraf in St. Veit nicht nur eine kirchliche Institution und ein geistliches Mittlertum für das ganze Land an der Oberen Rott, sondern auch ein bedeutendes Wirtschaftsunternehmen büßte seine weitreichende Anziehungskraft ein.

Und schließlich verlor die ganze Region ihren wichtigsten Mäzen, „Seine Gnaden, den Hochwürdigen Abt von St. Veit". Er stand von nun an nicht mehr als wichtigste Adresse für arbeitsuchende Künstler, Handwerker und für Arme und andere Bittsteller zur Verfügung.

Der Markt Gangkofen

Reiner Hermann

E in beeindruckender Raum öffnet sich, wenn man in den Ortsmittelpunkt des Marktes Gangkofen einfährt. Die weiträumige Platzanlage eines südostbayerischen Straßenmarktes des Innstadttyps läßt erahnen, daß dieser Ort zu den alten Märkten des bayerischen Unterlandes zählt. Aus einer Urkunde vom St.-Georgs-Tag des Jahres 1280, zu finden im sogenannten „Gangkofener Diplomatar", einem Urkundenkopialbuch der Deutschordenskommende, wird in dem Begriff *und der eltsten mer von dem marckt* deutlich, daß Gangkofen wohl in die Marktgründungen um das Jahr 1250 einzureihen ist.

Alte Pergamenturkunden belegen, daß die Marktrechte auch stetig wahrgenommen wurden. Noch immer finden neben dem Wochenmarkt sieben Jahrmärkte statt. Freilich leben die Gangkofener heute nicht mehr von diesem Marktgeschehen. In den zurückliegenden Jahrhunderten jedoch waren die Märkte die bevorrechtigte Einrichtung zum Austausch von Waren weit über die Grenzen Gangkofens hinaus. Bekannt waren vor allem die Garn- und Flachsmärkte des 18. und angehenden 19. Jahrhunderts.

Kriege, Seuchen, Abgabenpflicht

Der seit dem Jahre 1385 aus der Hand der Grafen von Ortenburg an das Haus Wittelsbach gekommene Markt war einer wechselvollen Geschichte ausgesetzt. Den städtischen Reichtum bedeutender Handelsplätze erlebten die Gangkofener des Mittelalters und der angehenden Neuzeit nie. Was nicht durch Seuchenzüge vor allem des 14. und 17. Jahrhunderts ein elendes Ende fand, wurde durch die großen Brandkatastrophen der Jahre 1599 und 1666 und während des Dreißigjährigen Krieges zerstört. Von diesen Ereignissen erholten sich die Bürger, zumeist kleine Handwerker, die gerade das Existenzminimum erwirtschafteten, nur langsam. Blieb ihnen doch aufgrund der Abgabenpflicht an die zahlreichen grundherrlichen Sitze nur wenig, das einer Weiterentwicklung hätte dienen können.

Dennoch war der Markt im 18. Jahrhundert relativ wohlhabend und konnte sich nach seiner völligen Vernichtung im Jahre 1666 zu einer ansehnlichen Stadt entwickeln. Gerade eben 320 Einwohner zählte man in den Jahren um 1770, davon 90 Kinder und Jugendliche sowie 75 „Dienstmenschen". Überdies wohnten im Ort 29 Almosenempfänger, die außerhalb der offiziellen Statistik erwähnt werden.

Vielfältiges Erwerbsleben

Das Erwerbsleben besaß eine große Bandbreite, insbesondere im Handwerk. Man zählte immerhin 6 Bierbrauer, 4 Bäk-

Die jüngeren Gangkofener werden nicht mehr wissen, daß einmal die Züge durch den Markt fuhren. Vor einigen Jahren wurde auch der Bahnhof abgerissen. Die Hauptstrecke Rosenheim-Pilsting über Neumarkt-St.Veit, Gangkofen und Marklkofen wurde 1875 eröffnet und 1975 eingestellt.

ker, 5 Metzger, 4 Baumwollhändler, 5 Schneider, 3 Weber, 2 Tuchmacher, 2 Färber, 5 Schuster, einen Lederer und einen Kürschner, 2 Sailer, 2 Sattler, 3 Schreiner, 2 Drechsler, 5 Zimmermannsleute, einen Mauerermeister, Schlosser, Glaser und Kupferschmied, 3 Schmiede und einen Nagelschmied, 3 Hafner, 3 Binder, 2 Fischer, einen Gärtner, 2 Bader und sogar einen Arzt sowie eine Hebamme. Zum Überleben hätte das Einkommen aus dem Gewerbe oft nicht gereicht. Die meisten Handwerker betrieben eine kleine Landwirtschaft zur Selbstversorgung. An Gemeinschaftseinrichtungen wurde 1494 im ehemaligen Markttorturm am Platzsüdende ein Rats- und Tanzsaal eingerichtet, am Tor waren Fleischbänke zur Versorgung der Bürgerschaft eingebaut; seit Mitte des 16. Jahrhunderts hatte der Ort auch eine Schule.

Erst nach 1945 – der große Sprung nach vorn

Auch wenn der Markt an wichtigen Fernstraßen wie etwa der Salzstraße von Reichenhall über Ötting, Gangkofen, Dingolfing und Geiselhöring nach Regensburg gelegen war, entwickelte er sich seit dem Mittelalter nicht nennenswert weiter. Bis zu Beginn des 20. Jahrhunderts dehnte er sich praktisch nicht aus. Erst nach dem Zweiten Weltkrieg machte Gangkofen einen großen Sprung nach vorn. Der Markt blieb, abgesehen von den schmerzlichen Verlusten an Menschen, die dem Krieg zum Opfer fielen, von materiellen Schäden verschont. Wie in andere Orte Bayerns strömten die Flüchtlinge auch nach Gangkofen, die Einwohnerzahl verdoppelte sich. Viele dieser Menschen blieben und sind mit den alteingesessenen Bewohnern zu einer neuen Ortsgemeinschaft zusammengewachsen.

Seit der kommunalen Gebietsreform 1972 und 1978 nimmt sie eine Fläche von 109 km² mit insgesamt 6700 Einwohnern ein. Durch den Ausbau der örtlichen Infrastruktur konnten neue Betriebe angesiedelt werden, die Einwohnerzahl nahm zu. Die bauliche Entwicklung und das entstehende Gewerbegebiet an der Bundesstra-

ße 388 stärken die Zuversicht der Gangkofener in ihre eigene Zukunft. Der Markt hat im Rahmen einer Sanierung des historischen Ortskerns sein Erscheinungsbild vorteilhaft gewandelt.

Nun besteht diese Marktgemeinde nicht nur aus dem Hauptort Gangkofen, sondern aus insgesamt 177 verstreut im ganzen Hoheitsgebiet liegenden, amtlich benannten Gemeindeteilen, die als Einöden und Weiler schon für das ausgehende 13. und angehende 14. Jahrhundert urkundlich belegt sind. Die Dörfer Angerbach,

Ungewöhnliche Kunst: die Stelen zum Thema „Begegnung" des Reicheneibacher Bildhauers Willi Baumeister auf der Marktplatzinsel.

Radlkofen, Obertrennbach, Reicheneibach, Panzing und Malling treten schon ab dem 13. Jahrhundert als kleine Ministerialensitze in Erscheinung und prägen aufgrund dieser gehobenen grundherrlichen Stellung zumeist das nähere Umfeld dieser Dorfgebiete. Es entstehen neu gestaltete dörfliche Ortsmittelpunkte wie in Obertrennbach oder Angerbach. Sie unterstreichen den Dorfraum, bewahren das Erhal-

tenswerte und betten die Tradition in einen neuen ästhetischen Rahmen ein.

Was wäre ein niederbayerischer Marktflecken und seine Dörfer ohne das gesellschaftliche Leben, das sich in über 70 Vereinigungen im ganzen Gebiet entfaltet. Sie sind Motor der vielfältigen Veranstaltungen in der Marktgemeinde im ganzen Jahreskreislauf, angefangen vom Volksfest über die zahlreichen sportlichen und kulturellen Veranstaltungen, darunter auch Konzerte etwa des Gangkofener Kammerorchesters in Seemannshausen.

Kulturelle Kleinode

Gangkofen mit seinem ansprechenden neuen Ortsbild ist offen auch für ungewöhnliche neue Kunst, sei es der Marienbrunnen und St. Nepomuk des weltbekannten Bildhauers Prof. Fritz König oder die Stelen zum Thema „Begegnung" des gebürtigen Reicheneibacher Bildhauers Willi Baumeister mitten auf der Marktplatzinsel. Stadtgestalt und ländliches Umfeld der niederbayerischen Kulturlandschaft laden ein zum Verweilen, zum Leben und Arbeiten, zur Gestaltung der Freizeit. Kulturelle Kleinode wie die spätromanische Kirche St. Nikola mit den romanischen Fresken oder die Loretto-Wallfahrtskirche von Angerbach, nicht zuletzt die Kirche von Heiligenstadt sind überregional bedeutsam. Dem Sportler stehen neben dem weitläufigen Netz an Wander- und Radwegen großzügig angelegte Tennisplätze, Sommerstockbahnen und andere Sportanlagen in fast allen größeren Ortsteilen und natürlich das großflächige beheizte Naturbad des Marktes zur Verfügung. Die ländliche Gastronomie pflegt die Spezialitäten des Rottals.

Die Deutschordenskommende

Unter den niederbayerischen Orten weist Gangkofen mit der im Jahre 1278/79 von Graf Wernhard II. von Leonberg gegründeten Kommende des Deutschen Ordens, der südlichsten Niederlassung dieses geistlichen Ritterordens nördlich der Alpen, eine einzigartige Einrichtung auf. Das Herrschaftsgefüge im Markt und im wei-

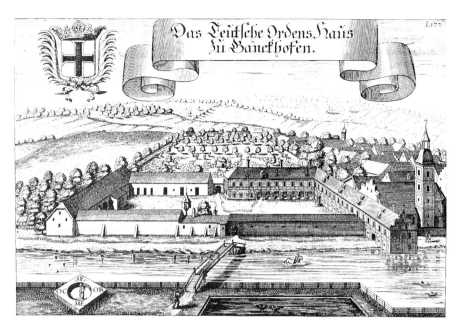

Die Kommende des Deutschen Ordens, Niederlassung eines geistlichen Ritterordens, prägte das Herrschaftsgefüge im Markt und im ländlichen Umfeld. Die weite bauliche Anlage des 17. Jahrhunderts ist erhalten.

ten ländlichen Umfeld wurde durch dieses Ordenshaus geprägt, das nach außen hin wie die Klöster durch grundherrliche Hoheit aufgrund zahlreicher Güterstiftungen in Erscheinung trat, verwaltet durch einen Vorsteher der Kommende aus dem Ritterstande, den Komtur, im pfarrlichen Leben durch die dem Ordenshaus zugeteilten Ordensgeistlichen.

Der Überlieferung nach kam es zur Ansiedlung dieses Ritterordens nach der Teilnahme Wernhards II. an einem Kreuzzug, wo er offensichtlich mit dem in Preußen und Litauen ansässigen Deutschen Orden Verbindung aufnahm. Bis weit in das Rottal und an den Gäuboden hin reichten die Güter, die dem Ordenshaus im 13. und 14. Jahrhundert gestiftet wurden. Die Kommende Gangkofen liegt in unmittelbarer Nähe des Marktkerns. Sie wurde 1599 durch einen verheerenden Brand zusammen mit dem halben Marktflecken vernichtet, im Jahre 1666, als der ganze Markt zerstört wurde, nur angegriffen.

So zeigt sich dem Betrachter heute eine weite bauliche Anlage des angehenden 17. Jahrhunderts, vereint mit der Pfarrkirche St. Maria Himmelfahrt, erbaut nach den Plänen des Deutschordensbaumeisters Franz Keller der vorstehenden Landkomturei Ellingen in Franken. Gerade dieser gestalterische Einfluß und die besondere architektonische Note des Ordens ließ einen Kirchenraum entstehen, der von An-

lage und Gestaltung her gesehen nicht vergleichbar ist mit den Kirchenbauten der weiteren Umgebung. Mit zum Ordenshaus und unter sein geistliches Patronat gehörten zahlreiche kleinere Pfarr- bzw. Filialkirchlein, so auch die einstige Wallfahrtskirche St. Salvator zu Heiligenstadt vor den Toren Gangkofens, erstmals urkundlich erwähnt im Jahre 1279 als *capella nova* und seit etwa 1830 auch Friedhofskirche.

Der Altar von Heiligenstadt

Dieser Kirchenraum birgt im Chor eine der bedeutendsten gotischen Schöpfungen des südostbayerischen Raumes, einen gotischen Schreinaltar mit dem Entstehungsjahr 1480, gestiftet von dem Deutschordenskomtur Perchtold von Sachsenheim (s. Abb. S.54/55).

Ungefähr zwei Kilometer nördlich Gangkofens entstand im Jahre 1255 ein anderes geistliches Zentrum, ein Kloster der Wilhelmiten, gegründet von dem Regensburger Erzdiakon Henricus Seman von Mangern. Im Rahmen der in dieser Gründungszeit von Rom aus betriebenen Union der Eremitenkongregationen wurde das Kloster, im Jahre 1267 urkundlich bekräf-

Im Markt Gangkofen versteht man zu feiern. Auf das Blumenfest im Sommer 1994 folgte im Juni 1995 das große Trachtenfest.

tigt, in einen Konvent der Augustinereremiten umgewandelt. Dieser Konvent wurde in den nachfolgenden zwei Jahrhunderten mit weitreichenden Gütern ausgestattet und erhielt zudem zahlreiche Privilegien durch Herzöge und Kaiser. Der aus dem vormaligen Schloß Pöllnkofen entstandene Klosterbau wurde vor allem im 15. und 17. Jahrhundert mehrfach umgebaut, wich jedoch in den Jahren 1712–1715 einem von Prior Angelus Höggmayr betriebenen grundlegenden Neubau der gesamten Anlage. Mit der Säkularisation wurde das Augustinereremitenkloster Seemannshausen im Jahre 1803 endgültig aufgelöst, die Deutschordenskommende Gangkofen in den Jahren 1805/1806.

Während die Kommende Gangkofen durch ihre zentrale Lage und die Nähe zur Pfarrkirche fast vollkommen erhalten blieb, gingen die wesentlichen baulichen Teile des Klosters Seemannshausen nach der Versteigerung für immer verloren, mit ihnen wertvollste Ausstattungsstücke der Kirche, über deren Inneres alle Informationen verloren sind.

In Seemannshausen stehen noch der West- und Nordflügel des Klosters. Letztere beherbergen seit über 150 Jahren eine Privatbrauerei. Hier wird ein trübes Bier hoher Stammwürze hergestellt, das mit dem gemütlichen Biergarten im Sommer viele Besucher anzieht.

Im Café Danner am Marktplatz trifft sich der literarische Kreis Gangkofen unter Leitung von Adolf Hochholzer, Pfarrkirchen, meist musikalisch umrahmt oder in Verbindung mit einer Ausstellung.

Massing – traditionsbewußt und modern

Anke Radtke

Im Historischen Atlas von Bayern wird Massing als bajuwarisch gegründeter Edelsitz aufgeführt. Das heißt, die Ansiedlung geht auf die Einwanderung der Bajuwaren beziehungsweise Markomanen aus Böhmen im 4. Jahrhundert zurück. Bezeichnend ist die Endung „ing" im Ortsnamen. Nicht alle Orte auf „ing" können sich auf bajuwarische Gründungen berufen. Die meisten entstanden in späterer Zeit. Die Ortsbezeichnung Massing deutet auf einen Mazzo als Sippenältesten und damit Edelfreien im ursprünglichen Sinn hin.

Grabhügelfelder bei Geratskirchen (der späteren Hofmark) weisen die Gegend als schon bronzezeitlich bewohnt aus. Zu Römerzeiten führte eine Vicinalstraße von Neumarkt über Massing Richtung Eggenfelden. Im 8. Jahrhundert sind auch Dietfurt, Wickering und Rimbach bezeugt. Im

heutigen Oberdietfurt bestand – ebenso wie in Massing – eine Urpfarrei. Die Pfarrkirche St. Johannes der Täufer als dreischiffige gotische Anlage zählt zu den schönsten des Rottals. Das spätgotische Kirchlein St. Nikolaus in Moosvogl geht auf eine Zisterzienser-Klostergründung des 12. Jahrhunderts zurück und hielt sich als Abteikapelle bis 1803.

Mit Barbarossa auf Kreuzzug

Seit dem 12. Jahrhundert werden die Edelfreien von Massing häufig in Urkunden genannt. Ihr Sitz war eine Burgfeste, wie die Kirche außerhalb des späteren Marktes gelegen. Zum Sitz Massing gehörten sowohl leibeigene Bauern als auch sogenannte Unfreie, die zu Kriegsdiensten verpflichtet waren, ansonsten über beträchtlichen Besitz zu Lehen oder als Ei-

gen verfügten. Ein Poto von Massing überschritt 1178 mit Friedrich Barbarossa die Alpen. 1189 wird Poto ausdrücklich zu den Vornehmen im Kreuzzugsgefolge des Kaisers gerechnet.

Massing kam dann an die Ortenburger Grafen und ab 1259 an den Wittelsbacher Herzog Heinrich von Niederbayern. Heinrich unterstellte Pflege und Amt Massing dem Viztum zu Pfarrkirchen-Reichersperg – es waren 25 Anwesen und eine Mühle. 1585 kam die Pflege mit Gangkofen zum Gericht Vilsbiburg. Siegel und Wappen von Massing zeigen drei stilisierte Lilien auf blauem Grund.

Der Marktplatz besticht durch Weitläufigkeit und geschwungene Blendfassaden; in der Mitte die Kapelle zur Schmerzhaften Muttergottes.

Seit wann der Ort über Marktrechte verfügt, ist nicht eindeutig belegt. Die älteste erhaltene Urkunde vom 24. März 1343 nimmt schon auf vorherige Landesväter Bezug, die den Massingern sowohl den Wochenmarkt als auch vier Jahresmärkte von je drei Tagen Dauer genehmigt hatten. Als der Ort 1382 fast vollständig niederbrannte, gewährte der Wittelsbacher Herzog Friedrich zur Förderung des Wiederaufbaus einen fünften Markt.

29 Handwerke am Markt

Die Werkstätten der Zünfte gruppierten sich um den weitläufig angelegten Marktplatz. Im Dreißigjährigen Krieg allerdings setzten Truppendurchzüge, Brandschatzungen und zuletzt die Pest dem Ort dermaßen zu, daß Michael Wening noch 1723 schrieb: „Dieser Markt ist anno 1648 vom Feind totaliter in Asche gelegt und also ruiniert worden, daß nur noch Hausbrandstätten vorhanden sind, wodurch die gewöhnlichen Märkte abhanden gekommen sind." Die Burgfeste war laut Apianus schon 1560 Ruine.

In den folgenden Jahrzehnten des Wiederaufbaus mußten die Bürger ihre alten Privilegien zuweilen auch gegen die aufstrebenden Nachbarmärkte durchsetzen. Bis 1792 aber hatte Massing sich wirtschaftlich soweit erholt, daß 29 Gewerbe ansässig waren, darunter Hufschmiede und Brauer, Metzger und Bäcker, Leinweber und Tuchmacher, Schönfärber, Strumpfwirker, auch Schuhmacher, Schreiner und Wagner, Sattler und Schlosser. Insgesamt waren 53 selbständige Betriebe registriert.

Die Pfarrei Massing unterstand nach dem Dreißigjährigen Krieg bis 1862 der Expositur Oberdietfurt. Nach 1869 hat man die Kirche St. Stephan stilvoll und mit Liebe zum Detail regotisiert. Den Hochaltar gestaltete der Regensburger Guido Martini, die Kreuzwegstationen stammen von Meistern aus Südtirol.

Unweit des Rathauses steht mitten auf dem Marktplatz die Kapelle zur Schmerzhaften Muttergottes, die 1839 anstelle einer barocken, von 1726 bis 1731 erbau-

ten Kapelle nun in neoromanischem Stil errichtet wurde.

Beliebt bei Hochzeitspaaren ist die Rokoko-Wallfahrtskirche Mariä Heimsuchung in Anzenberg mit dem kunstvollen Altar des Griesbachers Wenzel Jorhan von 1746 (s. Abb S. 63). Das Gnadenbild der Madonna ist eine sehr schöne spätgotische Arbeit und wird der Werkstatt Hans Leinbergers (um 1520) zugeschrieben.

Bis 1803 verfügte Massing über Tore jeweils am östlichen und westlichen Markteingang, über Ringwall und Wassergra-

Durch ihre liebreizenden Kinderfiguren wurde Berta Hummel vor allem in Amerika berühmt. Das Museum bewahrt alle ihre Entwürfe.

ben. Die heute das Ortsbild bestimmenden malerischen Fassaden der Innstadtbauweise entstanden im 17. bis 19. Jahrhundert. Massinger Industriebetriebe, insbesondere der Baubranche, haben Bedeutung weit über die Region hinaus, weitere Gewerbeflächen stehen zur Verfügung. Neue Wohngebiete erstrecken sich Richtung Wolfsegg und Schernegg. Zu den Sport- und Freizeitanlagen zählt das groß-

zügige Hallenbad mit Liegeweise und Sauna. Zu den weiterführenden Schulen in Eggenfelden ist es nicht weit.

Der Anstoß zur Errichtung eines Bauernhof-Freilichtmuseums kam 1965 aus Massing selbst. Damals erwarben Bürgermeister Adolf Hummel, Kreisbaumeister Otto Schweiger und Architekt Otto Hofmeister ein vom Verfall bedrohtes wunderschönes Stockhaus. Der Schusteröder Hof bildet den Kernpunkt der heutigen Anlage, die inzwischen fünf Höfe umfaßt (siehe Heimatbuch S. 74).

Die Massingerin von Weltruf – Berta Hummel

Nicht allein das Freilichtmuseum mit seinen Brauchtumsfesten ist einen Ausflug nach Massing wert. Am östlichen Marktplatz bewahrt ein Museum im Elternhaus die Erinnerung an eine weltbekannte Massingerin: Es ist Berta Hummel und ihren vor allem in Amerika überaus begehrten Kinderfiguren aus Porzellan gewidmet (Berta-Hummel-Clubs in den USA haben bis zu 200 000 Mitglieder!). Die vielversprechende Absolventin der Münchner Staatsschule für Angewandte Kunst entschloß sich 1931 mit 22 Jahren, in das Franziskanerinnenkloster Sießen/Oberschwaben einzutreten. Auch als Schwester Maria Innocentia zeichnete sie – vor allem immer wieder Kinder. Die unzähligen Varianten, zunächst auf Postkarten veröffentlicht, erlangten durch die figürliche Umsetzung der Porzellanfabrik Goebel Weltruhm. In Massing sind sie allesamt zu sehen und füllen mehrere Regalwände. Das Museum zeigt auch die „andere" Berta Hummel mit feinfühligen Porträts und Landschaftsaquarellen.

Renommierte Kunstgalerie

Nur einen Steinwurf vom Bauernhofmuseum entfernt, an der Wolfseggerstraße, präsentiert die Galerie Hofmeisterhaus renommierte künstlerische Avantgarde der Malerei und Skulptur – unter anderem aus Salzburg, München, Berlin. Sonderausstellungen konzentrieren sich auf März bis Juni und Oktober bis Weihnachten. In der

Vorweihnachtszeit kommt Kunsthandwerk bis aus Afrika hinzu. Gastgeberin Margot Hofmeister ist als Keramikerin selber künstlerisch tätig: So gestaltete sie das Schwimmbad der Klinik Bad Abbach und das Foyer des Simbacher Krankenhauses.

Gesungen und musiziert wird im Rottal allenthalben viel: von den großen örtlichen Chören bis zur Pflege überkommener Instrumentalmusik oder dem Heiligenberger Barockorchester, zu dessen Konzerten Besucher selbst aus der bayerischen Metropole anreisen.

Musik wird großgeschrieben

Eine Keimzelle der Musikpflege ist Massing mit der 1925 nach 38jähriger Pause wieder gegründeten Liedertafel, mit Kirchenchor und der Trachtenkapelle des Musikvereins, der wiederum eng mit dem Staudacher Jugendchor zusammenarbeitet. Daß die Massinger hohen Ansprüchen genügen, hat sich schon Anfang der sechziger Jahre erwiesen: Dem Chorleiter Otto Hofmeister gelang es nicht nur, den jungen Salzburger Spielleiter Adi Fischer nach

Massing zu holen, um eine Operette auf die heimische Wirtshausbühne zu bringen. Um Fischer im Rottal zu halten, hatte Hofmeister insgeheim bereits die komplette Architektur für ein Theater auf den Brettern einer geplanten Eggenfeldener Turnhalle entworfen (s. den Beitrag über das Theater an der Rott Seite 162). Der Grundgedanke, auch heimische Sänger, Tänzer und Musikanten auf die Bühne beziehungsweise in den Orchestergraben zu bringen, ist Bestandteil der Rottaler Theaterszene geblieben.

So nimmt es nicht wunder, daß die Liedertafel anläßlich ihres 70. Gründungsfestes im Mai 1995 neben europäischem und deutschem Liedgut sich selbst und den begeisterten Zuhörern als Jubelgeschenk die Paukenmesse von Joseph Haydn zur Aufführung brachte. Der Musikverein stellt mit seinem Dirigenten Georg Bauer

zugleich den Bezirksdirigenten im Verband Isar-Vils-Rott und mit dem zweiten Dirigenten Rainer Hirsch den stellvertretenden Bundesjugendleiter aus dem Musikbund Ober- und Niederbayern.

Ob „Jugend musiziert" oder andere überregionale Wettbewerbe, die Rottaler sind immer dabei und oft auf herausragenden Plätzen. Landessieger im Solo-Duo-Wettbewerb 1995 Markus Zeiler/Klarinette und Martin Hirsch/Tuba aus Massing erreichten gemeinsam mit der Stadtkapelle Passau auch den Landessieg in der Kammermusik. Im Juni 1995 wurde Martin Hirsch mit seiner Tuba Bundessieger.

Ob konzertant oder Troadbodnmusi, Kirchenmusik oder bayerische Blasmusik, ob Big Band für junge Leute oder als Seminarleiter: Die Massinger sind zu Recht stolz darauf, nicht nur „Hosensackmusikanten", sondern etwas vielseitiger zu sein.

Musik und Theater liegen den Rottalern im Blut. 1931 wurde in Massing die Idee eines Landkreistheaters geboren. Im Bild ein Benefizkonzert in der Kirche. Martin Hirsch aus Massing wurde 1995 mit der Tuba Bundessieger, und auch andere Musiker des Marktes sind landesweit gefragt.

Unterdietfurt

Die Gemeinde ist schon im 8. Jahrhundert erwähnt, 1150 als Säkularpfarrei. Die spätgotische Pfarrkirche Mariä Himmelfahrt gilt mit Oberdietfurt, Staudach und Eggenfelden als eine der schönsten Staffelkirchen der Region. Die Predellagruppe ist Christus und den zwölf Aposteln gewidmet. Der schmiedeeiserne Türbeschlag stammt aus der Zeit der Erbauung. Huldsessen zählt seit 1972 zur Gemeinde. Dessen spätgotische Kirche St. Martin war mit Ringwall und Graben befestigt, in Kriegszeiten auch Zufluchtsort.

Neben der Landwirtschaft stellen Handwerks- und Dienstleistungsbetriebe (mehrere Schreinereien) Arbeitsplätze in der reizvoll an den Anhöhen der Rott gelegenen Gemeinde (rund 2000 Einwohner). Ein Unternehmen bearbeitet die digital erfaßten Landkreisinformationen Rottal-Inn. Der Müllumschlagplatz des Heizkraftwerks Burgkirchen von der Straße auf die Bahn ist nach modernsten Gesichtspunkten errichtet. Ein neues Gewerbegebiet ist

in Vordersarling ausgewiesen. Unterdietfurt hat eine Teilhauptschule und verschiedene Sporteinrichtungen. Zum Schul- und Einkaufszentrum Eggenfelden sind es nur wenige Kilometer.

In der Keramikwerkstatt Miguel Lokkett von Wittelsbach ziehen in der Vor-weihnachtszeit kunsthandwerkliche Ausstellungen viele Besucher an. Wer die Künstler kennenlernen will, kommt schon zur Eröffnung am Freitag abend vor dem ersten Adventswochenende. Die Kacheln und Töpferwaren von Unterdietfurt, im rustikalen Stil gehalten, sind begehrt.

Falkenberg

Um Falkenberg, Fünfleiten, Taufkirchen und Rimbach, nördlich von Eggenfelden, fallen vor allem die gepflegten Vierseithöfe ins Auge. Besiedelt war das Land schon in frühgeschichtlicher Zeit. Schürf- und Trichtergruben zwischen Zell und Rimbach weisen auf keltische Bemühungen hin, Eisenerz zu gewinnen und Eisen zu schmelzen. Der Name des Ortes Zell könnte sich von *Cella* als Heiligtum in einer Viereckschanze herleiten.

Als Urpfarrei wird Falkenberg 1012 erwähnt. Der Ortskern mit Pfarrkirche, Pfarrhof und Wirtschaftsgebäuden, Gasthaus und Schmiede gruppierte sich um eine Anhöhe und ist in dieser Struktur noch erkennbar. Eindeutig Falkenberg zuzuordnen sind zwischen 1158 und 1184 *Rapoto et Burchardus et Udalricus de Fallchenberch*. Der Edelsitz könnte mit einem Falco oder auch dem Falkenvogel als Jagdhelfer in Zusammenhang stehen.

Unter dem Chor der Pfarrkirche St. Laurentius ist die Gruft der Familie von Tattenbach, die als Grundherren nach 1541 die herausragende Rolle spielten. Das Pres-byterium soll Teil der Schloßkapelle sein. Michael Wening hat 1725 nach Bauplänen ein Schloß in Kupfer gestochen, als es schon Ruine war. Ludwig Ganghofer hat den Roman *Der Klosterjäger* teilweise in dieses Schloß verlegt, die Handlung spielt in der Zeit um 1300.

Falkenberg (3800 Einwohner) ist Mittelpunkt einer Verwaltungsgemeinschaft mit Hauptschule, Sportanlagen, Handwerksbetrieben sowie einem Fertighaus-Hersteller. Schön gelegen sind die Neubaugebiete. Im Landmaschinenmuseum von Leo Speer in Mitterrohrbach (Abzweigung von der B 20 Richtung Reisbach, Anfahrt ausgeschildert) sind vor allem Lanz-Fabrikate vom Bulldog bis zur Dampfdreschmaschine zu besichtigen.

Hebertsfelden
Postmünster

Neben Massing und Amelgering eine der ältesten bajuwarischen Siedlungen, kann Hebertsfelden als „bei den Feldern des Herwolt" gedeutet werden. Die erste urkundliche Erwähnung von 1073 bezieht sich auf einen Edelfreien Adalprecht von Heroboldesvelden. Bei Rakkersbach hat sich eine bogenförmige Rottbrücke aus Nagelfluh erhalten, die – wie Hügelgräber, Wallanlagen und Reste unterirdischer Fluchtwege – zu den Zeugen einer langen Siedlungsgeschichte gehört. Die unterirdischen Gänge, in der Ausformung gotischer Kirchenfenster erbaut, haben früher Platten, Gschaidmaier und weitere Höfe mit der Rottenstubenburg verbunden. Andere Gänge sollen Richtung Gern verlaufen sein. In Kriegszeiten, die mit Truppendurchzügen die Menschen bedrängten, haben sich hier die Familien mitsamt ihren Tieren, Vorräten und Habseligkeiten in Schutz gebracht.

Als Pfarrei ist Hebertsfelden seit 1269 beurkundet. Die Pfarrkirche St. Emmeran, im Kern romanisch, ist 1854 eingestürzt und neugotisch wiedererrichtet worden. Im Kirchlein St. Jakob in Rottenstuben über dem Rottauensee konnten die spätgotischen Wandmalereien des Chors freigelegt werden. Zu Pfingsten finden hier Andachten und Maibaumfest statt.

Großes Traditionsbewußtsein

Von Traditionsbewußtsein zeugen Volkstheater und Trachtenfeste der Lindenthaler. Anläßlich des 75jährigen Gründungsfestes im Juni 1995 versammelten sich etwa 4000 Trachtler aus dem Inngau, darunter Gstanzlsänger aus Altbayern und die Patenvereine Wittibreut und Neuötting. Die Lindenthaler haben sich vor allem als Schuhplattler einen Namen gemacht, wagten sich neben volkstümlichen Stücken aber auch an eine Aufführung über das Leben des heiligen Bruders Konrad. Das Gemeindemuseum neben dem Rathaus mit handwerklichen und landwirtschaftlichen Geräten wird auf Wunsch geöffnet (Tel. 08721/96360).

Zu den Förderern des Nachwuchses zählen der Federkielsticker Herbert Rieger (Abb. S. 117) ebenso wie der Blaudrucker Eduard Zinsberger in Reut (Abb. S. 111).

Hebertsfelden verfügt über Hauptschule, eine private Musikschule, Sportanlagen inklusive Tennis, über Wohngebiete in schöner Hanglage, Handwerks- und Industriebetriebe. Radwanderwege durch die Auenlandschaft Richtung Postmünster berühren die 18-Loch-Golf-Anlage des Rottaler Golf- und Country-Clubs, Trimmdich-Pfad und Wildgehege sowie das Gelände des Luftsportclubs Pfarrkirchen (Segel- und Motorflug). Auch Reiter und Surfer kommen auf ihre Kosten.

Nahe Postmünster sind nördlich des Sees weitere Tennisplätze sowie südlich am Hang eine schattige Minigolf- und Boccianlage. Ferienhäuser, ein Landhotel, Pensionen und Einzelhöfe bieten neben uri-

gen Gasthäusern seenahe Urlaubsquartiere, teils mit eigenen Reitpferden. Oberhalb der Dorfmitte von Postmünster mit der Pfarrkirche St. Benedikt – das einstige Benediktinerkloster Postmünster wird hier vermutet – steht stolz das Barockschloß Thurnstein mit der Schloßkapelle, die Besuchern offensteht (Abb. S. 72).

Unweit der Rott ist der Rokokorundbau der Hustenmutterkapelle zu sehen, zu der früher die Mütter mit ihren erkältungskranken Kindern pilgerten. Die Pfarrkirche Johanni Enthauptung in Neuhofen stammt aus der Zeit um 1500. Noch früher, um 1300, dürfte das bezaubernde Wallfahrtskirchlein St. Leonhard in Gambach erbaut worden sein.

Die Lindenthaler aus Hebertsfelden sind über die engen Heimatgrenzen hinaus bekannt. Neben dem Schuhplattler gehören Volks- und Figurentänze zum Repertoire der Trachtengruppe. Konrad Rothlehner studierte 1994 eine Aufführung über das Leben des heiligen Bruders Konrad ein.

Eggenfelden in Geschichte und Gegenwart

Josef Haushofer

Die nachweisbare Geschichte Eggenfeldens beginnt mit einer knappen Notiz in den „Traditionen", einem Übergabe- und Schenkungsbuch des Klosters Baumburg nahe dem Chiemsee. Unter dem Jahr 1120 ist darin ein *praedium unum nomine etinvelt* angeführt, ein Landgut namens „etinvelt", welches die Gräfin Adelheid von Sulzbach in der Oberpfalz jenem Konvent übereignete. In diesem Ortsnamen steckt wohl der Eigenname eines begüterten Grundherren der frühen Siedelzeit vor der Jahrtausendwende. Die Entstehung Eggenfeldens könnte demnach im 7. oder 8. Jahrhundert anzusetzen sein.

Seit 1160 ist mit Hinweisen auf spätere ministeriale Abhängigkeit von den Grafen von Ortenburg-Kraiburg ein Geschlecht „de Etinvelt" anzutreffen. Wahrscheinlich ging das Gut Etinvelt ebenso wie der immer noch unbekannte Wohnsitz des genannten Ministerialengeschlechts später in dem herzoglichen Markt auf.

Einen Wendepunkt in der Ortsgeschichte markiert das Jahr 1259. Nachdem 1248 die Ortenburger mit Rapoto III. im Mannesstamm ausgestorben waren, traten die Wittelsbacher Herzöge die Besitznachfolge im Rottal an: 1259 erwarb Herzog Heinrich XIII., der Ältere (1253 bis 1290) auch die Gebiete im mittleren Rottal mit den alten Siedelstellen. Zum Ausbau ihrer Position gründeten die Wittelsbacher an der Wende zum 14. Jahrhundert auch den Markt Eggenfelden.

Panther und Rauten im Wappen

Die Neugründung lehnte sich an schon bestehende Siedlungskerne an. In unserem Fall sind es im Tal bei Einmündung der Mertsee in die Rott die ehemalige Wasserburg Ruestorf, jenseits des Bergrückens der Ortsteil Neudeck, im Osten die „Altenburg" und vermutlich im heutigen Pfarrkirchen-Bereich der Ministerialensitz derer „de etinvelt". Der so entstandene wittelsbachische Markt erhielt den Namen der älteren Siedlung.

Wenn es richtig ist, was Panther und Rauten im Eggenfeldener Stadtwappen,

was einige schriftliche Hinweise im Stadtarchiv zu bestätigen scheinen, dann fällt die Gründung des Marktes in die Zeit jedenfalls nach 1259. Ein Rechtsartikel von 1328 aus dem verschollenen Marktrechtskatalog läßt an eine noch spätere Zeit denken. Der Ort entstand als Wirtschaftsmarkt mit zunächst beschränkten Markt- und Rechtsbefugnissen. Ein Kristallisationspunkt dürfte der Flußübergang bei der Rott mit Brückensicherung und herzoglicher Maut gewesen sein.

1335 wird den Bürgern des Marktes der sogenannte Bürgerwald geschenkt, mit seinen 192 Tagwerk heute noch im Besitz der Stadt. 1341 und nachfolgend begünstigten Steuerminderungen den großzügigen Ausbau der Marktbefestigung. Die Beschränkung der Gerichtsbarkeit des Viztums, der Mittelbehörde, „auf die drei

Das mächtige Bauwerk der Pfarrkirche, ein Wahrzeichen des oberen Rottals, beherrscht den Stadtplatz des Mittelzentrums Eggenfelden.

Sachen, die auf den Tod gehen" von 1345 entspricht der Verleihung der Niederen Gerichtsbarkeit an die bürgerliche Marktobrigkeit. Ein Privileg von 1364 überläßt den Bürgern zudem gegen eine Pauschalabgabe die Zoll- und Mauteinnahmen.

Um die Mitte des 15. Jahrhunderts wurden drei Jahrmärkte verliehen zu jenem Nikolaimarkt hinzu, der schon im Herzogsurbar von 1305 erwähnt ist. Er steht in Zusammenhang mit dem Kirchenpatrozinium. Den Rang von Markt und Bürgerschaft aber verdeutlicht, daß Eggenfelden neben Pfarrkirchen und Vilsbiburg seit dem Jahr 1347 bei den bayerischen Landständen, im „Parlament" der Regierung, mit Sitz und Stimme vertreten war.

Die bürgerlichen Gemeinschaftswerke im Mittelalter

Die Bürgerschaft des nachmaligen Haupt- und Bannmarktes brachte es zu Ansehen und Wohlstand. Große mittelalterliche Gemeinschaftswerke künden davon: neben der im 14. Jahrhundert entstandenen Marktbefestigung das Leprosenhaus wohl aus derselben Zeit, ergänzt noch im Jahr 1602 durch ein Armen-Bruderhaus. 1492 trat die noch heute sehr wohlhabende Heilig-Geist-Spitalstiftung ins Leben.

Alles aber übertrifft der Bau der imposanten Pfarrkirche, mit der langen Erbauungszeit über drei Generationen hinweg. Mit dem 76 Meter hohen Turm, zugleich auch als Wachturm erbaut, dominiert sie das Ortsbild. Erstaunlich aber ist, daß damals die Kirchengemeinde nach vorsichtiger Schätzung kaum mehr als 700 bis 800 Seelen umfaßt hat. Diese kleine Gemeinde wagte sich an das mächtige Bauwerk heran! Die Pfarrei Eggenfelden ging vermutlich im hohen Mittelalter aus einer „Burgkaplanei" hervor und umfaßt deshalb heute noch nur einen kleinen Bereich. 1286 ist sie erstmals genannt. Nach 1404 wurde sie dem Kollegiatstift Altötting inkorporiert. Dieses Ereignis dürfte den Kirchenbau nicht veranlaßt haben; die Initiative dazu ging sicher von der Bürgerschaft aus.

Das Jahr 1353 nennt erstmals den Herzoglichen Kasten zu Eggenfelden mit dem Kastenamt. Diese Einnahmestelle für die Abgaben aus den herzoglichen Gütern blieb weiterhin im Ort; sie wurde später als Rentamt und nach 1919 als Finanzamt die Finanzbehörde. 1440 mußte das Gericht an der Rott, seit 1259 in Pfarrkirchen

etabliert, in die Gerichte Eggenfelden und Pfarrkirchen aufgeteilt werden. Als es im Jahr 1862 zur Trennung von Verwaltung und Justiz kam, entstand aus dem alten Landgericht Eggenfelden das Bezirksamt, seit 1939 in Landratsamt umbenannt. Als Gerichtsbehörden mußten andererseits hier zwei „Landgerichte neuer Ordnung" gebildet werden, die 1879 in Amtsgerichte umgetauft wurden. Es gab seit dieser Zeit das Amtsgericht Eggenfelden und das zu Arnstorf. Seit Auflösung des Amtsgerichts Arnstorf 1943/47 besteht nur noch jenes in Eggenfelden. Zusammen mit dem Finanzamt wurde es nach der Gebietsreform von 1972 hier belassen.

Symbolhaft steht im Jahr 1552 der große Marktbrand an der Wende zur Neuzeit, der von 125 Hausanwesen im Ort 85 zerstörte. Der wirtschaftliche Aufschwung des 15. Jahrhunderts, der die günstigen Verhältnisse unter den Landshuter „Reichen Herzögen" widerspiegelte, erscheint in der Folgezeit empfindlich gedämpft. Auch der „Gerner Markt" in der nahen Closen-Hofmark wirkte sich aus. Die Bürgerschaft war in Eggenfelden fast ausschließlich auf Handel und Gewerbe angewiesen, neben dem Bräu- und Gastgewerbe auf die schon früh in Handwerkszünften und Bruderschaften organisierten Bäcker-, Metzger-, Leinweber-, Schuster- und auch Schneidergewerbe.

Die ersten Rückschläge kamen mit der Glaubensspaltung im frühen 16. Jahrhundert; das Gedankengut Luthers drang auch in den Ort ein. Von den Schrecken des Dreißigjährigen Krieges konnte sich der Markt durch große finanzielle Opfer loskaufen, nicht jedoch von der 1649 grassierenden Pest. Trotzdem zogen die Franziskaner 1649 in ihre neue Niederlassung ein. Ihr Abgesandter, Pater Johannes Still, hat unschätzbar viel zur Rettung Eggenfeldens beigetragen. Das Mendikantenkloster florierte bis zur Aufhebung 1802; mit Unterstützung der Bürgerschaft und insbesondere des Seilermeisters und späteren Laienbruders Josef Geltinger konnte es 1832 wieder ins Leben gerufen werden.

Berühmte Söhne des Marktes

In früher Zeit schon haben Söhne des Marktes ihren Heimatort bekanntgemacht. So um 1400 der Ehrenhold und Turnierreimdichter Johann Holland im Dienst des Herzogs von Bayern-Ingolstadt. Er konnte sich rühmen, viele Sprachen zu beherrschen, und machte Eggenfelden sogar literaturfähig, indem er schrieb: „Geborn aus Bayern zu Egkhendeldten, ich hab mein Tag gefastet gar selten!"

Bald nach ihm zog der deutsche Schulmeister Christoph Huber 1476 von hier als fahrender Scholar in die Welt; auf seinen ausgedehnten Reisen konnte er

Gut besucht sind die traditionellen Jahrmärkte wie der Erhardi- oder Saumarkt am Montag nach Dreikönig, der Palmsonntags- und der Kirchweihmarkt oder auch die Wochenmärkte jeden Dienstag und Freitag vor dem Rathaus (unser Bild).

Von den einstigen Stadttoren hat sich das Grabmeiertor mit der „Stadtwache" – heute Restaurant und Treffpunkt der Theaterfreunde – erhalten (im Bild rechts). Das Tor verbindet den Fischbrunnenplatz mit dem Carcassonner Platz und der westlichen Vorstadt.

Wien, Preßburg, Florenz und auch Rom kennenlernen. Um 1700 wirkte der gebürtige Eggenfeldener Georg Schneevogl als kurfürstlicher Hofmusikus in Köln, ab 1753 der hiesige Lehrerssohn Franz Ignaz Lipp als Hoforganist und Komponist am erzbischöflichen Hof zu Salzburg. Lipp kreuzte auch den Lebensweg Mozarts und wurde Schwiegervater von Michael Haydn. Andere Eggenfeldener fristeten ihr Leben in bescheidener bürgerlicher Enge, wie der Schreinermeister Oswald Grimb nach 1700, als Altar-Tischler tätig, oder später der Rokokomaler Antoni Scheitler (1718 bis 1790), bei dem kein geringerer als der nachmalige Münchener Hofmaler Christian Winck in die Lehre gegangen ist.

Zu ihrer Zeit lebte die Bürgergemeinde in großer Armut durch den Spanischen und Österreichischen Erbfolgekrieg, Truppendurchzüge, Kontributionen und Einquartierungen. Korrespondenzen mit den Generälen de Wendt und Kriechbaum berichten davon. Nach der Bauernschlacht von Aidenbach am 8. Januar 1706 hielt sich Georg Sebastian Plinganser im Türmchen der Eggenfeldener Klosterkirche verborgen und brachte so den Guardian und die Bürgerschaft in größte Verlegenheit.

Ein beredtes Zeugnis liefert auch die Bittschrift an die Kaiserin Maria Theresia (1740 bis 1780) um die Freilassung von Geiseln aus Eggenfelden, die 1743 General Bärnklau festhielt.

Erst nach den Drangsalen der Napoleonischen Zeit begannen sich die Verhältnisse langsam zu bessern, bedingt auch durch die Umorganisationen, als nach 1806 Bayern Königreich geworden war. Im Jahr 1821 trat an die Stelle der alten Ratsverfassung die magistratische Verfassung. Seitdem bestimmten in der Nachfolge des früheren Inneren und Äußeren Rates ein Bürgermeister und vier Magistratsräte das Schicksal des Ortes. Ihnen stand, dem nun geltenden „Zweikammersystem" gemäß, das „Kollegium der Gemeindebevollmächtigten" gegenüber. Erst seit 1919 amtiert neben dem Bürgermeister der Stadtrat.

Im frühen 19. Jahrhundert machte der Bürgermeister und Schönfärber Georg Zaunecker von sich reden. Er brachte von Forschungsreisen, die er noch mit dem Segelschiff unternahm, neue Erkenntnisse über die Indigofarbe mit und erhielt den ehrenvollen Auftrag, die Uniformen für die Begleitmannschaft König Ottos nach Griechenland einzufärben. Kurz vor ihm erlangte Franz Xaver Kefer, 1763 als Sohn eines Gerichtsdieners in Eggenfelden geboren, einige Berühmtheit. Der spätere Privatlehrer und „Repetitor" in München war auch als Lehrer für Latein und Erdkunde an der Militärakademie tätig. Um dem „Übelstand der schlechten Allgemeinbildung abzuhelfen", hat der 1802 Verstorbene unmittelbar vor der allgemeinen Schulpflicht die Feiertagsschule ins Leben gerufen. Am Ende des Jahrhunderts brachte Eggenfelden als Sproß des Baders und Chirurgen Anton Weiß einen weiteren großen Sohn hervor, den nachmaligen Kapuzinerpater Viktrizius. Nach Promotion und Priesterweihe wirkte er viele Jahre als Ordensprovinzial und starb 1924 im Ruf der Heiligkeit.

Im Jahr 1879 erlebte der Ort die Eröffnung der Eisenbahnlinie; der Bahnhof entstand, bedingt durch den Widerstand der Bevölkerung, außerhalb des Marktes. Damit ergab sich ein Vakuum zum Ort hin, das Industriebetriebe anzog. Eggenfelden wurde nun der Sitz kleinerer und mittelgroßer Betriebe, was einen merklichen wirtschaftlichen Aufschwung zur Folge hatte, der sich bis auf den heutigen Tag auswirkt.

Dem bisherigen Markt wurde im Jahr 1902 der Titel „Stadt" verliehen, zur selben Zeit, als der Ort die Elektrizität und eine Wasserversorgung bekam. Damit erhielt die seit Gründungszeiten stadtähnliche Tradition den entsprechenden Namen. Eggenfelden genoß in Jahrhunderten immer die Rechte und Freiheiten, die Städten in Altbayern zugestanden waren. Die Bauanlage mit dem geräumigen „wittelsbachischen Marktplatz" ist bestimmend; die geraden Vorschußmauern, ähnlich der Innstadtbauweise, trügen, denn hier herrschte die Landshuter Art mit hohen Giebeln und steilen Dächern vor.

Vieles hat sich in der letzten Zeit verändert, hat am Erscheinungsbild gerüttelt; der Ort ist weit über seinen angestammten Lebensraum hinausgewachsen. Wenn man aber aufmerksam durch Straßen und Plätze geht, dann ist zu spüren, daß noch nicht alles hoffnungslos verändert oder gar zerstört ist, daß die Vergangenheit bis auf den heutigen Tag im guten Sinn nachwirkt.

DAS MODERNE EGGENFELDEN
Anke Radtke

Gediegen und schön restauriert gibt sich der mittelalterliche Stadtplatz mit Fisch-brunnenplatz und den verwinkelten Gassen zur Pfarrkirche St. Nikolaus und St. Stephan hinauf. Das moderne Eggenfelden spiegelt sich in den Schaufensterauslagen – gerade auch am Stadtplatz – und in gelungenen Beispielen moderner Architektur unmittelbar neben historischen Gebäuden. Wer Weite sucht und die Natur liebt, findet sie in den benachbarten Grünanlagen des Stadtparks und im Sport- und Freizeitgelände.

Von 1960 bis 1990 stand Bürgermeister Hans Kreck dem Stadtrat vor – Jahrzehnte, in denen die Stadt gewaltige Fortschritte machte. Sportanlagen, Schulzentrum und Stadtsaal, die auch mit geisteswissenschaftlichen Werken ausgerüstete vielseitige Bibliothek, die frühe Ortsumgehung, das Altenheim und ein vorbildliches Jugendzentrum, Hochwasserfreilegung und Ansiedlung von Industrie unter Mitwir-kung expandierender Jungunternehmer – das sind Marksteine der Kreck-Ära, in der auch die Städtepartnerschaft mit Carcassonne in Südfrankreich begründet wurde.

Die Neustifter-Brunnen

Bei der Zusammenlegung der Altlandkreise Eggenfelden und Pfarrkirchen 1972 blieb der Stadt das Amtsgericht und das Finanzamt. Wirtschaft und Kultur genießen in der 13 000-Einwohnerstadt gleichermaßen einen hohen Stellenwert. Die Städtische Wirtschaftsschule ist eine der am besten ausgestatteten Bayerns. Eggenfelden besitzt auch eine Musikschule und die Stadtkapelle. Der Spielmanns- und Fanfarenzug konnte schon sein 25jähriges Bestehen feiern. Das Theater an der Rott (s. den Bericht auf S. 162) wurde noch zu Zeiten des Altlandkreises aus der Taufe gehoben.

Satirischer „Saubrunnen" des Bepperl Neustifter hinter der Sparkasse: Mit einem lachenden und einem weinenden Auge betrachtet die arme Sau die „fließenden" Gelder der reichen, ihr Glück liegt anderswo. Auf Kosten der beiden lebt die arme Sau (Interpretation des Künstlers).

In Eggenfelden kauft auch das Umland ein, unter anderem bei den gut besuchten Jahrmärkten oder beim Wochenmarkt vor dem neuen Rathaus. Dort steht auch das „Stadtradl", ein liebevoll die Aktivitäten der Ratsherren ironisierender Brunnen. Die Eggenfeldener haben nämlich noch eine Institution, ihren Bepperl (Joseph Michael) Neustifter. Seine bildhauerischen Schöpfungen zieren so manchen Brunnen zwischen München und Regensburg, humorvolle Spiegelbilder des Menschlich-Allzumenschlichen, und man muß sehr genau hinsehen, um hinter den Sinn der versteckten Details zu kommen: beim „Saubrunnen" zwischen Sparkasse und Schulzentrum (s. S.159) oder dem Marienbrunnen am Stadtplatz.

Im Stadtpark steht ein Gegenstück zu Neustifters phantasievollen Gebilden: „die Sitzenden" des Berliner Bildhauers Lothar Fischer. Sie laden zu Muße und Meditation ein. Eggenfelden ist eine Stadt der Brunnen und Skulpturen.

Fliegender Start in Zainach

Vom wenige Kilometer entfernten Flugplatz Zainach kann der Geschäftsreisende oder Privatmann unmittelbar ins Ausland starten: Zainach ist für mehrmotorige Flugzeuge zugelassen und verfügt über eine eigene Zollabfertigung. Der Betrieb läuft von neun Uhr früh bis Sonnenuntergang, das heißt längstens 19 Uhr. Der Flugplatz ist für Nachtflüge ausgerüstet, ebenso für VIP-Flüge, und es wurden auch schon Organ-Flüge für Transplantationen von Altötting aus über Eggenfelden organisiert.

Der Hanseatische Fliegerclub führt hier im Juli sein Training mit Spaßflügen nach Österreich, Ungarn und Tschechien durch. Zainach unterhält eine Flugschule und führt – in der Regel Anfang August – das Trainingscamp des internationalen Verbands AOPA (Aircraft Owners and Pilot Association) durch. Warum gerade in Eggenfelden? Weil den Gästen das Ambiente gefällt und die Entfernungen zu den Alpen und den östlichen Nachbarstaaten gerade noch im Rahmen liegen.

Rhetorik, Sport und Jazzdance

Vielseitig ist schon das allgemeine Ausbildungsangebot: Neben Grund- und Montessori-Schule, Haupt- und Realschule besteht das Carl-von-Closen-Gymnasium mit neusprachlichem und mathematisch-naturwissenschaftlichem Zweig.

Profil gibt sich das Gymnasium durch die Bandbreite der Wahlfächer, zum Beispiel Theater und Rhetorik, Informatik, Musikgruppen, Rechtskunde, Handball und Tennis.

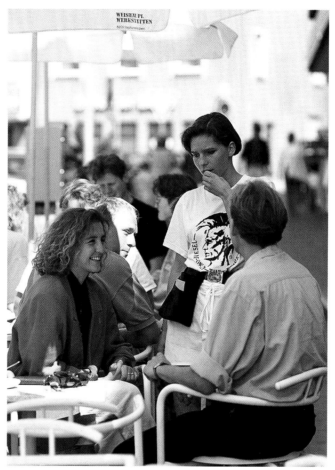

Junge Eggenfeldener im Café. In Kleidung und Freizeitverhalten klaffen zwischen der Großstadt und der Provinz keine Kluften mehr.

Dazu kommen Berufsschule, Städtische Wirtschaftsschule, Landwirtschaftsschule und ein Institut zur Berufsqualifizierung, ferner die Sonderschule für Lernbehinderte. Die von der Katholischen Jugendfürsorge geleitete Sonderschule für geistig Behinderte und eine schulvorbereitende Einrichtung für Sprachbehinderte arbeiten im Rahmen des Heilpädagogischen Zentrums. Bleiben zu erwähnen die Ballettschule der

Helga Hemala-Fischer (Klassik, Stepp, Jazz) in Zusammenwirken mit dem Theater, das private Tanzstudio Gaby Büttner mit Jazzdance, Kindertanz, Fitneß- und Therapietraining sowie die Musikschule. Die Stadt verfügt über alle Sportanlagen und ein beheizbares Schwimmbad mit Spaßbecken und 75-Meter-Wasserrutsche.

Sportlich betätigen sich auch die älteren Herrschaften des Heims „Seniorenwohnen", eines Modells für rüstige Senioren, die den Lebensabend mit Selbstverwaltung und Eigeninitiative gestalten. Im Eggenfeldener Krankenhaus sind Gynäkologie und Geburtshilfe für den Landkreis Rottal-Inn konzentriert. Die Innere Abteilung und Chirurgie werden durch Belegstationen für Orthopädie und HNO ergänzt.

Große Pläne für Gern

Wer in Eggenfelden gut ausgehen will, hat die Qual der Wahl in bezug auf Küche und Ambiente – gut bayerisch oder fernöstlich, unter schwerer Holzbalkendecke oder leichthin bei Wasserspielen wird mancherlei geboten.

Spazierwege führen hinauf zum Bürgerwald oder nach Gern, wo im April die Dult und Anfang September das Volksfest gefeiert werden. Außerdem sind im Bereich der ehemaligen Hofmark Wanderwege durch Waldbestand und an den Altwassern der Rott erschlossen.

Für Ökonomiegebäude und Schloßwirtschaft von Gern bestehen Pläne, die ohne Zuschüsse und Sponsoren nicht zu realisieren sind. Die Renovierung der alten Bausubstanz wird kostspielig, die Grafen von Lösch haben sich von diesem Teil der Schloßanlagen getrennt. Es ist das Dilemma so manches Schloßherrn – nicht nur in Old England. Jetzt liegt die Initiative bei der Stadt oder privaten Investoren.

Als erstes der Öffentlichkeit zugänglich gemacht wurde der „Roßstall Gern", den Matinees Rottaler Gruppen kulturell beleben. Im gotischen Steildachstadl wird demnächst ein Museum zur Geschichte der Rottaler Hofmarken eröffnet, in dem alte Gemälde, Kupferstiche und Ausstattungen zu sehen sein werden.

Im Jahr 1993/94 konnten die Eggenfeldener die 20jährige „Jumelage" – zu deutsch Verbrüderung – mit dem südfranzösischen Partner in Carcassonne feiern. Viele der rund 400 Besucher aus der Partnerstadt Carcassonne im August 1994 waren Pioniere des Europagedankens. Sie zählen zu den ersten, die im Rahmen des Schüleraustauschs nach Niederbayern kamen. Inzwischen haben sie selber Familie. Daß die Kontakte von Generation zu Generation weitergereicht werden, ist ihnen ein Herzensanliegen.

Was Ende der sechziger Jahre als Initiative des Eggenfeldener Berufsschullehrers Anton Madeker und seines französischen Kollegen de Sol begann – die beiden lernten sich bei einer Klassenfahrt in Südfrankreich kennen – brachte inzwischen den beiden Städten die Europafahne und den „Prix France Allemagne" ein; übrigens auch einige gebrochene Herzen, eine Reihe von Verlobungen und sogar eine Hochzeit!

Zunächst war es ausgerechnet Eggenfeldens aufgeschlossener Bürgermeister Hans Kreck (1960-1990), der Zweifel anmeldete: „Toni, das ist um zehn Schuhnummern zu groß für uns", erklärte er Madeker. Carcassonne zählte damals 50 000 Einwohner, Eggenfelden nicht einmal ein Fünftel davon. In Frankreich wiederum mußte sich Bürgermeister Antoine Gayraud gegen die Kommunisten im Stadtparlament durchsetzen, die eine zweite Partnerschaft mit einer Stadt in der DDR zur Bedingung machten.

Der DDR-Deal kam nicht zustande, und die Carcassonner konnten die erste offizielle Delegation aus dem Rottal mit Festtafel und großem Programm empfangen. Wohl waren auf beiden Seiten Ressentiments abzubauen: So mancher hatte einen Gefallenen oder Kriegsversehrten im engsten Familienkreis zu beklagen. Gayraud und Kreck sahen darin einen Grund mehr, sich näherzukommen und vor allem auch im Interesse der Kinder und Enkel die Versöhnung herbeizuführen.

Mit seinen Bedenken hatte Kreck nicht ganz Unrecht gehabt. Die Carcassonner hätten es gerne gesehen, wenn die Eggenfeldener ihnen beim Absatz ihrer Erzeugnisse, dem provenzalischen Wein zum Beispiel, behilflich gewesen wären. Dazu sah sich Eggenfelden nur in begrenztem Umfang in der Lage. Es wurden gegenseitige Praktika vereinbart, und der französische Partner ging später eine weitere Städtepatenschaft ein, doch folgte er damit nur der Gepflogenheit anderer europäischer Städte. Eine weitere Hürde ergab sich durch den politischen Führungswechsel in Carcassonne. Anders als hierzulande

20 JAHRE PARTNERSCHAFT MIT CARCASSONNE

Die mehrstöckige Torte ist ein Kunstwerk der Carcassonner Konditoren, das sie aus Anlaß des 20jährigen Bestehens der Partnerschaft mit Eggenfelden schufen.

üblich wollte der konservative Bürgermeister Raymond Chésa die Verpflichtungen seines sozialistischen Vorgängers nur zögernd erfüllen. In dieser kritischen Phase kamen die langjährigen persönlichen Beziehungen zum Tragen. In Carcassonne bildete sich aus dem Stamm der Gründer ein Freundeskreis, der die Festlichkeiten zum 20jährigen Jubiläum engagiert vorbe-

reitete. In Eggenfelden unternahm der Gründer des hiesigen Kreises, Otto Leibenger, alles, um den Gästen einen strahlenden Empfang zu bereiten. Er war es dann auch, der für 170 000 Mark einen ganzen Zug mietete, um die 500 Eggenfeldener bequem zur Jubelfeier nach Carcassonne zu bringen.

Wie nicht anders zu erwarten, besiegelten Chésa und Kreck-Nachfolger Karl Riedler die Patenschaft aufs Neue. Riedler unterhält seit Jahren freundschaftliche Beziehungen mit Carcassonner Familien und vertrat auch schon früher mal bei Empfängen den Chef – er spricht sehr gut Französisch.

Jetzt auch die Kinder motivieren

So wie sich die „Ritzlfuchser" aus Simbach/Marktl eines Tages per Fahrrad nach England aufmachten, strampelten 1994 zur erneuten Verbrüderung 17 Carcassonner die rund 1400 Kilometer erfolgreich herunter. Und dann: Festliche Umzüge, eine 222 Kilo schwere „Geburtstagstorte", Musik- und Sportveranstaltungen, zum Abschluß ein großer Festabend in der Rottgauhalle.

Die Eltern versuchen, die Kinder zu motivieren: „Meine französischen Freundinnen lachen mich wegen meiner Vorliebe für diese kleine Stadt aus", bekannte Cathy Soules in einem Zeitungsinterview. Sie war schon 1973, also von Anfang an dabei. Ernster fuhr sie fort: „Ich erkläre meinen Kindern immer wieder, wie wichtig diese Freundschaft ist – wir müssen an Europa denken." Der Nachwuchs möchte höher hinaus: Wie wär's mit Brasilien, Neuseeland, Indonesien?

Die Familie Soules ist 1994 gleich zwei Wochen in Eggenfelden geblieben, unternahm auch Ausflüge nach München, Burghausen und zum Königssee. Auch das ist Teil der Städtepartnerschaft: Man kommt nicht nur für ein Wochenende, sondern schaut sich noch ein wenig weiter um, gelegentlich sogar beruflich, ob als Pflegeassistentin im Krankenhaus, Praktikant in einer Redaktion oder auch in einem Industriebetrieb.

Wie das Theater die Provinz eroberte

Anke Radtke

Das Theater an der Rott ist in der Aufführungslandschaft von Wien bis Düsseldorf einzigartig. Träger der Bühne ist nämlich der Landkreis, eine zumindest in Bayern, einmalige Konstruktion, die es ermöglichte, die Bretter, die die Welt bedeuten, 1963 im erst 9000 Seelen zählenden Eggenfelden aufzubauen.

Die Massinger Liedertafel hatte in Salzburg die Operette „Die goldne Meisterin" besucht und wollte dieses Stück auch zu Hause auf die Wirtshausbühne bringen. Spielleiter in Salzburg war Adi Fischer, 30 Jahre jung. Als die Massinger ihn fragten, ob er bei der Einstudierung behilflich sein würde, sagte Fischer spontan zu. Die gute Zusammenarbeit ermutigte zu weiteren Aufführungen, darunter „Polenblut" und sogar die Spieloper „Der Waffenschmied" von Lortzing. Architekt Otto Hofmeister,

Dirigent der Liedertafel, machte den Gast mit dem Landrat bekannt. Die Herren besichtigten den Rohbau der Kreisberufsschule, wo in einem Nebengebäude eine Mehrzweckhalle vorgesehen war.

Vielleicht bedurfte es der Phantasie und des Idealismus der sechziger Jahre, um angesichts einer geplanten Schulaula bereits ein allen Ansprüchen genügendes Theater vor Augen zu haben. Um den Salzburger Theatermacher eine materielle Basis zu geben, stellte ihn der Landkreis als seinen Kulturreferenten ein.

Der Intendant und sein Ensemble

Die Debatten haben auch nach der Bildung des Landkreises Rottal-Inn aus den Altlandkreisen Eggenfelden und Pfarrkirchen niemals aufgehört: Können wir uns das Theater leisten? Das Kostspieligste an

der zwei Jahrzehnte später erfolgten Erweiterung war der Bühnenüberbau. „Die Aufzüge, die alle Tricks modernen Theaters möglich machen, würden Elefanten aushalten", kommentiert Fischer. Um die Sicherheitsvorschriften zu erfüllen, mußte der Landkreis tief in die Tasche greifen.

Das Programm setzte sich von der ersten Spielzeit 1963/64 an aus Eigeninszenierungen – Operette, Schauspiel und Märchen – sowie Gastspielen inklusive Oper, Ballett und Symphoniekonzert zusammen. Große Namen standen auf der Eggenfeldener Bühne: Hilde Krahl und Ewald Balser, O.W. Fischer und Inge

Nach der ersten Aufführung im Theater an der Rott werden Adi Fischer und eine Partnerin von Landrat Ludwig Ostermeier beglückwünscht.

Meysel, Christine und Attila Hörbiger, Charles Regnier und Alexander Kerst, Ilja Richter, die Kessler-Zwillinge, Karin Boyd und Horst Janson.

Adi Fischer tritt zwar nicht mehr als Operettenbuffo auf die Bühne. Als Theaterleiter, Intendant und Schauspieler ist er nach wie vor mit Leib und Seele dabei: ein Erzkomödiant, wie es vielleicht nur noch wenige gibt und der sich nicht zu schade wäre, morgen an einer Schmiere zu spielen und die Kulissen zu schieben. Fischer kann sich früh um fünf aufs Motorrad schwingen, um rechtzeitig zur Probe in Wien zu sein. Aus Freundschaft hat er dort – oder in Luzern, Passau, Bad Ischl – eine Inszenierung zwischendurch zugesagt. Ums Theater geht es ihm, Theater lebt er. Und da er mit dem Motorrad nicht in jedem Stau steckenbleibt, trifft er abends pünktlich wieder in Eggenfelden ein. Den Motorradhelm über den Haken gehängt, die Lederjacke abgestreift: Die Rottaler wollen ihn dort sehen, wo er seit Jahrzehnten hingehört, in Eggenfelden.

Gibt es etwas Spannenderes als den Augenblick, in dem der Vorhang aufgeht und schon die erste Geste über die Sympathien des Publikums entscheidet? Diesen Augenblick will Fischer nicht, wie viele Provinztheater, dem Gastspiel allein überlassen. Ein Düsseldorfer Zuschauer gab ihm auf seine Weise recht: „Bei Ihnen, Herr Fischer, erlebe ich Operette noch so, wie sie einmal gedacht war." Keine modernisierende Bearbeitung also, kein nachträgliches Hineingeheimnissen psychologischer Abgründe in eine Figur, die das ursprüngliche Libretto als Ausdruck der Epoche ersann.

Ballett und Operette

Fünf bis sechs festangestellte Darsteller beschäftigt das Theater, und diese fünf laufen kaum Gefahr, auf ein einziges Rollenfach festgelegt zu werden. Sie sind allesamt ausgebildete Sänger und Schauspieler. Durch die Ballettschule von Helga Hemala-Fischer wurde es möglich, Operette auf die Bühne zu bringen. Das Orchester kommt aus München, Dirigent ist oft ein Hiesiger. Ausverkauft sind die Märchenspiele, für die Helga Hemala kleine Rottaler Balletteusen zu tänzerischen und spielerischen Spitzenleistungen motiviert.

Rund 15 Märchen hat Fischer fürs Theater umgeschrieben, immer darauf bedacht, nah am Originaltext und vor allem am

Sinn des Märchens zu bleiben. Beispiele seiner kreativen Verarbeitung: „Kalif Storch", „Froschkönig", „Schneewittchen", „Der gestiefelte Kater" oder „Max und Moritz" nach Wilhelm Busch. Für die Busch-Version war eine Zwölf-Minuten-Geschichte auf knapp zwei Stunden zu dehnen. Wer den Text liest, der mit unzähligen weiteren Buschzitaten gespickt ist, fragt sich, wo hört Busch auf und wo fängt Adi Fischer an ...? Eine besondere Ader haben Komödiant Fischer und sein Publikum für Tragikomisches entwickelt.

Wie sonst lockte man auch Zuschauer ins Theater, die sich das ganze Jahr auf den Lachschlager der dörflichen Laienspielgruppe freuen? Deren gibt es viele bis hin zu den Lindenthalern, die sich überregional einen Namen machten. Und von den Eg-

ist über solche Pläne ins Rentenalter gekommen. Spielen und inszenieren wird er weiterhin: in Eggenfelden und als Gast in der Schweiz und Österreich. 1990 wurde ihm das Bundesverdienstkreuz verliehen, wenig später auch seiner Frau.

Seit 1992 Experimentierbühne

Seit 1992 verfügt das Theater außer den 501 Plätzen des Saals über eine kleine Bühne hinter der Bühne, die 99 Besucher faßt. „BIM", die intime „Bühne im Malersaal", ist Experiment – ist Wagnis mit begrenzten Kosten. Hier wird dem Zuschauer exquisite, doch weniger allgemeinpopuläre Kost geboten. Größtenteils handelt es sich um Eigeninszenierungen. Zum Beispiel Saunders „Wirklich schade um Fred", Kishons „Es war die Lerche" (Ro-

Operetten bilden einen Schwerpunkt im Spielpan des Theaters, fast immer handelt es sich um Eigeninszenierungen. Im Juli 1995 verlieh der bayerische Kultusminister Adi Fischer die Medaille „Pro Meritis".

genfeldener Abonnenten allein kann das Theater nicht leben.

Also muß Unwiderstehliches her. Und wer wollte Adi Fischer als braven Soldaten Schwejk versäumen, als Milchmann in „Anatevka", als Clown in „Katharina Knie" oder als Rappelkopf in „Alpenkönig und Menschenfeind"!

Im Landratsamt träumt man unterdessen von einer Innenausstattung in rosa schimmerndem Buchenholz und Türkistönen, dazu Rampenschwünge aus edlem Metall, eine Vision, die ohne den Freistaat nicht zu finanzieren sein wird. Adi Fischer

meo und Julia haben überlebt), Bethencourts „Der Tag, an dem der Papst gekidnappt wurde" oder jener Adi Fischer wie auf den Leib geschriebene „Josef Bieder", der sich als Requisiteur in einer redseligen Stunde um jede berufliche Zukunft bringt.

Gelegentlich treten die Zuschauer selber auf die Bühne: wie der Johann-Visino-Chor in einer Aufführung von Carl Orffs „Carmina Burana" mit Solisten und Orchester unter der Leitung von Karl Weindler. Alle Jahre stellen sich die Preisträger des Wettbewerbs „Jugend musiziert" im Theater der Öffentlichkeit vor.

Pfarrkirchen – Vom Rottgericht zur Kreisstadt

Anke Radtke

Auf dem Gartlberg die doppeltürmige Wallfahrtskirche, talwärts die Altstadt mit Mauerbering und Wallanlage, eine schornsteinarme Industrie und die älteste Trabrennbahn Bayerns bestimmen das Stadtbild von Pfarrkirchen. Einst tagte hier das große Rottgericht. Heute hat die Kreisverwaltung Rottal-Inn in der 12 000 Einwohner zählenden Stadt ihren Sitz. Monumente einer reichen Geschichte prägen das Stadtbild bis heute.

So weisen Ausgrabungen in Untergaiching, wenige Kilometer rottabwärts, bis in die Jungsteinzeit zurück. Aus römischer Zeit hat man zwei Münzen gefunden. Die erste zuverlässig auf Pfarrkirchen im Rottachgau bezogene Erwähnung fällt in die Amtszeit des Passauer Bischofs Engilmar (875–899). Engilmar ließ sich zur weiteren Sicherung kirchlicher Einflußnahme von den Brüdern Luitfrid und Ermberg „Pharrachiricha", den Mittelpunkt eines Pfarrsprengels, im Tausch gegen elfeinhalb Morgen Land bei Tegerinpah (Degernbach) schenken. Ursprünglich war das

Kloster Rott-Posomünster seelsorgerischer Mittelpunkt der Gegend gewesen. Benediktinermönche betreuten es, bis es im Verlauf der Ungarneinfälle zerstört wurde. Damit konnten die Passauer Bischöfe zum Zuge kommen.

„Pharrechirch" und das Rottgericht auf Reichersperg

Um 1250 läßt ein *forum pharrechirch* bereits auf eine marktrechtliche Ordnung schließen. Zu den Nachbarn zählten Malgassing, Schuldholzing und Altersham sowie einige Einöden, die Hofmarken Reichenberg, Grasensee und Degernbach, außerdem der Herrensitz derer von Waldehoven.

Den Grafen von Ortenburg war es gelungen, als Schutzvögte des Hochstifts und Domkapitels Passau deren Besitzungen im Rottal zu übernehmen. Rapoto von Ortenburg ließ die Hofmark Reichenberg zur befestigten Burganlage mit Innenhof, Bergfried und Kapelle ausbauen. Mit dem Aussterben der Ortenburger lösten die schon

unter Kaiser Friedrich geförderten Wittelsbacher deren Herrschaftsbereich nach und nach ab. Herzog Heinrich berief im Landesteil Niederbayern zwei für ihn amtierende Stellvertreter: in Straubing und auf Burg Reichersberg. Pfarrkirchen wurde so zum Sitz des Viztums, der herzoglichen Verwaltung und Gerichtsbarkeit.

Zum Veitstag am 15. Juni 1317 wurde das vermutlich schon seit 1248 bestehende Marktrecht schriftlich fixiert, das die eingeschränkte Selbstverwaltung mit Niedergerichtsbarkeit einschloß. Der neue Status gab Pfarrkirchen Sitz und Stimme in der „Landstandschaft", einer Art parlamentarischen Vertretung der drei Stände: Prälaten, Adel und Städte oder Märkte. Die Bauern, obwohl die Mehrheit der Bevölkerung, waren nicht vertreten.

Viehauftrieb auf dem Stadtplatz, als noch keine Autos fuhren. Die historische Marktaufnahme aus dem Archiv Carl Weber dürfte um 1910 entstanden sein.

Kaum mit Marktrechten begabt, scheinen die Pfarrkirchner sich des öfteren gegen die Einmischung des herzoglichen Pflegers und Viztums auf Reichenberg verwahrt zu haben. Im Gegensatz zu anderen Märkten im Rottal hatten sie ihn ja praktisch vor der Haustür. 1345 kam Kaiser Ludwig der Baier ihren Wünschen entgegen und erweiterte ihre Privilegien: Nur noch Kapitalverbrechen (Mord, schwerer Raub, Notzucht), die im allgemeinen mit dem Tod bestraft wurden, durfte der Viztum richten, und die Freiheiten der Bürger standen denen der Städte kaum noch nach.

Die Bürger des „Haupt- und Bannmarktes" – nur sie hatten das Wahlrecht, nicht die „Inwohner" – wählten einen Inneren und Äußeren Rat, denen der Camerer, der Bürgermeister, vorstand. Aus ihrer Mitte bestimmten die Ratsherren die „Viertelmeister", die für die drei Marktviertel als Sprecher und Mittelsleute fungierten. Sie achteten auch auf Ordnung und sauber geräumte Tore. Das konnte bei Feuersgefahr und in Notfällen bei der engen Bebauung überlebenswichtig sein.

Einen Blick auf Qualität und einwandfreies Auswiegen warfen die Satz- und Beschauleute, etwa bei Brot, Vieh und Fleisch, Wein und Met, Bieren und Branntwein, Wollwaren, Leder und Schuhwerk. Sie sahen dem Schmied und dem Wagner, dem Tuchmacher und Leinweber auf die Finger. Bei ihnen konnte sich beschweren, wer sich übervorteilt glaubte.

Neun Märkte wurden nach und nach genehmigt (Simoni, Lichtmeß, Mittefasten, Mai, Dreifaltigkeit, Ernte, Michaeli, Opferung und Advent), von denen noch heute der zuerst eingeführte Simoni-Markt am 28. Oktober der bedeutendste ist. Ins Auge fällt die große Zahl der Brauer und Weißbierwirte: 31 waren es zum Ende des 15. Jahrhunderts.

Das Rottgericht wird zweigeteilt

Mit dem Sitz des Viztumamtes hatte Pfarrkirchen eine herausragende Stellung innerhalb des niederbayerischen Herzogtums innegehabt. Das änderte sich 1399:

Der Viztum zog auf die Burg oberhalb Burghausens um. Gegen 1440 wurde das „große Rottgericht" von Reichenberg aufgeteilt, jeweils eine Pflege kam nach Pfarrkirchen und Eggenfelden. Der Pfarrkirchner Pfleger amtierte zunächst weiterhin vom Reichenberg aus.

Um 1500 entschlossen sich die Ratsherren zum Bau eines Rathauses am westlichen Markt (heute Heimatmuseum), und nach dem Niederbayerischen Erbfolgekrieg wurde um 1550 – sicher auch gegen einfallende Räuberbanden – trotz hoher Ko-

Der Schöpfer des Bronzepferds vor dem Rathaus, Prof. Hans Wimmer, schuf u.a. auch Büsten von Wilhelm Furtwängler und Oskar Kokoschka.

sten der Mauerbering mit Wassergraben und Ringwall errichtet. Michael Wening hat um 1720 den Markt mit Mauer und Tortürmen, Pfarrkirche und Spitalkirche in Kupfer gestochen. Hoch am Hang erhebt sich auf diesem Bild die 1715 fertiggestellte Wallfahrtskirche Gartlberg. Weiter östlich ist die Burganlage von Reichenberg zu erkennen, der Wening noch einen eigenen Stich gewidmet hat.

Reichenberg soll später, als der Pflegrichter in die Nähe der Pfarrkirche umzog, noch als Jagdschloß gedient haben, 1804 wurde es abgerissen. Eine Ausflugsgaststätte am selben Platz blickt bis heute weit ins Land. Ebenfalls zu Beginn des 19. Jahrhunderts abgetragen wurde das Schloß Niederngrasensee, von dem ein weiterer Wening-Stich zeugt.

Der Dreißigjährige Krieg mit der Pest im Gefolge machte wie die vorherigen und noch folgenden Truppendurchzüge dem Markt schwer zu schaffen. Als 1648 schwedische Reiterregimenter brandschatzend und plündernd durch den Markt zogen, hatten sich die betuchteren Familien über den Inn nach Braunau und Schärding geflüchtet. Es heißt, am Ende der Feldzüge habe die Wolfsplage auf dem Land so zugenommen, daß der Pfleger auf dem Reichenberg die Bürger um Hilfe bat.

Die Wallfahrt auf dem Gartlberg

In Regensburg hatte der Pfarrkirchner Hutstepper Wolfgang Schmierdorfer 1634 ein marianisches Vesperbild erworben, das er irgendwann an eine Föhre auf dem Gartlberg nagelte, um, wie es heißt, ungestört, allein mit der Natur und göttlicher Inspiration, seine Andacht halten zu können. Die Andachtsstätte sprach sich als trostspendend herum, 1660 ereignete sich die erste Wunderheilung. Die Schar der Pilger wuchs rasch an, und so kam es zum Bau der doppeltürmigen Wallfahrtskirche, des Wahrzeichens der Stadt und für Flieger ein wichtiger Orientierungspunkt zwischen Vils und Inn.

1715 wurde die im Stil des Barock heiter und licht gestaltete Kirche vollendet. Sie machte Geschichte während der Beschießung des Marktes durch General Bärnklau am 7. Mai 1743. Der österreichische Erbfolgekrieg bescherte dem Rottal erneut Truppendurchzüge und eine pestähnliche Seuche. Als die Pfarrkirchner den Österreichern nicht die Tore öffneten, ließ Bärnklau den Markt vom Gartlberg aus mit Mörsergranaten beschießen, die jedoch nicht zündeten. Zwar drangen die Soldaten dann doch in den Markt ein und plünderten, was es zu plündern gab, doch blieben wenigstens die Häuser stehen. Vier Ölgemälde in der Wallfahrtskirche schildern das Ereignis, bei dem die Muttergottes das Schlimmste verhütete. Die eisernen Kugeln über dem Kirchenportal sind Originale jener vergeblichen Beschießung.

Wenn das Armesünderglöckl läutete ...

Die Einwohnerzahl des Marktes erhöhte sich Ende des 18. Jahrhunderts auf rund 1000. Um 1862 waren es bereits doppelt so viele. Im ausgehenden 18. Jahrhundert waren praktisch alle Handwerke und Gewerbe vertreten. Dazu kamen die Tagelöhner, der Marktschreiber und drei Bürgerdiener, für die kirchlichen Verrichtun-

auf den Kurfürsten Karl Theodor und stammt von 1787, aus der Zeit des Rokoko. Die barocke Kuppel enthält die „Laterne" mit Glocke, deren Geläute zum Beispiel am Wahltag im Januar erklang. Als „Armesünderglöckl" begleitete sie die Todeskandidaten zur Richtstätte am Galgenberg. Die letzte Hinrichtung, mit dem Schwert, fand am 8. Oktober 1818 statt.

Wo die Raiffeisenbank sich mit Fassade und Arkaden dem Stil der Innstadtbauweise angepaßt hat, standen früher das Rentamt (Finanzamt) und der Gasthof zur Post. Das vordere Gebäude des Landratsamtes an der nordöstlichen Ringallee war Bezirksamt und wurde 1725 als Franziskanerhospiz zur Betreuung der Wallfahrt errichtet. Von 1716 stammt der Pfarrhof im Süden der Allee, zunächst als landwirt-

wurde die Straße benannt. Später richtete sich hier die Weißbierbrauerei Eduard Jäger ein, und heute hält eine Gaststätte mit Gartenbetrieb zur Ringmauer hin die Räume besetzt. Bis in unsere Tage betrieben wird die traditionsreiche Brauerei Gässl im Südosten des ehemaligen Ringwalls.

„Pesttürl" und „Goldenes Dachl"

War die Bauweise der Vorstädte durch vorspringende Giebeldächer gekennzeichnet – man findet sie noch in der Simbacher und in der Pflegstraße –, weisen die Häuser am Stadtplatz repräsentative Blendfassaden auf. Teilweise sind sie mit Erkern versehen. Ein Kaffeehausbesitzer und Konditormeister setzte seinem Erker jüngst ein „goldenes Dachl" auf. Innsbruck bekommt Konkurrenz! Oberhalb des Paulaner-Stüberl ist noch das „Pesttürl" erhalten, ein winziges Fenster, durch das einst den Erkrankten, um Ansteckung zu vermeiden, Nahrung und Arzneimittel gereicht worden sein sollen. Ein Merkmal der Innstadtbauweise sind die rückwärtigen Laubengänge. Man sieht sie zum Beispiel am Plinganser-Geburtshaus, heute Gaststätte, und am Münchner Hof.

In Pfarrkirchen begegnet man Geschichte auf Schritt und Tritt. Ob im Alexikirchlein an der Passauer Straße oder an der seit 1550 bestehenden Ringmauer und dem mit Kastanien bepflanzten ehemaligen Ringwall – wer will, kann überall im Buch der Geschichte lesen.

Marktbering wird aufgelassen

Die Französische Revolution hatte Europas Fürsten aufhorchen lassen. In Bayern wurde die neue Zeit 1802/03 mit einer staatlichen Neuorganisation und der Säkularisation eingeleitet. Das bedeutete Trennung von Justiz und Verwaltung einerseits, zum andern wurden Klöster und geistliche Herrschaften aufgelöst, ihr weltlicher Besitz, darunter oft wertvolle Bibliotheken, Eigentum des Kurfürstentums. In Pfarrkirchen war davon das Franziskanerkloster betroffen, das bis dahin die Wallfahrt betreut hatte. Die Wallfahrt als Institution gab es nun nicht mehr.

Zwei Jahre später, 1804, machte Napoleon sich zum Kaiser der Franzosen und der letzte deutsche Kaiser Franz II. sich zum Kaiser Österreichs. Der bayerische Kurfürst wurde 1806 zum König gekrönt, was die Märkte mit Stolz erfüllte, durften sie sich doch jetzt königlich-bayerischer

Die Ringalle, einzigartig in Niederbayern, ist ein beliebter Spazierweg rund um die Altstadt. Nach Auflassen des Marktberings wurde der ehemalige Ringwall aufgeschüttet und bepflanzt, seit 1876 mit Kastanien.

gen der Mesner, der Chorleiter, ein Bassist und der Musiker. Türmer hielten Wache und machten mit Trompetensignalen auf drohendes Unheil aufmerksam.

Im ersten Geschoß des damaligen Rathauses tagten die Ratsherren, bis sie 1865 als nunmehr städtische Beauftragte in das neue Gebäude – mit dem Wimmer-Roß davor noch heute ein imposantes Gegenüber – umzogen. Das alte Rathaus zählt zu den Häusern, die seit ihrer Errichtung zwischen Spätgotik und Frührenaissance kaum verändert wurden. Das stukkierte Wappen oberhalb des Erkers bezieht sich

schaftliches Anwesen angelegt. Das Bürgerspital am Platz gegenüber ist heute Kinderhort- und krippe. Auf das 15. Jahrhundert geht die Erasmuskapelle hinter der Pfarrkirche zurück, die bis 1805 als Friedhofskapelle diente. Als Oktagon mit Zeltdach erbaut, stellt sie in der Rottaler Region eine Besonderheit dar. Der Miniaturkirchenraum ganz am Rand des Platzes, im Stil des Rokoko verwirklicht, war einst Allerseelenkapelle.

Zu den historischen Gebäuden zählt auch das Pfleggericht, von 1712 bis 1803 südlich der Pfarrkirche etabliert. Nach ihm

Markt nennen. Wie das ganze Land, mußten sie dem König auch Soldaten stellen.

In den folgenden kriegerischen Auseinandersetzungen bis zur Völkerschlacht bei Leipzig waren es 1805 und 1809 wiederum Truppendurchzüge, die das Rottal empfindlich zur Ader ließen. Pfarrkirchen hatte kurz zuvor seinen Marktbering aufgelassen, was hätte er ihm auch geholfen! Am Ende hatten viele Bauern nicht einmal mehr Saatgetreide. Kriegsschulden waren abzutragen. In den folgenden Jahrzehnten wurden zahlreiche Vereine gegründet. Schon 1819 hatten sich Pfarrkirchner Handwerksgesellen in einem Krankenverein zusammengetan. Die Turn- und Spielvereinigung von 1860 zählt etwa ein Drittel der Einwohner zu ihren Mitgliedern!

Ringallee unter Denkmalschutz

Nach Auflassen des Marktberings haben die Pfarrkirchner den Wall um den inneren Markt nicht abgetragen, sondern nur leicht eingeebnet und mit 365 Obstbäumen bepflanzt. Auf dem ehemaligen Wehrwall entstand eine Allee, die bis in unsere Tage ein beliebter Spazierweg rund um den Altstadtkern ist. Die Obstbäume wurden 1828 durch Pappeln ersetzt, diese wiederum 1876 durch Kastanien. Im Herbst sammeln die Kinder die Früchte als Wildfutter ein. Die Ringallee samt Stadtweiher – Teil des ursprünglichen Grabens – stehen unter Denkmalschutz, sie sind zumindest in Niederbayern einzigartig.

Aus dem Stadtbild verschwunden sind die Tortürme. 1831 fiel der südliche Rott-Turm zwischen Pfarrhof und Bürgerspital, weil er baufällig geworden war. Der Reichenberger Torturm mußte 1877 dem Verkehr weichen. 1889 riß man den Eggenfeldener Torturm ab und errichtete an dieser Stelle ein Waisenhaus unter Leitung der Englischen Fräulein. Geblieben ist allein der sogenannte Rote Turm in der westlichen Mauer.

1863 zur Stadt erhoben

Als sich 1862 für Pfarrkirchen das Privileg eines Bezirksgerichts abzeichnete, empfahl der Landrichter Franz Christoph dem Magistrat, sich um die Aufnahme „in die Reihe der Städte Unseres Königreiches" zu bewerben. Niederbayern wies damals nur wenige Städte auf. Pfarrkirchen, seit 1317 mit Marktrechten begabt, sollte Sitz des königlichen Rentamts (Finanzamt), eines Notariats und des Be-

Wahrzeichen der Stadt ist die 1715 vollendete Gartlbergkirche. Seit 1921 wird die Wallfahrt von den Salvatorianern betreut. Italienische Meister und auch Rottaler Werkstätten haben an der reichen Ausstattung mitgewirkt. Das Altarblatt schuf der Pfarrkirchner Künstler Franz Ignaz Bendl.

zirksgerichts als höhere Instanz für sieben umliegende Landgerichte werden. Dies kam fast dem Status des großen Rottgerichts vor 1440 gleich. Im Dezember 1862 erbat Bürgermeister Moritz Raumer unter Hinweis auf Bezirksgericht, vier Kirchen, zwei Schulgebäude, die Gartlbergkirche, Verkehrsanbindung, die Einwohnerzahl von 2000 und einen geordneten Markthaushalt von König Maximilian II. von Bayern die Stadtrechte.

Der Brief ging den üblichen Instanzenweg. Offenbar hatte aber der Bezirksamtmann schon vorgearbeitet: Landshut gab das Gesuch postwendend nach München weiter. Bereits am Neujahrstag 1863 konnten die Pfarrkirchner die Stadterhebung

feiern, einige Jahrzehnte vor Eggenfelden und Simbach.

Schulstadt und Trabrennbahn

Die Stadträte zogen 1865 in das neue Rathaus um, zunächst „Beamtengebäude" genannt. Im Obergeschoß des alten Rathauses eröffnete die Stadt die „königliche Präparandenschule", die Lehrernachwuchs ausbildete. Das Institut blieb bis 1915. Vorübergehend fand dann das Gesundheitsamt in den Räumen Unterschlupf, bis sie das Heimatmuseum übernahm.

Die Stadträte machten sich als erstes dafür stark, die Bahnverbindung von Neumarkt-St. Veit über Pfarrkirchen nach Pokking weiterzuführen. 1879 ging die Linie in Betrieb: „Boggalbahn" wurde die Bahn durch das Rottal liebevoll genannt. Im Jahr 1865 wurde die Freiwillige Feuerwehr gegründet. Wer die Löscheimer aus Leder, Leinen, Fell und Stroh – mit Wachs abgedichtet – im Heimatmuseum besichtigt, bekommt einen Begriff davon, wie notwendig moderner Brandschutz war. 1869 erhielt die Stadt eine Telegraphenstation, und ab 1890 begann die Elektrifizierung.

Das Bezirksgericht aber, Markstein in der Entwicklung zur Stadt, wurde bereits 1876 im Zuge der Gerichtsreform wieder aufgelöst. Ein Jahrhundert später, mit der Gebietsreform von 1972, die die Altlandkreise Eggenfelden und Pfarrkirchen vereinte, war es mit Gerichtssitzen überhaupt vorbei: Pfarrkirchen wurde Kreisstadt und mußte zum Ausgleich als Amtsgerichtssitz

Lernbehinderte, Realschule und Fachoberschule, schließlich das Gymnasium mit Aufbauzweig und Internat. Das Pfarrkirchner Gymnasium bietet seinen Schülern bis heute auch den humanistischen Zweig.

Zwei Pole: Altstadt und Industrie

Ein letzter Meilenstein vor der Jahrhundertwende war 1895 die Eröffnung der Trabrennbahn, der ältesten Bayerns. Die Pfingstrennen, vor allem das Bayerische Zuchtrennen, sind bis heute ein herausragendes Ereignis im Jahreslauf. Bereits dreimal war die Pfarrkirchner Rennbahn Austragungsort der Weltmeisterschaft der Sandbahnfahrer. Nach dem Zweiten Weltkrieg wurde sie vorübergehend zweckentfremdet: Tausende von Kriegsgefangenen hausten in Zelten, von der Bevölkerung

An die Rennbahn grenzen heute nicht nur die Ställe der Pferdefreunde, sondern auch die Squashanlage, Rollschuhbahn, Stockschieß- und Kegelbahnen, Tennisplätze mit großer Halle und die Jugendverkehrsschule; nicht weit davon das Freibad mit Spaßbecken. Von hier aus führen Radwanderwege die Rott entlang bis ins Erholungsgebiet Rottauensee mit Gelegenheit zum Surfen, Segeln, Reiten und Wandern, zu Golf und Freizeitfliegerei inmitten der naturnah gepflegten Auenlandschaft.

Freizeitlandschaft Rottauensee

Die 12 000-Einwohner-Stadt (mit Eingemeindungen) hat ihren Altstadtkern in seiner ursprünglichen Gestalt saniert. Neue Wohngebiete werden erschlossen, nachdem sich viele Betriebe angesiedelt haben. Dennoch wird die Stadt vor allem Schul- und Verwaltungszentrum bleiben. Der Landkreis Rottal-Inn unterhält drei Kreiskrankenhäuser. Um zu sparen, hat man Schwerpunkte gesetzt: für das Pfarrkirchner Haus Innere Medizin und Chirurgie.

Die Altstadt soll urbaner Treffpunkt bleiben – für Einheimische, Gäste aus dem Bäderdreieck oder aus der Partnerstadt St. Rémy de Provence und dem Schweizer „Rottal". Am Stadtplatz und in den umgebenden Gassen ist die Auswahl an Gaststätten, Cafés und Eisdielen groß. Ein Geschäft reiht sich ans andere. Man kann gut bayerisch, aber auch italienisch, chinesisch und griechisch essen. Das Heimatmuseum am westlichen Stadtplatz macht durch wechselnde Ausstellungen, zum Beispiel Votivbilder, Blaudruck, Kielstickerei, auf sich aufmerksam. Es ist wochentags, außer Montag und Samstag, von 14 bis 16 Uhr offen.

Schräg gegenüber dem Museum stellt die Galerie „Artica" in der Lindnerstraße zeitgenössische Kunst von internationalem Rang aus. Zu sehen waren „Rabenvater" Paul Flora, Lore Kipphardt, Günther Nußbaumer oder der satirische Zeichner Johannes Dreyling, der auch eine Mappe historischer Pfarrkirchen-Motive erstellte (Dienstag bis Freitag 15 bis 18 Uhr, Samstag 10 bis 12 Uhr).

Wie „Artica" in einer Seitengasse, der Schäfflerstraße, lockt der Steiner-Weißbräu Gäste aus vielen Ecken Bayerns an. Mit seiner „kleinsten gewerblichen Weißbierbrauerei der Welt" ist Braumeister Karl-Heinz Steiner ins Guinnessbuch der Rekorde eingegangen.

Die Fassaden am Stadtplatz im Stil der Innstadtbauweise erinnern an Zeiten individueller Repräsentation. Einige Tore wurden zu Durchgängen in die Ringallee erweitert.

Eggenfelden hinnehmen. Dafür nahm kurz vor 1900 eine andere Tradition, nämlich die der Schulstadt, ihren Anfang. Zur Knabenschule gesellte sich, von den Englischen Fräulein betreut, die Mädchenschule. Es folgte die Errichtung einer Höheren Landwirtschaftsschule mit Internat, aus der später die Städtische Realschule, Aufbau- und Oberschule hervorgingen. Heute verfügt die Kreisstadt über Grundschule, Landwirtschaftsschule, Berufsbildungs- sowie Technologiezentrum, ferner das in Grünanlagen eingebettete Schulzentrum am Kellerberg mit Hauptschule, Schule für

aus knappsten eigenen Lebensmitteln mit versorgt, weil die amerikanischen Besatzer auf die Verpflegung so vieler Männer nicht vorbereitet waren.

Zwei Weltkriege, zwei Inflationen, der Nationalsozialismus – das sind bekannte Größen in der Geschichte des 20. Jahrhunderts, und Pfarrkirchen war dabei, genauso wie beim schwungvollen Wiederaufbau in den folgenden Jahrzehnten. Die Stadt hatte nach 1945 Hunderte von Flüchtlingen aufzunehmen. Viele sind geblieben, ihre Familien aus der Bürgerschaft nicht mehr wegzudenken.

Die kleinste Weißbierbrauerei der Welt

Der Pfarrkirchner Karl-Heinz Steiner wollte schon das Handtuch werfen. Jedes dritte Wochenende verbringt er als Bräu vom Dienst im eigenen Einmann-Betrieb. Abends schenkt er das begehrte Steinersche Hefen-Weizenbier aus, um den Durst seiner Gäste zu löschen. Der junge Braumeister ist hauptberuflich als Bauleiter bei der Lindner AG in Arnstorf tätig. Kehrt er abends heim, steht seine Mutter – mit ihren über 70 Jahren eine Pfarrkirchner Institution – bereits hinter der Theke. Die urige, seit der Gründung 1928 fast unveränderte Gaststätte füllt sich mit Besuchern, vom Gymnasiasten über den Arbeiter, Arzt, Rechtsanwalt, Künstler bis zum Bürgermeister. Beim Steiner-Weißbräu sitzt man noch an schmalen, langen Tischen. Wer hereinkommt, setzt sich einfach dazu und wird in die Runde aufgenommen. Auch Zugereiste und Kurgäste sind willkommen. Manch einer, der abends hereinschaut, ist Stammgast seit Jahrzehnten. Ein Zahnarzt aus Simbach hat hier schon als Pfarrkirchner Gymnasiast sein Bier getrunken.

Als Steiner aufgeben wollte, machte die Hiobsbotschaft nicht nur die Stammgäste mobil. Und es half: Der junge Bräu überlegte sich's noch einmal. Nun stand er doch schon als kleinste Weißbierbrauerei der Welt im Guinness-Buch der Rekorde! Zu seiner Braukunst und seiner Mutter Gastlichkeit Ehren hatte sich der *Verein Freunde und Förderer Steinerscher Weißbierkultur* gebildet. Wer wollte da noch standhaft bleiben. Der unter den Pfarrkirchner Wirten bereits verabredete Ringtausch der Gasthäuser, der das Verwaisen des Steiner-Bräu verhindern sollte, konnte wieder abgeblasen werden.

Die Gemüter haben sich längst beruhigt. Jeden Mittwochabend tagt die Vereinsrunde zum Wohle der Gemütlichkeit und der Weißbierkultur. Das obergärige, daher spritzige Hefe-Weizenbier soll in dieser Art vor Jahrhunderten in Bayern erfunden und auch als Medizin bei allerlei Leibsgebrechen empfohlen worden sein! Geöffnet ist beim Steiner mit Rücksicht auf einen Zipfel Privatleben nicht jeden Abend, wohl aber von Mittwoch bis Freitag und am Sonntag, jeweils ab 18 Uhr. Und dann kann es spät werden...

Ein paar weitere „Kleine" der im Rottal einst so zahlreichen Brauereien haben bis in die Ära der Getränkemärkte und Großbrauereien überlebt. So der **Bauer-Weiß-**

Der Besitzer der kleinsten Weißbierbrauerei der Welt, Karl-Heinz Steiner, steht ab 18 Uhr an der Theke seiner urigen Gaststätte.

bräu in **Triftern,** wo man auch sehr gut essen kann (außer dienstags ist jeden Mittag und Abend geöffnet).

Die **Privatbrauerei Jodlbauer** in **Rotthalmünster** – Spezialität Josefi-Weiße – führt keine eigene Gaststätte, wohl aber im Nachbarort **Kößlarn** der **Brunner-Weißbräu:** Hier wird täglich außer dienstags von 9 Uhr bis in den späten Abend ein süffiges Hefe-Weißbier vom Faß ausge-

schenkt. Unter schwerer Holzbalkendecke kann der Gast aus einer reichhaltigen Speisenkarte wählen.

Den typischen Landgasthof mit bayerischer Kost zum selbstgebrauten Hellen gibt es noch bei **Paul Büchner** in **Heilmfurt** bei Malgersdorf (Donnerstag, Samstag, Sonntag ab 11 Uhr offen). Wen es zu einer altüberkommenen Klosterbrauerei mit Gewölbekeller und **Biergarten** zieht, der begibt sich zu Lene Obermayr nach **Seemannshausen** bei **Gangkofen.** Geöffnet ist am Wochenende, das heißt Freitag bis Sonntag von 15 bis 24 Uhr. Aus Holzfässern zapfen die Wirtsleute ein kellertrübes Helles in den Steinkrug.

In **Spanberg** bei **Zainach** (Eggenfelden) beschloß Wolfram Brunner, sich einen alten Wunsch zu erfüllen und ließ sich neben dem Betrieb einer Herdfabrik zum Braumeister ausbilden. Das untergärige Helle und Dunkle sowie ein obergäriges Weißbier werden in der Fastenzeit durch das Bockbier „Brunnator" ergänzt. Gut altbayerisch ist Brunner eingerichtet, um den Gästen zum Selbstgebrauten bayerische Schmankerln zu servieren.

Soweit die „Kleinen", die den Verdrängungswettbewerb überlebt haben und ein Stück Alt-Rottal am Leben erhalten. Daneben existieren die etablierten Großen, die auf den Volksfesten anzutreffen sind und über die Region hinaus „exportieren": wie der **Gäßl-Bräu** in **Pfarrkirchen, Arco-Valley** in **Bad Birnbach** und **Weideneder** in **Tann.** In **Aldersbach** hat sich das **Bräustüberl** in Zusammenhang mit Klosterkirche und Brauerei-Museum erhalten: Zur mitgebrachten Brotzeit holt man sich das Bier von der Schenke.

Nicht zu zählen sind die gemütlichen Gaststätten und sommerlich unter Kastanienbäumen aufgedeckten Biergärten im Rottaler Land. Sie sind eine Entdeckungsreise von Fürstenzell bis Neumarkt-St. Veit, von Simbach bis Johanniskirchen wert.

Anke Radtke

Arnstorf – Tradition und Moderne Hand in Hand

Alfons Sittinger

D er Markt Arnstorf stellt eine gelunge ne Symbiose von Fortschritt und Tradition dar. Historische Gebäude und Traditionen, Feste und Veranstaltungen existieren Seite an Seite mit modernen Dienstleistungsbetrieben und auch überregional erfolgreichen Unternehmen.

Arnstorf ist erstmals im 12. Jahrhundert erwähnt. Etwa um 1130/1140 tritt der Name durch einen Zeugen „Wernhart de Arnsdorf" in einer Schenkung an das Kloster Fornbach urkundlich auf. 1145 erscheint ein „Roudeger de Arnesdorf" als Zeuge in einem Tauschgeschäft des Klosters Aldersbach mit Bischof Heinrich von Regensburg.

Der Ort dürfte aber noch älter sein. Vermutlich geht die Namensgebung auf die Zeit des Erzbischofs Arn von Salzburg (ca. 740–821) zurück. Damit würde Arnstorf zu den ältesten Siedlungen im Landkreis Rottal-Inn zählen. Frühere Ausgrabungen von Keltenschanzen bei Wiedmais sind auf etwa 4000 v. Chr. zu datieren. Grabhügel aus der Bronzezeit fanden

Archäologen Anfang der 90er Jahre des 20. Jahrhunderts bei den Ortschaften Schickanöd und Kattenberg. In den Gräbern lagen Scherben von Keramikgefäßen und menschliche Knochenreste etwa aus der Zeit von 1800 bis 1250 v. Chr.

850jähriges Gründungsjubiläum

Untrennbar verbunden mit der wirtschaftlichen und gesellschaftlichen Entwicklung des Marktes sind das Adelsgeschlecht der Closen und ab 1847 das der Grafen von Deym. Die Ahnenreihe der Schloßherren beginnt mit „Jürgen von Mülperg", dessen Nachkommen sich die „Clausner" nannten. Das älteste Siegel ist auf 1321 datiert und bezeichnet einen S'Alwerdi Zlauosener" oder Albert von Closen. Die Closen wurden 1652 in den Grafenstand aufgenommen, im Jahr 1766 erhielten sie die Grafenkrone. Mit dem Aussterben des Geschlechts in der männlichen Linie gingen die Güter 1847 auf die Grafen von Deym über, in deren Besitz sie heute noch sind. Das Obere Schloß, abge-

setzt durch Schloßmauern, Park und Gräben vom eigentlichen Markt, ist seit dem 15. Jahrhundert Sitz des Adelsgeschlechts. Das Gebäude ist eine zweigeschossige, unregelmäßige Vierflügelanlage, die im Laufe der Jahrhunderte wenig verändert wurde. Der Aufgang zum Schloßhof ist von toskanischen Säulenarkaden aus der Zeit der Renaissance umgeben. Das Schloß ist von der gräflichen Familie von Deym bewohnt. Ohne Anmeldung beim Schloßherrn kann man es nicht besichtigen.

Im Nordostflügel liegt die Schloßkapelle aus dem 15. Jahrhundert, in der auch heute noch Gottesdienste gefeiert werden. Mit dem Kaisersaal birgt das Obere Schloß ein bemerkenswertes Beispiel barocker Raumgestaltung. Der Kaisersaal ist der Hauptsaal des Schlosses und so ge-

Das Untere Schloß in der Mitte des Marktes, 1681 als zweigeschossiger Barockbau errichtet, wurde nach 1980 zu einem imposanten Büro- und Geschäftshaus umgebaut.

nannt, weil hier Kaiser Karl der VII. zu Gast gewesen sein soll. Ob dies zutrifft oder nicht, der Saal verdient allein wegen seiner beeindruckenden Ausgestaltung mit dem Deckenfresko des Malers Melchior Steidl aus dem Jahre 1714 die Bezeichnung „Kaisersaal".

Im Renaissancehof, der eine vortreffliche Akustik besitzt, finden seit 1989 Schloßkonzerte statt, die der Markt Arnstorf und die gräfliche Familie von Deym mit finanzieller Beteiligung des Unternehmers Hans Lindner gemeinsam veranstalten. Der reizvolle Rahmen und die Qualität der verpflichteten Künstler haben die Konzerte in ganz Niederbayern bekannt gemacht; der Schloßhof ist bei den meisten Konzerten bis auf den letzten Platz gefüllt. Im Jahre 1989 richteten der Markt Arnstorf und der Landkreis Rottal-Inn erstmals das Mittelalterfest in Arnstorf aus. Natürlich gab es auch dafür keinen passenderen Veranstaltungsort als den Schloßhof. Zum Fest spielten das ungarische „Mandel Quartett" und das Ensemble „Estampie". Aufgrund der positiven Resonanz auf das Angebot setzte der Markt die Schloßkonzerte, die nun in der Regel am dritten Juniwochenende stattfinden, fort. Bisher gastierten neben den genannten Künstlern klangvolle Namen: das „Ulsamer Collegium", das „Streichquintett der Bamberger Symphoniker", das „Philharmonische Bläserquartett Berlin", die „Singphoniker", die „Cappella Scaramella e Piffari" und das „Renner Ensemble".

Das Untere Schloß saniert

Das Untere Schloß von Arnstorf, das nach der Teilung der Herrschaft im Jahre 1614 und 1681 als zweigeschossiger Barockbau errichtet wurde, steht in der Mitte des Marktes. Nach der Wiedervereinigung der Herrschaft im Jahre 1809 verlor es seine Bedeutung und präsentierte sich zuletzt in einem arg verwahrlosten Zustand. Im Rahmen der Dorferneuerung Ende der achtziger Jahre wurde auch dieses das Ortsbild prägende Gebäude saniert und zu einem imposanten Büro- und Geschäftshaus umgebaut. Für die Restaurierung des Unteren Schlosses erhielt Arnstorf am 26. Mai 1990 die Europa-Nostra-Auszeichnung. In der Europa-Nostra-Vereini-

gung sind einige hundert Vereine und Verbände aus 23 europäischen Staaten zusammengeschlossen, die sich bemühen, die unersetzlichen Werte des gemeinsamen Architektur- und Naturerbes überall in Europa zu bewahren.

Seit 600 Jahren die Marktrechte

Nicht nur das Untere Schloß, der gesamte Kernbereich des Marktes erhielt ein attraktives Erscheinungsbild. Den Busverkehr hat man aus der Ortsmitte verlagert und Parkflächen geschaffen. Der Rückbau von Teerflächen, die erweiterten Fußgängerbereiche und großzügige grünordnerische Maßnahmen brachten neue Qualität. Der Wochenmarkt am Mittwoch erhielt durch die Umsiedlung in den neu gestalteten Schloßvorhof zusätzliche Attraktivität. Ein Weihnachtsmarkt findet seit einigen Jahren wieder statt und hat beim restaurierten Schloßgebäude ein ideales

Ambiente. Auch ein breites Spektrum von Geschäften siedelte sich an. Die festgesetzten Märkte mit verkaufsoffenem Sonntag – Fastenmarkt, Auffahrtsmarkt, Erntemarkt und Allerseelenmarkt – entwickelten sich zu Besuchermagneten. Das schöne Ortsbild, die neuen Geschäfte sowie das gute Arbeitsplatzangebot haben dem Markt Arnstorf wieder zu einer bedeutenden Stellung im Rott-, Inn- und Kollbachtal verholfen.

Knapp 600 Jahre sind vergangen, seit Herzog Heinrich im Jahre 1419 Arnstorf die Marktrechte verlieh. Ein tragendes Element der wirtschaftlichen Entwicklung war das Handwerk, vor allem die Tuchmacher und Lederer. Sie sind im Stiftsbüchel der Pfarrei Arnstorf von 1515 mit ihren Quatemberämtern und Jahrtagen erwähnt. Sie und andere Zünfte und Gewerbetreibende legten den Grundstein für die heutige Prosperität.

Die Decke im Kaisersaal des Oberen Schlosses von Arnstorf. Gemälde von Melchior Steidl (1714).

Nicht nur das merkantile Arnstorf hat seine Anfänge in der Zeit der Ritter und Burgen. Die Geschichte einer Reihe von Kirchen und Kapellen in und um Arnstorf geht zurück ins 13. bis 15. Jahrhundert. Kaum verändert in ihrem Erscheinungsbild, geben sie Zeugnis vom Kunstschaffen und der tiefen Religiosität vergangener Generationen. Die Pfarrkirche St. Georg ist mit ihrem siebengeschossigen, reich gegliederten Westturm weit ins Kollbachtal zu sehen. Die Kirche wurde in der Zeit der Spätgotik errichtet. Über dem Chorbogen findet man die Jahreszahl 1477. Das Netzrippengewölbe in unterschiedlicher Figuration besticht durch seine farbenfrohe Ornamentik. In der Innenausstattung sind vor allem das monumentale, sechseinhalb Meter hohe Kruzifix sowie die kunstvollen Epitaphien der Closen erwähnenswert. Das Grabmal des Hans von Closen, der 1527 starb, ist ein herausra-

gendes künstlerisches Werk, das dem Bildhauer Stephan Rottaler zugeordnet wird.

Im Jahre 1994 begann die Renovierung der Pfarrkirche mit Kosten von mehr als einer Million Mark. Die Bauleitung wurde dem renommierten Architekten und Historiker Dr. Fritz Markmiller aus Dingolfing übertragen. Die künstlerische Ausgestaltung liegt in den Händen des namhaften Eggenfeldener Bildhauers Josef Neustifter. Neben der Pfarrkirche St. Georg steht mit der barocken Pfarrkirche Mariä Himmelfahrt zu Mariakirchen ein weiterer imposanter Sakralbau im Gebiet des Marktes Arnstorf. Der Turm mit seiner lebhaft gegliederten Zwiebelkuppel beherrscht die Silhouette der Hofmark zusammen mit den wehrhaften Zinnen des Wasserschlosses aus dem 16. Jahrhundert. Im Innern der Pfarrkirche sind der stattliche Hochaltar von 1765 mit einer spätgotischen Madonna in der Mittelni-

sche sowie die beiden Seitenaltäre aus dem Jahre 1739 bestimmend. Ins Auge fallen auch die Deckengemälde, die die Verkündigung, die Geburt Christi, die Himmelfahrt und die Krönung Mariens darstellen. Kulturhistorisch bedeutsam und teilweise durch Lage und Ausstattung besonders reizvoll sind auch die übrigen Kirchen und Kapellen im Markt, wie Döttenberg, Hainberg, Jägerndorf, Kemathen, Kühbach, Mitterhausen, Neukirchen, Ruppertskirchen, Steindorf und nicht zuletzt die im sogenannten Arnstorfer Malerwinkel gelegene spätbarocke Wallfahrtskirche Maria Schnee.

Neue Attraktion Mittelalterfest

Die Geschichte des Marktes Arnstorf wird lebendig im Mittelalterfest. Auf „Heller und Barde" heißt die Veranstaltung, in der das Handwerk und die Musik, Trachten und Spiele, Bauernleben und Bräuche aus der Zeit der Ritter, Landsknechte und Burgen den Markt erobern. Die Veranstaltung fand erstmals 1989 im Rahmen des Jahres des Mittelalters in Ostbayern in

Die Firma Lindner ist mit etwa 1600 Beschäftigten und Tochterunternehmen in ganz Europa der größte Arbeitgeber des Marktes und des Landkreises Rottal-Inn. Die Firma liefert modernste Inneneinrichtungen.

Zusammenarbeit mit dem Landkreis Rott-tal-Inn statt. Das Mittelalterfest war so erfolgreich, daß sich der Marktrat ent-schloß, es alle drei Jahre zu organisieren. Gaukler, Spielleute, Falkner, Ritter, Lands-knechte und edle Damen, Bettler, Mön-che sowie vielerlei altes Handwerk und Bauern mit ihren Tieren versetzten zu-letzt im Juni 1995 den Markt originalge-treu in mittelalterliche Zeiten.

Nicht weit vom Marktplatz in südlicher Richtung steht das Alt-Arnstorf-Haus, das Heimatmuseum von Arnstorf am Stein-bach. Das Haus wurde 1759 als Handwer-kerhaus vollständig aus Holz erbaut. 1968 kaufte die Interessengemeinschaft zur För-derung des Marktes Arnstorf und Umge-bung das abbruchreife Gebäude. Fachkun-dige Handwerker und zahlreiche freiwilli-ge Helfer legten Hand an, um das Gebäude zu renovieren und als „Alt-Arnstorf-Haus" zu erhalten. Vor allem Gegenstände aus dem landwirtschaftlichen und handwerk-lichen Bereich, insbesondere eine alte Schu-sterwerkstatt sowie Möbel, Bilder und al-tes Schrifttum sind jetzt zu besichtigen. Neben der Sammlung im Heimatmuseum besitzt die Interessengemeinschaft die lo-kalhistorisch und zeitgeschichtlich bedeut-same Sammlung von etwa 25 000 Foto-Glasnegativen aus dem Nachlaß der Arnstorfer Fotografenfamilie Gollwitzer.

Das Freizeitangebot

Die Anregung zum Bau des Freibades gaben einige bekannte Arnstorfer Bürger. In einer Briefaktion schrieb der Förderver-ein über 300 Firmen an und bat um Spen-den. Der Erfolg stellte sich ein. Der Senior-chef der Firma Hans Glas in Dingolfing spendete einen nagelneuen „Isar 700 Lu-xus" im Wert von 4870 Mark zum Frei-badbau in Arnstorf. Nachdem ein finanzi-eller Grundstock von fast 50 000 Mark angesammelt war, beschloß der Marktrat 1961 einstimmig den Bau des Freibades. Am 14. Juni 1964 fand die Einweihung mit Schwimmwettkämpfen statt. Mittler-weile ist das Freibad modernisiert und beheizt. Man sieht ihm die 30 Jahre, die es auf dem Buckel hat, überhaupt nicht an.

Nicht weit vom Bad wurden Tennisplät-ze angelegt, das Schützenhaus, ein Fitneß-center, ein Reitgelände mit Halle sowie die Sporteinrichtungen der Fußballclubs von Arnstorf. Die Landschaft in der Umgebung lädt ein zu Abstechern ins Grüne. Viele Kilometer beschilderte Wander- und Rad-

wanderwege erschließen eine reizvolle Landschaft. Das Marktgebiet wird einmal geprägt von den weiten Wiesenlandschaf-ten in den Talauen der mäandrierenden Kollbach, zum andern vom angrenzenden kleinstrukturierten Hügelland. Eine Reihe von exponierten Hügellagen erlauben ei-nen weiten Überblick über das Haupttal. Der Weg vorbei an der dreihundertjähri-gen Eiche bei Stockahausen, die einen natürlichen Kontrapunkt zum steil aufra-genden Turm der Pfarrkirche St. Georg in der Ferne darstellt, empfiehlt sich für eine schöne Wanderung. Lohnenswert ist auch ein Spaziergang zur sogenannten „Burg" oberhalb von Sattlern. Ein Bauwerk ist zwar nicht mehr zu finden an diesem früheren Burgstall. Aber die Bürger von

firmen Otteneder und Ortmeier und eine ganze Reihe kleinerer oder mittlerer Hand-werksbetriebe. Insgesamt stehen in Arnstorf etwa dreitausend Arbeitsplätze zur Verfügung. Aufgrund dieses überdurch-schnittlich guten Angebots an Arbeitsplät-zen pendeln mehr als doppelt soviele Ar-beitnehmer nach Arnstorf hinein als aus Arnstorf hinaus, um andernorts einer Be-schäftigung nachzugehen.

Modellprojekt Parkwohnstift

Das Parkwohnstift der Hans-Lindner-Stiftung, das im Oktober 1994 eingeweiht wurde, ist im ehemaligen Kreis-Alten- und Pflegeheim untergebracht, in dessen Um-bau die Firma Lindner 13 Millionen Mark gesteckt hat. Drei bis fünf Millionen Mark

Das Mittelalterfest im Juni 1995 wurde von der gesamten Bevölkerung mit großem Engagement vorbereitet. Im Bild ein Falkner mit Steinadler.

Sattlern nutzen den schön gelegenen Platz mit der Aussicht auf das Kollbachtal und Mariakirchen gerne noch für bestimmte Feiern, wie das Burgfest am letzten Juni-wochenende und das Maibaumaufstellen.

Wirtschaftlich gesehen steht Arnstorf mit an der Spitze im Landkreis Rottal-Inn. Die Firma Lindner mit etwa 1600 Beschäf-tigten und Tochterunternehmen in ganz Europa ist der größte Arbeitgeber des Marktes, ja sogar des Landkreises.

Weitere große Arbeitgeber sind die Be-kleidungsfirma Gil Bret, die metallverar-beitenden Firmen Knürr und Stegmüller, der Dach-und Fassadenbaubetrieb Pröckl, die Konservenfabrik EFKO sowie die Bau-

flossen als Zuschüsse des Bundessozial-ministeriums, des Landes und des Bezirks in das Modellprojekt. Das Parkwohnstift glie-dert sich in sechs verschiedene Bereiche, die ineinander übergreifen und eine um-fassende Versorgung der Menschen ge-währleisten: Betreutes Wohnen, Rehabili-tation, Wohnpflege, Tagesstätte, Tagesbe-treuung und Kurzzeitpflege. 50 Plätze gibt es im Betreuten Wohnen, 25 Betten ste-hen in der Rehabilitation, und 75 Pflegefäl-le können aufgenommen werden. Über 100 Mitarbeiter hat der Pflegebereich. Als Herz des Hauses blieb die Emmauskapelle im Westbau erhalten. Der Bildhauer Josef Neustifter hat die Kapelle neu gestaltet.

Der Markt Tann und die Tuchmacher

Tann am Moos hieß der Ort um 800 oder auch schon früher: Siedlungsspuren weisen in die älteste Rodungsepoche zurück. Es war ein Landstrich voller Quellmoore, Bäche und Sumpfwiesen, auf den Höhen ringsum standen in dichten Wäldern Eichen, Buchen, Linden, Eschen und Föhren. Eine jahrhundertealte Linde wurde um 1900 gefällt, 32 Klafter gab das Stammholz her. Eine Fichte nahe der Ederbergsenke soll fast zwei Meter Durchmesser erreicht haben. Am Winichnerhof stand bis 1938 ein uralter Birnbaum, in dessen hohlem Stamm mehrere Männer Platz fanden. Zuletzt brach ihn der Sturm. Hofnamen wie Denharten und Tannenthal, Reut, Aiching, Fehring und Buch, Feichtner und Aschen zeugen von der Vielfalt des Waldbestandes einst.

Um so bemerkenswerter erscheint die Mühe, die sich nach 1900 der Verschönerungsverein machte, um den ausgelichteten Wald aufzuforsten. Wanderwege führen seither durch den Wald, der die Marktmitte vor Erosionsfolgen und dem gefürch-

teten kalten „Böhmerwind" schützt. Vielleicht kehren eines Tages Rohrdommel und Schnepfe, Wiedehopf und Goldamsel, Erlenzeisig, Zaunkönig und Eisvogel zurück.

Marktfreiheiten seit 1389

Im Jahr 927 wurde Tanner Land zum Tauschobjekt der adligen Nonne Ellanburga, die einem Gebiet nahe dem heutigen Reichenhall den Vorzug gab. Das Hochstift Salzburg konnte sich schon wenig später weitere Besitztümer im Rottachgau einverleiben: Reimbert von Tann hatte im Zorn einen Nachbarn bis vor den Altar verfolgt. Diesen Frevel büßte er mit einer Schenkung der Taubenbacher Kirche samt den dazugehörigen Besitztümern.

Nach Reimberts Tod wechselten die Besitzer von Tann in kurzen Abständen, bis um 1200 Schloß und Herrschaft an die Grafen von Leonberg kamen. Das Geschlecht erlosch 1319, Erben waren die Grafen von Hals. Heinrich von Ortenburg vermählte sich mit Agnes von Hals, doch

mußte sie ihren Bruder auszahlen. Aus Geldmangel wurden dann die Güter Tann und Leonberg an Albrecht von Closen verkauft. Um die übrigen Ländereien, die bis nach Marktl und Baumgarten reichten, entbrannten oft Streitigkeiten zwischen den Familien Hals und Ortenburg. Schließlich fiel Tann an die bayerischen Herzöge.

Zu diesem Zeitpunkt, am 25. Juni 1386, wird Tann bereits als Markt bezeichnet. Eine Verleihungsurkunde ist nicht erhalten, das Datum damit nicht gesichert. Oft erfolgte die herzogliche Bestätigung erst nachträglich. In einer kurzen Notiz auf der Rückseite eines späteren Dokuments heißt es: „... respective 1389, weil Herzog Friedrich solche, nämlich märktische Freiheiten, in diesem Jahr an die biederen Bürger von Tann verliehen hat." Von den genehmigten Märkten war und ist der Lichtmeß-

„In Tann ist gut wan". Traditionell Treffpunkt für das Umland sind die historischen Gasthäuser am Marktplatz mit dem Marienbrunnen.

markt der größte. Wachsmarkt heißt er im Volksmund, weil um Lichtmeß die „Ehhalten", die Dienstboten, wechselten und die Knechte sich bei den Mägden, ebenso wie die Herrschaften, mit Wachsstöckln fürs Aufbetten bedankten. Der Wachsmarkt war in erster Linie Viehmarkt. In den Jahren 1830/31 wurden 4700 Stück Rindvieh und an die 400 Schweine aufgetrieben. Die Viehmärkte hielten sich bis weit ins 20. Jahrhundert, wenn auch bei weitem nicht in diesem Umfang. Geblieben sind eine Geflügelschau und die zahlreichen Stände der „Fieranten", der frei unherziehenden Händler. Politische Kundgebungen, bei denen keiner ein Blatt vor den Mund nimmt – jede Partei oder Wählergemeinschaft tagt in einem anderen Gasthaus – sorgen für angeregte Stimmung auch bei frostiger Wetterlage.

Zum Bartholomäus-Markt im August, einem Kunsthandwerkermarkt, kommen die Besucher von weit her. Zu Martini im November beleben die Landwirte den Bauernmarkt, nicht mit Vieh, sondern mit frisch Geräuchertem, Honig und Met aus eigener Imkerei, selbstgebackenem Brot, Eingewecktem und handgewebten Arbeiten.

Das Kreuz trug der Teufel davon

Wappen und Siegel erhielt der Markt 1439: Das Wappen zeigt eine Tanne auf einem Hügel, flankiert von den bayerischen Rauten. Weder Urkunde noch Ruine zeugen vom einstigen Schloß, das in der Nähe des Meierhofs auf der Anhöhe von Eichhornseck südöstlich des Marktes vermutet wird. Die letzten Besitzer sollen zwei adelige Damen gewesen sein. Eine verlor den Gatten auf einem Kreuzzug ins Heilige Land, die andere ihren Verlobten kurz vor der Hochzeit auf einem Turnier in Nürnberg. Die beiden Vereinsamten ließen am Eichhornseck eine Kapelle zu Ehren des heiligen Leonhard errichten und traten alle Tage über den Bachsteg, um in der Pfarrkirche des Marktes zu beten. Damals gruppierte sich die Siedlung noch um die Kirche, denn der Tannenbach trat häufig über die Ufer. Am Steg war ein als wundertätig bekanntes Kreuz angebracht. Solange die frommen Edelfrauen lebten, konnte kein Unwetter dem Steg und damit dem Kreuz etwas anhaben. Danach aber, so behauptet die Sage, habe der Teufel in einer finsteren Sturmnacht Kreuz und Steg davongetragen. Erhalten blieb die romanische Kirche St. Leonhard beim Meierhof.

Viel Unheil durch Kriege und Pest ist in den folgenden Jahrhunderten über Tann hereingebrochen. Zweimal brannte der Markt nieder. 1632 waren es die Schweden, die den Markt überfielen, brand-

Im Zeichen der Wallfahrt zum „Herrgott von Tann" erstand 1810 der klassizistische Bau der Pfarrkirche.

schatzten und plünderten. Die Einwohner versuchten, sich über den Inn nach Braunau in Sicherheit zu bringen. In der Chronik des Jacob Groß von 1864 heißt es: „Wer zurückblieb, setzte sich Willkür und Mißhandlungen aus. Die Soldaten, Leute aus allen Nationen, banden die Mädchen und Frauen an Händen und Füßen und trieben ihre tierische Lust, die Männer mordeten sie langsam unter entsetzlichen Martern, indem sie ihnen heißes Blei oder schmalz in die Körperöffnungen gossen oder sie mit den Bärten an die Pferdeschweife banden und durch den Markt schleiften." Als das Vieh geschlachtet und die Vorräte verbraucht waren, zogen die Soldaten weiter ins Inntal. In der Folge herrschten Hungersnot und eine pestartige Seuche, die wenig später auch das Inntal und Österreich erreichte, wo innerhalb der Festung Braunau Kurfürstengreis Maximilian I. Zuflucht gesucht hatte. Groß über die Jahre 1632/34: „Ganze Familien starben aus. Raben und Eulen fielen über die nicht mehr Begrabenen her, bis sie selber haufenweise herniederfielen."

Die Legende berichtet vom Fährmann von Haunreut, der eines Nachts einen unheimlichen Gast über den Inn setzte. Das Boot wurde schwerer und schwerer, doch erreichten sie glücklich das andere Ufer. Dort erhielt der Fährmann eine schwarze Kugel als Lohn, und der Fremde sprach: „Ich bin der schwarze Tod von Tann. In Tann werden soviele Menschen sterben, wie das Jahr Tage zählt. Trag diese Kugel mit dir, dann wird dir kein Leid geschehen."

Wallfahrt zum „Herrgott von Tann"

Die Überlebenden bauten Tann wieder auf. In einem der Häuser in der Marktmitte entdeckte ein Schreinergeselle beim Erneuern des Fußbodens in zwei Fuß Tiefe ein Kruzifix. Es war eine schöne Arbeit mit ausdrucksvollem Gesicht und eine der seltenen Christusfiguren mit echtem Bart und Haupthaar. Der Schreiner besserte das Kreuz aus und verehrte es dem Eggenfeldener Matthias Kradt zur Hochzeit. Durch dessen Sohn, der Marktschreiber in Tann wurde, kehrte es an seinen Ursprungsort zurück.

Handelte es sich wirklich um das einst vom Steg geschwemmte Kreuz oder will das nur die Legende so? Dem Stil nach wird es auf die Zeit nach 1500 datiert, wäre also jüngeren Datums. Kradt hängte es in seiner Amtsstube auf, und eines Tages fiel ihm auf, daß Bart und Haupthaar nachgewachsen waren. Die Menschen strömten von weit her herbei, das Wunder

Die Marktgeschichte wurde 1989 anläßlich der 600-Jahrfeier lebendig: Die Tanner Bürger kleideten sich historisch und führten vier Tage lang vor, was für ihre Vorfahren Alltag war. Auch der Wittelsbacher Herzog von Burghausen machte zum Marktfest seine Aufwartung.

anzuschauen. Schon erwies sich das Kreuz als heilkräftig bei allerlei Leiden.

Auf Anordnung des Fürstbischofs von Salzburg wurde der Vorgang durch die Geistlichkeit überprüft, das Kreuz 1696 in die Pfarrkirche überführt. Papst Pius VI. verlieh vollkommenen Ablaß allen Gläubigen, die nach Beichte und Kommunion ihre Andacht vor dem Gnadenbild des „Herrgott von Tann" verrichteten.

Elf Priester waren zeitweilig um Seelsorge und kirchliche Verrichtungen bemüht. Für sie wurde eigens ein Gebäude errichtet, der spätere Pfarrhof. Marktschreiber Kradt übernahm den Devotionalienhandel. Wirtschaftlichen Aufschwung brachte der Pilgerstrom auch den Schuhma-

chern, Bäckern, Metzgern, Brauereien und Gastwirten. Als um 1810 die St. Peter und Paul geweihte neue Pfarrkirche im klassizistischen Stil vollendet war, hatte die Wallfahrt ihren Höhepunkt überschritten. Votivtafeln zeugen davon, daß die Gebete der Gläubigen im Angesicht des „Herrgott von Tann" Erhörung fanden.

Tanner Tuch in alle Welt

Bereits um 1400 hatte sich das Tuchmacherhandwerk einen guten Ruf erworben. Auf der Jacobi-Dult in München soll sich 1387 der bayerische Herzog mit Tanner Tuch eingedeckt haben. 1470 kaufte Herzog Albrecht IV. für sich und seinen Hofstaat ein. Als Schiffe für Entdeckungsrei-

sen rund um den Erdball ausgerüstet wurden, war es nicht selten Tanner Tuch, das den Winden standhielt. Es war in den Handelszentren von Venedig, Triest und Amsterdam gefragt.

Tüchtigkeit und Geschäftssinn der Tuchmacher brachten dem Markt Ansehen und Wohlstand. Für den französischen Hof webten die Tanner die um 1500 in Mode gekommene Steifleinwand. Aus Paris brachten sie nicht nur erfreuliche Geschäftsabschlüsse mit, sondern auch empörende Nachrichten über die Sittenlosigkeit bei Hofe. Zu Hause in Tann bestimmten Bürgerrecht und Zunftregeln, was Sitte und Anstand war. Doch wer durfte sich in jenen Tagen Bürger von Tann nennen? Das waren vor allem die Handwerksmeister, im Jahr 1506 zum Beispiel nur 76 Einwohner. Alle anderen und damit auch die Gesellen waren „Inwohner". Sie hatten das Recht, im Markt zu wohnen, wählen durften sie nicht, und für eine Familiengründung fehlte der finanzielle Hintergrund. Nur gelegentlich ergab sich eine Einheirat. Andererseits beschäftigten die Meister nur Gesellen ehelicher Abkunft, auch das stand in den Zunftregeln. Wer das Bürgerrecht erwerben wollte, mußte ehelich sein und eine erkleckliche Summe entrichten. Er hatte sich mit Feuerschutz- und Schützenabgabe an den ortsüblichen Vereinigungen zu beteiligen.

Die Jungen gingen nach Amerika

Solche Regelungen galten in allen Märkten, Tann bildete da keine Ausnahme. Selbst eine Handwerkertochter wurde hart bestraft, wenn sie ein uneheliches Kind zur Welt brachte: Den Tanner Gerichtsakten liegen drei Beichtzettel bei, die beweisen, daß das Beichtgeheimnis nicht nur im Falle eines Verbrechens gelüftet wurde. Neben Geldstrafen, der „Geign" und dem Stock, der im Mund zu tragen war, konnte das Gericht im Falle von Beleidigungen – meist eher deftige Worte und üble Nachrede – auch einen Vergleich herbeiführen.

Die Tuchmacher von Tann aber, zu Reichtum gelangt, fühlten sich am Ende so unübertrefflich gut, daß niemand sich im Gasthaus an ihren Tisch zu setzen wagte. „Wir Tuchmacher sind die Herren von Tann, kein Weber, kein Bräuer, kein Stand kann uns an", lautete ihr Spruch. Noch zu Beginn des 18. Jahrhunderts waren in Tann 22 Tuchmachereien, zwei Tuchscherereien und 22 Webereien registriert.

Bis zu 100 Gesellen und mehr wurden beschäftigt. Selbst Kriegszeiten haben die „Herren von Tann" zu nutzen gewußt. Die Chronik spricht von ganzen Landknechtshaufen und Söldnerheeren, die sich in Tanner Tuch kleideten.

So flexibel die Tuchmacher jahrhundertelang auf jede Herausforderung reagiert hatten, als die Industrialisierung voranschritt, kannten sie nur eine Antwort: Wir schotten uns ab. Sie übernahmen weder die neuen Färbetechniken noch den mechanischen Webstuhl. Sie beeinflußten den Marktrat, die geplante Bahnlinie über Tann abzulehnen – ein Schienenweg, der auch ohne diesen Einspruch wohl nie gebaut worden wäre. Mit extrem niedrigen Löhnen hofften sie, die Nachteile der Handweberei aufzufangen. Darüber kam es 1848 beinahe zum Gesellenaufstand. Die jungen Leute wußten, was sie zu tun hatten: Sie suchten sich Facharbeiterstellen in den aufstrebenden Städten. Die mutigsten wanderten nach Amerika aus. Als das 20. Jahrhundert eingeläutet wurde, war die Zeit der Tanner Tuchmacher vorbei.

Und doch: „In Tann ist gut wan"

Mochten auch die Tuchmacher allzu sehr von sich eingenommen, die Obrigkeit zuzeiten streng gewesen sein – in Notzeiten bewiesen die Tanner ihr sprichwörtlich gewordenes „goldenes Herz". Ob es galt, die Burghauser nach dem Durchzug der Heere Napoleons mit Brot zu versorgen oder ob nach dem Zweiten Weltkrieg Vertriebene den Markt überfluteten, die Tanner haben stets spontan geholfen. Es waren vor allem Ungarn, mit denen die Bürger und Bauern nach dem Krieg Haus und Hof teilen mußten. Die Flüchtlinge wanderten dann teilweise nach Übersee aus, andere kehrten in die Heimat zurück. Einzelne fanden in Tann und Umgebung ein neues Zuhause.

Heute wie früher ist Tann mit der bis zur Pfarrkirche hinauf restaurierten und denkmalgeschützten Marktmitte Treffpunkt der Landbevölkerung. Gasthäuser mit historisch vertrauter Atmosphäre gehören dazu,

auch eine bodenständige Brauerei hat sich erhalten. Alle wichtigen Handwerke und Geschäfte findet man am Ort. Ein Gewerbegebiet ermöglichte mehreren Betrieben den großzügigen Ausbau. Hauptschule, Kindergarten, Sportanlagen und das Schwimmbad in schöner Lage machen den Wohnort Tann attraktiv wie die Wohngebiete auf den westlichen Höhenzügen.

Der Tourismus und das Programm Urlaub auf dem Bauernhof sind neue Einnahmequellen. Andererseits ist die Zahl der Auspendler hoch.

Zur „Hot Night" der Kulturzentrifuge heizen international bekannte Künstler und Gruppen den Besuchern mächtig ein.

Der Tanner Kultur e.V. pflegt das Überkommene. Mit der Verbreitung internationalen Flairs hat sich die Kulturzentrifuge einen Namen gemacht: Sie organisiert auch den Kunstmarkt im August mit Jazzfrühschoppen, Zauberspaß für die Kinder, setzt sich für Umweltschutzprojekte ein und steigt zur alljährlichen „Hot Night" mit erstklassigen Gruppen aller Hautfarben ein. Beliebt bei jung und alt sind die

Aufführungen der Walburgskirchner und Gumpersdorfer Theatergruppen.

Groß in Szene setzten 1989 die Vereine die 600-Jahr-Feier der Markterhebung. Tann gab sich historisch, inklusive Kostüme, Szenenspiel, Viehauftrieb und Zechgelage. Der „Herzog von Burghausen" machte seine Aufwartung. Bis aus Deggendorf und Landshut, Ostfriesland und Berlin reisten die Besucher an. Die Marktchronik zum Fest umfaßt 443 Seiten.

Höchster Dorfkirchturm

Die Region um Tann bis nach Zimmern, Reut und Zeilarn, wo bereits 1200 Jahre Besiedlung und Pfarrsitz zu feiern waren, ist landschaftlich reizvoll. Hügelauf, hügelab winden sich die Straßen, bei klarem Wetter sieht man die Alpenkette. Weit über die Täler blickt die gotische Wallfahrtskirche St. Ägidius von Schildthurn mit dem wohl höchsten Dorfkirchturm der Erde. Er mißt 78 Meter. Die Wallfahrt nach Schildthurn reicht weit in die Vergangenheit zurück, und man hat sie auch als Christianisierung eines Nornen- und Matronenkults gedeutet. Zu den drei heiligen Jungfrauen Einbeth, Willbeth und Warbeth pilgerten besonders kinderlose Frauen. Später rückte die Muttergottes als Wallfahrtsheilige in den Mittelpunkt. Wünschte eine junge Frau sich ein Kind und es wollte nicht kommen, so bewegte sie die einst vorhandene hölzerne Wiege. Silberne Votivwiegen zeugen von der Erhörung so manchen Gebets. Die Kapelle dem hohen Turm gegenüber ist alljährlich Ziel des Leonhardiritts.

Der Schildthurner Wallfahrtskirche in Baustil und Größe ähnlich ist St. Alban in Taubenbach. Wie aus den freigelegten Wandmalereien abzulesen ist, galt die Wallfahrt der Befreiung von Kopfleiden. Dazu wurden sogenannte „Kopfdreier" oder „Albanischädel" geopfert, Tonurnen in Kopfform, die man mit dreierlei Getreide füllte. Die Urnen werden im Pfarrhof aufbewahrt. Wurde ein keltischer Mythos mit der Märtyrerlegende von der Enthauptung des heiligen Alban verbunden?

Anke Radtke

Markt Triftern im Altbachtal

Anke Radtke

Ein bäuerlich gekleideter Mann, der Getreide seiht, nach altem Sprachgebrauch „austriftet", ist in das Wappen der Marktgemeinde eingegangen: Herzog Georg der Reiche von Bayern-Landshut verlieh das Wappen im Jahr 1486. Das Marktsiegel übernahm die Thematik. Doch dürfte es sich um eine nachträgliche Ausdeutung handeln.

Tatsächlich ist das malerische Altbachtal im Gebiet des heutigen Triftern schon früh als Gerichtsort und wahrscheinlich Klostergut von Bedeutung gewesen. Eine Urkunde aus der Amtszeit des Bischofs Reginar von Passau (818–838) bezieht sich auf eine Gerichtsverhandlung im „Thing" Truftara. Unter anderem ging es um eine Grenzstreitigkeit an der „Zelle namens rota" (gemeint ist ein Klostergut im Bereich der Rottkloster). Um den Richtspruch zu bekräftigen, gaben die dreizehn Geschworenen ihr Wort „bei der Kirche des heiligen Stephan". Dem Stephanus waren in so frühen Zeiten erst wenige Kirchen geweiht, neben dem Muttersitz Passau

das heutige Triftern, einst Truftern genannt. Bereits 1170 ist Triftern als Säkularpfarrei bezeugt, das Archidiakonat *inter amnes* (zwischen den Flüssen) war im 13. Jahrhundert in die Dekanate Triftern und Vilshofen eingeteilt. Der Ortsname Truftara entstammt weder römisch-lateinischem noch bajuwarischem Sprachgebrauch, könnte also noch älteren Datums, nämlich keltisch sein.

Handel nach Franken und Tirol

Als Markt wird Triftern erstmals in einem Giltverzeichnis von 1388 genannt. 1459 bestätigte Herzog Ludwig den Bürgern des Marktes die Freiheiten und Jahrmärkte, die ihnen von Friedrich (1375–1393) und Heinrich (1393–1450) verliehen worden waren. Damit verbunden war die Niedergerichtsbarkeit mit Polizeigewalt, Steuereinzug, Musterung, Einteilung von Scharwerksdiensten (Arbeitsdienst), Nachlaßinventur und Vormundschaftsbestellung, Heirats- und notarielle Beurkundungen und die niedere Jagd.

Feuersbrünste, Kriege und die Pest verschonten auch Triftern und die umliegenden Dörfer nicht. Durchziehende Soldaten nahmen den Familien oft alles, was sie besaßen – die Vorräte und den letzten Gulden. Einer lieh vom andern, um die rauhen Kriegsgesellen zufriedenzustellen, bis keiner mehr etwas hatte. Ein Mann soll mit Bart und Kinn am Tisch festgenagelt worden sein, bis sein Weib das Geld herbeigeschafft hatte. Die Pest forderte in der Pfarrei Triftern 1648/49 über tausend Opfer, eine neuerliche Epidemie brach nach dem Spanischen Erbfolgekrieg 1714/ 1715 aus. Kurfürst Max Emanuel hatte Bayern durch Kriege, aber auch seine Ausgaben für Kunst und Architektur hoch verschuldet. Marktkasse und Bruderschaften zusammen waren kaum in der Lage,

Seit 1388 ist Triftern als Marktort belegt. Schon um 800 jedoch oder gar schon in keltischer Zeit wurden in „Truftara" Things mit Rechtsprechung abgehalten.

die auferlegten Beträge an die kurfürstliche Hofkammer in München zu zahlen. Wenige Jahrzehnte später, 1740, brach der Österreichische Erbfolgekrieg aus.

Daß die Marktgemeinde sich dennoch immer wieder erholte, verdankt sie ihren Handwerksbetrieben, insbesondere den Webern und Tuchmachern, den Hafnern und Schuhmachern. Trifterner Tuche gingen bis nach Franken und Tirol, Schuhe wagenweise zur Hofdult nach München. Beispiele der Kunstfertigkeit der Hafner können heute im Pfarrkirchner Heimatmuseum bewundert werden. Acht Waren- und sechs Viehmärkte wurden noch zu Beginn des 19. Jahrhunderts abgehalten. Ein Markttag im Jahr 1823 bot nahezu alle Handwerke auf: Tuchmacher, Lein- und Zeugmacher, Baumwollhändler, Schuhmacher und Lederer, Schmiede, Brauer, Seifensieder, Hut- und Bortenmacher sowie Nadler, Drechsler, Siebmacher und Lebzelter, Buchbinder, Leistenbinder und Silberarbeiter, Seiler, Geschmeidler und Kürschner, Spengler und „Briefträger", die sich auch aufs Wahrsagen verstanden.

Kirchenschatz versteigert

Wie stets, wenn Kriegs- und Notzeiten überwunden sind, nimmt die Zahl der Kinder zu und damit auch die der Schulkinder. Im Zuge der Gemeindereform um 1806 hatte Triftern die Justizgewalt verloren. Im Rathaus war nun Platz für Schulräume – ein Notbehelf. Ein Schulhausbau ließ sich auf die Dauer nicht umgehen. Es war die Zeit der Aufklärung, der Säkularisation, und so wurden Stimmen laut, auf die nicht mehr benötigten Nebenkirchen zurückzugreifen. Schließlich wurden Kirchengeräte, Ummauerung, Einrichtung, die Altäre, die Bilder und zu guter Letzt das Gotteshaus Hölzlberg selbst versteigert. Das Kirchlein mit den Altären ersteigerte der Bauer, in dessen unmittelbarer Nachbarschaft es stand. So ist es erhalten geblieben. Der Schulraumnot war damit nur vorübergehend abgeholfen. Mitte des 19. Jahrhunderts wurde bayernweit die allgemeine Schulpflicht eingeführt. In Triftern plante

man eine gesonderte Mädchenschule unter Leitung der Englischen Fräulein. Die Kirchenstiftung St. Koloman in Lengsham stellte die Gelder zur Verfügung.

In Triftern waren die materiellen Probleme besonders groß, weil das Maschinenzeitalter dem Handwerk die Existenz nahm. Die gesellschaftliche Struktur des Marktes Triftern änderte sich grundlegend. Meister arbeiteten teilweise als Gesellen, Gesellen als Taglöhner. Durch den Bevölkerungszuwachs profitierten Landwirtschaft, Bäcker, Brauer und Metzger. Ins-

Die Amateur-Weltmeister von 1988, Konrad und Monika Klein, sind aus dem Rock'n'Roll-Club Triftern hervorgegangen.

gesamt wurde die Palette der Gewerke vielseitiger. Manch ein Tuchmachergeselle hantierte jetzt mit Kelle und Fräse, denn Maurer und Zimmerleute waren gefragt.

Die Viehmärkte in Triftern hielten sich länger als in anderen Rottaler Gemeinden, nämlich bis 1968. Von den übrigen, einst von den Herzögen verliehenen Märkten sind als Fierantenmärkte heute noch der Wachsmarkt am 25. Janaur (Pauli Bekeh-

rung) und der Ostermontagsmarkt von Bedeutung, zu denen die ganze Umgebung herbeiströmt. Heutzutage arbeitet man in Dingolfing, München oder im Chemiedreieck, aber auch in heimischen Betrieben. Im Gemeindeteil Anzenkirchen wurde ein Gewerbegebiet erschlossen. Man wohnt dort, wo schon Eltern und Großeltern zu Hause waren. Wohngebiete in schöner Hanglage sind ausgewiesen. Die Marktmitte wurde saniert.

Herrensitz, dann Rathaus

Auch Triftern hatte einst sein Schloß. Der „Sitzhof bei Triftern" hat wahrscheinlich schon vor 1300 bestanden. Urkundlich genannt ist der Verkauf des Hans des Seyfritzdorffers 1382 an Hans den Dyperskirchener. Ihm folgten mehrere Besitzer, darunter Albrecht Schenk von Staufen und Franziskus Graf von Lodron, Baron Anton Nepomuk Docfort, die Fraunhoferschen, zuletzt Freiherr von Hackled, der den Besitz an das Land Bayern abtrat. Eine Trifterner Witwe war die erste unter den bürgerlichen Besitzern. 1837 ging das Schloß mitsamt Stallungen und Weiher für 1822 Gulden an die Marktgemeinde, die darin Verwaltungsräume plante. Ein günstiger Preis! Doch erwiesen sich die Umbaukosten der teilweise verwahrlosten Gebäude als zu hoch. Also wurde das Schloß öffentlich versteigert, weiter veräußert, 1875 um ein Geschoß reduziert. Den ersten Stock benutzten die Ratsherren als Sitzungssaal, schließlich erwarb der Markt die Gebäude ein zweites Mal, nun aber waren 2400 Gulden zu erlegen. Der Marktschreiber erhielt hier Wohnung, der Nachtwächter einen Unterstand. Die Akten wurden in den Räumlichkeiten verwahrt, die Verstorbenen bis zur Beisetzung aufgebahrt.

Vom Turmversteck zur Kirche

Das Rathaus zog später nochmals um. Ein Jahrhundert nach dem zweiten Schloßerwerb, 1983, weihten die Trifterner ein zeitgemäß erbautes Rathaus am östlichen Ortsrand ein. Vom Schloß ist ein schmaler Bau neben der Kirche geblieben.

Um 1200 soll er frei stehend neben der damaligen Kirche errichtet worden sein: ein mächtiger Turm aus rohbehauenen Buckelquadern, nur einen Zugang hatte er nicht. Die Bürger nutzten ihn als Fluchtburg vor rauhen Kriegsgesellen und zogen die Leiter ein, wenn es brenzlig wurde. Dieser alte Turm romanischer Bauweise bildet die beiden Untergeschosse des im 15. Jahrhundert aufgestockten Kirchturms spätgotischen Stils. Der Spitzhelm mit Krabbenzier mußte später einer Rundkuppel weichen. Wandmalereien unter der Empore stammen aus dem 16. Jahrhundert, die übrige Einrichtung ist neugotisch. Mit besonderem Stolz gedenken die Bürger ihres Pfarrers Albert Schönhofer, der 1473 in Passau zum Bischof geweiht wurde. Sein Stab ist Teil des Domschatzes.

Großzügig mit Schwimmbad, Minigolfanlage und Tennisplätzen gestaltet wurde die Freizeitanlage des Marktes, die sich harmonisch ins Rottaler Hügelland einfügt. Hier starten im Juni auch die Triathlon-Teilnehmer aus ganz Süddeutschland zu ihrer harten Vielseitigkeitsprüfung.

Großzügige Sportanlagen

Wie in Pfarrkirchen, Eggenfelden, Massing, Tann und Wurmannsquick wurde die Marktmitte nach mehreren Bränden in Landshuter und Innstadtbauweise wiederaufgebaut. Die Blendmauern sind teilweise geschwungen, teils gezackt und heute in sehr gepflegtem Zustand. Ein Brunnen bildet die Marktmitte, schmale Wege verlocken dazu, die verwinkelten Gassen und die Ufer des Altbachs zu erkunden. Triftern verfügt über großzügige Sport- und Freizeitanlagen mit Schwimmbad, Minigolf- und Tennisplätzen. Mitte Juni begegnen sich Teilnehmer aus ganz Süddeutschland beim Triathlon (Schwimmen, Radfahren – bei beträchtlichen Höhenunterschieden – und fünf Kilometer Laufen).

Brauereigasthöfe gab es früher viele im Rottal, geblieben sind die urigen Gasthäuser mit holzvertäfelten Wänden und einer Speisekarte, auf der bayerische Schmankerl nicht fehlen dürfen. So auch im Markt Triftern und den übrigen Gemeindeteilen: in Lengsham, Anzenkirchen, Godlsham und Neukirchen. Jedes dieser Dörfer hat seine Geschichte. Anzenkirchen war bereits im 12. Jahrhundert Edelsitz. Vom 13. bis 15. Jahrhundert sind die Schenken von Neudeck und Anzenkirchen beurkundet, später kam der Besitz an die Ortenburger: „Zum Umfang der Hofmark gehörten 1597 eine Tavern, eine Mühle, vier Höfe, drei Huben und zwölf Sölden". Längst ist der Besitz verfallen. Allein das Schlößchen Loderham wurde wiedererrichtet. Heute kann man in der Gegend schöne Ferien auf dem Bauernhof verbringen. Auskunft erteilt die Marktverwaltung.

Preisgekröntes Dorf

Mit seinen traditionsreichen Stockhäusern, dem Kirchlein und Brunnen in ländlichem Ambiente errang Lengsham 1985 auf Bayernebene die Goldmedaille im Wettbewerb „Unser Dorf soll schöner werden". Bundesweit wurde Lengsham die

Tracht und Goldhaube sind das traditionelle Festtagsgewand – wie hier beim Inselfest in Anzenkirchen.

Silbermedaille zuerkannt. Ein Radwanderweg führt von Bad Birnbach durchs Altbachtal nach Triftern. Wer will, kann abseits des Wegs Zeugen der Eiszeit bestaunen: In der Thalhammer Schlucht, drei Kilometer von Anzenkirchen, treten gewaltige Felsblöcke aus Nagelfluh, dem Geschiebemergel, zutage, ebenso wie in der „Kaser Steinstube" bei Voglarn und im „Pelkeringer und Eckinger Gerümpel".

Das Altbachtal mit seinen grünen Tälern und dicht bewaldeten Höhen von Thannöd, Voglarn und Wiesing bis hinüber nach Wittibreut, Kößlarn und Zimmern eignet sich für abwechslungsreiche Wanderungen und Fahrradausflüge.

Nicht zuletzt versteht man sich in Triftern auf das Feiern von Festen. Ob beim allsommerlichen Volksfest oder bei den Faschingsbällen, Gäste sind stets willkommen. Wer sein Bier wie einst da trinken möchte, wo es gebraut wird, schaut unten am Markt zum Bauer-Weißbräu herein. Es ist eine der wenigen verbliebenen kleinen Privatbrauereien, und dem Geschmack der drei Sorten – Weiße, leichte Weiße und Bock – eilt ein guter Ruf voraus.

Die zierliche Braumeisterin zieht immer noch mit Hendln und Haxn aufs Karpfhamer Fest, das größte Volksfest im Rottal, und sie heiratete einen Braumeister aus Venezien, der im Altbachtal eine zweite Heimat fand.

Von einer Dampflok, dem Bockerl, mundartlich „Boggal", gezogen, zuckelte sie einst hübsch langsam, gelegentlich bockend, durch die Lande wie so manche Nebenbahn. Auf ebener Strecke kam sie flott voran, doch zwischen Passau und Pocking muß sie Kurvenradien von nur 300 Metern überwinden. Hinzu kommt die kräftige Steigung zwischen Fürstenzell und Neustift.

Die Rottalbahn passiert zahlreiche, nur durch ein Andreaskreuz gekennzeichnete Bahnübergänge. Oft genug handelt es sich um nicht mal befestigte Feldzufahrten oder Abkürzungen findiger Autofahrer. Daher darf die Rottaler Bahn auch nicht so schnell fahren, wie sie es mit den modernen Triebwagen könnte. Mit schrillem Pfeifton kündigt sie sich an. Nach dem Eisenbahngesetz sind Signallampen oder Schranken nur in bestimmten Abständen zulässig – eine Frage des Verkehrsaufkommens und der Kosten. Die zuständige Gemeinde muß sich zur Hälfte beteiligen.

Die Dampflok löste der Schienenbus VT 95 und 98 und die Personenzüge der Nachkriegszeit ab. Seit Mitte 1994 verkehren neue türkisblaue Triebwagen. Sie sind nicht nur leiser, bequemer und sprechen vom Styling her an, sie fahren nun auch im Zwei-Stunden-Takt. Ab Mühldorf nach München geht's sogar im Stundentakt weiter.

Neuer Zwei-Stunden-Takt

Mit diesem Konzept will man verhindern, daß Niederbayern und das Rottal erneut zur „Eisenbahnwüste" wird, wie man es beim Triumphzug der Bahn um 1860 befürchtet hatte. Damals bestanden nur erst die Hauptstrecken München-Landshut, Landshut-Straubing und Straubing-Passau. Weitere Trassen waren erst geplant. An den Stammtischen zwischen Wittibreut und Arnstorf, Rotthalmünster und Schönau ging es hoch her. Wie ein Jahrhundert später Geschäftsleute im Fall einer Ortsumgehung um ihre Einkünfte fürchten, glaubten damals die Gastwirte, daß die Bauern nicht mehr bei ihnen einstellen und einkehren – wenn die „Bahnhofsrestauration" erst stehe. Die

Die Rottalbahn
Anke Radtke

Gemeinden hofften, vom Bahnanschluß zu profitieren, und richteten Eingaben an Regierung und König, um bei der Trassenführung berücksichtigt zu werden.

Der Bahnhof ohne Gleise

Der Landwirt und Finanzmakler Andreas Aigner aus Weingold bei Zimmern suchte die Verantwortlichen auf seine Weise

Das stattliche Bahnhofsgebäude von Wittibreut, 1876 von Andreas Aigner in Erwartung einer Nebenstrecke errichtet, im Jahr 1995. Die Bahn durch Wittibreut wurde nie gebaut.

günstig zu stimmen. Wenn erst einmal der Bahnhof stand, würde man den Wittibreutern kaum noch die dazugehörigen Gleise, Signalanlagen und Bahnsteige verweigern. Aigner verkaufte den ererbten Hof und ließ auf einer Anhöhe südlich von Wittibreut ein stattliches Bahnhofsgebäude samt Nebenhaus für eine Gaststätte errichten. 1876 war der Bau vollendet.

Nun aber wurde 1879 zunächst die Strecke Neumarkt-St. Veit-Pfarrkirchen-Pocking als sogenannte Sekundärbahn in Betrieb genommen. Fast ein Jahrzehnt ging ins Land, ehe der Anschluß von Pocking nach Passau fertiggestellt war. Geplant waren vor 1900 auch die Trassen Marktl–Tann–Pfarrkirchen, Simbach–Triftern–Pfarrkirchen und vor Ausbruch des Ersten Weltkriegs Aidenbach–Peterskirchen–Dummeldorf–Fuhrt–Gambach–Schalldorf–Pfarrkirchen sowie Aldersbach–Baumgarten–Pfarrkirchen und Aldersbach–Johanniskirchen–Schönau–Eggenfelden. Tatsächlich gebaut wurden südlich der Donau folgende Nebenstrecken: ab 1898 Vilshofen–Aidenbach, 1903 Landau–Aufhausen–Arnstorf, 1908 Vilshofen–Ortenburg, 1910 Simbach–Tuttling–Rotthalmünster, 1911 Rotthalmünster–Kößlarn, 1914 Tuttling–Pocking und 1915 Aufhausen–Kröhstorf.

Damit war Schluß. Die Wittibreuter gingen leer aus, ebenso wie die Tanner, und der Bahnhof des Anderl Aigner steht heute noch einsam im Land. Der Anderl nahm's mit Humor: Er zog selbst in seinen Bahnhof ein und ersetzte den Stationsnamen durch einen sinnigen Spruch: *Ein jeder Baut, wi's im geffelt. Das Nimand komt, der für in bezahlt 1876.* Hochbetagt starb er 1925. Über sein „Eisenbahndenkmal" berichteten die Zeitungen bis nach Belgien.

Die Chancen der Bahn

Die türkisblauen Triebwagen und der Zwei-Stunden-Takt machen die Rottalbahn attraktiver. In der „Landesverkehrs GmbH" sind als Gesellschafter auch die kommunalen Spitzenverbände, die Kommunen und Landkreise vertreten. Park-and-ride-Plätze und integrale Fahrpläne sollen das Umsteigen in die umweltfreundlichen Nahverkehrszüge erleichtern.

Rasch populär geworden sind die Intercity-Kurswagen von Köln und Hamburg nach Bad Griesbach, Bad Birnbach und Pfarrkirchen. Sie werden nur am Wochenende eingesetzt, jeweils am Samstag von Köln und am Samstag/Sonntag von Hamburg über Dortmund.

Wurmannsquick

Ist es Purmann, der Held, der das Land von den Ungarn befreite, dem der Markt Wurmannsquick seinen Namen verdankt? Ein erster Hinweis auf die Ansiedlung findet sich von 1220 bis 1240 unter der Bezeichnung „Purmanswike" in einer Auflistung der Passauer Zensuale. Im Urbar von 1300 zählen die Burglehen bereits zum herzoglichen Besitz. Vermutet wird ursprünglich ein *castrum,* ein herrschaftlicher Sitz, doch es fehlen die Beweise – die Marktbrände des 18. und 19. Jahrhunderts haben jeden möglichen dokumentarischen Nachweis vernichtet.

Allein die Legende weiß es genauer. Der Söldnerführer Purmann (oder Wurmann) soll sich unter Herzog Arnulph, Sohn des Markgrafen Luitpold, große Verdienste erworben haben, als er nach dem Ungarneinfall von 913 und der siegreichen Schlacht bei Ötting die restlichen Ungarn umzingelte und erschlug. Wie „Wasservögel" sollen sich die versprengten Reiter im Sumpf der Inn-Niederungen versteckt gehalten haben. Es heißt, einem der „Wasservögel" habe Purmann das Leben gerettet und ihn, ebenso wie den Kopf des getöteten Ungarnführers, als Beweis mit sich genommen. Die Bezeichnung „Wasservogel" erinnert auch an einen keltischen Opferbrauch. Danach wurde ein junger Bursch in Binsen gehüllt und in den Fluß getaucht, um die Fluten zu besänftigen. Lange war es üblich, am Pfingstmontag diese Szene nachzuspielen, und im Wasservogellied heißt es: „Mir reitn über a gschludarats Moos, mir ham allsamt guat gsattlte Roß ..."

Legende als Freilichtspiel

Eine Variante des Abenteuers findet sich in der Chronik des Marktes Tann. Danach sind die Magyaren nach ihrer Niederlage bei Ötting über Inn und Isen in die Gegend des heutigen Mitterskirchen, Pleiskirchen, Hirsching und Wurmannsquick geflohen, bis ein „Wurmann" ihre Versuche, sich anzusiedeln, vereitelte.

Als Lohn für seine Taten soll sich Purmann die Anhöhe an der alten Salzstraße als Sitz erbeten haben. Mit 511 Metern ist Wurmannsquick denn auch der höchstgelegene Marktflecken Niederbayerns. Überliefert ist die Bezeichnung „Purmannsgwippe" oder auch „zum Gewege der Purmanns, des Helderer aller". Gwippe oder althochdeutsch Giwiggi, mittelhochdeutsch Quigge, bedeutet Gewege, Platz, an dem sich die Wege kreuzen. In der Tat kreuzen sich in Wurmannsquick die Straßen nach Eggenfelden und Marktl, in Richtung Gollerbach/Hebertsfelden und Mitterskirchen/Altötting.

1908 und 1921 wurde die Legende um Purmann als „Wasservogelspiel" aufgeführt. Das Stück vermischt Legende, Flußopferbrauch und Pfingstumritt. Bei der dritten Aufführung 1953 war sogar der Rundfunk zu Gast. An die 10 000 Zuschauer fanden sich ein. Von den rund

Mit 511 Metern über dem Meeresspiegel ist Wurmannsquick, einst „Purmanswike", der höchstgelegene Marktflecken Niederbayerns.

200 Mitwirkenden war die Hälfte beritten. Das beeindruckende Festspiel wurde seitdem nicht wieder aufgeführt.

Da seit Beginn des 14. Jahrhunderts für Wurmannsquick Schrannen (Getreidespeicher) belegt sind, darf der Ort schon damals als Gerichtssitz angenommen werden. In einer Urkunde des Jahres 1365 bestätigt Herzog Stephan der Ältere den Bürgern ihre alten Rechte und Freiheiten und verleiht ihnen die gleichen, die der Markt Eggenfelden bereits besaß – die Niedergerichtsbarkeit und das Recht, Märkte abzuhalten. Wie aus Todesurteilen und deren Vollstreckung hervorgeht, hat der Markt zeitweilig auch die Hohe Gerichtsbarkeit innegehabt.

Marktfreiheit und Gerichtssitz

Der Markt wurde unter den Wittelsbachern sehr gefördert. Die „goldene Freiheit" des samstäglichen Wochenmarktes erhielt der Ort 1473 durch Herzog Ludwig zuerkannt. 1559 bestätigte Herzog Albrecht die bereits verliehenen zwei Jahrmärkte und gestattete zwei weitere. Der „Saumarkt" am Samstag vor Kathrein, heute ein reiner Fierantenmarkt, erinnert an Zeiten, als hier bei großem Auftrieb Vieh gehandelt wurde. Zwei urige Gaststätten mit Metzgerei am Marktplatz, die auf eine lange Tradition zurückblicken, erinnern an die alten Märkte.

Schon 1804 wurde das erste Schulhaus eröffnet. Da es alsbald zu klein wurde, entschloß man sich 1831 zu einem Neubau gegenüber dem Frühmeßpriesterhaus. „Steine der St. Kolomannskirche zu Henthal und Holz aus den Gemeindewäldern" dienten als Baumaterialien. Die Bürger legten beim Aufbau fleißig mit Hand an.

Kirchenglocken schmolzen

Wie andernorts im Rottal, setzten Kriege und die Pest den Bewohnern zu. Überliefert sind auch drei Marktbrände: beim ersten im Jahr 1749 sollen sogar die Glocken zusammengeschmolzen sein. Von den Bränden 1844 und 1875 ist von Generation zu Generation weitererzählt worden. Aus ungeklärter Ursache, wahrscheinlich durch Blitzschlag, ging am 30. Juni 1844 das Reiter-Brauhausstadel in Flammen auf. Heftige Windböen trugen dazu bei, daß das Feuer rasch um sich griff. „Da wendet man sich in dieser entsetzlichen Angst an die soviel vermögende Fürbitte des hl. Florian, und Gott sprach in liebendem

Erbarmen sein allmächtiges Werde! und plötzlich legte sich der Wind, und der Regen dämpfte und löschte ab das wüthende Feuer". Die von den Bürgern gestiftete Gedenktafel in der Pfarrkirche St. Andreas gibt in einem Bild das Wüten des Feuers eindrucksvoll wieder.

Das Feuer von 1875 brach im Hause des Schuhmachers Sepp aus. Der Wind setzte binnen zwei Stunden den gesamten Markt in Flammen. Dreißig Gebäude fielen dem Brand zum Opfer. Die wenigen, die verschont blieben, kann man an den vorspringenden Dächern erkennen.

Die Pfarrkirche, schon 1749 schwer beschädigt, brannte 1875 so weit aus, daß nur noch das Allerheiligste, einige Meßgewänder und eine Statue der Schmerzhaften Muttergottes gerettet werden konnten. Wie durch ein Wunder blieb der Hölzerne Jesus im Kerker erhalten. Die Pfarrei geht als Filialkirche bis in die Zeit um 1300 zurück, ursprünglich unterstand sie der Säkularpfarrei Hirschhorn; erst 1898 erscheint Wurmannsquick als selbständige Pfarrei. Ein alter Taufstein aus der St. Annakapelle von 1443 wurde in der Pfarrkirche untergebracht, die dem hl. Andreas geweiht ist und im 15. Jahrhundert errichtet wurde. Nach dem Feuer von 1875 konnte bereits im Jahr 1881 eine neue Kirche geweiht werden. Sie ist teilweise dem romanischen Übergangsstil des 13.

Jahrhunderts nachempfunden, wirkt jedoch in der Architektur leichter und ist reicher ausgeschmückt.

Ein Lindwurm im Wappen

Der Sage nach soll im Lineholz einmal ein Drachen oder ein beschuppter Lindwurm gehaust haben. Der Wurm verschlang das Schloß, das einmal hier stand. Nun ziert er das Wappen, feuerspeiend und mit ausgestreckten Krallen. Im 15. Jahrhundert tritt er schon im Marktsiegel auf. So furchterregend auch das Wappentier, die Wurmannsquicker kommen dem Gast freundlich entgegen, ob in den Geschäften und Gaststätten am Markt, im Ferienhof Kindermann oder bei Ferien auf dem Bauernhof in der Umgebung.

Der Markt hat ein Gewerbegebiet aus-

Das Wasservogelspiel um Purmann, den Helden im Kampf gegen die Ungarn, wurde zuletzt im Jahre 1953 aufgeführt. Zum historischen Treiben gehörte der Umtrunk aus dem Horngefäß.

gewiesen, auch Handwerksbetriebe haben sich am Ort erhalten. Daneben pendeln viele Wurmannsquicker in die Industriegebiete. Doch wer wollte deswegen dem heimatlichen Markt den Rücken kehren? Im Gegenteil. Es sind nicht nur Einheimische, die sich um Grundstücke in den wunderschön in Hanglage erschlossenen Baugebieten bemühen.

Seit der Gebietsreform 1971/72 zählen Hickerstall, Martinskirchen sowie Teile der Gemeinden Langeneck, Rogglfing und Hirschhorn zur Verwaltung des Marktes.

Anke Radtke

Ein schöner niederbayerischer Markt: Rotthalmünster

Herbert Reinhart

Die Geschlossenheit des übersichtlichen Marktes mit den Blendfassaden der
Innstadtbauweise machen den Platz zur „guten Stube" für die Bewohner.

Klappernde Störche auf dem Dach einer Klosterkirche: Ein nostalgisches Bild, wie es im 8. Jahrhundert zur Zeit der Agilolfinger Herzöge Realität gewesen sein könnte, fand 1374 Eingang in Wappen und Siegel des Marktes Rotthalmünster. Das Kloster war damals schon aufgelöst. Von dem weitversippten Willihelm in der Regierungszeit von Herzog Hugibert (725–737) für Nonnen gegründet, ist es als frühestes adeliges Eigenkloster in die Annalen bayerischer Geschichte eingegangen. Die blutigen Zeiten der Ungarneinfälle bis 955 hat es nicht überstanden.

Die im Zuge der Klostergründung entstandene Siedlung ist um 1150 als Besitz der Grafen von Vornbach und Neuburg beurkundet und kam anschließend an die Wittelsbacher Herzöge. Als Marktforum ist der Ort seit dem 13. Jahrhundert erwähnt, 1343 bestätigte Ludwig der Bayer Freiheiten und Rechte. Das war die Voraussetzung für das Aufblühen von Handel, Handwerk und Gewerbe.

Friedhof mit Zugbrücke

Das 15. Jahrhundert war im Rottal eine Epoche der Konsolidierung und des Friedens, die neu gegründeten Märkte konnten sich günstig entwickeln. Die für die Region so unruhigen Jahrhunderte begannen mit dem Niederbayerischen Erbfolgekrieg. Im Frühjahr 1504 durchzog Herzog Albrecht IV. mit gewaltigem Heer das Land. Herrensitze und Dörfer wurden gebrandschatzt – neben Gangkofen, Eggenfelden, Pfarrkirchen und Triftern auch Rotthalmünster. Drei bis vier Generationen konnten sich dem Wiederaufbau widmen, ehe die Schweden wieder alles zunichte machten. Sie wüteten grausamer als alle vor ihnen. Der Dreißigjährige Krieg, der Spanische Erbfolgekrieg und schließlich der österreichische machten das mittlere Rottal weniger zum Schlachtfeld, wohl aber zum Durchzugsgebiet der Truppen. Ob Feind oder Freund, sie hinterließen eine Spur der Verwüstung und Armut. In Rotthalmünster befestigten die Bürger den Friedhof mit Mauer, Ringgraben und Zugbrücke und schufen sich bei Belagerungen eine Rückzugsmöglichkeit.

Unmittelbar an die Befestigung grenzte das Rathaus, das erstmals 1479 in der Marktmitte errichtet worden war. Um 1700, als Michael Wening die Marktanlage im Kupferstich festhielt, war es mit einem Türmchen an der Spitze des Gie-

bels wiedererbaut. Damals hieß der Ort Marckh Münster im Roth Thal, und am südlichen Marktende stand die Magdalenenkirche, die abgebrochen und durch das Landgericht sowie das heutige Rathaus ersetzt wurde.

Am nördlichen Ende des Marktes erhebt sich die stolze Pfarrkirche Mariä Himmelfahrt, im Stil der Spätgotik erbaut. Der Turm trug ursprünglich einen Spitzhelm mit Krabbenzier. Im Zuge der Barockisierung wurde der Helm durch eine Kuppel ersetzt. Geblieben sind die Gewölbe von 1481, deren geknickte Staffelung auf Meister Hanns Wechselperger aus Burghausen zurückgeht.

Von der einstigen Befestigungsanlage haben sich kurze Mauerabschnitte erhalten, auch der südwestliche Torturm aus

Den malerischen Winkel findet man auf der Rückseite des Portalstöckls.

dem 15. Jahrhundert. Portalstöckl wird er liebevoll genannt. Seitlich des Turms, in den Markt hineingebaut, erstand das repräsentative Gasthaus Herndl mit Renaissance-Elementen. Rotthalmünster gilt als einer der schönsten erhaltenen Märkte Niederbayerns. Viele Häuser haben die Innstadtbauweise mit abwechslungsreich hochgezogenen Blendfassaden variiert.

Nicht nur die in sich geschlossene Marktmitte, auch die umgebenden Gassen und die Grünanlagen hinter der Kirche am Kößlarner Bach sind einen Spaziergang wert. An der Ostseite des Wirtshauses, in einer Rokokonische, ist die lebensgroße

Figur des heiligen Florian zu sehen – dem Stil nach eine Arbeit des Kößlarner Stukkateurs Johann Baptist Modler (1697–1774). An der Rückseite des „Portalstöckl" hat sich ein Malerwinkel ergeben: ein mit Geranien überwucherter Treppenaufgang. Schließlich lohnt ein Blick in die Wieskapelle, im 18. Jahrhundert Wallfahrtskirchlein, heute Kriegergedächtniskapelle mit schmiedeeisernen Chorabschlußgittern.

Landtechnik, Pferde, Milchprodukte und Modellflug

Was die eingangs erwähnte Perspektive eines Marktes betrifft, so ist es in Rotthalmünster gelungen, den Sprung ins Industriezeitalter trotz relativ schlechter Verkehrsanbindung wirtschaftlich günstig zu gestalten. Das alteingesessene Handwerk wird durch größere Betriebe ergänzt, die die Verarbeitung landwirtschaftlicher Produkte übernommen haben. Aus dem Innstolz-Käsewerk kommen seit fast 100 Jahren die ostbayerischen Käsespezialitäten. Eine Zierkerzenfabrik hat sich einen Ruf über Bayern hinaus, ja bis nach Amerika, erworben. 1836 wurde der Markt auch Landgerichtssitz. Geblieben ist nach der Verwaltungsreform das Amtsgericht als Zweiggericht.

Die etwa 3000 am Ort Beschäftigten haben zudem im Kreiskrankenhaus, im Altenheim, in Geldinstituten und an den Schulen Arbeit gefunden – an der Höheren Landbau- und Landwirtschaftsschule, der Technikerschule Fachrichtung Hauswirtschaft und Ernährung sowie an berufsorientierten Schulen der Krankenpflege und Krankengymnastik. Ein Schwimmbad und Sportanlagen zählen genauso zum Freizeitangebot wie die Tennisplätze mit Zweifeldhalle, eine Reithalle mit Turniergelände und ein Modellflugplatz. Bereits 1895 hatte der Markt ein Heimatmuseum, das demnächst im Pfarrstadl wieder eingerichtet werden soll.

Die einstigen Märkte der Handwerker und Bauern sind heute Warenmärkte: je ein Fastenmarkt am ersten und vierten Sonntag der Fastenzeit, dann am Sonntag nach Fronleichnam der „Grasmarkt" sowie der Bartholomä-Markt am dritten Sonntag im August. Stimmungsvoll ist alle Jahre der Nikolausmarkt am ersten Adventssonntag, wenn die Standler vor der Kulisse der vorweihnachtlich geschmückten Fassaden Schmalzgebackenes, Glühwein und ein breites Warenangebot feilbieten.

Die Rettung des Klosters Asbach

Elisabeth Haselberger

Wie das Vermächtnis einer reichen klösterlichen Vergangenheit blickt die ehemalige Klosterkirche zu Asbach ins weite Rottal. *Firmiter aedificata* – stark gebaut – steht über dem Hauptportal der Kirche. Sie hat denn auch dem schleichenden Verfall, von dem die barocken Klostergebäude nach der Säkularisation ergriffen wurden, getrotzt.

Rettungslos verloren schien hingegen bis zum Jahre 1976 die Klosteranlage. Der Besucher, der das ehemalige Benediktinerkloster heute besichtigt, kann sich den verwahrlosten Zustand des Gebäudekomplexes noch vor wenigen Jahren nicht vorstellen. Eine anschauliche Bilddokumentation im Erdgeschoß des Museums Kloster Asbach gibt Aufschluß darüber.

Bilderstürmer und Reformer des 19. Jahrhunderts haben ein blühendes Kloster, ein geistiges, wirtschaftliches und kulturelles Zentrum im Rottal, vernichtet. Mit der Auflösung der klösterlichen Bibliothek, deren Bestände bis auf wenige Exemplare verbrannt und verkauft wurden, gingen die Zeitzeugnisse des Klosters mit einer über 700jährigen Geschichte verloren. Erst vor wenigen Jahrzehnten haben Historiker die zeitgeschichtliche und kunsthistorische Bedeutung des Klosters Asbach erkannt – haben hier doch eine ganze Anzahl großer Künstler Werke hinterlassen.

Klostergründung um 1090

Die neuere Geschichtsforschung bringt die Gründung des Klosters, das eine Stiftung von Christina, der Witwe des Grafen Gerold von Ering und Frauenstein, ist, in Zusammenhang mit dem großen Passauer Reformbischof Altmann (1065–1091). Die

ersten Mönche kamen aus dem oberösterreichischen Stift Lambach. Zwölf Benediktiner nahmen unter dem ersten Abt Friedrich von Siegenheim (1127–1164) ihre segensreiche Tätigkeit auf.

Nachdem die junge Zelle anscheinend nicht recht lebensfähig war, griff Bischof Otto von Bamberg (1102–1139) ein und unterstellte Asbach dem Kloster Prüfening, das dem Bamberger Klosterverband angehörte. Bis ins 15. Jahrhundert leisteten die Mönche von Asbach dem Bamberger Bischof den Lehenseid. Noch Ende des 18. Jahrhunderts wußte man sich der Ge-

Die jetzigen Klostergebäude entstanden zu Beginn des 18. Jahrhunderts und wurden von bekannten Meistern des Barock ausgestattet. Gegründet wurde Asbach um 1090.

schichte verpflichtet und ließ Bischof Otto durch den Maler Martin Johann Schmidt – volkstümlich auch „Kremser-Schmidt" genannt – auf dem Altarbild eines Seitenaltars in der Klosterkirche darstellen, wie er sein Kloster Asbach dem Schutz der Muttergottes von Altötting empfiehlt.

Im Lauf der Jahrhunderte erlitt das Kloster an der Rott schwere Schicksalsschläge. So wird berichtet, daß der gesamte Klostertrakt durch die Soldaten des Grafen von Bogen im Jahre 1212 und im Jahre 1266 durch Ottokar von Böhmen dem Erdboden gleichgemacht wurde.

Stiftungen und Erwerbungen ließen das Kloster Asbach nicht untergehen. Die Wirren der Jahrhunderte überzogen das Rottal und seine Bevölkerung mit Plünderung und Zerstörung im Landshuter Erbfolgekrieg (1504) und im Dreißigjährigen Krieg (1618–1648), Kloster Asbach war Zufluchtsstätte für die Bevölkerung.

Kunstsinnige Äbte

Bescheiden, klein und unscheinbar blieb das Stift im Vergleich zu den großen Abteien wie Niederaltaich, Tegernsee oder Benediktbeuern, und doch wurde während der Blütezeit im 17. und 18. Jahrhundert Bedeutendes auf den Gebieten der Wissenschaft, Kunst und Musikpflege geleistet. Mit der Wahl des Priors von Niederaltaich, Matthias Viola, 1653 wurde ein großer Gelehrter Abt von Asbach, dessen religiöses Wirken Vorbild für alle nachfolgenden Äbte war. Sein Nachfolger Innocenz Moser (1660–1696) begann den Neu- und Umbau des Klosters. Baumeister war der in Burghausen ansässige Domenico Cristòforo Zuccalli. Gegen einen Jahrtag und 125 Seelenmessen nach seinem Ableben übernahm Zuccalli den Bau auf eigene Rechnung, zu dem das Kloster nur das Baumaterial zu stellen hatte.

Die Klostergebäude wurden von bekannten Meistern der Barock- und Rokokozeit ausgestattet. Die Barockstukkaturen im sogenannten hinteren Konventstock (jetzt Hotel Klosterhof) stammen von den Künstlern der Carlone-Schule, den Meisterstukkateuren des Passauer Stephansdoms.

Die Wand- und Deckenfresken von Johann Jakob Zeiller aus Reutte in Tirol und die Stukkaturen von Johann Baptist Modler aus Kößlarn geben Aufschluß über die kostbare Ausstattung der Klostergebäude.

Eine der schönsten frühklassizistischen Kirchen Altbayerns

Man darf froh darüber sein, daß die Baulust der Äbte in Asbach erst relativ spät den Neubau der Klosterkirche herbeigeführt hat. So findet man nun in Asbach eine der schönsten frühklassizistischen Kirchen Altbayerns. Es war der Abt Maurus Wimmer (1752–1773), der sich an den Neubau der Abteikirche wagte. Seine angesehene Stellung als Landschaftsverordneter, Mitglied der Akademie der Wissenschaften und Berater der Kurfürsten verhalf ihm zu Geldern aus kirchlichen Stiftungen für den Bau der Klosterkirche und zur Bekanntschaft mit dem Münchner Hofarchitekten François Cuvilliés d.J., dem

An der Stelle einer großen niedergelegten romanischen Basilika ließ Abt Maurus ab 1776 ein Bauwerk von „edler Simplizität" errichten, die letzte der langen Reihe unserer barocken Klosterkirchen. Die Gaststätte Klosterhof, mehrfach ausgezeichnet, nimmt die Räume der Klosterbäckerei ein.

Baumeister der neuen Abteikirche (Bauzeit 1776–1787).

Der Nachfolger von Abt Maurus, Abt Rupert Viola (1775–1787), beauftragte mit der Innenausstattung den Bildhauer Joseph Deutschmann von St. Nikola, Passau, den Schreinermeister Anton Burchard aus Griesbach, den Maler Martin Johann Schmidt aus Krems (Wachau) und den Tiroler Freskenmaler Joseph Schöpf.

In der Asbacher Klosterkirche ist das Spätwerk Joseph Deutschmanns, einer der bedeutendsten Rokokobildhauer, zu bewundern, ebenso der einzige vollständige Altarzyklus des „Kremser Schmidt", wie Johann Martin Schmidt genannt wurde, dessen großes Vorbild der niederländische Maler Rembrandt war.

Nur 16 Jahre erklang in dieser herrlichen Kirche das benediktinische Gotteslob. Die Chronik berichtet: „Nachdem 1803 Landrichter Eder von Eggenfelden als Aufhebungskommissar in Asbach angelangt war, wurde am Feste des heiligen Ordensstifters Benedikt die gänzliche Aufhebung des Klosters angekündigt." Abt

Das Museum Kloster Asbach wurde am 23. Juli 1984 eröffnet. Die Trägerschaft hat der Landkreis Passau übernommen. Schwerpunkte der Dauerausstellung sind die umfangreiche Abgußsammlung aus dem 19. Jahrhundert sowie Meisterwerke der Metall- und Schmiedekunst.

Amandus Arnold, der letzte der 46 Asbacher Äbte, und 19 Mönche wurden heimatlos. Grundstücke, Gebäude und Einrichtung des Klosters wurden verkauft und zunächst als Brauerei genutzt. Nur die Abteikirche und der Prälatenstock überstanden durch Übernahme neuer Aufgaben als Pfarrkirche und Pfarrhof die Folgen der Säkularisation relativ unbeschadet.

Die Initiative zur Rettung des Klosters

Nachdem das Kloster im 19. und 20. Jahrhundert mehrmals den Besitzer gewechselt hatte, glich es in den siebziger Jahren fast einer Ruine. In der spärlichen Literatur war nur mehr von einem Elendsfall der deutschen Denkmalpflege die Rede.

Kloster Asbach hat jedoch Freunde gefunden, Menschen, die die Bedeutung der Klosteranlage erkannten und mit großem

persönlichem Einsatz die Werke vergangener Generationen vor weiterer Zerstörung bewahrten. Der Kulturkreis Kloster Asbach e.V., 1976 gegründet, setzte sich zum Ziel, die Restaurierung der Abtei zu fördern und in der aufstrebenden niederbayerischen Bäderlandschaft ein Kulturzentrum zu schaffen, das die Tradition in Kunst und Musikpflege fortführt.

Von den Benediktinerklöstern Metten und Niederaltaich sowie dem Augustiner-Chorherrenstift Reichersberg jenseits des Inns kam wichtige ideelle Unterstützung.

Mit Einverständnis aller staatlichen Stellen bekam das in der Denkmalpflege erfahrene Architekturbüro Hanns Egon Wörlen aus Passau den Auftrag, den Wiederaufbau der Klosteranlage zu planen. Ein Finanzierungskonzept wurde erstellt. Gelder kamen aus dem Entschädigungsfond des Bayerischen Staatsministeriums für Unterricht und Kultus, von der Bayerischen Landesstiftung, dem Bezirk Niederbayern, dem Landkreis Passau und dem Markt Rotthalmünster, in dessen Gemeindebereich das Kloster liegt.

Eine große Hilfe war die Einstufung des Wiederaufbaus als Arbeitsbeschaffungsmaßnahme der Bundesanstalt für Arbeit.

Voraussetzung für diese Zuwendungen waren der Nachweis einer Vielzahl von Spenden aus der Bevölkerung und von Mitgliedern des Kulturkreises.

Wenings Darstellung als Vorlage

Die Sanierungsarbeiten begannen 1978. Erfahrene Restauratoren und Archäologen wurden im Planungsstadium zu Rate gezogen. Die Dissertation von Johann Geier, Bayerisches Staatsarchiv Landshut, enthielt umfangreiche archivarische Vorarbeiten. Dr. M. Üblacker vom Landesamt für Denkmalpflege betreute das Projekt. Die Bauleitung am Kloster Asbach übernahm der in alter Bautechnik erfahrene Polier Hans Pawlitschko aus Karpfham.

Der Besucher ist heute Zeuge, daß die am Wiederaufbau und an der Restaurierung beteiligten Denkmalpfleger, Architekten und Handwerker Meisterhaftes geleistet haben.

Aufgrund der archäologischen Untersuchungen wurden auch die Fundamentreste der am hinteren Konventstock angebauten Bibliothek gefunden, von der man aus historischen Darstellungen (Wening-Stich 17. Jahrhundert) wußte.

Pflege der benediktinischen Gastfreundschaft

Um die Klosteranlage auch in diesem Bereich nach dem alten Vorbild zu errichten, wurde das Hotel Klosterhof gebaut. Die Hotelgäste und Ausflügler kommen heute noch in den Genuß der sprichwörtlichen benediktinischen Gastfreundschaft, die für die Asbacher Wirtsleute Tradition und Verpflichtung ist. Die Hotelgäste nächtigen in den ehemaligen Mönchszellen, frühstücken im reich stukkierten „Carlone-Saal", tagen unter einem sorgfältig restaurierten barocken Dachgestühl und genießen die Ruhe im Klostergarten oder gönnen sich ein Klosterbier im bayerischen Biergarten. Die Gaststätte mit mehrfach ausgezeichneter bayerischer Küche nimmt die Räume der ehemaligen Bäckerei des Klosters ein.

Ein kulturelles Zentrum für das untere Rottal

Das ehemalige Refektorium im Erdgeschoß, der Kapitelsaal und die angrenzenden Räume wurden 1984 dem Bayeri-

Die Holzfigur eines Moriskentänzers ziert die Dauerausstellung im Museum Kloster Asbach.

schen Nationalmuseum München zur Verfügung gestellt. Das Museum Kloster Asbach wurde am 23. Juli 1984 feierlich eröffnet. Das Kulturreferat des Landkreises Passau hat die Trägerschaft für das Museum übernommen.

Eine umfangreiche Abgußsammlung aus dem 19. Jahrhundert und Meisterwerke der Metall- und Schmiedekunst bilden die Ausstellungsschwerpunkte dieses ländlichen Museums, das engagiert und kunst-

verständig vom Kulturreferat des Landkreises Passau mit motivierten ortsansässigen Mitarbeitern geführt wird.

Konzerte, Dichterlesungen und Ausstellungen bilden seit 1984 das Veranstaltungsprogramm im Kloster, für das abwechselnd die drei Hausherren, der Kulturkreis Kloster Asbach e.V., der Landkreis Passau oder das Bayerische Nationalmuseum verantwortlich zeichnen. Im Frühjahr 1995 zeigte das Museum eine Sonderausstellung über ein bulgarisches Kloster.

Ein Höhepunkt der Asbacher Klosterkonzerte, die man in Zusammenarbeit mit dem Pfarramt veranstaltet, war die Uraufführung von Kompositionen durch die Niederaltaicher Scholaren unter der Leitung von Dr. K. Ruhland. Die aufgeführten Werke sind im 17. und 18. Jahrhundert, vor der Säkularisation, in Kloster Asbach entstanden, darunter die Missa in A-Dur von Gangolpho Strahlesi. Der Musikologe und Musikforscher Konrad Ruhland, Niederaltaich, hat nachgewiesen, daß Kloster Asbach im 17. und 18. Jahrhundert ein Zentrum der Musikpflege war.

Weiterer Ausbau geplant

Die Geschichte des Klosters Asbach ist die Geschichte eines blühenden Rottalklosters, das im Jahre 1803 durch die Säkularisation zerstört wurde. Es ist die Geschichte eines Klosters, das nach einer umfassenden Renovierung mit der Entwicklung der niederbayerischen Bäderlandschaft wieder zu kultureller und wirtschaftlicher Bedeutung zurückgefunden hat. Zug um Zug werden in den nächsten Jahren die Prunkräume des Klosters nach ihrer Restaurierung der Öffentlichkeit zugänglich gemacht.

Es sind die herrlichen Schlösser und Burgen, die kostbaren Kirchen und Klöster, die in unserer schönen bayerischen Landschaft Zeugnis von einer reichen kulturellen Vergangenheit abgeben. Unser Land ist nicht zuletzt deswegen so reizvoll, weil es Orte wie das ehemalige Benediktinerkloster Asbach im Rottal besitzt.

Die Öffnungszeiten von Museum, Hotel und Gaststätte finden Sie im Anhang.

Die Marienwallfahrt Kößlarn

Sebastian Kaiser

Die Marienwallfahrt Kößlarn gehört zu den wenigen bayerischen Wallfahrten, deren Geschichte sich vom Mittelalter bis in die Gegenwart verfolgen läßt. Sie fristet heute ein eher bescheidenes Dasein, hatte aber lange vor Altötting beachtliche regionale Bedeutung. Die Wallfahrtslegende:

„Im Jahr 1364 kam ein Graf von Ortenburg mit seinem Bedienten zu Pferde in die Gegend. Da er aber stille hielt und einem Bettler Almosen gab, stieg der Bediente vom Pferde, brach von der nächsten Kranewittstaude ein Sträußchen ab und folgte seinem Herrn nach. Als sie unweit davon bei dem Kösselbauern über ein kleines Bächlein reiten sollten, widersetzten sich die Pferde, und beide schrieben dies einer himmlischen Gewalt zu, besonders der Bediente dem Kranewittsträußlein, weswegen beide zu der Staude zurückritten und alles genau durchsuchten. Und sieh! Beide erblickten in der Kranewittstaude voll himmlischen Glanzes ein Muttergottesbild mit dem Kinde

Jesu auf dem rechten Arme. Anfangs voll Furcht, aber dann voll Trost und Freude verehrten nun beide dasselbe mit größter Andacht, ritten dann damit ungehindert über das Bächlein Gott dankend und lobend, worauf der Graf dann das Bild in einer kleinen hölzernen Hütte bis auf fernere Anstalt verwahren ließ.

Dieses himmlische Muttergottesbild ließ nun Gott durch ein noch größeres Wunder bekannt machen. Nämlich bald nach dieser wunderbaren Entdeckung hatte der Kösselbauer, an einer schweren Krankheit dem Tode nahe, bei der Nacht von dem neu entdeckten Gnadenbild den inneren Antrieb erhalten, daß er sich dahin verloben und tragen lassen sollte. Voll Vertrauen wurde er dahin getragen. Er betete zu Maria, und welch Wunder! Augenblicklich ward er gesund und konnte ganz allein wieder nach Hause gehen mit gesunden Füßen, der Ruf hievon verbreitete sich bald und man kam nun häufig zu diesem Gnadenbild. "

Das Entstehungsjahr der Wallfahrt 1364

finden wir in einem kleinen Pergamentgeheft von 1448 bestätigt. Dort sind über 130 Orte aufgeführt, aus denen Wallfahrer nach Kößlarn kamen. Bereits 1400 stand am Auffindungsort des Gnadenbildes eine kleine hölzerne Kapelle, die einer Brandschatzung zum Opfer fiel. Im Jahr 1440 wurde sie aus Stein neu und größer wiederaufgebaut und 1443 vom Passauer Bischof konsekriert und mit reichen Ablässen ausgestattet. 1470 sind in den Kirchenrechnungen über 50 Wallfahrtstermine verzeichnet. Die Pilger kamen aus einem Umkreis von etwa 30 km, ein großer Teil aus dem Innviertel.

Wallfahrt bringt Baukonjunktur

Die Betreuung der Pilger wuchs sich im ersten Jahrhundert zu einem erheblichen

Kößlarn von Süden: Der mächtige Turm der Kirche, im 16. Jahrhundert errichtet, tat die Bedeutung des Gnadenortes den Gläubigen schon von weitem kund.

Problem aus. Es fehlte an Geistlichen. Die Mönche des Klosters Aldersbach, denen die Betreuung der Pilger aufgetragen war, verspürten keine große Lust, bei jedem Wetter die 6 km von Rotthalmünster nach Kößlarn zu gehen, um die vielen Messen, Beichten und Andachten abzuhalten. Erst 1478 erhielten sie in Kößlarn ein eigenes Haus. Auch die Versorgung der Pilger mit Nahrung und Unterkunft war lange Zeit ungelöst. 1474 durften die Kößlarner mit Erlaubnis des Herzogs Ludwig die Pilger auch mit Essen und Trinken versorgen.

Die blühende Wallfahrt führte zu einer Baukonjunktur. Handwerker und Wirte siedelten sich an. Die bayerischen Herzöge richteten Märkte ein und erhoben Kößlarn 1488 zum Markt mit eigenem Wappen. Der reiche Geldsegen der Pilger, aber auch kriegerische Bedrohungen (Hussiten) führten zum Bau einer mächtigen Kirchenburg mit Toren und Wehrgängen, wie sie heute noch zu sehen sind.

Die Kirche war gegen Ende des Jahrhunderts zu klein geworden. Bei der Erweiterung hat man das Kirchenschiff vergrößert und die Annakapelle, in der auch das Gnadenbild aufgestellt war, eingerichtet. 1501 wurde der Turm abgerissen und durch einen mächtigeren ersetzt, der die Bedeutung des Gnadenortes allen Besuchern schon von weitem kundtat. Sieben prachtvolle Tafelaltäre und ein kunstvolles Sakramentshäuschen schmückten nun das Innere der Kirche. Aus dem reichen Silberschatz der Wallfahrt hatte man bereits 1485 eine prächtige Madonna in Auftrag gegeben, die eine große Kostbarkeit darstellt. Sie ist der Barbarei der Säkularisation nur durch den Einsatz der Kößlarner Bürger entgangen und steht heute im Votivraum der Kirche.

Auf und Ab der Marienwallfahrt

Die religiöse Umorientierung im Gefolge der Reformation brachte die Wallfahrt fast zum Erlöschen. Lehrer und Handwerksburschen traten als Propagandisten der Lutheraner auf. Auch viele Mönche entliefen aus den Klöstern und wandten

sich der neuen Lehre zu. Das nahe gelegene Ortenburg, ein lokales Wirtschaftszentrum, war lutherisch geworden. Auch in Kößlarn suchte man Anschluß an die neue Zeit. Wallfahrten und Ablässe galten fortan als Teufelswerk. Das Gnadenbild samt allen Votivtafeln und Opfergaben wurde aus der Kirche entfernt und in eine Nebenkammer verräumt.

Erst Kriegsnot und Pest erinnerten die Kößlarner wieder an das Gnadenbild. Als der Ort gegen Ende des Krieges von plündernden und brandschatzenden Soldaten

Die 500 Jahre alte Silbermadonna des Passauer Goldschmieds Balthasar Waltensberger in der Pfarrkirche Kößlarn erinnert an die große Vergangenheit des Wallfahrtsorts.

heimgesucht wurde, holte man das Gnadenbild aus dem Versteck und rettete es zusammen mit der Silbermadonna durch Flucht nach Braunau.

60 Jahre war Kößlarn von den Ordenspriestern verlassen, 1640 kehrten sie zurück. Die Marienverehrung, die in Bayern im Zuge der Gegenreformation aufblühte, brachte auch neues Leben nach Kößlarn.

Die Pilger stellten sich wieder ein. Prozessionen und Umzüge waren schöner und reicher denn je. Bruderschaften verliehen der Marienverehrung neues Leben. Auch die Kirche wurde nach dem Geschmack der Zeit neu gestaltet. Für das Gnadenbild errichtete man einen prächtigen Altar und stellte es in einem Schrein über dem Tabernakel in kostbaren Kleidern zur Schau.

In ein Mirakelbuch ließ man alle Wundertaten eintragen und dem Volk verkünden. Zwei Bücher mit etwa 850 Mirakeln aus der Mitte des 18. Jahrhunderts sind erhalten. Auch in dem Buch „Marianischer Wachholder" propagierte man die Wallfahrt. Eine Rosenkranzbruderschaft wurde gegründet, die alten Verbindungen ins Innviertel wurden wieder belebt.

Die Kirche heute – ein barockes Kleinod

Die Wallfahrt hatte sich kaum erholt und an die frühere Größe angeknüpft, da war sie schon wieder aus der Mode. Der Geist der Aufklärung duldete das „Wallfahrtsgeläuf" nicht mehr. Nach Überzeugung der kirchlichen und der weltlichen Obrigkeit förderte es nur die Sittenlosigkeit und brachte Schaden für die Wirtschaft. Den Pilgern aus dem Innviertel wurde die Reise ins bayerische Ausland praktisch untersagt. Den letzten Stoß erhielt sie aber erst durch die Säkularisation. Das Kloster Aldersbach wurde aufgehoben, die Mönche entlassen. Damit verlor Kößlarn die Geistlichen, die gut 400 Jahre lang die Wallfahrt betreut hatten. Die Gnadenkirche wurde Pfarrkirche.

Man betritt den wunderschönen gotischen Raum der Kirche. Der Blick geht bald in zwei Richtungen: zum Hochaltar mit dem Gnadenbild im Zentrum und den Schaukästen an den Seitenwänden des Chores, in denen die noch erhaltenen silbernen Votivgaben zur Schau gestellt sind, und zum Turmunterbau, dem ehemaligen Haupteingang der Kirche, der heute als Votivraum gestaltet ist. Die Kirche ist ein barockes Kleinod, in der Künstler wie Johann Paul Vogl und Joseph Deutschmann ihre Spuren hinterließen.

Ruhstorf – eine ehrgeizige Gemeinde

Anke Radtke

In seiner Pfarrei-Chronik von 1988 überraschte der Griesbacher Stadtpfarrer und Archivforscher Dr. Oswin Rutz die Gemeinde Ruhstorf mit einer Entdeckung: Er berichtete von einem Dokument, das dem Ort 1995 Anlaß zur Begehung seiner 1200-Jahrfeier hätte geben können.

Nach den streng wissenschaftlichen Maßstäben des bayerischen Staates reichten die „Indizien" dann doch nicht ganz aus. Und so beschränkte man sich in Ruhstorf auf eine Vortragsveranstaltung, in der das Dokument in seiner möglichen Bedeutung erläutert wurde: Am 11. April 795 hat der Edelfreie Madalgoz dem heiligen Stephanus – der Kirche des Passauer Bischofs also – seinen Besitz in „Ezzinpach am Flusse Rott" geschenkt. Ezzinpach – später Essenbach geheißen – bezeichnete das gesamte Bachtal zur Rott hin. Da in der

Urkunde zwei Händler erwähnt werden, deren Geschäfte, so folgert Rutz, am besten dort gedeihen, wo die Straßen und Wege sich kreuzen, könne nur das spätere Ruhstorf gemeint sein, denn hier führte schon eine Römerstraße vorbei.

Schon 1381 – die Freiherren von Ruestorf und Kleeberg

Ausgrabungen von 1994 deuten sogar auf eine frühgeschichtliche Siedlungsstätte in diesem Bereich hin. Nach dem Jahr 1000 nahmen dann die Formbacher Grafen den Namen Essenbach für ihre Besitzungen am Oberlauf in Anspruch. Zur Unterscheidung der Eigentumsrechte mußten detailliertere Ortsbezeichnungen am Mittel- und Unterlauf des Essenbach gefunden werden, darunter Ruhstorf an der Rott.

Wo im Mittelalter mit einiger Sicherheit der Herrensitz des Madalgoz vermutet werden darf, errichteten die Ruhstorfer Adeligen nach 1170 ein Schloß, Rosenhof genannt (Anwesen Winklhofer/Schuster). Das Schloß wurde 1648, im letzten Jahr des Dreißigjährigen Krieges, zerstört. Die „Ruestorfer" tauchen in Urkunden über Chounrat 1257 bis Hans Georg als kurfürstlicher Truchseß 1652 auf: Damals nannte sich das Geschlecht der Freiherren von Ruestorf und Kleeberg, bis es 1752 in männlicher Linie ausstarb. Zurück bis zum Jahr 1381 sind die Kleeberger bezeugt,

Festzug zum Jubiläum der Pfarrgemeinde. 1188 tauschte Bischof Theobald von Passau Sulzbach mit Ruhstorf, Rottersham, Rotthof und Weihmörting ans Kloster Vornbach.

von deren Besitztümern sich ein Schloß erhalten hat. Die Edlen von Pillenhaim (heute Pillham) sind erstmals 1160 erwähnt. Und Rotthof war seit 1125 Sitz der Edlen von Rothoven.

Wallfahrt zu den Siebenschläfern

Was die Pfarrei Ruhstorf angeht, so gehörte die Ortschaft mit den umliegenden Anwesen als Filialkirche von Sulzbach zur Benediktinerabtei Vornbach, war nach 1570 Vikariat und ab 1611 selbständige Pfarrei. Die im Stil des Barock errichtete Kirche Mariä Himmelfahrt wurde 1780 geweiht. Eine zweite Kirche in Ruhstorf, die Zeltkirche Christus der König, wurde 1962 vollendet.

Auch Rotthof war Nebenkirche der Pfarrei Sulzbach. Als Sehenswürdigkeit gerühmt wird das 1484 erbaute und 1506 vollendete Siebenschläfer-Wallfahrtskirchlein. Der Kößlarner Stukkateur Johann Baptist Modler bildete die sieben schlafenden römischen Jünglinge in dem als Grotte gestalteten Altar ab. Als Relief schmücken sie außerdem die Außenmauer. Nur zwei Kirchen Europas stehen unter dem Schutz der sieben Brüder, die der Legende nach vor der Christenverfolgung in einer Höhle bei Ephesus Zuflucht suchten, dort 251 unter Kaiser Decius eingemauert und knapp zweihundert Jahre später in der Regierungszeit des nunmehr christlichen Kaisers Theodosius zu lebenden Zeugen der Auferstehung wurden. In Frankreich erinnert die Kirche in Vieux March an das auch im Koran erwähnte Geschehen, hierzulande allein Rotthof.

Mit der Bahnlinie begann der Aufschwung

Einst von Landwirtschaft und dem dazugehörigen Gewerbe geprägt – Schmiede, Wagner und Sattler, Schreiner, Wirte und Krämereien –, gewann Ruhstorf an Bedeutung, als der Ort 1888 mit der Vollendung der Strecke Neumarkt – beziehungsweise – Pocking-Passau Bahnstation wurde. In die folgende Zeit fallen die Gründungen der Motorenwerke Loher und Hatz

Die Harlekin-Bronze von Manfred Loher, dem früheren Mitinhaber der Motorenwerke, wirbt vor dem Rathaus für den Ruhstorfer Kultursommer: Kabarett, bildende Kunst oder Musik, in der Niederbayernhalle ist von Mai bis September Saison.

ebenso wie der Handelshäuser Wasner und Lorenz. Erzeugnisse Ruhstorfer Betriebe werden heute europaweit und, insbesondere die der Motorenwerke, auch weltweit vertrieben. Im Gegensatz zu den meisten ländlichen Gemeinden im Rottal zählt man in Ruhstorf bedeutend mehr Ein- als Auspendler: In den Betrieben finden 3000 Menschen Arbeit.

Hallen und Sportanlagen

Zur rund 6100 Einwohner zählenden Gemeinde gehören seit der Gebietsreform von 1972 auch Schmidham, Hütting, Eholfing, Sulzbach und Eglsee. Mit Pocking bildet Ruhstorf ein Mittelzentrum. Grund- und Hauptschule besitzt der Ort selbst. Modernen Ansprüchen trägt das Freizeitzentrum mit weitläufigen Sportanlagen inklusive Tennisplätzen, mit einem Hallen- und Freibad mit Sauna sowie der Niederbayernhalle Rechnung. Hier starte-

ten schon der Liedermacher Konstantin Wecker oder auch die Kastelruther Spatzen ihre Tournee. Den Schützen steht die Schießsportanlage von Pillham zur Verfügung, Stockbahnen sind in Kleeberg, Sulzbach und Schmidham angelegt.

In den Ruhstorfer Hotels und Gasthäusern fühlen sich Touristen und Geschäftsreisende wohl. Der Ort und seine Umgebung, in unmittelbarer Nähe zum Bäderdreieck und nur drei Kilometer von der Autobahn A 3 entfernt, ist bei Urlaubern beliebt und erschließt sich am schönsten dem Radler und Wanderer. Zwischen Mai und September macht der 1992 ins Leben gerufene „Ruhstorfer Kultursommer" mit Ausstellungen, Kabarett und Konzerten vor allem klassischer Musik von sich reden. Auskunft über Veranstaltungen und Urlaubsquartiere – darunter Urlaub auf dem Bauernhof – erteilt die Gemeinde Ruhstorf unter Telefon 08531/93120.

Daten zur Geschichte der Stadt Pocking

Sebastian Kaiser

W er je sich im niederbayerischen Bäderdreieck aufhält, wird irgendwann auch nach Pocking kommen. Mit seinen 14 800 Einwohnern ist Pocking nach Vilshofen die größte Stadt im Landkreis Passau. Sie liegt verkehrsgünstig an Bahn, Bundesstraßen und Autobahn und ist mit sieben Supermärkten und vier Baumärkten die Schul- und Einkaufsstadt im unteren Rottal. Über 100 Vereine tragen das gesellschaftliche und kulturelle Leben. Aushängeschilder sind dabei die Laienbühne, das Kammerorchester und der Motettenchor. Die Pockinger verstehen es aber auch, gemeinsam zu feiern. Das älteste Fest, das ursprünglich den Rahmen für Pferderennen abgab, ist das Pfingstfest. Das Starkbierfest in der Fastenzeit und das Bürgerfest im Sommer haben sich in jüngster Zeit dazugesellt. Pocking ist aber auch weltoffen. 1976 ging es die Partnerschaft mit der Stadt Metulla in Israel ein. Nach der Öffnung des Ostens kamen viele Neubürger vor allem aus Polen und der ehemaligen Sowjetunion. 1994 schloß sich Pok-

king der Inn-Salzach-Euregio an, um auch in der Zukunft bestehen zu können. Wer hier die Idylle sucht, wird diese auch finden. Zahlreiche Dörfer und Einzelgemeinden mit altehrwürdigen Rottaler Bauernhäusern, oft versteckt hinter Obstgärten, umgeben Pocking.

Im folgenden sind wichtige Daten aus der eindrucksvollen Geschichte Pockings zusammengestellt.

Um 80-350 Entlang der heutigen Indlinger Straße besteht ein römisches Handwerkerdorf, in dem vor allem Keramiken, Eisenwaren und wohl auch Glas hergestellt und vertrieben werden (s. Seite 26).

Um 600 Eingewanderte Bajuwaren siedeln sich am Rande der einstigen Römerstätte an. Sie hinterlassen ein Gräberfeld mit reichen Beigaben und die Fundamente einer ersten christlichen Kirche.

Zwischen **774** und **788** wird die Kirche St. Georgen, die östlich des Dorfes Pocking stand, an die Passauer Bischofskirche verschenkt.

820 Der Name Pocking taucht in den Traditionen des Klosters Mondsee auf. Ein Perhthelm übergibt alle seine Güter *ad pochingas* dem Kloster zu eigen.

1143 Pocking kommt mit der Mutterpfarrei Hartkirchen an das Chorherrenstift St. Nikola zu Passau im Tausch gegen den verlorenen Brückenzoll in Passau.

Zwischen **1429** und **1452** wird Pocking zur Filiale erhoben und von einem Kooperator von Hartkirchen aus betreut.

1466 Die Planungen für den Neubau einer Kirche beginnen.

1468 Lienhart Smid von Zell und Ritter Wilhelm von Rottau stiften Benefizien bei der Kirche in Pocking. Diese Benefizien bilden die wirtschaftliche Grundlage für die Ortsansässigkeit eines Geistlichen, eines Benefiziaten, der freilich nur der „Meßleser" war.

Der Gasthof zur alten Post, 1716 erbaut, war bis etwa 1850 das einzige Gasthaus in Pocking. Es ist das zweitälteste Gebäude der Stadt.

1491 Durch den Baumeister Hans Wechselberger werden der Chorraum und der Turm als erster Bauabschnitt einer großen Kirche aufgeführt. Der Kirchenbau wird durch Ablässe und weitere Benefizien gefördert. Die Kirche wird dem heiligen Ulrich geweiht zum Dank für die Vertreibung der Ungarn, die viele Jahrzehnte in unserer Gegend geraubt und geplündert haben. Der Kirchenbau bleibt nach dem Tode des Stifters Wilhelm von Rottau ein Torso, weil das Geld ausging. Man behilft sich mit einem Holzbau.

1558 Die Hofmark Pocking wird Besitz der Herren von Paumgarten auf Ering.

1681 Die einstige Hartkirchener Filiale Pocking wird selbständige Pfarrei.

1689 Der erste namentlich bekannte Lehrer in Pocking, Johann Schmidtschlöger, ist 32 Jahre „allhie" tätig.

1701 Pocking untersteht künftig dem Patrimonialgericht der Hofmark Pillham.

1716 Ein Brandunglück äschert das ganze obere Dorf um die Kirche und den Pfarrhof ein. Das Pfarrarchiv fällt den Flammen zum Opfer.

1717 Der Chorherr Pfarrer Johann Baptist Drechsler läßt ein großes barockes Pfarrhaus errichten.

1725 Der Kirchturm wird nach der Mode der Zeit mit einer mächtigen Zwiebel ausgestattet.

1758 Das Kirchenschiff stellen, nachdem es einzustürzen drohte, Maurer und Zimmerer aus Schärding endlich fertig.

1711 Das königliche Landgericht Griesbach legt das künftige Gemeindegebiet von Pocking fest.

1818 Pocking wählt den ersten Gemeindeausschuß nach der Bildung der Landgemeinden. Gemeindevorsteher wird der Arzt Anton Baintner.

An der Friedhofsmauer wird das erste Schulhaus – ein eingeschossiger Holzbau – errichtet.

1819 Die ersten Pferderennen werden anläßlich des Pfingstfestes abgehalten.

1838 Das Lehrer- und Mesnerhaus an der Simbacher Straße entsteht. Es bleibt bis 1905 Dienstwohnung des Schulleiters.

1854 Ein Gemeindearmen- und Krankenhaus wird erbaut.

1869 Gründung von Krieger- und Veteranenverein und Freiwilliger Feuerwehr.

1871 Gemeindeausschuß beschließt Bau des Feuerlöschrequisitenhauses. Gedenktafel für die Kriegstoten an der Kirche angebracht.

1872 Benedikt Stadler führt auf seiner Wiese ein Volksfest ein.

1873 Auf dem Grundstück des Gastwirts Alber baut die Gemeinde eine Mädchenschule. Sie besteht bis 1934.

1879-1888 Pocking wird an das Eisenbahnnetz angeschlossen.

1879 Gründung der Schützengesellschaft „Alte Ritter".

1888 Beschluß über den Bau eines neuen Armenhauses.

1891 Die im Ort aufgestellten Straßenlaternen werden aus dem Bieraufschlag bezahlt.

1892 Der Sportverein Pocking wird gegründet.

Wenn das Bürgerfest gefeiert wird, verwandelt sich Pockings Zentrum in einen großen Biergarten.

1900 Die Knabenschule an der Berger Straße wird gebaut und bezogen.

1903 Gründung der königlich privilegierten Feuerschützengesellschaft.

1904 Eine Stiftung der Geschwister Stuhlberger ermöglicht die Einrichtung einer Kleinkinderbewahr- und Suppenanstalt. Gründung eines Arbeitervereins.

1905 Erster Markt für niederbayerisches Fleckvieh auf der Springerwiese.

1907 Der Niederbayerische Zuchtverband für Fleckvieh errichtet eine Viehhalle zur Versteigerung von Zuchtvieh.

1909 Leopold Krönner gibt die „Pokkinger Zeitung" als Lokalblatt heraus. Bürgerverein (Gewerbeverein) gegründet.

1910 Zur Bekämpfung der schlechten Presse wird eine Volksbibliothek eröffnet.

1911 Die elektrische Straßenbeleuch-

1915 Dem neuen Frauenbund treten bereits auf der Gründungsversammlung 90 Frauen bei.

1917 Die größte Kirchenglocke muß für Kriegszwecke abgeliefert werden.

1922 Der letzte gemeindliche Nachtwächter Heinrich Hausberger kündigt seinen Dienst auf.

1924 Die Veteranenvereine errichten ein Kriegerdenkmal vor dem Kaufhaus Wenig.

1925 Der erweiterte Friedhof erhält ein Leichenhaus, das 1935 an die Gemeinde Würding verkauft wird.

1926 Im Dorf wird die erste Tankstelle eröffnet. Benedikt Wasner bietet einen Mietwagendienst an.

1927 Der Sportverein errichtet in Eigenleistung die erste Turnhalle.

Postkutschen (Tettenweis und Würding) nach Pocking. Sie werden von „Reichspost-Kraftwagen" abgelöst. Das Kriegerdenkmal wird auf den Kirchplatz versetzt.

1937 An der Grenze des Gemeindegebietes (Waldstadt) wird von der Reichswehr eine Flugzeugwerft und eine Luftwaffennachrichtenschule eingerichtet.

1942 Das Rottwerk (VAW), eine Rüstungsfabrik, wird gebaut.

1944 Häftlinge aus Gefängnissen und Konzentrationslagern werden zum Bau der Aluminiumfabrik (VAW) eingesetzt. Für sie wird in Schlupfing ein der Bevölkerung nicht zugängliches und streng bewachtes Barackenlager errichtet.

1945 Im März werden 200 KZ-Häftlinge aus Flossenbürg in ein Arbeitslager am Fliegerhorst transportiert. 100 von ihnen sterben bis zum Kriegsende.

Bei einem Fliegerangriff am 25. April kommen auf dem Bahnhofsgelände in Pocking in einem Transportzug aus Buchenwald 17 KZ-Häftlinge ums Leben. Zahlreiche Verletzte werden von der SS erschossen, 56 Tote in einem Massengrab am Bahndamm beerdigt.

1945 1. Mai: Die Amerikaner kommen, der Krieg ist beendet. Die KZ-Häftlinge, die Kriegsgefangenen und die Zwangsarbeiter sind frei. Für die Bevölkerung beginnen Tage der Unsicherheit und Angst.

Etwa 70 KZ-Häftlinge aus dem Lager Waldstadt und etwa 30 Zuwanderer aus ihrem Bekanntenkreis lassen sich in Pocking nieder und gründen eine jüdische Gemeinde mit einem Rabbiner an der Spitze. Im Bühlhaus (Tettenweiser Str. 6) wird eine Synagoge eingerichtet. Die jüdische Gemeinde besteht bis 1949.

In den Baracken des ehemaligen Fliegerhorstes richtet die UNRRA ein Sammellager für befreite jüdische Häftlinge ein, die hier auf die Weiterleitung in ein Land ihrer Wahl warten. In kürzester Zeit entsteht in Waldstadt mit rund 8000 Bewohnern die größte jüdische Gemeinde in Deutschland nach dem Krieg. Bis 1949 reisen alle Bewohner aus Deutschland aus. Im Lager und in seinem Umfeld entwickelte sich ein Schwarzmarkt, der Händler bis von Frankfurt anlockte. Umschlagplatz der Waren war der kleine Bahnhof Thalling und der Zug Pocking-Mühldorf.

1947 Für 96 tote KZ-Häftlinge des Lagers Waldstadt, die nach dem Krieg exhumiert wurden, wird an der B 12 eine Gedenkstätte errichtet. Die Schulspeisung

Im Jahr 1905 erlebte die Springerwiese den ersten Markt für niederbayerisches Fleckvieh, und 1907 errichtete der Niederbayerische Zuchtverband eine Viehhalle; auch die Erzählung „Der Stier von Pocking" von Wugg Retzer hat Pocking nachhaltig mit Zuchtvieh in Verbindung gebracht.

tung wird eingeführt. Die Karriolpost (Kutsche) Hartkirchen-Pocking fährt zum letztenmal. Es bestehen 20 Telefonanschlüsse. Ein Theaterverein wird gegründet.

1913 Bei der Pfarrkirche wird ein Ölberg mit fünf Figuren aufgestellt.

1914 König Ludwig III. macht auf seiner Niederbayernreise in Pocking Station, wo er mit großem Zeremoniell empfangen wird. Pocking erhält den Bahnanschluß nach Simbach. Die Indlinger bekommen beim Gastwirt Zwicklbauer ihre erste Telefon- und Telegrafenstelle.

1928 Das katholische Vereinshaus wird feierlich eröffnet.

1934-1935 Die Knabenschule wird erweitert, die Mädchenschule aufgelöst. In das Mädchenschulhaus zieht die Gemeindeverwaltung ein. Der Friedhof wird an den Rand des Dorfes verlegt. Am Kirchplatz wird ein neues Feuerwehrhaus errichtet.

1935 Der Postautoverkehr wird von Hartkirchen nach Pocking verlängert. Hartkirchen wird so an das Bahnnetz angeschlossen. Am 31. Juli fahren die letzten

wird eingeführt (350 Kalorien täglich).

1948 Die Studienräte Dr. Poppe und Pliquett begründen eine Oberrealschule, die Vorläuferin des heutigen Gymnasiums.

1949 Das DP-Lager in Waldstadt wird aufgelöst. Die Barackenstadt wird als Flüchtlingsdurchgangslager genützt. In Pocking werden vier neue Kirchenglocken geweiht, und an die Volksschule wird ein Trakt für eine Berufsschule angebaut.

1950 Beginn des Ausbaus einer zentralen Wasserversorgung.

1951 Die evangelischen Christen erhalten erstmals eine Kirche. Den Bauplatz stiften amerikanische Christen. Die Kirche ist eine sogenannte „Baukastenkirche", von der heute weltweit nur mehr drei stehen sollen.

1959 Der Schulkomplex für das Gymnasium an der Indlinger Straße entsteht.

1961 Pocking erhält eine Sonderschule für Lernbehinderte. Das Flüchtlingslager Waldstadt wird aufgelöst.

1963 Die Stadt bekommt die staubfreie Müllentsorgung. Die B 12 wird aus der Stadt verlegt, und der Bau der Kanalisation beginnt.

1963-1965 Die Auflösung der Landschulen bringt einen großen Schülerzuwachs und erfordert den Neubau eines weiteren Schulhauses (Hauptschule an der Indlinger Straße).

1964 Panzersoldaten der 1. Gebirgsdivision ziehen in die Rottal-Kaserne (Waldstadt) ein.

1967-1971 Die Sonderschule erhält am Weizauerweg ein eigenes Gebäude. Die Kinder kommen aus 36 Gemeinden. Neben der Sonderschule für Lernbehinderte entsteht 1971 durch die Caritas eine private Sonderschule für geistig Behinderte. Dieser Schule sind ein Wohnheim und beschützende Werkstätten angegliedert.

1971 Stadterhebung Pockings. Die Gemeinden Indling und Kühnham sowie die Marktgemeinde Hartkirchen schließen sich im Zuge der Gebietsreform freiwillig der Stadt an. Bürgermeister ist Franz Krah.

1972 Pocking erhält ein Hallenbad. Abriß des alten Pfarrhofs, der durch ein modernes Pfarrzentrum ersetzt wird. Die Volksschule Schönburg wird aufgelöst. In das Schulhaus zieht ein Kindergarten ein.

1974/75 Die Stadt erbaut auf dem Gelände des ehemaligen Gasthofs Springer ein neues Rathaus.

1975 Die katholische Pfarrgemeinde hält erstmals auf dem Platz vor der Kirche

einen Weihnachtsbasar ab, dessen Erlös wohltätigen Zwecken zugute kommt.

1977 Südlich der B 12 entsteht eine Schulsportanlage, bei der Hauptschule eine Jugendverkehrsschule.

1980 Der neuen Stadthalle neben der alten Volksschule ist auch eine Turnhalle angeschlossen.

1983 Pocking bekommt den Anschluß ans Autobahnnetz (A 3).

1984 Einrichtung des Wochenmarktes auf der Volksfestwiese.

1985/86 Pocking verschönert sich: Die Passauer Straße wird verkehrsberuhigt, gepflastert und mit Bäumen bepflanzt; den Stadtplatz schmückt ein Brunnen mit Pferdeplastik.

1987 Der Gewerbeverein ruft drei neue Märkte ins Leben: den Automarkt (Frühjahr), den Holzmarkt (Herbst), am 2. Advent den Weihnachtsmarkt. Den Wochenmarkt verlegt man in die Fußgängerzone.

1990 Neue Ausgrabungen an der Indlinger Straße belegen eine römische Handwerkersiedlung bis ins 4. nachchristliche Jahrhundert.

1991 Auf dem ehemaligen Hilzgelände wird ein Wertstoffhof eröffnet, und der Grundstein für das neue Feuerwehrhaus an der Berger Straße wird gelegt.

1992 Das erste Bürgerfest findet statt.

1993 Pocking-Süd erhält einen neuen Kindergarten.

1993/94 Nach langen Vorplanungen wird im Süden der Stadt eine neue Grundschule errichtet. Der Kirchplatz wird neu gestaltet. Hier werden jetzt auch die Wochenmärkte abgehalten. Das Kriegerdenkmal erhält einen neuen Platz im einstigen Friedhofsbereich.

1995 Im Norden der Stadt wird ein neues Industriegebiet ausgewiesen. Man plant, daß die ersten Gebäude noch im selben Jahr errichtet werden.

Das KZ-Denkmal an der B 12

Am 8. März 1945 kamen aus dem KZ Flossenbürg etwa 200 Häftlinge in einem erbärmlichen Zustand in „Zebrakleidung" nach Pocking. Dieses sogenannte Arbeitskommando sollte beim Aufbau neuer Rollbahnen und Abschußrampen für die V2 eingesetzt werden.

Die Häftlinge wurden in einem Arbeiterlager gegenüber dem Pfaffenholz untergebracht. Das Lager war vom Militärbetrieb abgesetzt, mit Stacheldraht eingezäunt und von einer eigenen Mannschaft bewacht. Unterkunft, Essen und ärztliche Versorgung sollte das Personal des Fliegerhorstes gewährleisten. Die Häftlinge sollten offensichtlich durch Arbeit hier ihr Ende finden. Wie unmenschlich die Behandlung durch die Aufseher war, offenbarte ein Prozeß gegen den Kapo Friebe aus dem Riesengebirge, der am 24.11.1947 für seine Untaten zu vier Jahren Arbeitslager verurteilt wurde.

Die Toten wurden auf den Friedhöfen von Kirchham und Schönburg, aber auch in der Kiesgrube jenseits der Straße nach Pocking (B 12) und in anderen Kiesgruben begraben. Die meisten Todesfälle wurden bei den Standesämtern beurkundet. Viele Häftlinge starben an Durchfall, Herzlähmung oder Körperschwäche, bei den meisten aber wird die Todesursache als unbekannt angegeben.

Am 2. Mai 1945 wurde das Lager durch die einrückenden Amerikaner befreit. Die Häftlinge kamen in Krankenhäuser der Umgebung. Unter diesen Häftlingen, die aus allen Regionen Europas stammten, war auch der Rabbiner Leopold Meisels. Nach seiner Entlassung aus dem Krankenhaus gründete er eine jüdische Gemeinde in Pocking und stand dieser bis zum 12.10.1946 vor. Sein erstes Anliegen war es, den Toten ein würdiges Andenken zu schaffen.

In einem Aufruf vom 15.12.1945 heißt es: „Auf Befehl der Militärregierung haben sich am Sonntag, dem 12. Dezember 1945 morgens 9 Uhr alle ehemaligen Anhänger der NSDAP und ihrer Gliederungen an der Exhumierung der in Pocking verscharrten jüdischen und fremdvölkischen Opfer teilzunehmen." Auch Tote, die auf den Friedhöfen von Kirchham und Schönburg lagen, wurden exhumiert. Es wurden 96 Tote geborgen und in würdigen Gräbern in der künftigen Gedenkstätte beigesetzt. Zu den Beisetzungsfeierlichkeiten hatten die Mitglieder der NSDAP „ausnahmslos"

Das Denkmal an der B12, ein 17 Meter hoher Obelisk, geplant von einem ehemaligen KZ-Häftling, wurde im August 1947 eingeweiht.

zu erscheinen. Plakate riefen dazu auf. Am 5. März fand die erste Gedenkfeier statt, an der die jüdische Gemeinde und die katholische Kirche von Pocking teilnahmen. Nach Gottesdiensten legte man Kränze nieder.

Das Denkmal an der B 12 wurde von dem ehemaligen KZ-Häftling Ingenieur A. Perkal geplant. Bereits im August 1945 begannen die Vorarbeiten. Am 28. April

1947 wurden die Urkunden in einem Grundstein hinterlegt. Zwei Monate später, am 15. Juni, war die feierliche Einweihung. Bauherren waren die Militärregierung, das Landratsamt Griesbach, die Gemeinde Pocking, die UNRRA und die jüdische Gemeinde Pocking.

Das Zentrum des Denkmals bildet ein 17 Meter hoher Obelisk mit einer gebrochenen Spitze, die das zerstörte Leben symbolisiert. Eine Plastik zeigt Häftlinge, die im elektrisch geladenen Zaun hängen. Auf drei Tafeln stehen die Namen der Toten. Das Gedenken an diese Toten war in sechs Sprachen geschrieben.

Auf dem Gedenkplatz waren schließlich 96 Menschen aus neun Ländern, etwa die Hälfte aus Polen, begraben. Für die Pflege der Grabstätten sorgte die Bayer. Verwaltung der staatl. Schlösser, Gärten und Seen, die sie örtlichen Gärtnereien übertrug. Die wegen der räumlichen Entfernung von Pocking oft unbefriedigende Pflege führte oft zu Beanstandungen. 1948 berichtete die *Passauer Neue Presse* von einer Schändung des Denkmals. Eine Untersuchung ergab jedoch, daß die am Denkmal angebrachten Platten nicht mutwillig zerstört worden waren, sondern sich selbst aus dem Mauerwerk gelöst hatten und dabei zerbrachen.

Man plante, auch die 56 toten KZ-Häftlinge aus Buchenwald, die in einem Massengrab beim Bahnhof beigesetzt waren, in dieser Anlage zu beerdigen. Dazu kam es nicht mehr. Im Oktober 1957 wurden alle in Pocking und an der B 12 ruhenden KZ-Häftlinge durch das Umbettungskommando der französischen Botschaft exhumiert und an mehrere Identifizierungsorte verbracht.

Am 30. April und am 2. Mai 1995 fanden beim Denkmal Gedenkakte statt, die an das Kriegsende und die Opfer des Naziregimes erinnerten. Juden aus den USA und aus Israel und zwei ehemalige Insassen des KZ-Arbeitslagers beteten für ihre Toten und legten Kränze nieder. Der Landkreis Passau und die Gemeinden Pocking und Kirchham richteten eine zentrale Gedenkfeier aus.

Patenschaft mit Metulla in Israel

Die Patenschaft Pockings zu Metulla, einer israelischen Enklave auf libanesischem Gebiet nahe der Grenze zu Syrien, besteht seit 1971. Die Initiative ging von dem Pockinger Journalisten Rudolf Maier aus, der der Meinung war, daß eine Stadt, in der zu Hitlers Zeiten ein Gefangenen-Arbeitslager bestand, den versöhnenden ersten Schritt zu einem deutsch-israelischen Freundeskreis machen sollte. Bei ersten Israel-Reisen knüpften kleine Gruppen Verbindung zur obergaliläischen Gemeinde Metulla, deren Bürgermeister Assaf Fraenkel aus Berlin stammte. Seine Familie lebte über 500 Jahre in Deutschland und flüchtete erst kurz vor dem Zweiten Weltkrieg nach Palästina. Fraenkel war einer der ersten, die nach 1945 Deutschland besuchten und die Hand zur Versöhnung reichten. Von der Anregung des Pockinger Journalisten war er begeistert. Der Austausch von Stadtratsdelegationen unter Pockings damaligem Bürgermeister Franz Krah führte 1978 zur Städtepartnerschaft im Rahmen der Deutsch-Israelischen Gesellschaft Niederbayern-Oberpfalz, deren Präsident Rudolf Maier in Pocking ein Büro unterhält.

Auseinandersetzung mit der Vergangenheit

Mit Unterstützung der Fluggesellschaft *El Al,* des bayerischen Staatssäckels auf Fürsprache des damaligen Ministerpräsidenten Franz Josef Strauß, des Bundesministers Dr. Hans-Jochen Vogel sowie des Kreisjugendrings wurden Begegnungsreisen vor allem junger Menschen organisiert. Altbürgermeister Fraenkel schrieb 1978 an Maier: „Es imponierte mir, wie Du Dich mit der Vergangenheit offen auseinandergesetzt und es dabei verstanden hast, stolz zu sein auf Dein Deutschtum und Deine Heimat, und daß Du dennoch keine Ausflüchte und keine Pseudosynthese zwischen der großen erhabenen Vergangenheit Deutschlands und der Schmach der unverständlichen Verbrechen suchtest.

Wir haben zusammen viel Schönes aufgebaut und stehen doch noch am Anfang…"

Seit 1971 haben sich viele hundert Menschen gegenseitig besucht. Aus den Jugendlichen der Aufbauphase sind Erwachsene geworden. Seit 1983 ist Oskar Lotter Vizepräsident der Deutsch-Israelischen Gesellschaft. Mit Ausstellungen und Vorlesungen möchte er das Verständnis über Pocking hinaus fördern.

Der ehemalige Bürgermeister von Pocking, Franz Krah, empfängt im Rathaus eine Gruppe Jugendlicher aus Metulla mit dem Partner-T-Shirt.

Auf Vorschlag von Franz Josef Strauß wurde Initiator Rudolf Maier 1985 mit dem Bundesverdienstkreuz Erster Klasse des Verdienstordens der Bundesrepublik Deutschland ausgezeichnet. Der verstorbene Vorsitzende der jüdischen Kultusgemeinde in Berlin, Heinz Galinski, bezeichnete in einem Gespräch mit Rudolf Maier Veranstaltungen zur alljährlichen Woche der Brüderlichkeit als unzureichend, da sie doch immer im selben Kreis stattfänden und die Bürger, vor allem die Jugend, nicht erreichten. Als positives Beispiel wertete er Pockings enge Beziehungen zum galiläischen Metulla.

Bewährungsprobe Golfkrieg

Anläßlich des Golfkriegs zeigte sich, wie sehr persönliche Kontakte geeignet sind, Mißverständnisse gar nicht erst aufkommen zu lassen. Während auf Tel Aviv Bomben fielen, liefen in Pocking und Metulla die Telefone heiß, nicht nur im Bürgermeisteramt, sondern auch bei vielen Familien. Assaf Fraenkel lebte inzwischen mit seiner Frau in Tel Aviv. Er war vor den Angriffen ins Kibbuz K'far Giladi bei Metulla geflüchtet, wo der Sohn als Geschäftsführer des Gästehauses agiert. In diesem Kibbuz wie auch bei Familien in Metulla haben Pockinger herzliche Gastfreundschaft erfahren wie umgekehrt die Israelis bei ihren Rottaler Gastgebern. In all den Jahren hatte man sich gut kennengelernt und konnte jetzt offen miteinander sprechen: Wie stehst du zu Waffenlieferungen an den Irak oder den Anlagen zur Giftgasherstellung? Die Pockinger bewunderten angesichts der Ereignisse, wie beherrscht die Freunde reagierten. Der Bürgermeister von Metulla, der Knesseth-Abgeordnete Josef Goldberg, meinte zur Lage am Golf: „Die ersten Opfer Saddams waren tausende arabischer Männer, Frauen und Kinder beim Überfall auf Kuwait." Die Forderung des Westens nach Waffenstillstand sei von israelischer Seite nicht nachzuvollziehen. Jede Kampfpause werde vom Gegner nur genutzt, die Kriegsmaschinerie funktionsfähig zu machen.

Die heutigen Stadtväter Jossi Goldberg und Josef Jakob gehen davon aus, daß die Patenschaft noch manche Bewährungsprobe zu bestehen hat. Zu gegenseitigen Besuchen kam es Mitte der neunziger Jahre deswegen nicht mehr, weil Metulla im Bereich von Aufständen liegt und für die Sicherheit der Gäste nicht mehr garantieren kann; auch das Geld für die Begegnungen ist derzeit nicht vorhanden.

Das Rottaler Bäderdreieck

In zwanzig Jahren hat sich das Rottaler Bäderdreieck zum größten Kurbadzentrum Europas entwickelt. Die Besonderheit der Rottaler Kur ist das Zusammenwirken von heilendem Wasser und erholsamer Landschaft – Körper, Geist und Seele können sich regenerieren. Im Bild die neue Badeanlage „Vitarium" in Bad Birnbach.

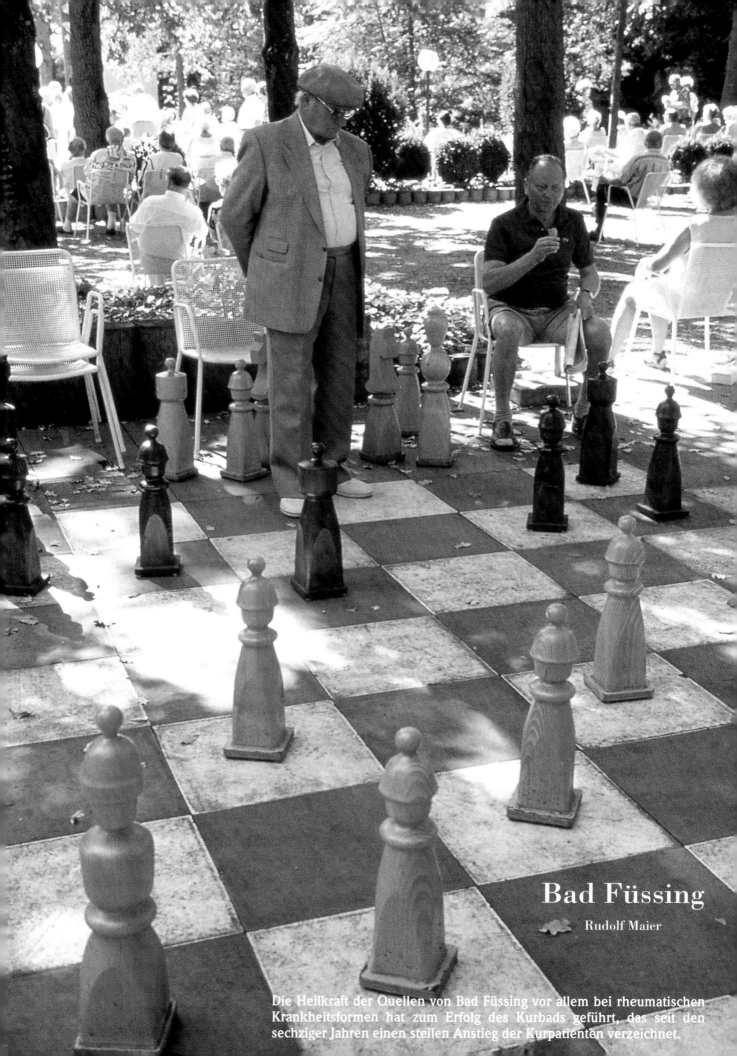

Bad Füssing

Rudolf Maier

Die Heilkraft der Quellen von Bad Füssing vor allem bei rheumatischen Krankheitsformen hat zum Erfolg des Kurbads geführt, das seit den sechziger Jahren einen steilen Anstieg der Kurpatienten verzeichnet.

B ad Füssing, das Thermal- und Gesundheits-Eldorado im Rottaler Bäderdreieck, hat eine Entwicklung erlebt, die in der Kurort- und Bädergeschichte der Bundesrepublik ohne Beispiel ist. Längst ist Bad Füssing dreifacher Übernachtungsmillionär. Bereits 1976 rückte der Kurort mit 1,4 Millionen Übernachtungen fast unbemerkt durch die Öffentlichkeit an den zweiten Platz unter den bayerischen Bädern. Wenige Jahre später war es der erste Platz in Bayern, in der Bundesrepublik und in Europa.

Was ist das Geheimnis dieses grandiosen Aufstiegs in einer Zeit, in der viele Kurorte einen Existenzkampf führen mußten? Vergleiche bieten sich an, etwa der mit dem verkannten Genie, das erst spät entdeckt wurde, aber auch Gegensätze zu Kurorten, die aus und von ihrer Vergangenheit leben. In Bad Füssing wurden weder Kaiser noch Könige von ihren Gebrechen geheilt, der Ort hat wenig Vergangenheit, dafür aber um so mehr Zukunft. Schon das ist anders als anderswo. Der warme, heilsame Strom aus dem Inneren der Erde hat aber kein Goldfieber erregt, in der Tat, vieles ist anders hier in Bad Füssing, einmalig, unwiederholbar, typisch für eine Gemeinde, die in atemberaubendem Tempo fast wie eine Goldgräberstadt aus Nacht und Nebel in das gleißende Licht der Weltöffentlichkeit trat.

Grundlage des Wunders – das heilkräftige Wasser

Der weite Himmel spannt sich wie ein gläserner Dom von Horizont zu Horizont über ausgedehntes, flaches Bauernland, kein Berg, kein Hügel hemmt den Blick, nur Wälder unterbrechen das flache Land. Wer Erholung in der Ruhe und Schönheit der Natur sucht, den führt der Weg in das heilende Land Niederbayern, nach Bad Füssing. Das Klima ist hier so, wie es sich der Kurgast wünscht. Der Wind fegt die Wolken weg, die Sonne dominiert, Niederschläge sind seltener als in anderen Teilen Bayerns. Hier brodelt es aus Urgestein, heiße heilende Wasser schießen ans Licht aus über 1000 Meter Tiefe.

Es gibt kein „Wunder" in Bad Füssing. Der grandiose Aufstieg dieser Thermen an die Spitze der europäischen Heilbäder ist einzig und allein der durch wissenschaftliche Grundlagenforschung nachgewiesenen Heilkraft seines ortsgebundenen natürlichen Heilmittels, des Thermal-Mineralwassers, zu verdanken.

Thermalwasser statt Erdöl

In der Geologica Bavarica, herausgegeben vom Bayerischen Geologischen Landesamt, sind die Ergebnisse der Erdölboh-

Bad Füssing hat auch eine stürmische Vorgeschichte: Allein die Dokumentation des Wasserstreits umfaßt über 500 Seiten.

rungen im bayerischen Innviertel in den dreißiger Jahren dokumentiert. Die Reichsbohrung 405 vom 5. November 1937 bis 11. Juni 1938 war eine von vielen und hatte doch ein einzigartiges Resultat. In Füssing stieß man nicht auf Erdöl, sondern auf Thermalwasser. Eine Entwicklung wurde eingeleitet, die für die damals Verantwortlichen des Reichsamtes für Bodenforschung unvorstellbar gewesen wäre.

Es waren einige Zufälle, die letztlich als Initialzündung den Grundstein für den Kurort Bad Füssing und in der Folge für das Rottaler Bäderdreieck legten. Wissenschaftler vermuteten im niederbayerischen Raum Erdöl- und Erdgasvorkommen. Die Energieprobleme des Dritten Reiches führten letztlich zur Bohrung auf der Pockinger Heide. In den Jahren 1935 bis 1938 führte die bayerische Mineralöl-Industrie-Aktiengesellschaft geophysikalische Untersuchungen durch. Mit Unterstützung aus Reichsmitteln wurden insgesamt sechs Tiefenbohrungen niedergebracht. Der Weiler Füssing gehörte zu den ausgewählten Standorten. Dr. Hans Nathan, mit der geologischen Überwachung beauftragt, beschreibt das Ergebnis in der Geologica Bavarica: „In Füssing floß nach dem Anbohren des verkarsteten Jura-Massenkalkes in 916 Metern Tiefe warmes Wasser von 45 Grad Celsius mit einem Druck von vier Atü und einer Schüttung von 750 Liter/Minute über. Gasgehalt und Geruch nach Schwefelwasserstoff waren bemerkbar." Zur Temperatur des Quellwassers wird an anderer Stelle festgestellt: „Die höchste gemessene Temperatur war 52,2 Grad Celsius im Wasserstrahl und 51 Grad im mit einem Eimer geschöpften Wasser." In seinem viel ausführlicheren Protokoll schreibt der Geologe unter anderem: „In der Nacht vom 5. auf 6. Februar 1938 machte sich beim Aufholen starker Wasserausfluß aus dem Gestänge bemerkbar. Auch am 7. Februar stieg beim Aufholen der ersten sechs Züge das Wasser im Gestänge bis zur Aushängebühne, dann ließ der Wasserzufluß nach, und das Überlaufen hörte auf. Am 8. Februar brach die Belastungsstange nach Erreichen der größten Teufe von 949,85 Meter und konnte nicht mehr gefangen werden. Beim Weiterbohren ging in Teufe 915,30 Meter die Spülung schlagartig verloren. Von Teufe 915,30 Meter bis 916,00 Meter befand sich ein Hohlraum. Beim Aufholen aus Teufe 927,25 Meter drang plötzlich sehr stark Wasser nach, das nach Ziehen des Gestänges etwa zwei Meter über den Drehtisch sprang.

Das Wasser wurde rasch wärmer und hatte nach etwa 20 Minuten eine Temperatur von 45 Grad."

1938 – Geburtsjahr der Therme Füssing I

Der 8. Februar 1938 ist damit der Geburtstag der Therme Füssing I. Am 13. Juni schreibt die bayerische Mineralöl-Industrie-Aktiengesellschaft einen Brief an das Bezirksamt Griesbach, in dem gemeldet wird, daß bei der Erdölbohrung Füssing in 927 Meter Tiefe eine Mineralquelle erschlossen wurde. Der damalige Griesbacher Landrat teilte auf die entsprechende Anfrage mit, daß seitens des Landkreises keine Bedenken bestünden, die Quelle in Bad Füssing, die statt Erdöl Mineralwasser zutage förderte, wieder zuzuschütten. Wohl durch den Beginn des Zweiten Weltkrieges wurde dieses Vorhaben verhindert. Die „Therme Füssing I" überdauerte mit verschlossenem Bohrkopf den Krieg.

Schon 1946 nutzte Franz Ortner, der Schwiegersohn der damaligen Eigentümerin des Quellgrundstückes, Mathilde Wim-

mer, die erste Füssinger Therme. Ein den damaligen Verhältnissen entsprechendes Thermalbad fand regen Zuspruch. Franz Ortner gilt seitdem zu Recht als der Begründer des Thermalbades Füssing. 1947 übernahm die amerikanische Militärregierung die Badeeinrichtung, für deutsche Zivilisten war von da an das Baden verboten. Zwei Jahre später gaben die Amerikaner das Heilbad an die bayerische Mineralöl-Industrie AG zurück.

Inzwischen hatten sich die Heilerfolge durch das Füssinger Thermal-Mineralwasser herumgesprochen. Die Entwicklung Bad Füssings zum Weltbad ist jedoch untrennbar mit dem Wirken und der wissenschaftlichen Forschungstätigkeit des Instituts für medizinische Balneologie der Universität München verbunden. Die Gutachten und Forschungsergebnisse waren die Grundlage der weiteren Entwicklung. Obermedizinaldirektor Dr. med. Kurt-

Werner Schnelle, mit Professor Gottfried Böhm in Bad Füssing engagiert, erzählte dem Verfasser dieses Beitrages als Zeitzeuge über die damalige Situation und Entwicklung: „Aus Betonröhren des nahen Militärflugplatzes Pocking entstanden erste Badebecken und primitive Sitzwannen. In diesem Zustand haben wir Füssing erstmals gesehen, und Professor Böhm, dieser bekannte Wissenschaftler, der bereits 1948 zu einer ersten Besichtigung hier war, erkannte sofort, daß in Füssing die erste wirkliche Thermalquelle Bayerns sprudelte. Er maß dieser Therme große medizinische Bedeutung bei. Balneochemiker maßen den großen Druck und die hohe Schüttung dieser außergewöhnlichen Therme und analysierten sie. Leider ist Professor Böhm kurz nach Gründung unseres Instituts 1951 verstorben, so oblag es mir als kommissarischem Leiter des medizinisch-klimatologischen Instituts, das Te-

Die Vielzahl der Hotels läßt erahnen, was Zweckverband, Gemeinde und Unternehmer in 30 Jahren geleistet haben, um Straßen, Kanalisation, den Kurpark und Anlagen für Zehntausende von Kurgästen zu errichten.

stament Böhms zu erfüllen, nämlich Füssing als balneologisches Problem Nummer Eins in Bayern zu betrachten und die Therme auf ihre therapeutischen Wirkungen hin zu untersuchen.

Es kam zu Gesprächen mit der bayerischen Mineralölindustrie und deren Direktor Grundermann. Ein Vertragsabschluß kam zustande über die Gründung einer offiziellen Außenstelle des balneologischen Instituts in Bad Füssing. Das Untersuchungsprojekt lief im März 1952 voll an. Der neue Chef des Instituts, Professor Heinrich Drexel, Ordinarius für Balneologie und medizinische Klimatologie der Universität München, hat seinerzeit an Ort und Stelle die Untersuchungen durchgeführt. Am 1. November 1953 haben Professor Drexel und ich die Ergebnisse dieser umfangreichen Arbeit in einem abschließenden Gutachten veröffentlicht. Wir konnten von über 1500 klinisch erfaßten Fällen berichten. Von diesen verblieben nach Aussonderung der Patienten, die sich nicht zur Nachuntersuchung stellten, 950 Fälle. Diese Zahl bildete die medizinische Grundlage der Untersuchungen mit Füssinger Thermal-Mineralwasser.

Der bayerische Staat will die Anlagen nicht

Wir legten diese Gutachten den bayerischen staatlichen Dienststellen vor, in der Hoffnung, daß der bayerische Staat hier fördernd tätig werden würde. Zu unserer Überraschung übernahm der bayerische Staat das junge Bad jedoch nicht. Besonders das Finanzministerium erhob Einwände: Zu den fünf defizitär arbeitenden Staatsbädern Bayerns sollte kein sechstes hinzukommen. In beinahe zweijährigen Versuchen hatten wir unter klinischer Kontrolle, das heißt genauer Erfassung jedes Patienten, wenn nötig Röntgenkontrolle und labormäßiger Verfolgung der Stadien einer Kur, die Reaktionen des Patienten auf die Behandlung mit Thermal-Mineralwasser messend verfolgt und somit die Indikationen für die Bad Füssinger Badekur festgelegt. Wir kamen zu der Erkenntnis, daß alle mit Bewegungsstörungen einhergehenden Erkrankungen ein besonderes Indikationsgebiet der Füssin-

Zwei Drittel der Kurgäste geben an, daß sie auf Ausflügen das Rottal und seine bäuerliche Tradition kennenlernen möchten.

ger Therme darstellen, also nicht nur Krankheiten des sogenannten rheumatischen Formenkreises, sondern die vielen statischen Erkrankungen, die Veränderungen der Wirbelsäule, alle Altersveränderungen im Skelett, die muskelrheumatischen Erkrankungen, alle nervenrheumatischen Erscheinungen. Wir konnten uns schließlich Füssing als ein Zentrum für bestimmte Lähmungskranke vorstellen.

Bei diesen Erkenntnissen und medizinischen Erfolgen war es eine große Enttäuschung, daß der bayerische Staat den Kauf der Anlagen ablehnte. Bad Füssings Thermen sind ein einmaliges Heilmittel in dem Sinne, daß sie die einzigen wirklichen Thermen Bayerns sind. Schwefelquellen haben wir auch noch in anderen Regionen Bayerns. Die Füssinger Thermen sind deshalb einmalig, weil Schüttung, Wasserdruck und die Temperatur von 52 Grad nirgendwo sonst gegeben sind.

Der entscheidende Faktor des Aufstiegs von Bad Füssing sind seine Thermen. Der Erfolg eines Kurortes ist die Summation der Quellanwendungen in Verbindung mit physikalischer Therapie, Elektrotherapie, diätetisch unterstützenden Maßnahmen sowie einer bewegungstherapeutisch-medizinischen Ergänzungsbehandlung. Im Mittelpunkt jeder Behandlung jedoch steht die Therme. Ich möchte die Tatsache der Erbohrung der Therme für einen entscheidenen Schnittpunkt halten, der sich für die spätere Entwicklung des Thermalbades nachhaltig ausgewirkt hat. Ich konnte die Doktores Zwick damals beraten und hatte mit diesen Kollegen immer guten Kontakt. Die Erfolge, die sich im Klinikum Johannesbad nachweisen lassen, sind sehr bedeutend. Ich halte das klinisch geführte Haus der Doktores Zwick für eines der angesehensten und medizinisch erfolgreichsten Sanatorien in der Bundesrepu-

blik. Die Auswirkungen des Klinikums sind mir 1973 anläßlich einer Ortsbesichtigung, die das Ziel hatte, die Ortsteile Egglfing und Würding zu beurteilen, wieder deutlich geworden. Durch dieses Klinikum war es überhaupt kein Problem, Würding in den Kurbereich einzugliedern, bei Egglfing jedoch mußten wir Großzügigkeit walten lassen.

Seit 1969 der Titel Bad

Es ist ganz klar, daß diese vorbildliche medizinische Einrichtung auch erheblichen Einfluß auf den Ausschuß ausübte, der Bad Füssing 1969 den Titel „Bad" verlieh. Als Außenstehender vermag man objektiver zu urteilen. Die Verdienste sind in Bad Füssing meiner Meinung nach aufgeteilt, wie die Aufgabenstellungen sich

Seit 1969 trägt Füssing den Titel Bad. Wissenschaftler der balneologischen und balneochemischen Institute der Universität München wiesen die Heilkraft des Thermalwassers nach, das sich als Basis des Kurortes bewährt hat. Die Berichte von Kurerfolgen sind die beste Werbung.

boten. Der Zweckverband hat Vorbildliches im infrastrukturellen Bereich in Bad Füssing geleistet, denken Sie an die Kanalisation, Straßenbau und an die Gemeinschaftsaufgaben, den Kurpark und die bei einem Wettbewerb ausgezeichneten Kurbauten. Die privaten Unternehmer haben große Verdienste durch ihre Risikobereitschaft und den unternehmerischen Elan.

Am 7. November 1953 legten Dr. Schnelle und Dr. Drexel ein ärztliches Gutachten über die therapeutischen Möglichkeiten und klinischen Erfolge des Thermalbades

Füssing vor, ausgeführt von der medizinischen und klimatologischen Abteilung des Balneologischen Institutes bei der Universität München. Das Gutachten wurde die wissenschaftliche Grundlage für Indikationen und letztlich den medizinischen Erfolg in Bad Füssing."

Ein weiterer prominenter Zeitzeuge der Entwicklung des Heilbades Bad Füssing ist Professor Dr. K.-E. Quentin, Direktor des Instituts für Wasserchemie und chemische Balneologie der Technischen Universität München. Der spätere Präsident des Deutschen Bäderverbandes befaßte sich aus persönlicher Erfahrung am 23. April 1982 in einer Rede anläßlich der Einweihung des Therapiezentrums Johannesbad mit der Kurortgeschichte: „... es lief viel Wasser den Berg hinunter und aus der Bad Füssinger Quelle heraus, bis in den 60iger Jahren wie mit einem Lift der eigentliche Steilaufstieg von Bad Füssing einsetzte.

Eine Vielzahl Wasserprozesse

1963 folgte die staatliche Bohrung Füssing II mit einer Endtiefe von 979 Meter, und im Sommer 1964 Füssing III, die am 5. September 1964 auf den Namen Johannes-Quelle getauft wurde und eine Tiefe von 1061 Meter hat. Füssing wurde nicht nur immer bekannter, es war auch oft eine Schlagzeile wert. Selbst auf die Rechtspre-

chung hat Bad Füssing durch eine Vielzahl von Wasserprozessen entsprechende Impulse gegeben. Beim Wiederaufbau des bayerischen Heilbäderwesens nach dem Kriege und nach Anlaufen der Kurbetriebe wurde oft nach der Möglichkeit einer Thermalbadekur in Bayern gefragt. Wir mußten längere Zeit diese Möglichkeit verneinen und auf altbekannte Thermen anderer Bundesländer oder sogar auf ausländische Bäder weiter südlich hinweisen. Inzwischen hat sich in Bayern die Thermenlandschaft grundsätzlich verändert. Vorreiter ist Bad Füssing gewesen und damit bekanntestes Thermalbad Bayerns geworden. Daß ausschließlich die Heilkraft der Thermalquellen Bad Füssings Aufstieg bewirkte, ist auch dadurch nachzuweisen, daß der Kurort in seinen Gründerjahren auf Werbung nahezu verzichten konnte.

Bad Füssing hatte durchaus auch eine stürmische Geschichte. Allein die kritische Dokumentation des Wasserstreits von Bad Füssing, verfaßt von Rudolf Samper, umfaßt über 500 Seiten. Viel interessanter und vor allem segensreicher ist der Weg von Bad Füssing zum erfolgreichsten Kurort Europas durch die hier nachgewiesenen Heilerfolge. Wissenschaftler der balneologischen und balneochemischen Institute der Universität München vertrieben in Bad Füssing den sogenannten „Brunnengeist", und die vielen Tausend Kurgäste, die hier Heilung fanden, halfen mit, den Ruf des Heilbades zu verbreiten.

Die Statistiken beweisen, welch gewaltige Mittel für die Behandlung der rheumatischen Krankheitsformen allein im medikamentösen Bereich aufgewendet werden müssen, ohne daß dabei der Ausfall an Arbeitskraft einbezogen wird. Die nachgewiesene Heilkraft der Thermen in Bad Füssing kann diese Erkrankungen, die nicht selten zur Frühinvalidität führen, wirkungsvoll bekämpfen und damit einen wirkungsvollen Beitrag zur Reduzierung der Kostenlawine im Gesundheitswesen leisten. Es ist nachgewiesen, daß die Kurpatienten nach einer vier- bis sechswöchigen Heilbehandlung mit deutlich besserem Gesundheitszustand nach Hause fahren können. Sie haben den Kurerfolg erreicht, der die Krankheitsform positiv beeinflußt hat. Vielen Patienten wird es dadurch ermöglicht, in ihr altes Arbeitsverhältnis zurückzukehren. Ökonomisch gesehen müßte eine Kur in Bad Füssing nicht letzter Retter in der Not sein. Als Sparmaßnahme sollte die Behandlung am Anfang, nach den ersten Beschwerden stehen.

Heute sind zwei Thermen in Privatbesitz, eine Therme im Besitz eines Zweckverbandes. Da jedoch die Therme I von der Gemeinde Bad Füssing gepachtet wurde, wird nur noch die Therme III, die Johannesquelle, im gleichnamigen Rehabilitationszentrum privat betrieben.

Ehrfurcht vor dem kostbaren Naß

Das Thermalwasser als Basis des Kurortes hat sich bewährt. Seit den ersten Untersuchungen zu Beginn der fünfziger Jahre unter Niederbringung der Therme II sowie der Johannesquelle zeigt sich eine erstaunliche Konstanz im Füssinger Quellgut, vor allem in seinen Besonderheiten. Zur Altersbestimmung liegen verschiedene Messungen des Kohlenstoff 14-Gehaltes im Malm des Innviertels vor. Man darf in diesem Thermalwasserreservat, aus dem auch Bad Füssing sein Wasser bezieht, mit einem Alter von 25 000 Jahren rechnen. Für die Therapie ist keine Erwärmung des Wassers, sondern seine Abkühlung notwendig. Gerade in einer Zeit, in der wir mit Sorge und Schrecken feststellen, daß unsere natürlichen Rohstoffe knapper werden, und das Wasser infolge der Vielfalt seiner Nutzungs-, aber auch seiner Belastungsmöglichkeiten eine Sonderstellung einnimmt, müssen wir das Vorkommen in Bad Füssing als besonders kostbares Gut betrachten. Wir nehmen diese Gabe der Natur oft als Selbstverständlichkeit, zum Nachdenken haben wir meist keine Zeit und keine Geduld. Das Staunen, das wir in unserer Kindheit noch kannten, ist im Laufe des Lebens und Strebens nach dem immer Mehr leider verloren gegangen.

Der französische Dichter Antoine de Saint-Exupéry erzählt die Geschichte vom einfachen Staunen vor dem Wasser in seinem Roman *Wind, Sand und Sterne:* „Die Franzosen hatten drei mauretanische Häuptlinge nach Frankreich eingeladen, um sie mit abendländischem Denken und europäischer Lebensweise vertraut zu machen. Man brachte sie zu einem Wasserfall, der wie eine geflochtene Säule herabfiel und rauschte. Soviel Wasser! In der Wüste von Mauretanien ist Wasser sein Gewicht an Gold wert. Der kleinste Tropfen lockt aus dem Sand den grünen Funken eines Grashalmes. Der Führer drängte: ‚Gehen wir weiter.' Sie aber rührten sich nicht und baten nur: ‚Noch einen Augenblick.' Keiner sprach ein Wort. Stumm und ernst sahen sie auf das Wasser. Hier floß aus dem Bauch des Berges das Leben selbst, der heilige Lebensstoff. Ehrfurchtsvoll und regungslos standen die drei vor dem Wunder. ‚Weiter ist hier nichts zu sehen, kommt!' ‚Wir müssen warten!' ‚Worauf denn?' ‚Bis es aufhört!' Sie wollten die Stunde erwarten, in der Gott seine Verschwendung leid tat."

Die Therme I von Bad Füssing. Von drei Thermen sind zwei in Privatbesitz, eine im Besitz eines Zweckverbands. Da die Therme I von der Gemeinde Bad Füssing gepachtet wurde, wird nur noch Therme III, die Johannesquelle, im gleichnamigen Rehabilitationszentrum privat betrieben.

Die bäuerliche Rottaler Kulturlandschaft aus der Perspektive des Kurgasts von Bad Griesbach. Die landschaftsgerechte Planung zeigt sich nicht nur im Kurbereich, sondern auch in der Anlage der Golfplätze. In Bad Griesbach wurden von Beginn an auch die Anregungen des Naturschutzes berücksichtigt.

Griesbach: Daten zur Geschichte

Elmar Grimbs

Zum Ende des 11. Jahrhunderts tritt Griesbach ins Licht der Geschichte. In der Urkundensammlung *Monumenta Boica* finden wir in Band IV in einer Urkunde des Klosters St. Nikola in Passau unter der Jahreszahl 1076 die erste Erwähnung des Namens Griesbach. Bischof Altmann von Passau verleiht die Schutzvogtei über das Kloster an den Vornbacher Grafen Heinrich II., wofür dieser u. a. zwölf Weinberge in Reutern „in der Nähe seiner Burg Griesbach" übergibt.

In der Folgezeit erscheinen in den Urkunden der Klöster Asbach, Aldersbach, Vornbach und Suben die Namen von Adeligen, die sich nach Griesbach benannten: Walchun 1148, Richiza 1150, Ingram 1157, Hutto und Witigo 1160, um nur einige zu nennen. Ob sie ihren Namen nun von Griesbach im Rottal oder Unter-Griesbach bei Obernzell ableiteten, spielt eine untergeordnete Rolle, denn das Geschlecht stammte aus Lasberg in Österreich und hatte beide Burgen zu Lehen. Möglicherweise hat es seinen Namen

schon mitgebracht. Die Griesbacher Grafen zogen sich um 1190 auf ihren Sitz Waxenberg in Österreich zurück. 1221 erlosch das Geschlecht mit dem Tod Heinrichs von Griesbach und Waxenberg.

Inzwischen war der Besitz der Vornbacher – darunter auch Griesbach – nach dem Tod des Grafen Eckbert III. im Jahre 1158 an die Grafen von Andechs gefallen und von diesen wieder auf dem Erbwege an die Ortenburger Grafen. Diese residierten sogar zeitweise auf der Burg Griesbach, denn in einer Urkunde von 1231 bestätigt Oudilhelids, die Gemahlin Graf Rapotos II., eine Schenkung ihres Mannes an das Kloster Asbach.

Der Landshuter Herzog übernimmt 1260 die Burg

Damals muß das ritterliche Leben auf der Burg Griesbach seinen Höhepunkt erreicht haben, denn Rapoto war bis zur Würde des Pfalzgrafen aufgestiegen und von Kaiser Friedrich Barbarossa zum Ritter geschlagen worden.

Den ganzen Besitz erbte nach dem Tod Rapotos 1248 seine Tochter Elisabeth. Sie heiratete den Grafen Hartmann von Werdenberg, der 1260 das Erbgut seiner Frau an den Landshuter Herzog Heinrich I. verkaufte. Damit war es mit der Ritterherrlichkeit zu Ende, die gestrengen Beamten des Herzogs bestimmten nun den Lauf der Dinge auf der Burg Griesbach.

Herzog Heinrich errichtete ein Pfleggericht und bestätigte 1277 selbst eine Urkunde „zu Griesbach in der Pfleg". Lang ist die Reihe der Pfleger und Richter, die durch die Jahrhunderte auf der Burg im Namen des Herzogs und später des Churfürsten die Verwaltung bestimmten und Recht sprachen. Pflegeramt und Richteramt lagen oft auch in einer Hand. Von einer Gewaltenteilung hielt man damals noch nichts, im Gegenteil. Der Herzog

Im Jahr 1076 ist die Burg Griesbach erstmals urkundlich erwähnt. Bis zur Gebietsreform von 1972 war die Burg 700 Jahre lang Behördensitz.

war bestrebt, Verwaltung und Gerichtswesen möglichst überall in seine Hand zu bringen. Die Beamten auf der Burg Griesbach wurden jährlich neu bestimmt aus den adeligen Geschlechtern der Umgebung. Es müssen einträgliche Ämter gewesen sein, denn die Inhaber wendeten erhebliche Geldmittel auf, um wenigstens für ein Jahr in ihrem Besitz zu bleiben. Oft wurden sie mehrere Jahre hintereinander eingesetzt. Als Beispiel seien die Tuschel von Söldenau erwähnt, die mehrmals den Pfleger stellten und so reich wurden, daß ihnen 1368 der Herzog Stephan die Burg Griesbach für die Bezahlung der Schulden seines Sohnes verpfändete.

Verpfändet war die Burg mit all ihren Einkünften in der folgenden Zeit noch mehrmals, denn die Herzöge waren oft in Geldverlegenheit. Es war ja auch einfacher, das Geld von denjenigen zu nehmen, die es von ihren Untertanen schon eingetrieben hatten, als eine Landsteuer auszuschreiben und sich um die Einhebung selber zu bemühen. Bezahlen aber mußten letzten Endes immer die gleichen, nämlich die Bauern und die Bürger.

Die Eintreibung des Zehent

Die Burg Griesbach hatte – mit Natternberg – für die Landshuter Herzöge eine ganz eigene Bedeutung. Um 1300 nämlich gaben sich die drei Brüder Otto, Ludwig und Stephan eine Hofordnung. Darin heißt es am Schluß: „... Wer von uns einen Satz übertritt, der soll in Natternberg oder Griesbach auf der Burg einfahren und soll da einen ganzen Monat sein, ohne daß er auch nur eine Nacht von dannen sei. Und soll man ihm dieser Zeit 30 Pfund Regensburger Pfennige zur Kost geben ...“ Wahrlich kein Honiglecken für einen Prunk und Vergnügen gewohnten Herzog.

Neben Pfleger und Richter beherbergte das Schloß Griesbach, seit es Verwaltungsmittelpunkt geworden war, auch den Kastner. Er war der Mann, der den Zehent eintreiben und im Speicher – im Kasten – sicher aufbewahren mußte. Er sorgte dafür, daß die Naturalsteuern zu Geld gemacht wurden, um den ungeheuren Bedarf der Landshuter Hofhaltung zu bezah-

Der Turm der Stadtpfarrkirche, die 1910-1912 von den Gebrüdern Rank aus München erbaut wurde, ist das weithin sichtbare Wahrzeichen der Stadt Griesbach.

len. Die Aufführung der Landshuter Hochzeit läßt heute noch erahnen, wie aufwendig man damals zu leben verstand.

Ein stattlicher Pflegebezirk

In den Urbarbüchern – wir würden sie heute als Steuerveranlagung bezeichnen – war festgehalten, welche Abgaben auf den Höfen und Bürgerhäusern lasteten. Aus ihnen läßt sich auch die Verwaltung und Gliederung des Pflegebezirks Griesbach ablesen. Er war in Obmannschaften eingeteilt und hatte etwa den Umfang des Altlandkreises Griesbach. Nur im Norden reichte er bis an den Neuburger Wald, an die Grenze des Fürstbistums Passau heran, schloß also die Gebiete um Fürstenzell und Ortenburg mit ein. Im Südosten bildete die Herrschaft Riedenburg eine Enklave, die dem Hochstift Passau unterstand. Zu Beginn des 19. Jahrhunderts wurde aus dem Pfleggericht ein Landgericht, aus

dem Kastenamt ein Rentamt, und im 20. Jahrhundert schließlich kamen die Bezeichnungen Amtsgericht, Landratsamt und Finanzamt. 700 Jahre war die Burg Griesbach Behördensitz, bis 1972 die Gebietsreform einen scharfen Einschnitt brachte. Die Ämter wurden in Bürgerferne zentralisiert, und Griesbach mußte sich eine neue wirtschaftliche Basis suchen. Es hat sie gefunden im Thermalwasser der drei 1973 erbohrten Quellen.

Die überörtlichen Behörden Pfleggericht und Kastenamt waren natürlich bei der Bevölkerung nicht sehr beliebt. Wer geht schon gern aufs Gericht oder zum Finanzamt? Immerhin sicherten sie dem Ort Griesbach feste Einkünfte und einen bescheidenen Wohlstand. Einwohner aus dem gesamten Pflegebezirk machten Rast in den Gasthäusern und deckten sich bei den Griesbacher Handwerkern und Händlern mit den Gegenständen des täglichen

Bedarfs ein. Sie ließen ihre Reisewagen reparieren und Pferde beschlagen. An den Markttagen herrschte reges Geschäftstreiben. Das Marktrecht verlieh dem Ort Griesbach Herzog Friedrich im Jahr 1370.

Um 1260 stattlicher Marktflecken

Damals wurde der erste Jahrmarkt festgelegt und dem Pfleger und seinen Leuten verboten, in Burg oder Ort einen Ausschank zu betreiben. Den Griesbachern wurde, „so weit die Gräben gehen", die Freiung zugestanden, also das alleinige Verkaufsrecht. Herzog Heinrich gewährte 1412 zwei weitere Jahrmärkte an St. Veit und St. Michael sowie den Wochenmarkt am Mittwoch. Diese „Standlmärkte" hielten sich bis in die sechziger Jahre und erfreuen sich nun wieder großer Beliebtheit bei Einheimischen und Kurgästen.

Wann nun der Ort Griesbach gegründet wurde, ob er älter ist als die Burg, das läßt sich heute kaum mehr feststellen. Um 1260 jedenfalls nennt Jan Enenkel in seinem Fürstenbuch Griesbach einen stattlichen Marktflecken. Wo die erste Siedlung zu suchen ist, zeigt der Flurname „Im alten Markt", der für die Grundstücke gegenüber der heutigen Friedhofskirche überliefert ist. Diese Kirche, 1242 als Schloßkapelle erwähnt, ist auf dem Bild von Hans Donauer im Antiquarium der Münchner Residenz von 1590 noch recht klein. Sicher hat er eine ältere Vorlage benützt, denn schon um 1500 wurde sie ausgebaut und mit einem spätgotischen

Netzrippengewölbe versehen. In dieser Form ist sie erhalten. Ungewöhnlich ist ihre Lage als Schloßkapelle außerhalb des Burggrabens. Sicher war in dem umfangreichen Gebäudekomplex der Burg eine eigene Kapelle. Das läßt sich aber nach dem verheerenden Brand von 1805 kaum mehr feststellen, da die Gebäude beim Wiederaufbau stark verändert wurden.

Die recht friedliche Entwicklung des Ortes Griesbach unterbrach der große „Kehrab über Niederbayern", der Landshuter Erbfolgekrieg im Jahr 1504. Der Landshuter Herzog gönnte seinem Münchner Vetter nicht, daß er ihn beerben sollte. Er setzte, gegen alle Wittelsbachischen Hausgesetze, seine Tochter als Erbin ein, aber der Münchner holte sich mit Gewalt, was ihm verweigert worden war. Auch der Tod der Erbin konnte die einmal in Gang gesetzte Kriegsfurie nicht mehr aufhalten. Freund und Feind erwiesen sich in ihrer Zerstörungswut als ebenbürtig, denn was interessierte es die Söldner, für wen sie kämpften, wenn nur genügend Beute zu machen war. Nur langsam erholte sich das Land wieder. Die Griesbacher legten einen neuen Marktplatz an, der in seiner vollen Größe heute noch erhalten ist.

Organisch gewachsener Stadtplatz

Ursprünglich waren die Grundstücke um den Platz herum alle gleich, zehn Meter breit und 40 Meter tief. Im Lauf der Zeit kam mancher der Anwohner zu Reichtum, kaufte die Parzelle seines Nachbarn dazu, ersetzte sein schindelgedecktes Holzhaus durch einen repräsentativen Steinbau mit geschwungenem Giebel. Das älteste Haus am Stadtplatz dürfte das Gasthaus „Zum bayerischen Löwen" sein, dessen Hauszeichen darauf hindeuten, daß hier die Gerichtsschreiber wohnten. So entstand das heutige Bild eines organisch gewachsenen Stadtplatzes mit seiner architektonischen Vielfalt, auf den die Griesbacher mit Recht stolz sein können.

Die strittige Erbfolge ländergieriger europäischer Fürstenhäuser brachte noch zweimal großes Leid über die Bevölkerung Niederbayerns. Der Spanische Erbfolgekrieg brachte 1706 das Bauernschlachten bei Aidenbach, in dem auch 16 Griesbacher umkamen. Die Folge des Österreichischen Erbfolgekrieges war gar eine über dreißigjährige österreichische Besatzung auf dem Griesbacher Schloß. Zu Napoleons Zeiten waren es die Franzosen, die

Leopold Weinzierl

W er sich über die Heimatgeschichte Griesbachs und seiner Umgebung informieren will, kommt an Leopold Weinzierl nicht vorbei. Die schriftliche Anfrage erfährt eine prompte Antwort in Form eines Katalogs von über 40 heimatkundlichen Themen, über die Leopold Weinzierl in den letzten 40 Jahren geschrieben hat. Die „Chronik der Jahrhunderte von 1192 bis 1945", die „Versteinerte Vergangenheit aus dem Rottal", „Alte Edelgeschlechter an Rott und Inn", der Bericht über die letzte Hinrichtung am Ort, den großen Schloßbrand von Griesbach und die Pest im Rottal – in Weinzierls Heimat-Enzyklopädie sind diese Themen in mehrseitigen

Artikeln abgehandelt. Der gelernte Buchdrucker, der seit 1903 in Griesbach beheimatet ist, wechselte später in den Verwaltungsdienst über. Die letzten zwölf Jahre vor seiner Pensionierung war er als Archivpfleger im ehemaligen Landratsamt Griesbach beschäftigt.

Sein Wissen erwarb sich Leopold Weinzierl auf ausgedehnten Wanderungen. Seine Beobachtungen vertiefte er durch das Studium der heimatkundlichen Literatur. Für das Heimatbuch etwas schreiben wollte Weinzierl nicht mehr:

„Ich bitte Sie zu überlegen, daß ich im 93. Lebensjahr bin und Körper und Geist beträchtlich nachgelassen haben."

sich als Besatzungsmacht anmaßten, die Bevölkerung zu drangsalieren. In der Folge des Zweiten Weltkriegs war Griesbach einige Jahre von Amerikanern besetzt.

Die Nachkriegsjahre veränderten Griesbach entscheidend. Durch den Zuzug vieler Vertriebener stieg die Einwohnerzahl sprunghaft. Industriebetriebe siedelten sich an und schufen Arbeitsplätze. Schließlich wurde Griesbach Stadt. Am 2. September 1953 unterzeichnete der bayerische Innenminister Högner, genannt Wilhelm der Städtegründer, die Urkunde. Griesbach feierte, Wünsche wurden in Taten umgesetzt. Sie bauten neue Straßen, neue Siedlungen, ein Schulzentrum und ein Altersheim. Man erinnerte sich an die Griesbacher Feriengäste in den dreißiger Jahren, und schon bald konnte die junge Stadt eine stattliche Zahl gewerblicher und privater Gästezimmer anbieten. Das Prädikat „Luftkurort" belohnte die Anstrengungen.

Der Landkreis wird aufgelöst

Dann kam auf einmal alles ganz anders. Die Gebietsreform ließ den Landkreis Griesbach von der Landkarte verschwinden und mit ihm Landratsamt, Finanzamt und Amtsgericht. Was sollte Griesbach da noch mit einem Kreiskrankenhaus, wenn es keine Kreisstadt mehr war. Also wurde es auch aufgelöst. Wenn es auch durch ein neu erbautes Pflegestift ersetzt wurde, so sieht es der selten gefragte, aber letzten Endes alles bezahlende einfache Bürger nicht leicht ein, daß ein respektables Gebäude, teilweise gerade erst neu ausgestattet, einfach weggerissen wird. Es waren dunkle Wochen und Monate für die Stadt, und die Griesbacher protestierten auch öffentlich gegen den rigorosen Abbau einer ehemaligen Kreisstadt.

Da zeigte sich der berühmte Silberstreifen am Horizont. Durch die Gebietsreform war die Stadt gewachsen. Die Einwohnerzahl stieg durch die Eingemeindung von Karpfham, Reutern, St. Salvator und Weng aufs Doppelte, das Gemeindegebiet um das Zwanzigfache. Bei einer Probebohrung für die Wasserversorgung war man in Singham auf Wasser gestoßen, das nicht brauchbar war, weil es unter anderem zu warm war. Da zeigte die Familie Hartl aus Griesbach, was Privatinitiative vermag. Sie ließ drei Tiefbohrungen niederbringen. Ergebnis: Die Geologen stellten einen tausend Meter tiefen Granitabbruch fest, den sie „Schwaimer Hauptabbruch" nannten – und die Griesbacher hatten ihr Thermalwasser. Über 60 Grad heiß sprudelte es aus dem Rohr, und die Analysen zeigten: Bestes Mineralwasser, das gute Heilerfolge versprach. Pläne entstanden und wurden verworfen, geändert, neu gezeichnet, und schließlich wurde ein Konzept verwirklicht, das seinesgleichen sucht.

Die 25 Jahre junge Stadt erhielt einen neuen Ortsteil in herrlicher Höhenlage über dem Rottal. Die Silhouette der Giebeldächer fügt sich in die Landschaft, als wäre es immer schon da gewesen, das Thermalbad Griesbach.

Der Schäfflertanz auf dem Stadtplatz, auf den die Griesbacher mit Recht stolz sind. Hier finden seit Jahrhunderten die Märkte statt.

Bad Griesbach

Alois Hartl

Als Anfang der siebziger Jahre feststand, daß Griesbach bei der Gebietsreform seinen Status als Kreisstadt verlieren würde, drohte die Stadt durch den Wegzug der Behörden zu einer Geisterstadt zu verkommen. Fieberhaft suchte man nach einer Lösung, wie sich Anziehungskraft und Arbeitsplätze erhalten ließen. Wer damals die geniale Idee gehabt hat, in Griesbach nach Heilwasser zu bohren, ist nicht mehr eindeutig feststellbar; wesentlich daran beteiligt war der damalige Landrat Hans Winkler. Mein Vater hatte als eine Art Vermittler große Grundstücksflächen zusammengekauft, um das Areal als künftiges Baugelände für die Gemeinde Griesbach zu sichern. Als diese sich von ihrem Bohrvorhaben zurückzog und auch andere Interessenten (u.a. Dr. Zwick aus Füssing) absprangen, war uns klar: „Dann bohren halt wir." Bad Griesbach wurde nun in weiten Teilen zu einer Angelegenheit der Familie Hartl, die zusammen mit dem Arzt Dr. Hans-Karl Fischer, der Bad Griesbach ärztlich von Anfang an bis heute begleitet hat, die Summerhof-Bohrgesellschaft gründete.

Das heilende Wasser kommt aus etwa 1500 Metern Tiefe

Über ein Jahr lang suchten wir nach Wasser. Die ersten beiden Bohrungen erbrachten nur mäßig warmes Thermal-Mineralwasser. Erst beim dritten Bohrversuch stieß man in einer Tiefe von etwa 1522 Metern auf ungefähr 60 Grad heißes mineralhaltiges Wasser. Am 6. Dezember 1973 um 16 Uhr schoß die Quelle fast explosionsartig an die Oberfläche. Sie bekam daher den Namen Nikolausquelle.

Die geologischen Bedingungen von Griesbach sind, kurz skizziert: Der Bayerische Wald, das Granit-Urgestein, bricht an der Kante der Donau ab. Über dem Granit lagerten sich die Sedimentgesteine ab. Durch Versickerung am Donauabbruch oder durch Regenfälle gelangt das Wasser in die unteren Erdschichten. Dabei reichert es sich mit Mineralstoffen an und erwärmt sich. Nach dem Prinzip der kom-

Nach dem Konzept des „landschaftsgebundenen Bauens" entstanden in Bad Griesbach vier Hotels der Spitzenklasse. 1993 verbuchte das Thermal und Golf Resort 1,3 Millionen Übernachtungen. Oben: Der Eingangsbereich des Thermalbads.

munizierenden Röhren steigt es wieder auf, wenn es, wie in unserem Fall, durch Quellen erschlossen wird.

Die heilende Kraft der Thermen suchen vor allem Menschen mit chronischen Störungen des Bewegungsapparates auf. Bewegungsbäder in der Therme sind z.B. bei Gelenkrheuma, Arthrose, Osteoporose oder nach Bandscheibenoperationen angezeigt. Zudem werden Herz und Kreislaufsystem entlastet. Eine Trinkkur verspricht Besserung bei Stoffwechselerkrankungen, die mit der „Säuerung" des Blutes einhergehen, wie z.B. Diabetes oder Gicht. Wer nach Griesbach kommt – Erholungsbedürftige und Heilungssuchende, erschöpfte Manager und ältere Menschen, Aktivurlauber und Spitzensportler – findet aber nicht nur ein vielseitiges Therapiean-

gebot, sondern auch ein gesundheitsförderndes Umfeld. Dazu gehören gute Luft und Ruhe, eine freundliche Atmosphäre, reizvolle Landschaft und harmonische Umgebung. Das medizinische Konzept Griesbachs berücksichtigt gleichermaßen das Wohlbefinden von Körper und Seele.

Griesbach verdankt sein unverwechselbares Gesicht in Architektur und Anlage einem von Anfang an konsequent entwickelten und befolgten Planungskonzept. In einer Zeit, wo allenthalben noch die Hochhäuser aus dem Boden schossen, verlegte man sich in Griesbach auf das, was später „landschaftsgebundenes Bauen" heißen sollte: Einbeziehung der Landschaft, kleingliedrige Baumassen, regional typische Stilelemente. Die Gebäude sind an die bäuer-

lichen Vierseithöfe des Rottals angelehnt, die Plätze mit ihren Arkaden erinnern an die südlich angehauchten Städte des Innviertels. Grün dominiert, und deutlich erkennt man den Grundsatz: „Die Natur und der Mensch haben Vorfahrt." Dazu gehört auch, daß Bad Griesbach autofrei ist. Die Autos werden im Parkhaus oder in der Tiefgarage abgestellt, im sogenannten Westast verschwinden sogar die Versorgungsfahrzeuge im Keller.

Geschlossene Architektur und vier First-class-Hotels

Daß das architektonische Konzept so konsequent verwirklicht wurde, verdankt es mehreren bedeutenden Köpfen. Für die Generalplanung konnten der bekannte Münchner Architekt Alexander von Branca und der Eggenfeldener Architekt Otto Hofmeister gewonnen werden. Über Dr. Fischer lernte ich den Kunsthistoriker und Schriftsteller Reinhard Raffalt kennen, einen gebürtigen Passauer, der in Rom lebte und durch seine Bücher und Radiosendungen in ganz Bayern bekannt war. In der Planungsphase fuhr ich auf Raffalts Einladung mit Otto Hofmeister nach Rom, wo wir Anregungen sammelten und das städtebauliche Konzept in Gesprächen vertieften. Raffalt faßte seine Vorschläge in einem Exposé zusammen, und bald konnte mit dem Bauen begonnen werden. Die Arbeitsgemeinschaft von Branca und Hofmeister sowie der Landschaftsarchitekt Hans Bauer sorgten dafür, daß das Konzept strikt eingehalten wurde.

Die Caspers-Sauerstoff-Therapiegärten in den Thermal Hotels erfreuen sich großer Beliebtheit. „Gesund bleiben und fit werden" – eine neue medizinische Dimension für das Rottaler Bäderdreieck ist eröffnet.

Das Hotel König Ludwig Bad Griesbach, früher unter dem Namen Steigenberger geführt, war das erste der vier Spitzenbetriebe am Ort. Als Egon Steigenberger von dem neuen Kurort auf der grünen Wiese erfuhr, war er zwar interessiert, aber nicht bereit, selbst zu bauen. Erst als ich nach einer finanziellen Atempause selber in der Lage war, ein Hotel zu errichten, übernahm er das Management.

Frau Steigenberger soll damals ihren Mann entsetzt gefragt haben, ob er jetzt schon in die Pampa gehen wolle. Inzwischen stehen vier First-class-Hotels in dieser „Pampa". Grundlage der erfolgreichen Zusammenarbeit zwischen Ärzteteam, Sporttherapie und physikalischer Therapie im König Ludwig ist eine ganzheitliche Lebensphilosophie, die da lautet: Genuß und Gesundheit sind nicht unvereinbare Gegensätze, sondern sich bedingende Lebenselemente.

Rund 1,1 Milliarden investiert

Für ungetrübten Genuß sorgt unter anderem ein feines kulinarisches Angebot, das von der exquisiten Königlich Bayerischen Küche über die österreichische und italienische bis zur kalifornischen Küche reicht. Wer ein übriges für seine Gesundheit tun will, dem wird mit Vollwertkost eine natürliche und auf Dauer höchst bekömmliche Ernährungsweise angeboten.

1977 war der Startschuß für die eigentliche Bautätigkeit gefallen, und innerhalb weniger Jahre hatte sich der Senkrecht-starter Bad Griesbach im niederbayerischen Rottal vom Nobody zum Geheimtip entwickelt. Rund 1,1 Milliarden Mark wurden hier seitdem von öffentlicher und privater Seite investiert. Mit rund 1,3 Millionen Übernachtungen im Jahr 1993 (1977 waren es gut 72 000) schwimmt das Thermal und Golf Resort auf der Erfolgswelle. Dabei verfolgen wir zwei Schwerpunkte: Auf der einen Seite wollen wir Kranken helfen, ihre Beschwerden lindern, auf der anderen Seite all jene ansprechen, die während eines Ferienaufenthaltes das gesundheitliche Interesse mit einem sportlichen und regenerativen Anliegen verbinden. Hier lautet das Thema: „Gesund bleiben und fit werden".

Im Mittelpunkt steht natürlich das heilende, staatlich anerkannte Thermalwasser, auf dem das gesamte Gesundheitsangebot basiert: medizinische Betreuung, Massage, Naturfango, Sauerstoff-Aktiv-Regeneration und Behandlung im Caspers-Centrum für Naturheilverfahren, Fitneßangebote oder Gymnastik und sogar der Beauty-Bereich. In vielen Hotels sprudelt das Thermalwasser sozusagen vor der Zimmertür; andere sind durch beheizte „Bademantelgänge" an die große kommunale Therme angeschlossen.

Es muß nicht immer Baden sein

Schon vor der Thermalzeit war Griesbach ein Luftkurort. Es muß also nicht immer Baden sein. Wer will, kann sich's auch beim Tennisspielen, Radlfahren oder Reiten gutgehen lassen – und natürlich beim Golfen, davon später mehr –, beim Eisstockschießen, Schwimmen, Joggen, Kegeln oder Wandern auf über 120 Kilometer Wanderwegen, er kann mit der Kutsche fahren oder im Korb des Heißluftballons Platz nehmen und Griesbach und Umgebung aus der Vogelperspektive betrachten. Wir wollen dem Gast einen so großen Strauß von Möglichkeiten anbieten, daß Bad Griesbach für ihn unerschöpflich wird. Unsere Gäste erholen sich dort, wo auch die deutschen Sportasse frische Kräfte tanken: Bad Griesbach wurde zum Regenerationszentrum für den deutschen Spitzensport ernannt. Das heißt, daß Nationalmannschaften, Olympiateilnehmer und Spitzensportler zu uns kommen, um hier zu relaxen und sich zu regenerieren.

Mit einer Sportart ist der Name Griesbach inzwischen untrennbar verbunden: Golf. 1987 baute ich auf den Rat meines

Freundes und treuen Gastes Franz Bekkenbauer den ersten 18-Loch-Platz in Sagmühle. Im Lauf weniger Jahre wurde Griesbach zum Golf Resort Nr. 1 in Deutschland und zum Nationalen Leistungszentrum des deutschen Golfverbandes.

Thermal und Golf

Drei Meisterschaftsplätze mit 18 Löchern sowie 24 andere Spielbahnen und Puttinggreens mit 100 Löchern sind in Betrieb; drei weitere 18er Kurse wurden und werden vom Weltklassegolfer Bernhard Langer geplant und designed, so daß wir spätestens 1999 zu den größten Golfzentren der Welt gehören werden. Jeder Platz hat seinen eigenen spielerischen und landschaftlichen Reiz.

Mittelpunkt ist das Golfodrom, eine kreisförmige Driving Range, wo bis zu 300 Spieler gleichzeitig üben können. Unter dem Motto „Für Interessierte der Einstieg, für Golfer das Paradies" wird hier Golf für alle praktiziert. Die Plätze sind öffentlich und somit auch ohne Mitgliedschaft in einem Club bespielbar. Eine internationa-

le Crew von Golflehrern verhilft Anfängern und Fortgeschrittenen zum besseren Schwung und Putting.

Wer zwischendrin genug hat von Sport, Wasser und Ruhe, der kann auf Erkundungsfahrt gehen. Niederbayern und insbesondere die Gegend um Griesbach ist ein gesegnetes, reiches Land. Noch im vorigen Jahrhundert, als die Landwirtschaft die entscheidende Erwerbsquelle war und der Tourismus noch keine Rolle spielte, hätte kein Niederbayer mit einem Oberbayern getauscht. Damals war das Leben auf der höheren, der oberbayerischen Ebene noch karg und kalt. Niederbayern aber war fruchtbar, vom Klima begünstigt: Herrliche Kirchen, Klöster und Schlösser, aber auch stolze Bauernhöfe zeugen noch heute vom Wohlstand des Landes. Rund um Griesbach finden sich zahllose lohnende Ausflugsziele, die leicht erreichbar sind:

Klöster und Museen, imposante Vierseithöfe und abgelegene Wallfahrtskirchlein sowie die Städte Passau, Burghausen, Regensburg, Salzburg und Landshut, Schatzkammern weltlicher und sakraler Kunst.

Kunst hat jedoch nicht nur mit Vergangenheit zu tun: In den Griesbacher Hotels findet sich eine stattliche Sammlung von Gemälden, die ich in den letzten Jahren erworben habe. Den Turm am Brunnenplatzl stelle ich Künstlern zur Verfügung, die dort wohnen und arbeiten können.

Mein Ziel ist es, Bad Griesbach zu einem Ort von Weltniveau zu machen, aber gleichzeitig seinen bodenständigen Charakter zu bewahren. Das Rezept für Bad Griesbachs langfristigen Erfolg scheint mir die Selbstbeschränkung zu sein, getreu unserem Motto: „Wir wollen nicht der größte Ort für Thermal und Golf werden, aber der beste!"

Im Lauf weniger Jahre wurde Bad Griesbach zum Golf Resort Nr. 1 in Deutschland. Man kann spielen, ohne Mitglied in einem Club zu sein. Im Golfodrom, der kreisförmigen Driving Range, können bei jedem Wetter bis zu 300 Spieler gleichzeitig üben.

Die Hofmark Birnbach

Anke Radtke

B irnbach wurde im 8. Jahrhundert von
einem Edlen namens Pero gegründet.
Im Mittelalter entwickelten die Passauer
Bischöfe den Ort zum Zentrum eines größeren Pfarrsprengels. Davon unberührt,
blieb Birnbach eine Hofmark unter vielen
anderen. Rund um die Hofmark reihte sich
ein herrschaftlicher Sitz mit den ihm verpflichteten Bauernhöfen an den anderen:
Asenham, Huckenham, Hirschbach und
Brombach, Kirchberg und Hölzlberg, Tattenbach und Bayerbach. Der Grundherr
kümmerte sich um Kirchenbau und -erhal-
tung und bestellte den Geistlichen.

Die Hofmarken in und um Birnbach
konnten sich, was die Größe des Besitz-
tums angeht, nicht mit Arnstorf oder Gern
messen. Immerhin unterhielten die Neu-
decker, deren Besitz durch Heirat an die
Ortenburger kam, Güter auch in Asenham, Loderham und Anzenkirchen. Bis
heute steht das Schlößchen in Loderham
(Privatbesitz). Inhaber der Hofmark Bayerbach waren ab 1635 die Edlen von
Etzenberg, im 18. Jahrhundert die Grafen

Tattenbach, später Arco-Valley. Für Brombach werden im 18. und 19. Jahrhundert
die Grafen Goder von Kriestorf, die Herren des Schlosses Thurnstein und noch
1831 Freifrau von Venningen genannt.
Tattenbach war bis zu Beginn des 19. Jahrhunderts in Familienbesitz.

Nicht weit von hier, in einem Wald-
stück von Untertattenbach, weisen über
114 Grabhügel auf eine Nekropole bereits
in der Bronze- und Hallstattzeit hin.

Ein großzügiges Geschenk für den Baron von Schmidt

Dem Bischof von Passau war daran gelegen, sich Güter übereignen zu lassen, ohne
daß damit immer auch die Grundherren-
schaft aufgelöst wurde. So manche stolze
Pfarrkirche späterer Jahrhunderte steht auf
Mauern und Fundament einer Eigenkir-
che. Einzelne haben sich in ihrer ursprünglichen Architektur erhalten: So wurde das
Kirchlein von Hölzlberg durch einen Bauern vor dem Abbruch bewahrt. Das Sankt
Johanniskirchlein von Aunham dient den

Birnbachern heute als Rahmen für geistliche Konzerte.

Die Stammsitze des Mittelalters waren
burgähnliche Anlagen mit Ringmauer und
Graben. In den unruhigen Zeiten bis Mitte
des 17. Jahrhunderts wechselten die Besitzer häufig: durch Tausch, Kauf oder Heirat. Viele Burgen wurden in den Kriegs-
wirren niedergebrannt. Im Auftrag des
Kurfürsten Max Emanuel überlieferte der
Kupferstecher Michael Wening die Topo-
graphie von 850 bayerischen Städten,
Märkten, Schlössern und Herrensitzen,
darunter auch die des Rottals.

Nach dem Aussterben des Starzhauser-
Geschlechts 1672 nimmt Birnbach eine
Sonderstellung unter den umgebenden
Hofmarken ein. Bis dahin hatten Pfarrkir-
che und Pfarrverband die einzig einigende

**Die Hofmark Birnbach zu Weihnach-
ten. Stich des Grafen Casimir von
Ortenburg aus dem 17. Jahrhundert.
Um diese Zeit waren in Birnbach
schon 23 Gewerbe ansässig.**

Kraft dargestellt. Das änderte sich, als Kurfürst Ferdinand Maria am 7. Oktober 1673 die Hofmark Birnbach dem Geheimen Rat, Obersten Lehenspropst und Pfleger zu Aibling, Caspar Schmidt von Haslach übereignete. Die Baron von Schmidtsche Familie erwarb nach und nach die umliegenden Güter, so daß Birnbach schon damals die geschlossene Einheit späterer Gemeindegrenzen (gültig bis zur Gebietsreform 1971/72) erreichte. Caspar von Schmidt leitete eine vorbildliche Entwicklung ein, und Birnbach erhielt die Marktgerechtigkeit.

Um 1700 sind in Birnbach wenigstens 32 Gewerbe ansässig: ein Bäcker mit Wirts- und Schankrecht sowie vier weitere Bäcker, zwei Kramer, ein Kramer mit Metzgergerechtigkeit sowie zwei Metzger, ein Färber, ein Haderlumper, zwei Hafner, ein Pfeifer, ein Schmied mit Kohlstatt und zwei weitere Schmiede, zwei Schneider, vier Schuhmacher, zwei Wagner, zwei Zimmerleute, zwei Weber, schließlich ein Bader und ein Wahrsager. Sie werden zumindest teilweise über die Hofmarkgrenzen hinaus tätig gewesen sein und so für zusätzliche Einnahmen gesorgt haben.

Staat in Miniaturausgabe

Ein Jahrhundert später, im Jahr 1808, ist die berufliche Struktur noch vielseitiger. Jetzt haben wir auch den Binder, Drechsler und Glaser, einen Eisenhändler, den Hutterer und den Lederer, den Messerer, Müller und Ölschläger, Sattler und Schlosser, Schuster und Seiler und einen Uhrmacher. Die Zahl der Wirtshäuser, meist in Verbindung mit einem Handwerk, hat sich auf sieben erhöht.

Durch Caspar von Schmidt wurde Birnbach bereits ein „Staat in Miniaturausgabe", wie ein Chronist es formuliert hat, lange bevor das Land Bayern durch Einziehung des Kirchengutes und Auflösung der Grundherrschaften diesen Schritt tat.

Bis zu Beginn des 19. Jahrhunderts blieb das Landgut im Besitz der Schmidt. 1822 erwarb es Kurfürstinwitwe Maria Leopoldina. Nach weiteren Besitzern kauften es 1871 die Grafen Arco-Valley. Vom einstmaligen Weiherschlößchen ist ein Restgebäude erhalten. Ökonomie und Brauerei wurden umgebaut. Ein Sechsergespann der Brauerei Arco-Valley führt noch heute alle Jahre den Volksfestauszug an.

Malerische Jahrmärkte

In einem historischen Spiel feierten die Birnbacher 1984 ihren Caspar von Schmidt. Von seiten der Regierung wurden ihnen die unter Caspar von Schmidt erworbenen Marktrechte bestätigt. Die Märkte haben, auch wenn kein Vieh mehr

Der Marienbrunnen. Joseph Michael Neustifter stellte auf einem römischen Meilenstein die Wallfahrten Altötting, Gartlberg und Passau dar.

aufgetrieben wird, an Anziehungskraft nicht eingebüßt. Die Birnbacher Märkte zählen zu den beliebtesten des Rottals. Die Pfarrkirche Mariä Himmelfahrt im Hintergrund, säumen am Weißen Sonntag nach Ostern sowie am ersten Sonntag im Oktober über 150 Stände Straßen und Plätze. Hinzugekommen ist der Christkindlmarkt, der überkommenes Brauchtum und christliche Tradition vereint. Schon seit Ende des Dreißigjährigen Krieges wird in Birnbach der Fasching gefeiert. Sein Wahrzeichen ist der „Faschingsbräunl", ein Steckenpferd im Faschingskostüm. Mit einer Schweinsblase am Stock foppt er die Zuschauer beim großen Umzug am Faschingsdienstag. Der Eggenfeldener Bildhauer Joseph Michael Neustifter hat dem Faschingsbräunl am Neuen Marktplatz ein Denkmal gesetzt.

Wesentlich jüngeren Datums als die Faschings- und Markttradition ist das Wappen von Birnbach: Es wurde erst 1973 vom damaligen Bürgermeister Hans Putz entworfen und bezieht sich mit einer Geweihstange auf eine Seitenlinie der Grafen von Tattenbach (Hofmark Hirschbach) und mit dem Rosenzweig auf das Wappen der Familie Caspar von Schmidt. Die Farben Silber und Rot schließen auch die Hofmark Brombach mit ein.

Mit der Gebietsreform 1971/1972 wurde Birnbach zum Mittelpunkt einer Verwaltungsgemeinschaft, zu der auch Bayerbach und Brombach/Hirschbach zählen. Die Gewerbe und Industriebetriebe von Birnbach haben sich einen guten Ruf erworben und stehen in diesem Punkt den Thermalbadeanlagen, Wirten, Hotels und Pensionen nicht nach.

Kurgäste auf geschichtsträchtigem Boden

Wer am Ort kein Zimmer findet, kann ohne weiteres in jene ländlichen Ortschaften ausweichen, die einst Herrensitze waren – wie Asenham, Schwaibach, Hirschbach und Bayerbach. Die Wege im Rottal sind kurz. Östlich von Bayerbach erstrecken sich jetzt die Golfareale, lockt das Kloster Asbach mit Museum und Restaurant. Und viele pilgern im Mai zum Wallfahrtskirchlein Mariä Heimsuchung nach Langwinkl hinauf. Diese Kirche stiftete im 17. Jahrhundert Johann Grienwald, der Sohn eines Salzburger Schmieds, nachdem er seine Stummheit überwunden hatte. Man erzählt, im Traum habe sich ihm die Himmlische Jungfrau offenbart und ihm den Platz gezeigt, an dem er ihr zu Ehren ein Kirchlein bauen sollte.

Das ländliche Bad

Anke Radtke

Eine Art Stunde Null schlug den Birnbachern bei der kommunalen Neugliederung Bayerns, die am 1.7.1972 rechtskräftig wurde. Der Landkreis Griesbach, zu dem Birnbach gehörte, wurde aufgeteilt: Ein Teil kam zu Passau, ein Teil zum neu gegründeten Landkreis Rottal-Inn. Die Birnbacher beantragten wie die umliegenden Gemeinden die Auskreisung aus dem Landkreis Griesbach – mit Erfolg.

Der Kandidat der CSU bei der anstehenden Landratswahl hieß Ludwig Mayer, 38 Jahre jung und voller Tatendrang. Für den Bürgermeisterposten kandidierte Hans Putz von der Jungen Union. Für neue Arbeitsplätze und eine bessere Infrastruktur wollten sie etwas ganz Neues ins Spiel bringen, zumindest als Zukunftsperspektive den Menschen vor Augen führen. Das konnte für die Wahl entscheidend sein.

Bei einer Zusammenkunft in der Schneiderwerkstatt des damaligen CSU-Vorsitzenden Gerner am 22. März 1972 wurde eine Idee zum Wahlprogramm: Hatte nicht die Bayerische Mineralöl-Insdustrie AG München 1938 im Innviertel „Reichsbohrungen" nach Erdöl durchgeführt und dabei, statt auf Erdöl zu stoßen, in etwa 1000 Meter Tiefe eine thermalwasserführende Schicht angeschnitten? In der letzten Wahlversammlung im Juni ließen die Kandidaten Mayer und Putz verlauten, sie würden sich für neue Tiefbohrungen bei Birnbach verwenden.

Pläne lange geheimgehalten

Um Bodenspekulation, persönliche Querelen und Intrigen gar nicht aufkommen zu lassen, wurde die Öffentlichkeit nur ungenau informiert. Schließlich sollte das Projekt – sofern es überhaupt zu verwirklichen wäre – allen Birnbachern, wenn nicht dem Landkreis zugute kommen. Der frischgebackene Bürgermeister sprach noch nicht vom Fernziel Kurbad. Etwas nebulös brachte er ein Areal „Freizeit und Erholung mit Freibad" ins Gespräch, damit die Gemeinderäte die Grundstückskäufe genehmigten. Zwar trat der örtliche Fremdenverkehrsverein bereits 1972 dem übergeordneten Verband bei. Der Beschluß aber, gemeinsam mit dem Landkreis einen Zweckverband in Sachen Thermalbohrung zu gründen, wurde sowohl auf Gemeinde- als auch auf Landkreisebene in nichtöffentlicher Sitzung gefaßt. Alle Beteiligten hielten dicht.

Unübersehbar offiziellen Charakter erhielt das Projekt, als der Bohrturm aufgerichtet wurde. Die Arbeiten zogen sich über Monate hin. Es war Dr. Exler vom Geologischen Landesamt, der immer wieder zur Geduld riet. Am 21. September

Zwischen den Aufnahmen oben links und rechts liegen 20 Jahre, der Blickwinkel ist etwa derselbe. 1974: Mit 70 Grad sprudelte das Thermalwasser aus 1681 Metern Tiefe. Die Verantwortlichen nehmen sich vor, ein Kurbad aus dem Boden zu stampfen. Architekten der Universität München schlagen einen Baustil in Anlehnung an den Rottaler Vierseithof vor.

1973 war es so weit. Bürgermeister Putz platzte mit der Nachricht mitten in die Einweihungsfeier des Pfarrkirchner Kreiskrankenhauses. Landrat Mayer unterbrach seine Rede, um es zu verkünden: Endlich – in 1681 Meter Tiefe – sei man auf das erhoffte heiße Wasser gestoßen.

Das ländliche Bad wird geboren

An dessen Heilkraft zweifelten die Birnbacher keinen Augenblick. Sie trugen Wannen zur sprudelnden Quelle und nahmen Probebäder. Die Rede war bald auch von überraschenden Heilungen. Die Therme als Wallfahrtsort? Den Hauptverantwortlichen Putz und Mayer fiel jedenfalls ein Stein vom Herzen. Für sie und Hanns Weber, damals Jurist im Landratsamt und zum Geschäftsführer des Zweckverbands bestellt, begannen Jahre harter Arbeit. Wie stampft man ein Kurbad aus dem Boden?

Die besten Fachleute schienen für Birnbach gerade gut genug. Die Verantwortlichen zogen den Architekten und Städteplaner Professor Helmut Gebhard von der Technischen Universität München und den Landschaftsarchitekten Professor Günter Grzimek aus Freising zu Rate. Die Herren sahen sich in der arg sanierungsbedürftigen Marktgemeinde um und äußerten sich, um ihre Meinung befragt, mit höflicher Skepsis: Hier gäbe es allerdings einiges zu tun. Erst der Rundblick vom Hölzlberg auf die Rottauenlandschaft hellte die skeptischen Mienen auf. Der Gedanke an ein „menschenfreundliches, ländliches Bad", angelegt im Stil der Rottaler Vierseithöfe, wurde geboren.

Sobald das Institut für medizinische Balneologie und Klimatologie in München die medizinische Anwendbarkeit des Wassers bestätigt hatte, konnte der Zweckverband großräumig Grundstücke erwerben. Die Architekten Helmut Gebhard, Horst Biesterfeld, Manfred Brennecke und Thomas Richter sowie der genannte Günter Grzimek machten sich an die Arbeit.

Ein neuer Marktplatz entsteht

Als verbindendes Element zwischen altem Ortskern und Kurgebiet wurde ein Marktplatz in die Planung eingebracht. Im übrigen ließ man die Kirche im Dorf: Wie einst, als Birnbach Mittelpunkt eines Pfarrsprengels wurde, thront sie weithin sichtbar über der ehemaligen Hofmark (der sanierten) und der heiteren Therapielandschaft. Die Bundesstraße hat man in einem Bogen am Ort vorbeigeführt. Der verbleibende Verkehr wird nicht ausgegrenzt, sondern wie selbstverständlich gelenkt. Man spürt ihn kaum.

Ein wegweisendes Vorhaben war schon 1973, dem Gast ein sich Schritt um Schritt erweiterndes Raumgefühl zu vermitteln.

1994: Eine heitere Bade- und Hotellandschaft erstreckt sich, wo einst Maisfelder den Blick auf die Auenlandschaft verstellten. 1988 wurde der fünfmillionste Gast gezählt, und 1987 verlieh der Innenminister Birnbach den begehrten Titel „Heilbad".

Nicht Thermenhotel einerseits und Außenwelt andererseits. Vielmehr: vom Innenhof des ländlich-komfortablen Hotels über Grünanlagen und spielerisches Baden unter Kaskaden – ganz ohne Zäune – in die Landschaft gehen. Übergänge ergeben sich durch Teiche und Schilfzonen oder unter Bäumen geführte Wege.

Nur der Brunnenpavillon im Park erscheint als Zugeständnis an die übliche Kurbadarchitektur. Zwischen blauen Säulen an der Quelle ruhen rote Marmorlöwen. Die von Henrike Caspari erdachten Gesichter laden zur Meditation ein.

Die Meditation läßt sich in anderer Form mühelos fortsetzen, besucht man die Rottaler Kunstdenkmäler vor allem in den zahlreichen Kirchen. Den Kurgästen zur Erbauung und Zerstreuung und den Einheimischen zu Nutzen, gab der Landkreis Wanderkarten heraus, zum Beispiel „Gotik & Tour", die zu den Kunstschätzen des Rottals führt.

Seit Errichtung der ersten „Rottal Therme" und der ersten Hotels 1976 ging es Schlag auf Schlag. Bereits 1981 wurde der millionste Badegast gezählt, 1988 waren es schon fünf Millionen. Hotelinvestoren zu finden, war kein Problem. Mitfinanzier der Kureinrichtungen war seit 1975 der Bezirk. Es entstand das bis heute gültige Beteiligungsverhältnis im Zweckverband: 60 Prozent Regierung Niederbayern, 30 Prozent Landkreis Rottal-Inn, 10 Prozent Gemeinde Birnbach. Viele neue, sichere Arbeitsplätze konnten geschaffen werden.

Das Konzept ländliches Bad

Ohne die Tradition aus den Augen zu verlieren, hat der Zweckverband von Anfang an ein weiteres Zugeständnis an den Zeittrend eingeplant. Auf dem sogenannten „Badehügel" nördlich Birnbachs entsteht noch ein größeres Hotelgefüge mit eigenen Thermalbadeanlagen, auch diese Konzeption ohne Bettenburgen. Der Vierseithof-Stil hat mittlerweile – als Vorbeugung gegen mögliche Monotonie – Varia-tionen erfahren. Manche Anlagen erinnern an mediterranes Ambiente.

1980 wurde Birnbach in den Deutschen Bäderkalender aufgenommen und war fortan auch auf Messen vertreten, 1987 dann der begehrte Titel „Heilbad". Bei der Verleihung stellte Staatssekretär Dr. Rosenbauer vom Innenministerium die Broschüre „Planungsschritte im ländlichen Raum am Beispiel Birnbach" vor.

Vom Fitneßprogramm samt Meditation und Akupunktur bis zur Sauerstoffwanne und dem bequemen Bademantelgang zu den Thermen wurde in den Kurhotels von Bad Birnbach nichts vergessen. Wer im Frühling anreist, kann in nächster Nachbarschaft die Geburt der Osterlämmer miterleben. Die Golf- und Tennisschläger im Gepäck, rollt der Wagen des Gastes gemächlich durchs Kurgebiet – und trifft auf einen Schafspferch. Der Trend zurück zur Natur scheint unaufhaltsam...

Die 23 Thermalbecken mit 24 bis 38 Grad und das „Vitarium" ermöglichen eine vielseitige Therapie. In Bad Birnbach bemüht man sich um die Schönheitspflege ebenso wie um gezielte Heilverfahren.

Nun, den Pferch gab es schon, bevor der Ort als Bad entdeckt war. Abgesehen davon, daß diese Idylle auch im Thermalbad Birnbach die Ausnahme bildet – leider, sagen manche Gäste –, es klappt tatsächlich. Es klappt besser, als die „Macher" es sich in ihren kühnsten Träumen vorgestellt hatten. Die Macher, das sind im Falle Birnbachs keine Spekulanten oder Hotelkonzerne. Vielmehr reden findige Einheimische und, der Finanzen wegen, auch Landkreis und Bezirk bei allen Planungsschritten ein gewichtiges Wörtchen mit.

Keine Bettenburgen

Birnbach als Heilbad mußte in Konkurrenz zu den bestehenden Bädern Füssing und Griesbach gedeihen. Also kam nur ein eigenständiges Konzept in Betracht. Das Architektenteam der Technischen Universität München entwarf in Anlehnung an den Rottaler Vierseit-Bauernhof eine heitere Bade- und Hotellandschaft, immer mit Blick auf die für das Auge so entspannenden Linien der Hügelkuppen und Auen. Der alte Ort, einst Hofmark, wurde einbezogen und mit Hilfe der Bewohner und des Städtebauförderungsprogramms zum Kleinod gepäppelt. Wohlüberlegte Planung sorgt dafür, daß die Hotels nicht in den Himmel wachsen – außer im Komfort. Nicht nur in der Bierrunde volkstümlicher Feste wird der Fremde seit altersher mit einbezogen. Die Gastlichkeit findet ihr modernes Pendant in einer Verwöhn-Kultur der Hotels und Pensionen. In Bad Birnbach kennt man keine Beton-Bettenburgen. Dafür hat der Gast beim Öffnen der Balkontür Pferdekoppeln und blühende Obstbäume, immer eine naturnahe Landschaft im Blick.

Baden wie einst Cleopatra

Mit 64 bis 70 Grad sprudelt die „Chrysanti-Quelle" aus 1681 Meter Tiefe. Unter der Bezeichnung „fluoridhaltige Natrium-Hydrogencarbonat-Chlorid-Therme" ist sie als heilkräftig staatlich anerkannt. Insbesondere bei Gelenkleiden, chronisch entzündlichen rheumatischen und degenerativen Wirbelsäulenerkrankungen sowie

nach Operationen am Bewegungsapparat gilt das Baden als lindernd und heilsam. Gezielte Gymnastik und Massage ergänzen die Kur: im Sanatorium, ambulant oder verordnet privat.

Ein prickelndes Wechselbad ermöglichen die 23 Thermenbecken, die in Abstufungen 24 bis 38 Grad warm sind. Das Badevergnügen beginnt beispielsweise mit Unterwassergymnastik, setzt sich unter der den Rücken massierenden Kaskade fort und endet – so man will – im Schwimmbecken. Auch bei Außentemperaturen

Die Kurkonzerte in den Kirchen oder sonntags auf dem Marktplatz erfreuen sich großer Beliebtheit.

unter Null ist es hier dampfend warm. Hinzu kommen die Sauna-Versionen. Seit dem Sommer 1995 avanciert das Saunen im „Vitarium" zur Luxuskur: mit Thermensee und Schneehöhle, Rasulkur und Kraxenofen. Der Clou ist Milchbaden, wie es einst Ägyptens Herrscherin Cleopatra gefiel. Werden im Kraxenofen Heudämpfe von Haut und Lunge geatmet, so dringen sie beim Algen-, Heu- oder Kräuterbad wasserweich in die Poren. Das tut Haut

und Kreislauf und ganz besonders verengten Venen wohl. Kurz: In Bad Birnbach lockt die Schönheitspflege ebenso wie das individuell ausgerichtete Heilverfahren. Krankengymnasten, medizinische Bademeister und Masseure werden am Ort ausgebildet. Masseure und Badeärzte haben ihre Praxis oft in den Hotels.

Wenige Kilometer entfernt dehnen sich Golfareale. Unmittelbar an den Kurpark grenzen Sportanlagen unter anderem mit Tennisplätzen, Bogenschießen, Tischtennis und Minigolf, Boccia und Stockschießen. Man kann auch reiten oder angeln. Die Kurverwaltung schlägt Spazierwege, Kutschfahrten und Radlausflüge rund um Bad Birnbach vor. Rottaler Lebensart erlebt man auf den Märkten, bei allerlei Festen und dem Hoagarten, einem Sänger- und Musikantentreffen.

Neue Herausforderungen

Erstaunlich sind die Erfolge, die Bad Birnbach nach 20 Jahren Entwicklung zum Thermalbad vorweisen kann. Der Aufbau eines Thermalbads auf der grünen Wiese in derselben Form wäre heute wohl nicht mehr möglich. Es fehlt nicht nur das Geld, sondern auch die politische Risikobereitschaft. Bei allen Erfolgen: Bad Birnbach kann sich nicht auf seinen Lorbeeren ausruhen. Die Grenzen zum Osten sind gefallen, und die tschechischen Bäder Marienbad, Karlsbad und Franzensbad stehen ebenso wie die ungarischen Bäder als neue Konkurrenten vor der Rottaler Haustür. Da Birnbach beim Preiswettbewerb mit diesen Bädern nicht mithalten kann, raten besorgte Beobachter wie der Landrat a. D. Ludwig Mayer dazu, das traditionelle Konzept zu überprüfen und die Angebote in der oberen Preisklasse und der gehobenen Qualität auszubauen. Das Thermalwasser gehöre jetzt wie in Füssing und Griesbach direkt in die Hotels, und jedes Jahr Verzögerung in diese Richtung vermindere die Chancen des Bades für das nächste Jahrzehnt.

Zur Krisenangst besteht Mitte der neunziger Jahre kein Anlaß. Bad Birnbach verweist noch auf stolze Wachstumsraten.

Die Architektur des ländlichen Bades

Anke Radtke

Ein Ortsbild umzugestalten, bedeutet immer einen Eingriff in Gewohnheiten und Lebensgefühl der hier lebenden Menschen. Wir kennen mit Aufwand sanierte Plätze und ihrer Vergangenheit wiedergegebene Gassen, die als gelungen gepriesen und dennoch von den Bürgern nicht recht angenommen werden.

1973 sprudelte in Birnbach die Thermalquelle. Binnen weniger Jahre sollte die sanierungsbedürftige Marktgemeinde und ehemalige Hofmark in einen attraktiven Kurort verwandelt werden. Zu finanzieren war das nur mit Hilfe öffentlicher Gelder. Das Rottal galt damals als strukturschwach, daher förderungswürdig. Die Idee eines „ländlichen Bades" öffnete den Zapfhahn der Staatskasse. Idee und Maßschneiderarbeit besorgten Professor Dr. Ing. Helmut Gebhard, Technische Univer-

sität München, gemeinsam mit den Diplomingenieuren Horst Biesterfeld, Manfred Brennecke und Thomas Richter sowie als Landschaftsplaner Professor Günter Grzimek. Von Anfang an wurde bei der Planung nicht nur der betroffene Bürger einbezogen, sondern auch über den „Gartenzaun" des Ortes hinausgeschaut: bezüglich Landschaftsökologie, Verkehrsplanung und Baustil.

Zwei Beispiele zur Landschaft: Birnbach liegt zwischen Höhenzügen und den Rottauen, dort, wo von Norden her der „Birnbach" mündet. Im Tal fehlten 1973 größere Baumbestände, die für den Windschutz von Kuranlagen aber wichtig sind. Andererseits sollten die natürlichen Luftaustauschbahnen aus den Seitentälern erhalten bleiben. Dementsprechend wurden Bebauung und Eingrünung geplant. Für

die Ortsumgehung mußte die Rott abschnittweise verlegt werden: eine gute Gelegenheit, die überbrückten Altwasser zur Auenlandschaft auszubilden. Sie dient nun auch den Kurgästen als Ziel eines Spaziergangs.

Orientierungspunkt Kirche

Unter drei Alternativen für die Trennung von Gewerbegebiet, Wohnbebauung und Kurzone entschieden die Birnbacher sich für weitflächige Kuranlagen im Süden, die über einen Marktplatz auf der ehemaligen Volksfestwiese mit dem Orts-

Die Architekten und Landschaftsplaner von Bad Birnbach wurden mit dem von der Bank für Gemeinwirtschaft gestifteten Deutschen Städtebaupreis ausgezeichnet.

kern verbunden wurden. Das Gewerbegebiet im Südosten wurde verkehrsmäßig ausgegrenzt. Für die Einheimischen wurden Neubaugebiete an den Osthängen erschlossen – damit nicht nur nah zum Ortskern, sondern auch zum Gewerbegebiet. Hier steht nun auch die Schule. Im ehemaligen Lehrerhaus im Ortskern hat jetzt die Musikschule ihre Räume.

Die Verbindung zwischen dem Ortskern und dem Kurbereich wird einerseits durch den Marktplatz, andererseits rottwärts durch den Kurpark hergestellt. An ihn schließen sich die Sportanlagen an. Geplant ist ein naturnah gestalteter See mitten im Kurpark. Als Kleinbiotop ist er bereits angelegt worden.

Rathaus, Kurverwaltung und Post säumen den neuen Marktplatz. Hinter Arkaden verbergen sich Boutiquen, Läden, Cafés und Restaurants. Der Platz mitsamt anschließenden Gassen wurde so ausgerichtet, daß die im Ortskern auf einem Sporn thronende Kirche jederzeit als Orientierungspunkt ins Auge fällt.

Bauliche Variationen zum Thema Vierseithof

Das Rottal ist vom Streusiedlungscharakter der Vierseithöfe geprägt. Für die Badeanlagen und den Grundtypus der Hotel- und Pensionsbauten übernahmen die Architekten nicht nur die zweistöckige Bauweise, Dachüberstände, Balkongeländer und Fensterläden, sondern auch die Großzügigkeit der inneren Struktur. Mittlerweile ist die Bautradition von anderen Architekten abwechslungsreich variiert worden.

Der Achteckbau des Therapiebades findet, wenn man eine Verbindung herstellen will, Vorläufer im Oktogon mancher historischer Taufkapellen. Das der Intensivkur dienende Therapiebad mit viel Glas, Sonnensegeln und das Element Wasser interpretierenden Wandmalereien hat jedoch eine heitere Note bekommen: Wo die Seele aufatmet, folgt der Körper ihr leichter. Eine Berufsfachschule für Krankengymnasten und Masseure schließt sich an das Therapiebad an. Bad Birnbach verfügt heute über Erholungs-Badeanlagen, Sauna mit Vitarium sowie Einrichtungen für die „ernsthafte" Therapie.

Die gelebte Idylle

Die Sanierung des alten Ortskerns reichte von der kompletten Neuplanung von Gebäuden über den Abriß der den Weg versperrenden Nebengebäude bis zur liebevollen Gestaltung eines traditionsreichen Wirtshauses, Farbgebungsvorschlägen, Fassadenberatung, Planung von Eingängen, Werbeflächen und so weiter. Die Vielzahl ähnlicher Häuser mit giebelständigem Satteldach und vorkragendem Dachstand oder in traufständischer Massivbauweise wurden „als verwandte Glieder einer Familie" geordnet und aufeinander abgestimmt. Eine der alten Hofmark folgende verkehrsberuhigte Zone mit Pflasterbelag und Baumpflanzungen gibt dem Ort eine idyllische Note – ein harmonisches Gesamtbild, das sich gut in die dörfliche Struktur einfügt.

Als der Europarat für 1987/88 zur „Europäischen Kampagne für den ländlichen Raum" aufrief, konnte Birnbach auf ein gelungenes Konzept verweisen. Agrarisch-gewerbliche Mischstruktur, Fremdenverkehr und Umweltschutz wurden unter Wahrung des kulturellen und landschaftlichen Erbes sinnvoll vereint. Daß diese Kultur gelebt wird, beweisen die malerischen Wochenmärkte, Brauchtumsfeste, Konzerte in ländlichen Kirchlein der Umgebung oder der „Faschingsbräunl" – Birnbacher Spezialitäten zum Vergnügen der Gäste wie der Einheimischen. Joseph Michael Neustifter steuerte auch für Bad Birnbach phantasievoll-humoristische Brunnen bei.

Das Bayerische Innenministerium hat das Projekt aus Anlaß der Europakampagne in einer Broschüre „Planungsschritte im ländlichen Raum am Beispiel Bad Birnbach" gewürdigt.

Das Therapiebad, entworfen von den arc-Architekten in Hirschbach. Im Bild der Ruheraum im Obergeschoß über den Badebecken.

Perspektiven einer Erholungsregion

Klemens Unger, Direktor des Touristikverbandes Ostbayern

An einem schönen Maientag lasse ich mich treiben von Schickanöd bei Arnstorf zu einer bäuerlichen Familie im denkmalgeschützten Bauernhaus, die mir Freund geworden ist, genieße den blühenden Apfelbaum mit dem Starenkasten in der ergrünenden Landschaft und verbringe den sonnigen Maifeiertag im nahe gelegenen ländlichen Biergarten. Ein Dreiklang aus Bauernland, der „busigen Landschaft Niederbayerns" und dem Bäderdreieck.

Die Zukunft des Tourismus im Rottaler Bäderdreieck ruht auf drei Säulen:

Am wichtigsten der Mensch; die gastliche und freundliche Art des Rottalers hat es in sich. Nicht aufdringlich oder übertrieben freundlich, sondern aufgeschlossen, aber durchaus vornehm distanziert, bei näherem Hinsehen herzlich und immer charaktervoll.

Dann: „Die schöne Landschaft" ist heute einer der wichtigsten Gründe, sich für ein Urlaubsziel im Grünen zu entscheiden. Nicht alle klassischen Reiseziele können dieses Kapital noch aufweisen, wurde es in der Vergangenheit doch allzu oft gedankenlos verspielt. Nur die bäuerlich gepflegte Kulturlandschaft, von Natur aus schön und von Menschenhand kultiviert, der Wechsel von Acker, Wiesen und Wald im Zusammenspiel mit der hügeligen Formation links und rechts des intakten Flußlaufes ergeben zusammen die Anmut und Harmonie, die einen Münchner Turmschreiber zu dem Ehrentitel „busige Landschaft" für das Rottal inspiriert hat.

Die dritte Säule ist die touristische Infrastruktur, die für das natürliche Kapital des Heilwassers Grundvoraussetzung ist und nicht nur Hotels und Gaststätten umfaßt,

sondern auch die Kirchen und Kulturstätten auf dem Lande.

So gesehen hätte das Rottal Chancen gehabt, sich wie der Bayerische Wald seit den 50er Jahren zu einem modernen Fremdenverkehrsgebiet zu entwickeln. Worin liegt der Unterschied zum großen Waldgebirge nördlich der Donau?

Tourismus entwickelt sich meist erst dann, wenn keine prosperierende Landwirtschaft oder andere alternative Einkommenschancen vorhanden sind. Industrie- und städtische Ballungsgebiete, gewerbliche Mittelzentren sind eben als Wohn- und Arbeitsplätze attraktiver als die besonders dienstleistungsorientierte Arbeit im Gastgewerbe.

Im Rottal hat sich nun zum Glück auch wegen der aufziehenden Misere in der Landwirtschaft mit der Erbohrung weiterer Thermalquellen Anfang der siebziger Jahre die neue Perspektive „Kur und Tourismus" aufgetan.

Hier liegen Chance und Gefahr für die Zukunft des Fremdenverkehrs. Einerseits werden die Probleme der Landwirtschaft immer größer, andererseits ist die Besonderheit der Rottaler Kur das Zusammenwirken von heilendem Wasser und erholsamer Landschaft. Man hätte dies nicht treffender als mit dem Slogan vom „Ländlichen Bad" charakterisieren können. Es ist gut, daß sich Bad Birnbach und Bad Griesbach mit zwei unterschiedlichen Philosophien entwickelt haben, aber beide brauchen neben den heißen Quellen zum Erfolg der Menschen für Menschen „die schöne Landschaft".

Über zwei Drittel der Rottaler Kurgäste geben bei Befragungen an, daß sie sich auf Erkundungsfahrten und Besichtigungstouren rund um ihren Kurort und weg vom reinen Übernachtungsbetrieb begeben. Was wäre das einmalige Dorfensemble von Kößlarn ohne Kesselbach und umgebende landwirtschaftliche Struktur, was wäre die Kulisse der Siebenschläferkirche in Rotthof ohne Birnbaum, Viehweide und Weizenfelder?

Kur und Landwirtschaft – es muß gelingen, einen umwelt- und sozialverantwortlichen Tourismus zu gestalten und zu bewahren. Solange die Bauern am Tourismus kein Interesse hatten, gab es auch keinen Grund, diesen zu forcieren. Heute aber setzen viele Bäuerinnen auf „Urlaub auf dem Bauernhof". Das ist gut so, aber für diesen Spezialzweig im Fremdenverkehr ist touristisches Know-how und ein lebendiger und existenzfähiger bäuerlicher Betrieb notwendig.

Was wäre, wenn die Kur- und Urlaubslandschaft nicht mehr vom Bauern bestellt, gepflegt und gehegt würde? Was wäre die bayerische Küche – über 60 Prozent unserer Gäste legen Wert auf regionaltypische Spezialitäten –, wenn sich einheimische Wirte nicht mehr dieser Spezialitäten besinnen würden. Ländliche Spezialitäten, das sind eben nicht nur Landschaft oder bäuerliches Leben, es sind die

heilenden Quellen bis hin zu den Produkten, die die Landwirtschaft erzeugt.

Hier schließt sich der Kreis: Nur der Tourismus, der Rücksicht auf sein natürliches und kulturelles Erbe nimmt, sichert die reizvolle Landschaft. Längst ist für die Mehrheit der Erholungssuchenden die naturnahe Landschaft und ein interessantes kulturelles Angebot ausschlaggebend für die Wahl des Kur- und Urlaubsortes. Das Rottaler Bäderdreieck ist eine der modernsten und bedeutendsten Bäderlandschaften Europas, und damit steht auch

der Tourist in der Verantwortung: Er sollte Rücksicht nehmen auf die einheimische Bevölkerung und auf die Natur, damit das wichtigste Kapital, der Grund, warum er sich für eine Region entscheidet, erhalten bleibt: Partnerschaft mit den Wirten, mit den Bauern und mit der Natur.

Darin liegt die Zukunftsperspektive für das Rottal: die klassische Kur weiterzuentwickeln und im Umfeld der Kurorte alternativ den Erlebnisurlaub auf dem Lande anzubieten.

Der Gast sucht nicht nur mehr ein sauberes Zimmer und ein gutes Bett, er will auch Einblick in die Eigenart einer Region,

will dieses Erlebnis mit nach Hause nehmen. Was liegt also näher, Souvenirs direkt vom Bauernhof mitzunehmen? Ländliche Spezialitäten, über die sich die Daheimgebliebenen freuen und die zu einem weiteren Standbein für die Landwirtschaft werden können. Was ist zu tun?

– Die Rottaler Gastgeber sollten diese ländlichen Produkte auch im Urlaub bewerben, zum Beispiel mit den Gästen über einen der Bauernmärkte schlendern und Angebot und Produktvielfalt der bäuerlichen Erzeuger aufzeigen.

– Als Alternative zur Appartement-Großanlage in Ferienzentren die familiäre Atmosphäre auf dem Bauernhof offerieren und Kindern, die in der Stadt naturentfremdet aufwachsen, ein neues Verständnis von Land(wirtschaft) vermitteln.

– Die alte Tradition aufleben lassen, daß für die bayerische Küche auch bayerische Produkte vom Bauern nebenan verwendet werden – nicht nur für herzhaft bayerische Gerichte, sondern auch für die nach modernen ernährungsphysiologischen Gesichtspunkten verfeinerten regionalen Schmankerl. Sauerampfer ist nicht Unkraut, sondern kann Spezialität für eine Suppe sein. Herzhafte Wildspezialitäten aus heimischen Wäldern oder im Winter köstlich duftende Bratäpfel, der bekannte Rottaler Most oder, warum auch nicht, der Rottaler Spargel müssen wieder mehr ins Bewußtsein zunächst der Einheimischen, dann als Spezialität in den Kopf der Gäste kommen.

In einem der renommiertesten Hotels des Rottals werden Schwarzbeeren als Spezialität offeriert, auf der anderen Seite der Rott hat sich ein bäuerlicher Betrieb zukunftsweisend dem Erdbeeranbau verschrieben. Was benötigen die mindestens 10 000 Gäste, die sich das ganze Jahr über im Rottal aufhalten, an täglichen Mengen von Salat, Gemüsen, Fleisch usw! Die Bäuerin, der Bauer in der Nähe des Kurortes oder in der beruhigenden Atmosphäre und Harmonie der Rottaler Landschaft soll seine Spezialität entwickeln und sich mit dem Zuerwerb aus dem Tourismus seine bäuerliche Existenz sichern können.

Urlaubsland Ortenburg
Walter Fuchs

Über eine breite Treppe führt der Weg in den einstigen Tafelsaal, der durch Einbau einer Kanzel und zwei Emporen um 1680 in eine Kapelle umgestaltet wurde. Die Emporen wurden bei der Renovierung 1974 entfernt, um dem Raum wieder den Charakter eines Festsaales zu geben. 206 qm umfaßt die reichgegliederte, aus fünf verschiedenen Holzarten gefertigte Decke, eine der schönsten Intarsia-Arbeiten Deutschlands, in deren Mitte ein Medaillon in leuchtenden Farben das gekrönte Wappen der Ortenburger zeigt. Der Künstlergraf Friedrich Kasimir (s.S. 42) soll die Decke entworfen haben. Ein Chronogramm über den Fenstern an der Ostseite deutet an, daß das Kunstwerk 1628 fertiggestellt war. Die Ausführung wird dem Augsburger Holzschnitzer und Architekten Wendel Dietrich zugeschrieben.

In den Museumsräumen sind neben altem Handwerksgerät der Hafner und Bäckerzunft bäuerliche Einrichtungen und Gebrauchsgegenstände, ein original gräfliches Schlafzimmer, alte Türen und Beschläge, Turmuhrwerke und eine Bilderausstellung zu sehen. Eine Folterkammer mit ihren schauerlichen Gerätschaften erinnert an das Mittelalter.

Im Nordflügel beherbergt der Rittersaal mit seiner wappengezierten Kassettendecke die größte altpreußische Blankwaffensammlung Deutschlands: Säbel, Lanzen, Pistolen, Gewehre der Armeen der Preußenkönige Friedrich Wilhelm I. und Friedrich II. (dem Großen). Die jahrhundertealten Kellergewölbe beherbergen ein gemütliches Lokal, das nach dem Schloßbesuch zur Einkehr einlädt. Das Schloß ist von Anfang April bis 30. Oktober täglich von 10 bis 18 Uhr geöffnet.

Alle zwei Jahre Ritterspiele und immer im Mai das Blütenfest

Unterhalb des Schlosses werden die Ortenburger Ritterspiele durchgeführt. Reitergefechte, Turnierspiele, Mannschafts- und Einzelkämpfe mit dem Ritterschwert wie in vergangenen Jahrhunderten leben wieder auf. Rund um das ritterliche Geschehen wird mittelalterliches Handwerk wieder lebendig und zeigt Tech-

Der Marktplatz von Ortenburg. Nicht nur wegen des historisch bedeutsamen Schlosses und seiner großen Geschichte hat der Ort als Ferienzentrum einen guten Namen.

Ob ein Besucher von Osten oder Westen, von Süden oder Norden nach Ortenburg kommt, stets wird ihm die Burg durch ihre exponierte Lage ins Blickfeld treten. Der Grafenmarkt Ortenburg mit seiner fast 900jährigen Geschichte, ein „staatlich anerkannter Erholungsort" 20 km südwestlich von Passau mit über 7000 Einwohnern, hat durch die reichhaltig vertretene Gastronomie, die umfangreichen Freizeitangebote und nicht zuletzt seine historischen Denkmäler für jeden Gast etwas zu bieten.

Das Grafenschloß mit Museen

Wenn man vom geräumigen Marktplatz kommend durch die altehrwürdige Lindenallee geht, vorbei an der katholischen Kirche und dem parkähnlichen Friedhof, gleitet der Blick bereits zum hoch über dem Markt liegenden ehemaligen Grafenschloß. Die ursprüngliche Burg dürfte Graf Rapo-to I. zwischen 1120 und 1130 erbaut haben. 1192 von Herzog Leopold von Österreich und 1504 von den Pfälzern im Landshuter Erbfolgekrieg wurde sie zerstört. Graf Joachim begann 1562 mit dem Wiederaufbau und der zeitgemäßen Umgestaltung in ein Renaissanceschloß. 1972 erwarb es die bürgerliche Familie Heinrich Orttenburger. Nach aufwendigen Investitionen des Besitzers, mit Unterstützung des Denkmalamtes, des Landkreises und der Gemeinde, erstrahlt das Schloß wieder im ursprünglichen Glanz. Figürliche Rahmenmalerei der süddeutschen Renaissance aus dem späten 16. Jahrhundert um Fenster und Türen nimmt den Blick des Besuchers im Innenhof gefangen. Auch die reizvolle Bemalung der Arkadendecken wurde 1990 freigelegt und restauriert. Zierliche Blumenornamentik mit Rollwerk und verschiedenen Medaillons greifen spielend ineinander.

niken früherer Arbeitsweisen. Deftige Brotzeiten, duftendes Schmalzgebäck und frisches Bier laden zum Verweilen ein.

Ein Erlebnis ist die Blütezeit in der (urkundlich bestätigten) baumfreundlichsten Gemeinde des Landkreises Passau. Jeweils am zweiten Sonntag im Mai findet unterhalb des Schlosses das Blütenfest statt. An der Ostseite von Schloß Ortenburg bietet der 1974 eröffnete Wildpark neben teils freilaufendem Dam- und Rotwild, Wildschweinen, zutraulichen Eseln, Ponys und Steinböcken noch viele andere Tierarten, die den Spaziergang bereichern.

Größter Vogelpark Süddeutschlands

Etwa 3 km nordöstlich kann man in Irgenöd den in Privatbesitz geführten größten Vogelpark Süddeutschlands besichtigen. 200 heimische und exotische Vogelarten sind auf einem 60 000 qm großen Gehege mit gut begehbaren Wegen zu sehen. Der Vogelpark ist vom 1. April bis 1. November täglich von 9 bis 19 Uhr geöffnet.

Weitere Juwele sind die 1381 erstmals erwähnte Marktkirche mit ihren monumentalen Grabmälern und Epitaphien, einst Grablege der Grafen zu Ortenburg, sowie die spätgotische Begräbniskirche im 1 km entfernten Steinkirchen. Erstmals 1241 genannt, wurde sie 1474 von Meister Tamann aus Braunau in der heutigen Form fertiggestellt. 1921 und 1944 konnten bei Restaurierungsarbeiten herrliche Fresken aus der Zeit von 1474–1484 freigelegt werden. Steinkirchen war im 16./17. Jahrhundert die einzige evangelische Begräbnisstätte in Niederbayern.

Meerwasseraquarium, Kloster und ein Wasserschloß

Vorbei am 1976 neugebauten beheizten Schwimmbad mit Minigolfanlage, vier Tennisplätzen und einer Reitturnieranlage, führt uns der Weg in westlicher Richtung zum 4 km entfernten Jaging. Ein Meerwasseraquarium, ein wahres Unterwasserparadies, zieht den Besucher mit seinen bunten, teils seltsam aussehenden Bewohnern in den Bann. Selbst große

Alligatoren können in ihrem urwaldähnlichen Terrarium besichtigt werden.

Das Aquarium ist ganzjährig geöffnet und kann täglich von 10 bis 18 Uhr besichtigt werden. Auf dem Heimweg über den Ortsteil Neustift fahren wir am 1921 gegründeten Kloster der Benediktinerinnen der Anbetung vorbei. Der umfangreiche Gebäudekomplex beherbergt eine Mädchenrealschule mit Internat und Tagesheimstätte. Außerdem wird eine geistliche Zelle geboten, Besinnungstage für Gruppen und Einzelpersonen. Reiterfreun-

Nur drei Kilometer sind es von Ortenburg zum größten, privat geführten Vogelpark Süddeutschlands. Die Gehege nehmen 60 000 qm ein.

de können in drei Vereinen ihren sportlichen Ambitionen nachgehen.

Für Wanderer und Radfahrer sind in der näheren Umgebung von Ortenburg die Kirche Holzkirchen, das ehemalige Wasserschloß Söldenau (nicht zugänglich), die St. Kolomann-Kapelle mit ihrem herrlichen Ausblick vom Steinkart bis zum Bayerischen Wald und die 1000jährige Georgseiche bei Marterberg, schließlich die mit-

ten im Hochwald auf freier Wiese gelegene Marienwallfahrt Heiligenbrunn lohnende Ausflugsziele.

Wichtige Industriebetriebe

Obwohl Ortenburg und seine Umgebung ländlich geprägt sind, haben sich in den letzten Jahrzehnten wichtige Industriebetriebe angesiedelt, die ihre Produkte auf dem Weltmarkt vertreiben. Die 1892 gegründeten Niederbayerischen Schotterwerke in Neustift, das älteste Unternehmen der Gemeinde, stellen Granitsortierungen in allen Größen her. Die Firma Greisel Baustoff Ortenburg im Ortsteil Blindham stellt aus dem reichlich vorhandenen Kiesmaterial sehr druckfeste Kalksandsteine, Gasbetonsteine und große Gasbetonbauelemente her.

Die Firma Katzbichler und Sohn hat sich aus kleinsten Anfängen einer Schreinerei zu einem führenden Industrieunternehmen entwickelt, das Stühle, Tische und Bänke, hauptsächlich für gastronomische Betriebe, in Großserien herstellt und europaweit ausliefert. Die ebenfalls holzverarbeitende Firma Sonnleitner Holzwerk GmbH im Ortsteil Afham, einst ländliche Mühle und Sägewerk, fertigt in Serie Wohnhäuser aus Holz in allen Größen und bietet Zubehör zur Wohnkultur.

Im Ortsteil Dorfbach haben gleich drei Betriebe ihre Tätigkeit aufgenommen. Zu erwähnen ist die Firma Stannecker GmbH, ein Lebensmittelbetrieb, der in der Herstellung von Tiefkühlköstlichkeiten gut eingeführt ist. Die Firma Richard Scheuchl GmbH plant, konstruiert und fertigt Anlagen für die Industrie zur Lösungsmittelrückgewinnung, Abwasseraufbereitung, Sonderanlagen aller Art und bietet auch Kälteservice an.

Das 1968 ansässig gewordene Unternehmen Micro Epsilon Messtechnik GmbH u.Co KG Ortenburg entwickelt und fertigt Wegsensoren und Wegmeßsysteme hoher Präzision für berührungslose Wegmessung, die im industriellen Bereich Einsatz finden. Die Meßgeräte werden von Ortenburg aus weltweit vermarktet.

Die Wallfahrtskirche Sammarei

Josef Sagmeister

Das Bauernland an Donau, Inn, Rott und Vils ist unendlich reich an Wallfahrtskirchen und -kapellen. Freilich sind es durchweg ehemalige Wallfahrten; übriggeblieben sind die Kirchbauten und in ihrem Inneren Kunstwerke aus einer vergangenen Blütezeit. Sie erinnern an Zeiten, als Menschen in vielfältiger Not in gläubigem Vertrauen um Heilung und Hilfe beteten und oft genug erhört wurden.

Sammarei *(Sankt Marei)* nimmt in dieser Reihe in mehrfacher Hinsicht eine Sonderstellung ein. Unter den zahlreichen Besuchern der Wallfahrtskirche sind wieder viele echte Pilger und Beter. Dem zuständigen Ortspfarrer Geistlicher Rat Hans Spielmann von Haarbach ist es in vielen Jahren gelungen, nicht nur die Mittel aufzutreiben, um den Bau in seiner Substanz zu sichern und die Kunstwerke in seinem Inneren vorbildlich zu renovieren, sondern auch die Menschen wieder als Betende und Feiernde in diesem Kleinod zusammenzuführen. Sammarei ist mittlerweile nach Altötting der meistbesuchte Wallfahrtsort in der Diözese Passau.

Wer von Griesbach oder Ortenburg den Weg ins Wolfachtal findet und vielleicht gerade zur vollen Stunde den kleinen Ort betritt, wird aus der Glockenstube des barocken Turms mit einem Marienlied begrüßt, gespielt vom einzigen Glockenspiel in Ostbayern.

Wenn der Besucher den lichtdurchfluteten Innenraum der frühbarocken Kirche betritt, sieht er sich einem einmaligen Altarwerk gegenüber: Der Hochaltar und die zwei Nebenaltäre gehen nahtlos ineinander über und füllen auf Höhe des Chorbogens die ganze Raumbreite (Abb. S. 68). Fünf schlanke Bauteile, gegliedert durch Säulen, mit Goldranken überzogen, sind überreich bestückt mit Bildern, Plastiken und Dekorationselementen.

Man wird mit dem Schauen nicht fertig, ob es einem die sich auf beiden Seiten in Lebensgröße aufbäumenden Rösser mit den Heiligen Georg und Martin angetan haben, die drei Tempelchen im Auszug des Hochaltars mit vollplastischen Szenen aus dem Leben der Muttergottes, oder ob man in dem Gefunkel von Braun und Gold den kleinen Putto entdeckt hat, der nackt, mit Maikäferflügeln versehen, ei-

nen Stiefel und einen Halbschuh anhat: den Engel von Sammarei. Die Mütter sagen bis heute in der Gegend zu ihren Kindern, wenn Strümpfe und Schuhwerk nicht ordentlich angezogen sind: „Schaust wieder aus wie der Engel von Sammarei!" Man sollte ihn sich zeigen lassen, sonst sei man nicht in Sammarei gewesen, wie die Leute hier sagen.

Vor und nach der alltäglichen Wallfahrtsmesse um 16 Uhr darf man auch den Chorraum hinter dem Hochaltar betreten. Hier steht noch die ehrwürdige alte Holzkapelle, von der die Wallfahrt ausging. Als 1619 der Hof neben der Kapelle abbrann-

Links: Klappaltar mit Votivkerzen in der alten Holzkapelle der Wallfahrtskirche Sammarei (oben).

te, ist sie auf wunderbare Weise von den Flammen verschont geblieben.

Frühbarocke Kirche über der Kapelle errichtet

Als der Zustrom von frommen Betern immer größer wurde, ließen die Zisterzienser von Aldersbach, denen Hof und Kapelle gehörten, von dem kurfürstlichen Hofbaumeister Isaak Bader von 1629 bis 1631 die jetzige Kirche über der Kapelle errichten. Mit der Ausstattung betrauten sie Jakob Bendl, der zu der Zeit Hofwirt in Baumgarten bei Pfarrkirchen war.

Die alte Kapelle ist in ein mystisches Dunkel gehüllt; der gold glänzende Altar in ihr ist ein Werk von Joseph Deutschmann. In der Predella des Altars befindet sich hinter einem kunstvoll geschmiedeten Gitter eine spätgotische Pietà, darüber das eigentliche Gnadenbild, Maria mit dem Kind, das sich mit seinem Köpfchen innig an die Wange der Mutter schmiegt. Es erinnert an das Maria-Hilf-Bild des Lukas Cranach und ist vielleicht die Kopie eines Bildes aus der Maurerkapelle der Jakobskirche in Straubing. Die Wände der Holzkapelle sind innen und außen dicht mit Votivtafeln behängt, ebenso der Chorumgang der Wallfahrtskirche. Insgesamt sind es fast 1300 Bilder aus vier Jahrhunderten. Die ältesten stammen noch aus der Entstehungszeit der Wallfahrt. Sie erzählen von Not und Unglück der Menschen, aber auch von ihrem gläubigen Vertrauen, das erhört worden ist.

Nicht zu unterschätzen ist der Wert der Tafeln als kulturgeschichtliche Quelle. Kreisheimatpfleger Hubert Kalhammer (gest. 1994) hat sich mit der Deutung, Erhaltung und Präsentation der Tafeln große Verdienste erworben. Über den Votivtafeln im Chorumgang hängen sechs große Bilder aus dem Jahr 1731, die *Sammareier Madrigale*, die in Allegorien und Madrigalen die Sammareier Gottesmutter preisen. Die Texte stammen von einem Aldersbacher Pater und gelten als interessantes Dokument der meditatitven Religiosität der Zeit.

Beim Hinausgehen fällt der Blick noch auf die acht Ölbilder an der Emporenbrüstung mit Szenen aus dem Leben Mariens und auf das selten schöne Orgelgehäuse.

In Sammarei pflegt man eine bemerkenswerte freundschaftliche Verbindung mit der polnischen Kirche. Mehrmals haben bei großen Marienfesten hohe Würdenträger des polnischen Episkopats den Gottesdienst gefeiert, und im alten Priesterhaus gegenüber der Kirche wohnen seit einigen Jahren polnische Salettinerpatres, die bei der Betreuung der Wallfahrt und in der Pfarrseelsorge tatkräftig mithelfen. Ein tröstliches Zeichen, daß sich diese Patres in einer Zeit großer Vorbehalte gegenüber Ausländern die Herzen der Menschen in und um Sammarei erobert haben.

Der Dom des Rottals
Josef Sagmeister

Unter dem großen Baumeister Johann Michael Fischer entstand zwischen 1739 und 1748 die prächtige Klosterkirche Fürstenzell.

Fürstenzell ist durch seine Lage, die historische Atmosphäre, das reiche schulische Angebot und die Vielfalt von Dienstleistungsbetrieben ein attraktiver Wohnort. Einen Marktplatz mit geschlossener jahrhundertealter Bebauung wie etwa Ortenburg, Aidenbach, Rotthalmünster oder Kößlarn besitzt es nicht. In Fürstenzell standen in der Zeit des alten Klosters außerhalb der Klostermauern nur regellos verstreute Häuser der Klosterhandwerker. Die geschlossene Bebauung setzte erst im vorigen Jahrhundert ein.

Die Fürstenzeller Kirche wird wegen ihrer Größe und Schönheit Dom des Rottals genannt. Freilich, ganz unmittelbar gehört Fürstenzell nicht mehr zum Rottal: Der Zellerbach, der das Fürstenzeller Tal geformt hat, mündet bald in den Sulzbach, und dieser wieder in die nahe Rott.

Kurzer Gang durch die Geschichte des Klosters Fürstenzell

Das Kloster Fürstenzell wurde 1274 von dem Passauer Domherrn und Leiter der Domschule Hartwig gegründet. Er erwarb von den Chorherrren des Stiftes St. Nikola in Passau den schon lange verfallenen Hof Zell im Tal des Zellerbaches und lud Mönche des nahen Zisterzienserklosters Aldersbach ein, das neue Kloster an dieser Stelle zu errichten und zu besiedeln und die sumpfige und bewaldete Talniederung urbar zu machen. Schon zwei Jahre später befreite Herzog Heinrich XIII. von Niederbayern alle Klosterinsassen von den Leistungen an die herzoglichen Ämter, gewährte Vogtfreiheit und Zollfreiheit für alle Lebensmittel; auch übertrug er dem Kloster die niedere Gerichtsbarkeit. Aus Dankbarkeit nannte sich das Kloster *Cella Principis* – Fürstenzell – und nahm die herzogliche Krone in sein Wappen auf.

Obwohl eine stattliche Zahl von Höfen in der näheren Umgebung, Weinberge bei Krems in Niederösterreich und die Einkünfte der inkorporierten Pfarreien Irsham, Höhenstadt, Beutelsbach und Aufhausen bei Landau zum Kloster kamen, mußten die Äbte des 14. und frühen 15. Jahrhunderts mit großen wirtschaftlichen Problemen kämpfen. So läßt sich erklären, daß viele von ihnen vorzeitig ihr Amt zur Verfügung stellten. Erst Abt Johannes Schletterer festigte um 1470 den Bestand des Klosters. Er zweigte den Klostermühlbach vom Zellerbach ab, um eine Mühle zu betreiben, und legte auf einem Hügel außerhalb des Klosters einen Weinberg an. Von Papst Sixtus IV. erwarb er das Recht der Pontifikalien. Das bedeutete, daß er und seine Nachfolger sich fortan Prälaten nennen und die bischöflichen Insignien Mitra und Stab tragen durften.

Die stürmischen Jahre der Reformation brachten das Kloster Fürstenzell an den Rand des Untergangs. Die Vorgänge in der benachbarten Grafschaft Ortenburg verunsicherten auch viele Mönche des Klosters. Die Klostergemeinschaft schmolz auf ein kleines Häuflein zusammen und konnte sich über Jahre hin auf keinen Abt mehr einigen. Herzogliche Administratoren hielten eine Zeitlang das Kloster mühselig am Leben.

In schwerer Kriegszeit gelang es tüchtigen Äbten im Laufe des 17. Jahrhunderts, die große Schuldenlast des Klosters abzutragen. Um 1710 konnte Abt Abundus II. schon ans Bauen denken: Er ließ den Maierhof des Klosters neu bauen und ersetzte das hölzerne Badhaus bei den Schwefelquellen in Höhenstadt durch einen massiven Steinbau. Der aus Schärding stammende Abt Stephan II. Maier wagte sich an den Neubau der Klosterkirche. Sie sollte die dreischiffige gotische Basilika ersetzen, die nach einem Brand 1622 erneuert und mit barocken Altären ausgestattet worden war. Sie ist auf dem Kupferstich von Michael Wening aus dem Jahr 1726 zu sehen.

Welch ein Glück für Fürstenzell, daß der Abt nach anfänglichen Fehlgriffen bei der Wahl der Baumeister den großen Johann Michael Fischer gewinnen konnte. Zwischen 1739 und 1748 entstand unter seiner Leitung das prächtige Gotteshaus. Hand in Hand arbeiteten als Ausstattungskünstler der Freskant Johann Jakob Zeiller aus Reutte in Tirol, der Münchner Hofbildhauer Johann Baptist Straub und der Stukkateur Johann Baptist Modler aus dem nahen Kößlarn. Über den Bau der Kirche führte ein Bruder des Klosters genauestens Buch: Das Fürstenzeller Baumanuale gilt als kulturgeschichtliche Rarität.

Ein prächtiger Festsaal Gottes

Maiers Nachfolger, Abt Otto II. Prasser, setzte den Ausbau und die Verschönerung des Klosters fort. Er erneuerte den Fürstenzeller Hof bei den österreichischen Weinbergen in Imbach bei Krems, ebenso den Pfarrhof in Beutelsbach, baute die Portenkirche neu und bereicherte das Kloster um den Festsaal und vor allem die Bibliothek, für die Joseph Deutschmann das kunstvolle Schrankwerk und den bildhauerischen Schmuck schuf.

In einer Zeit, in der die Klöster zunehmend von Staat und öffentlicher Meinung in Frage gestellt wurden, erlebte das Kloster Fürstenzell seine größte Blüte. Organisten und Komponisten unter den Patres pflegten anspruchsvolle Kirchenmusik. Einige Kompositionen zeugen vom hohen Rang dieses Musiklebens. 1775 wurde zum 500jährigen Jubiläum des Klosters ein lateinisches Singspiel aufgeführt. Das Kloster unterhielt vier Schulen: eine Trivialschule, eine Sängerknabenschule, eine Industrieschule und eine Feiertagschule.

Die Aufhebung des Klosters 1803 traf unverdient eine intakte geistliche und soziale Gemeinschaft. Sogar der kurfürstliche Kommissar konnte nicht umhin, in seinem Aufhebungsprotokoll diese Verhältnisse lobend hervorzuheben.

Die Klosterkirche wurde Pfarrkirche, die Portenkirche wurde in Stall und Scheune umgewandelt. Klostergebäude und Gründe erwarb eine Familie Wieninger. Ihr ist es zu verdanken, daß die herrliche Bibliothek nicht der Spitzhacke zum Opfer fiel. Die Betriebe der Wieninger in den ehemaligen Klosterwirtschaftsgebäuden, Brauerei und Käsefabrik, trugen auch zum Wachstum des Ortes Fürstenzell bei, der nun auch politische Gemeinde und Pfarrort geworden war.

1931 erwarb die Ordenskongregation der Gesellschaft Mariens – die Maristen – die Klostergebäude und füllt sie seither wieder mit klösterlichem Leben. Von großer Tragweite erwies sich die Gründung des Maristengymnasiums 1948. Es ist heute mit fast 1000 Schülern das größte Gymnasium des Landkreises Passau. Das Humanistische, Neusprachliche und Wirtschaftswissenschaftliche Gymnasium wurde durch seine Erfindergruppen bekannt,

Während die Klöster in der näheren Umgebung ihre Raumausstattung verloren, ist im Kloster Fürstenzell die Bibliothek mit ihrer Rokokoarchitektur und ihrem plastischen Schmuck erhalten geblieben. Die Bibliothek gilt als eines der gelungensten Werke von Joseph Deutschmann.

die schon oft im Fernsehen zu sehen waren. Seit einigen Jahren ist ein Flügel des Klosters zu einem Geistlichen Zentrum der Diözese Passau ausgebaut, das von einem Maristenpater geleitet wird.

Führung durch die Klosterkirche

Die Klosterkirche Fürstenzell gehört zu den besten Werken der bayerischen Kirchenarchitektur in der Übergangszeit vom Spätbarock zum frühen Rokoko. Der kurfürstliche Hofbaumeister Johann Michael Fischer errichtete sie gleichzeitig mit der St. Michaelskirche in Berg am Laim. Imposant wirkt die Fassade mit den beiden schlanken Türmen, die von harmonisch proportionierten, mehrfach eingeschnürten Hauben bekrönt sind.

Der Eintretende erlebt einen Raum von festlicher Weite. Der klare, eher schlichte Grundriß war Fischer mit dem von seinen Vorgängern Wolf und Götz begonnenen Bau vorgegeben. Bei der Fortführung des Baus brachte Fischer seine große Meisterschaft der Raumgestaltung zur Geltung. Schwingende Rundungen beherrschen das Bild: die großen Tonnen des Chor- und Langhausgewölbes, die Johann Jakob Zeiller mit gewaltigen Fresken gleichsam himmelwärts geöffnet hat; die Bogenarkaden der Kapellen zwischen den korinthischen Pilastern, über denen die Brüstungen der Seitenemporen sich in den Raum hinein runden, sowie auf der Rückseite des Kirchenraumes die große Orgelempore.

Von großer Meisterschaft ist die Stuckierung durch Johann Baptist Modler, der in Fürstenzell erstmals den Auftrag zur Stuckierung eines großen Kirchenraumes erhielt. Auch die Kanzel ist ein Werk Modlers. Der Hochaltar kommt aus der Werkstatt des Münchner Hofbildhauers Johann Baptist Straub, des Lehrmeisters der größten bayerischen Rokokobildhauer. Ein Höhepunkt bayerischer Bildhauerkunst ist sein über und über vergoldeter Tabernakel, der von zwei eleganten Anbetungsengeln bewacht wird. Die ihn bekrönenden Putten, die drei göttlichen Tugenden Glaube, Hoffnung und Liebe darstellend, lenken den Blick auf das große Altarbild Mariä Himmelfahrt von Zeiller. Das Thema der Himmelfahrt wird im plastischen Schmuck des Altarauszuges fortgesetzt: Die göttliche Dreifaltigkeit und ein Hofstaat von dienstbaren Putten erwarten die zum Himmel auffahrende Gottesmutter zur Krönung.

Durch das einfühlsame Zusammenwirken großer Ausstattungskünstler ist unter Fischers Leitung ein prächtiger Festsaal Gottes geschaffen worden.

Der Bibliothekssaal im ehemaligen Zisterzienserkloster

Fürstenzell darf sich glücklich preisen, daß im Kloster die Bibliothek mit ihrer Rokokoarchitektur und ihrem plastischen Schmuck erhalten geblieben ist. Alle Klöster in der näheren Umgebung haben ihre sicherlich einst ähnlich herrliche Raumausstattung verloren.

Die Fürstenzeller Bibliothek hat um 1765 an der Wende des Rokoko zum Klassizismus von Joseph Deutschmann geschaffen. Unter den zahlreichen Arbeiten des Künstlers in den umliegenden Klöstern und den zu ihnen gehörenden Pfarr- und Wallfahrtskirchen stellt die Fürstenzeller Bibliothek wohl das abgerundetste und gelungenste Werk dar. Abt Otto Prasser ließ für die Bibliothek eigens einen neuen Trakt errichten, der so angelegt ist, daß der Raum von vier Seiten durch große Fenster Licht erhält. Deutschmann hat die Architektur der Bibliothek zweigeschossig angelegt. Um den Saal zieht sich eine Galeriebrüstung, die scheinbar von zwölf ausdrucksstarken Atlanten getragen wird.

Zu den Emporen mit den Regalen des oberen Geschosses führen an den Schmalseiten des Saales Treppenaufgänge. Diese Architektur mit ihren Säulen, kunstvoll durchbrochenen Brüstungen, den schwellenden und sich auflösenden Dekorationselementen wird von einer Fülle von Vasen und allegorischen Figuren belebt, die in ihrer heiteren und bisweilen grotesk lustigen Pose dem Raum den Charakter tänzerischer Beschwingtheit geben. Köstlich sind die beiden Kämpferpaare über den Emporenaufgängen.

Bestimmend für den künstlerischen Eindruck des Raumes ist auch die Farbgebung. Die Vielfalt an zarten Tönen, unter denen Gelb, Braun und Rot vorherrschen, repräsentiert die duftige Farbgebung des Rokoko, während das mit Gold gehöhte Weiß der Balustradengitter und der allegorischen Figuren schon die Strenge des Klassizismus ahnen läßt.

Die Bibliothek erweist sich immer wieder als stimmungsvoller Rahmen für Konzerte und Lesungen.

Im Nordtrakt des Klosters über der ehemaligen Prälatur befindet sich der ehemalige Festsaal des Klosters, heute die Hauskapelle. Der hohe Raum ist bemerkenswert durch seine einheitliche klassizistische Architekturmalerei. Das Deckenfresko, ein spätes Werk von Bartolomeo Altomonte, ist noch echtes Rokoko, das eine Verherrlichung der bayerischen Heimat darstellt.

Die Schüler des Maristengymnasiums Fürstenzell, das den Beinamen „Erfindergymnasium" trägt, tun sich seit Jahren als Erfinder technischer Neuerungen hervor. Das Bild zeigt Schülerinnen, die bei einem Fernsehauftritt in der Sendung „Knoff-hoff" ihre Geräte vorstellen.

Kirchdorf am Inn und Julbach

Anke Radtke

Um 800 hat eine Familie ein Gottes-haus bei Mochundorf (Machendorf) errichten lassen und dem Passauer Bischof übereignet. Darauf könnte der Ortsname Kirchdorf zurückzuführen sein. Die reich ausgestattete spätgotische Pfarrkirche Mariä Himmelfahrt stammt aus der Zeit um 1500 und mußte nach Blitzschlag teilweise erneuert werden.

Vom 11. bis 13. Jahrhundert hatten die benachbarten Julbacher Grafen – durch Heirat Julbach-Schaunberger – eine Dop-pelfeste am Wintersteig errichtet, mit Öko-nomie, Gefängnis, Gasthaus, Badehaus und Schmiede im Tal. Julbach war auch noch unter den Wittelsbacher Herzögen und nach Brandschatzung der Burg im 16. Jahr-hundert Sitz des Pfleggerichts, bis es 1779 nach Simbach kam. In der spätgotischen Pfarrkirche St. Bartholomäus fällt neben

Ölgemälden der 14 Nothelfer ein sitzen-der Christus auf.

Ritzing und Seibersdorf waren vom 12. bis 16. Jahrhundert Hofmarken. Vom Rit-zinger Schloß haben sich zwei Gebäude erhalten, die in die sanierte beschauliche Ortsmitte integriert wurden, ebenso wie die Kapelle Johannes Nepomuk von 1786. In Stadleck an der Innterrasse (Hitzenau) steht die Wallfahrtskapelle „zu Ehren der Muttergottes von der immerwährenden Hilfe", von 1633 bis 1804 Einsiedelei, in Nachbarschaft des Jagdschlößchens Jäger-lust, einst im Besitz der Grafen von Baum-garten zu Ering.

Gefragte Wohnadressen

Kirchdorf und Julbach sind gefragte Wohnadressen. In den natürlichen Bade-seen Waldsee bei Kirchdorf und den Seen

bei Gstetten/Bergham kann man auch surfen. Der Sonderlandeplatz der Gemein-de Kirchdorf wird vom Fliegerclub betrie-ben. Grund- und Hauptschule, Sportanla-gen inklusive Tennis liegen zentral, wei-terführende Schulen im nahen Simbach. Handwerks- und einige Indiustriebetriebe sowohl in Julbach als auch im erweite-rungsfähigen Gewerbegebiet Atzing ge-hen im Kirchdorfer Bereich in die von Simbach über. Landschaftlich reizvoll ist die Nähe zu den Innauen. Nicht weit ist es zum Europareservat Unterer Inn bei Ering und den bewaldeten Rottaler Hügelketten mit ausgedehnten Wanderwegen.

Restgebäude des Schlosses Ritzing, die Kapelle Johannes Nepomuk, das Schützenhaus und ein prachtvoller Vierseithof umgeben die Dorfmitte.

Simbach – die Stadt an der Grenze

Anke Radtke

Sunninpah heißt die Ansiedlung, auf deren urkundliche Erwähnung von 927 die Simbacher ihre Gründung zurückführen. Es war wahrschheinlich zunächst kaum mehr als ein Landgut. Um 1180 kehrt die Ortsbezeichnung als Sunnenbach wieder. Ganz sicher standen die Anwesen nicht in den häufig überfluteten Auen, viel eher auf den Anhöhen der Innterrasse (heute Obersimbach). So könnte auch der Name zu erklären sein: als Sunnenbak – ohne den Buchstaben „c" –, was sonniger Hügelrücken bedeutet. Unterhalb floß die Sunnenbach, später Sumbach, schließlich Simbach. Name von Ort und Bach wurden eins.

Während im 13. Jahrhundert das auf einem Felssporn gelegene Braunau gegen die Böhmeneinfälle zur befestigten Stadt ausgebaut wurde, waren die bäuerlichen Lehensnehmer diesseits des Inns vor allem den Herren von Erneck und Julbach verpflichtet, denen auch die Gerichtspflege oblag. Sie hatten ihre Position durch imposante Burganlagen gesichert. Auf Erneck residierte der Pfleger der Halser Grafen und Herzöge, auf dem Wintersteig die Grafen von Julbach-Schaunberg.

Im Jahr 1382 kam das Dorf Simbach mit der Feste Julbach in den Besitz der Wittelsbacher Herzöge, die einen Pfleger mit Verwaltung und Gericht beauftragten. Um einen der gräflichen Kreuzfahrer und den Burgvogt rankt sich eine bittersüße Legende, an deren Ende die Gräfin mit ihrem Sohn das Land verläßt.

Übel mitgespielt wurde den Simbachern, als 1504/1505 im Verlauf des Niederbayerischen Erbfolgekriegs Braunau belagert wurde. Das Inntal wurde, wie später noch mehrmals, zum Truppenaufmarschgebiet, das Land verheert, Anwesen geplündert. Die stolzen Burgen Julbach und Erneck brannten bis auf die Grundmauern nieder. Gerichtsfälle des Julbacher Pflegers wurden danach in Braunau verhandelt, ohne daß die Zuständigkeiten verändert worden wären. Um im Zweifelsfall Parteilichkeit auszuschließen, wurde eine Schranne am Simbacher Innufer errichtet – später Sitz des königlichen Hauptzollamts. Hier wurde Recht gesprochen, sooft

Das Bild aus dem Jahr 1857 zeigt die Innbrücke bei Simbach und den Raddampfer *Vorwärts* am Ende des vortechnischen Zeitalters. Im September 1858 wurde die Personendampfschiffahrt auf dem Inn wegen Unrentabilität eingestellt.

jemand aus den Gerichten Julbach, Erneck oder Griesbach gegen einen Bürger
der Stadt Braunau um Erbe oder Eigen zu
klagen hatte.

Brücke stürzt ein – 300 ertranken

Die Innbrücke aus Holz ruhte früher auf
kräftigen Plankenständern, wie man sie
heute noch an der alten Salzachbrücke
zwischen Burghausen und Ach findet. Oft
genug war die Innbrücke durch Eisgang
oder Hochwasser gefährdet, mehrmals
brach sie, so unter der Wallfahrtsprozessi-
on von 1533. Über 300 Men-
schen ertranken. In die Annalen der Geschichte eingegangen ist auch das Hochwasser
vom 18. August 1598, als die
Fluten zu Braunau bis zum Esels-
brunnen stiegen. Auf Simbacher
Seite bildete sich eine Insel im
Bereich der späteren äußeren
Innstraße und des Mautgartens.
Der Inn wurde vorübergehend
zweiarmig, es mußte eine weitere Brücke, die „kleine Innbrücke", gebaut werden.

Wenige Jahrzehnte später,
während der Schrecken des
Dreißigjährigen Krieges mit der
nachfolgenden Pest, flüchteten
sich selbst begüterte Familien
aus Pfarrkirchen in das weiter
befestigte Braunau. Der altern-
de Kurfürst Maximilian suchte
vorübergehend Zuflucht in den
Mauern der Stadt, ehe er sich
nach Salzburg wandte. Die Bauern beiderseits des Inns aber,
die „unter Androhung des Gal-
gens im Falle der Widersetzung"
Mauern und Bollwerke aufgerichtet hatten, sahen sich der
Willkür des Feindes ausgeliefert.

Dennoch: Den Grauen des Krieges folgte der Wiederaufbau. Wenige Jahrzehnte
später konnten in Simbach neben den
Braustädln der Braunauer eine eigene
Brauerei, zwei Krämer, zehn Leinweber-
meister, neun Schneider, zwei Schuhmacher sowie weitere Handwerke bis hin
zum Schiffer, Fischer, Zuckerbäcker und
zu Zimmerleuten gezählt werden.

Die Bauern aber kamen nicht mehr zur
Ruhe. Im Zuge des Spanischen Erbfolge-
krieges 1705/1706 gelang es ihnen unter
Führung von Plinganser und Meindl, in
Braunau einzuziehen, für die Stadt ein

kurzes Zwischenspiel, für die Bauern der
Anfang vom Ende (s. S. 50). Eine Generation später, im Bayerisch-Österreichischen
Erbfolgekrieg, führte die Belagerung am
9. Mai 1743 zunächst zu einer Schlacht
vor der Innbrücke. Simbach und Antersdorf wurden fast völlig zerstört. Obwohl
die Braunauer sich gegen die Übermacht
der Österreicher tapfer wehrten, am 4. Juli
mußte die Stadt übergeben werden.

Es waren vor allem die Grafen von Tör-
ring, damals im Besitz der Simbacher Anwesen, die einen Neuanfang herbeiführ-

**Das Jugendstil-Rathaus mit dem ho-
hen Turm ist ein Wahrzeichen der
Stadt; rechts im Bild das Heimatmuseum, früher das Finanzamt.**

ten. Einzelne Höfe erstanden neu, die
Felder wurden wieder bewirtschaftet. Ein
Zunftverzeichnis von 1752 weist verschiedene Handwerke aus, wenn auch in kleiner Besetzung.

Der Inn wird zur Grenze

Wie nach dem Erlöschen der Landshuter Linie der Niederbayerische Erbfolgekrieg ausbrach, so folgte dem Tod Max III.

Josefs, mit dem die Münchner Linie der
Wittelsbacher ausstarb, 1778/79 der Krieg
zwischen Österreich und Preußen. Am
Ende mußte der Wiener Kaiser Joseph II.
zwar das bereits eingenommene Niederbayern räumen. Doch bescherte ihm der
Friedensschluß immerhin das Innviertel
mit den Städten Braunau und Schärding.
In der Begründung heißt es, daß „Österreich gegen Bayern natürliche Grenzen
brauche, markiert durch Flußläufe und
eine Festung (gemeint ist Braunau), die
zugleich der Schlüssel Bayerns sei und die
österreichische Monarchie vor
jeder Invasion schütze." Mit
dieser Grenzortfunktion begann
der Aufstieg Simbachs.

Simbach hat also nicht als
mittelalterlicher Markt Geschichte gemacht, Geschichte
ereignete sich rundum in Braunau und Tann, in Pfarrkirchen
und Rotthalmünster. Die Stunde Null schlug den Simbachern
im Jahr 1779. Erst 1827 wurde
Simbach selbständige Gemeinde, der die Lage an der Durch-
gangsstraße von München über
Altötting nach Passau und am
Grenzübergang zugute kam. So
mancher Reisende machte in
Simbach Station, weil das Bier
diesseits der Brücke günstiger
zu haben war als in Braunau.

Erst 1827 selbständige Gemeinde

Simbach wurde Sitz des Ge-
richts Julbach und des Rentamts (Finanzamt). Nachdem die
Zeit der napoleonischen Truppendurchzüge überstanden
war, konnte es nur noch auf-
wärtsgehen. Einfach war das nicht, denn
es fehlte der jungen Gemeinde an Einkünften. Kanalisation, Hochwasserverbau, öffentliche Gebäude – Simbach stand vor
großen Aufgaben.

Die benachbarten Erlacher bestanden
darauf, daß auch die Simbacher Kinder
ihre Schule besuchten, in der Hoffnung,
staatliche Zuschüsse für die Renovierung
zu erhalten. Für die Kinder zwischen sechs
und zwölf Jahren, für die Schulpflicht bestand, war das ein weiter Weg. Der Kirch-
berger Pfarrer wiederum wußte lange zu
verhindern, daß Simbach eine Kirche bekam, er fürchtete um seine Pfarrpfründe.

Zum Christkindlmarkt von Simbach kommen die Besucher wegen seiner besonderen Atmosphäre und der vielen Veranstaltungen von weit her. Es wird nicht nur verkauft, sondern gespielt und musiziert. Im Bild der Auftritt der Bayerbacher Rauhnachtshexen.

So konnten die Simbacher zunächst nur eine „Notkirche" errichten, die eher einer Baracke mit Türmchen glich.

Raddampfer und Orientexpreß

Das erste Simbacher Schulhaus beherbergte außerdem noch die Gemeindekanzlei, Armenhaus und Krankenpflege sowie die Lehrerwohnung. Aus Raummangel unterrichtete man in Schichten. Jahrzehnte vergingen, ehe Simbach ab 1866 über ein annehmbares, um nicht zu sagen schmuckes Gebäude für die Knabenschule verfügte. 1878 entstand die Knabenschule am Kirchplatz, während die Mädchen das Institut „Marienhöhe" der Maria-Ward-Schwestern besuchten.

Zwei weitere Ereignisse, die zu Zukunftshoffnungen berechtigten, fallen in das 19. Jahrhundert. Während die Wochen- und Jahresmärkte – den Simbachern an jedem Tag zugestanden, an dem die Braunauer Markt hielten – weder hinreichend Standler noch Käufer fanden, verfolgten die Simbacher um so aufmerksamer 1854 den ersten Raddampfer auf dem Inn. Er legte zunächst vor Braunau an. Das änderte sich, und ein Personenschiff der Bayerischen Inn- und Donau-Dampfschiffahrts-Gesellschaft wurde sogar auf den Namen *Simbach* getauft.

Schon bald stellte sich jedoch der Personenverkehr als unrentabel heraus. Die Raddampfer befuhren statt dessen russische und rumänische Gewässer. Der Gütertransport hielt sich länger, er scheiterte erst in den späten siebziger Jahren an der Konkurrenz der Eisenbahn. Simbach wurde Grenzbahnhof. Von 1883 bis 1897 fuhr der *Orientexpreß* von Paris über München-Simbach-Wien bis nach Istanbul. Später erwies sich die Strecke über Salzburg als günstiger. Bis heute fechten die Simbacher und Braunauer mit ihrer jeweiligen Regierung einen zähen Kampf um mehr Beachtung ihrer Trasse mitsamt Elektrifizierung, die in diesem Abschnitt immer noch aussteht.

Simbacher Pioniere

Einen technischen Brückenschlag in die Zukunft vollzogen Ende des 19. und bis weit ins 20. Jahrhundert Simbacher Pioniere des Industriezeitalters. Mit dem Basteln eines Motorrads, des ersten in Simbach, gemeinsam mit seinem Bruder Franz begann Ferdinand Aufschlägers Laufbahn. Man kann das Vehikel heute im Heimatmuseum besichtigen. Wegweisend war die Bohrung eines artesischen Brunnens des erst 16jährigen Schmiedegesellen. Ohne ein Studium zu absolvieren, konstruierte er das notwendige Bohrgerät, Grundlage seines Betriebs für Tiefbohrung und Brunnenbau, der sich zu einem in Europa führenden Spezialunternehmen entwickelte. Seiner Heimatgemeinde erwies Aufschläger einen großen Dienst, als er bei Hitzenau an der Innterrasse eine Quelle erschloß, die den Trinkwasserbedarf des Ortes für Jahrzehnte sicherte. Eine Nachfolgefirma des Unternehmens Aufschläger befaßt sich noch heute mit Spezialtiefbau und Brunnenbau.

Zwanzig Jahre, bevor die Überlandversorgung das Simbacher Inntal erreichte, nämlich 1894, nahm Josef Hellmannsberger eine Kraftanlage für Stromerzeugung in Betrieb. Sie wird als wahrscheinlich älteste in Bayern bezeichnet, die der öffentlichen Stromversorgung zugute kam. Den Anfang machte Hellmannsberger mit einer 25-PS-Zweizylinder-Dampfmaschine im Gebäude des heimatlichen Seilerhandwerks. Es dauerte seine Zeit, bis der 23jährige seine Mitbürger von den Vorteilen elektrischen Lichts überzeugt hatte. Dann aber konnte es gar nicht schnell genug gehen. 1896 nahm Hellmannsberger ein Wasserkraftwerk bei Kirchberg hinzu, bis 1900 hatte er ein leistungsfähiges E-Werk mit einer 80 PS starken Lanz-Lokomobile

Im Gastgarten des „Weißbräu Göttler" im Jahre 1908. Der gleichnamige Gasthof existiert noch heute, nicht jedoch die Weißbierbrauerei. Der Herr rechts, der den *Simplizissimus* liest, ist Hans Göttler, der Urgroßvater des Autors des Heimatbuch-Beitrags über Wilhelm Dieß.

fertiggestellt. Ab 1925 wurde ein moderner Deutz-Diesel mit 160 PS dem Bedarf gerecht. Das Unternehmen ist seither auf verschiedensten Gebieten der Elektrobranche tätig. Das 1900 errichtete Elektrizitätsgebäude ist nach 94 Jahren in den Besitz der Stadt übergegangen und wird nun „Bürgerhaus".

Brückenschlag in die Zukunft

Die letzte der charakteristischen, immer gefährdeten Holzbrücken über den Inn wurde 1880 errichtet. Große Namen fallen in Zusammenhang mit dem Grenzübergang Simbach-Braunau: 1782 reiste Papst Pius VI. auf Einladung des bayerischen Kurfürsten Theodor von Wien nach München, die Glocken bis nach Erlach und Kirchberg läuteten zu Ehren des Heiligen Vaters. Die bayerische Prinzessin Karolina Augusta, 1816 zur Vermählung

mit Kaiser Franz I. unterwegs, wurde in Simbach vom österreichischen Gesandten empfangen. 1826 nahm König Ludwig I. den Weg über die Brücke. Prinz Otto von Bayern warb 1832 als König von Griechenland Freiwillige an, und so mancher junge Mann folgte ihm allein um der feschen Uniform willen.

Auch Adolf Hitler fuhr, nachdem seine Truppen 1938 in Braunau eingezogen waren, über die Brücke. Ein weitaus freundlicherer Anlaß ergab sich in der Neujahrsnacht 1994/95, als Österreich Mitglied der Europäischen Union wurde und die Bürgermeister Gerhard Skiba aus Braunau und Richard Findl aus Simbach mit einem Glas Sekt auf die enge Zusammenarbeit in der gemeinsamen Zukunft anstießen.

1894 ist die Holzbrücke zunächst durch eine eiserne Fachwerkkonstruktion mit mehreren Bogen und einem gewaltigen

Portal auf Simbacher Seite ersetzt worden. Die Brücke hielt, bis die Deutsche Wehrmacht sie 1945 vor dem Einzug der Amerikaner in die Luft sprengte. Das Portal wurde abgetragen, eine nüchtern konzipierte Brücke führt seither über den Inn.

Ein weiteres Unternehmen hat zum wirtschaftlichen Aufschwung Simbachs ab 1927 beigetragen und zählt heute zu den bedeutendsten am Ort: die Deutsche Heraklith Aktiengesellschaft, die umweltfreundliche Leichtbauelemente herstellt (s. Abbildung S. 108). Neben den bewährten Platten aus Holzwolle und Magnesit experimentiert der Betrieb neuerdings mit Schafwolle und Flachs als natürliches und nachwachsendes Dämmaterial und schuf dadurch 50 neue zukunftsträchtige Arbeitsplätze.

Über umweltfreundliche Energie in großem Maßstab wird seit 1994 zwischen Simbach und Braunau diskutiert. Immerhin repräsentiert man gemeinsam 28 000 Einwohner – 18 000 auf Braunauer und 10 000 auf Simbacher Seite. Es geht um „Thermie", Fernwärme aus unterirdischen

Heißwasserquellen. In den Kurbädern Füssing, Griesbach und Birnbach dient das heilkräftige Wasser der Gesundung. Um im Preis mit Erdöl und Erdgas konkurrieren zu können, müßte trotz 40 Prozent Erschließungszuschuß aus EU-Topf der gewerbliche Abnehmerkreis für die Fernwärme größer als derzeit sein. Noch stehen in Simbach und im benachbarten Kirchdorf Gewerbeflächen zur Verfügung. Auf längere Sicht werden dem Projekt „Thermie" in Kooperation mit Österreich gute Chancen eingeräumt – noch bessere, sollte eines Tages die CO_2-Steuer kommen.

Einmal erschlossen, könnten die heißen Quellen auch der Naturheilkunde- und Rheumaabteilung des umgebauten Kreiskrankenhauses zugute kommen. Neben der Kardiologie wurde in Simbach als vom

neuesten geriatrischen Erkenntnissen ausgerichtet wird. 1995 wurde die Inn-Akademie für Physiotherapie gegründet.

Auf Initiative zahlreicher Eltern wurde in Simbach eine weitere Montessori-Grundschule eingeführt.

Schulzentrum Simbach

So unterrichten nun Haupt- und Realschule, Sonderschule sowie die von den Maria-Ward-Schwestern geleitete Hauswirtschaftsschule mit Internat. Das Tassilo-Gymnasium mit mathematisch-naturwissenschaftlichem und neusprachlichem Zweig wurde durch die Leistungen der Schüler in Chor, Orchester und Theaterspiel samt Musical weithin bekannt.

Lange dauerte es, bis man Simbach 1952 die Stadtrechte verlieh. Mit der Gebietsre-

Im Turm des 1907 vollendeten und 1989 restaurierten Jugendstil-Rathauses wurden lange die musealen Schätze zur Ortsgeschichte aufgehoben. Das nunmehr ungenutzte Finanzamtsgebäude bot sich als Heimatmuseum an. Der aktive Kreis eines Fördervereins, zwölf Frauen und Männer vom Pädagogen bis zum Handwerker, entstaubte, klassifizierte, was der Turm hergab, und schaffte weitere Schätze herbei. Private Sammlungen wurden gesichtet. Mit Unterstützung der Abteilung Nichtstaatlicher Museen am Bayerischen Nationalmuseum wurde das Material anschaulich präsentiert – von der Innschiffahrt über Frauentracht und Kinderspielzeug bis zu sakralen Kostbarkeiten. Ein Raum ist wechselnden Ausstellungen vorbehalten. Zur Sonderschau des Simbacher Buchhändlers Toni Pfeiler „3000 Jahre Buchkunst im Faksimile" kamen die Besucher aus Wien, Zürich und Hamburg. Im Zeichen der EU wurde Pfeilers Ausstellung des Perikopen-Buchs Kaiser Heinrichs II. (Teile der Evangelien) in der Braunauer Bürgerspitalkirche gezeigt.

Im Zeichen von EU und Euregio

Als grenzüberschreitendes Mittelzentrum arbeiten Simbach und Braunau an der gemeinsamen Zukunft. Es gibt die Simbach-Braunauer Musikfreunde, enge Kontakte der Kulturinitiativen und überhaupt gutnachbarliche Beziehungen wie eh und je. Gewisse Probleme bereitet das Lohn- und Steuergefälle. Arbeitskreise der Inn-Salzach-Euregio auf bayerischer und der Inn-Euregio auf österreichischer Seite befassen sich mit Thermalbohrung, dem Autobahnanschluß, Schul-, Sozial- und Gesundheitswesen, Naturschutz und Landwirtschaft sowie Projekten technischer und wirtschaftlicher Zusammenarbeit. Der Simbacher Rathausbrunnen weist in einem Spruchband auf die engen Kontakte zu Braunau wie auch zur englischen Partnerstadt Skipton hin. Das Jugendferiendorf Simbach bietet Gelegenheiten zu Sport, Spiel und Freilichtaufführungen und fördert den Austausch mit Jugendgruppen aus dem In- und Ausland.

Mehrmals die Grenze überschreitet der Bayerisch-Oberösterreichische Radwanderweg zwischen Simbach und Passau, der als Naturerlebnisweg apostrophiert ist. Er berührt das Europareservat „Unterer Inn". Entsprechendes Kartenmaterial ist im Buchhandel erhältlich.

Der Schlagbaum an der Grenze ist noch nicht gefallen – Foto vom Juni 1995. Von EU und Euregio erhofft man auf beiden Seiten eine engere Zusammenarbeit auf vielen Gebieten. Schon jetzt herrscht reger Besucherverkehr.

Freistaat Bayern initiiertes und erstes deutsches Modell eine Fachabteilung für Naturheilkunde im Rahmen der Ganzheitsmedizin eingerichtet.

Modell für Psyche und Körper

1994 öffnete außerdem die privat geleitete Inntal-Klinik Dr. Rother ihre Pforten: Als zweite Fachklinik in Europa befaßt sie sich mit Rehabilitation unter psychosomatischen und ganzheitsmedizinischen Gesichtspunkten.

Ebenfalls seit 1994 besteht die Privatklinik Dr. Kaiser, in der die Altenpflege nach

form 1972 verlor Simbach seine überörtlichen Behörden Amtsgericht und Finanzamt zugunsten von Eggenfelden. Es mußte Initiativen entfalten. Stadtverwaltung und Stadtrat kümmern sich seit 1984 mit besonderem Engagement ums Stadtbild. Das Ergebnis fällt jedem Besucher ins Auge. Die zur Allee ausgebaute äußere Innstraße zeigt gepflegte Fassaden, den in Grün eingefaßten Parkplatz in der Stadtmitte ziert ein nostalgischer Zeitungskiosk und das Galerie-Café gleich nebenan. Alljährlich besuchen Zehntausende den wunderschönen Christkindlmarkt.

Braunau – zwischen Gotik und Moderne

Anke Radtke

In der Gründungsurkunde des Augustiner-Chorherrenstifts Ranshofen von 1125 wird eine Ansiedlung „Prounaw" erwähnt, und wir kennen weitere Hinweise auf Braunau aus dieser Zeit. Die Schreibschule der Augustiner brachte einige berühmt gewordene Handschriften hervor wie das reich illustrierte Evangeliar, das heute in Oxford verwahrt wird. Chorherr Wernher der Gärtner verfaßte das erste deutschsprachige Versepos *Meier Helmbrecht*. Unterdessen gediehen in Braunau Handwerk und Gewerbe.

Nach 1213 wurde das Stift häufig überfallen. Unter den Edlen, die sich gegen räuberische Überfälle zusammenschlossen, war Heinrich von Rohr. Bei einer neuerlichen Bedrohung Bayerns durch Ottokar, den Böhmenkönig, ließ Herzog Heinrich auf Anraten seines in Braunau residierenden Freundes Heinrich von Rohr den Markt binnen kürzester Frist durch hölzerne Schirmwände und darüber errichtete Bollwerke befestigen. Spätestens zu diesem Zeitpunkt, also um 1260, erhielt Braunau

das Stadtrecht. Um zügigen Truppennachschub zu gewährleisten, wurde außerdem eine Brücke über den Inn geschlagen. Erstmals waren Braunau und Simbach direkt verbunden. Nach dem Großfeuer von 1380 errichteten die Bürger ihre Stadt aus Stein und Ziegeln und befestigten sie durch Mauerbering, Wall und Graben. Das schöne gotische Braunau entstand. Zum Wohlstand trug das Stapelrecht bei: Fahrende Händler mußten den Bürgern ihre Ware zu einem bezahlbaren Preis anbieten.

Die gotischen Spitzgiebel

Wer durch Braunau schlendert, begegnet mit jedem Schritt Spuren einer über 700jährigen Stadtgeschichte. Die Altstadt hat sich trotz einiger Brände größtenteils erhalten. Vor allem im unteren Bereich des Stadtplatzes stehen noch die typischen Spitzgiebelhäuser der Gotik.

Wer sie betritt, findet noch die engen, verwinkelten Stiegenaufgänge. Der mittlere Stadtplatz hat am meisten unter dem Feuer von 1874 gelitten, fügt sich aber

harmonisch in das Gesamtbild ein. Die Fassaden am oberen Stadtplatz mit den gerahmten Fenstern erinnern an die reichen Tuchmacher und Leinenweber: Breite Treppenhäuser, Stuckdecken in den Zimmern und überdachte Loggien zum Hof konnte sich nicht jede Zunft leisten.

Das 1902/03 erbaute Rathaus bezog die Mauern der einstigen fünfstöckigen Schranne und des Nachbarhauses mit ein. Es wurde repräsentativ mit Türmchen, Balkonerker und Uhrwerk versehen. Schräg gegenüber steht der Fischerbrunnen, der als einziger von drei öffentlichen Brunnen die Zeiten überdauerte. Wo heute Automobile parken, reihten sich früher Fuhrwerke und Kutschen aneinander.

Noch aus der Gründerzeit um 1380 stammt der Stadtturm. Außerdem führten einstmals fünf Tore in die befestigte Stadt. Von ihnen ist nur der 1520 errichtete

Die typischen Spitzgiebelhäuser der Gotik beherrschen den unteren Stadtplatz von Braunau.

Zeitgenössischer Kupferstich, der das während des niederbayerischen Volksaufstands von 1705 gebildete „Braunauer Parlament" verhöhnte, weil hier zum erstenmal in Bayern Bauern mitbestimmten (s.a. S. 50).

Stadttorturm geblieben. Die beiden äußeren Tore wurden beim Schleifen der Festung 1808 abgetragen, das Linzer Tor fiel dem großen Brand von 1874 zum Opfer, das Inntor wurde 1892 beim Bau der Fachwerkbrücke entfernt.

Anheimelnd wirken die Seitengassen – auch hier noch viel Gotik –, überall beschauliche Winkel. Im Westen haben sich Stadtmauer und Wallanlagen erhalten. Es gibt zahlreiche Kirchen, alle sehenswert in ihrer baulichen Substanz. Die Stadtpfarrkirche St. Stephan von 1466 gilt neben dem Wiener Stephansdom als bedeutendster spätgotischer Kirchenbau Österreichs. Der Spitzhelm des 96 Meter hohen Turms wurde nach dem Brand von 1752 durch ein siebtes Geschoß mit Kuppel ersetzt.

An der nördlichen Außenmauer von St. Stephan befindet sich der Epitaph des Hanns Staininger, des 1567 verstorbenen Stadthauptmanns und Ratsherren mit seinem dreieinhalb Ellen langen Bart. „Ausgerollt" reichte er ihm bis auf die Schuhe. Doch trug der Hauptmann ihn stets eingerollt in einem Lederbeutel um den Hals. Er

erhielt ein eigenes Wappen und wurde in den erblichen Adelsstand erhoben. Im Bezirksmuseum ist die ungewöhnliche Zierde der Nachwelt erhalten worden. Das in der Herzogsburg untergebrachte Museum beherbergt im übrigen Werke großer Braunauer und Innviertler Künstler. In einem Stockwerk sind Zunftwesen und Stadtgeschichte dokumentiert. Das Heimatmuseum im Glockengießerhaus zeigt eine original erhaltene Gießerei.

1779: Braunau fällt an Österreich

Im ehemaligen Wurzgarten des Heilig-Geist-Spitals (jetzt Park) steht das Denkmal des Nürnberger Buchhändlers Johann Philipp Palm, der 1806 unter Napoleon wegen einer angeblichen Schmähschrift „Deutschland in seiner tiefen Erniedrigung" vor den Toren der Festung Braunau erschossen wurde. Ohne Denkmal geblieben, doch unvergessen ist der Schiffmei-

ster Michael Fink: Seine soziale Einstellung wirkte im beginnenden 19. Jahrhundert beispielgebend. Außerdem sollen seine Ideen zum Sieg der Kaiserlichen über Napoleon in der Schlacht von Aspern beigetragen haben.

In architektonischer Hinsicht scheint in Braunau die Zeit stehengeblieben zu sein, doch verbergen sich moderne Geschäfte hinter den alten Fassaden. Die jahrhundertelang mit Privilegien geförderte Stadt erlitt 1779 einen herben Rückschlag. Damals kam das Innviertel von Bayern zu Österreich. Die Behörden wurden in das zentraler gelegene Ried verlegt. Braunau verlor die Gerichtsschranne und seine Einnahmen aus Brücken- und Flußmaut. Bieraufschlag, Tabaksteuer und Salzmonopol fielen an den Staat. Etwas wehmütig heißt es im Stadtführer: „Am 15. Mai 1779 erfolgte die Huldigung der Stände, und gleichzeitig zogen die bayerischen Beamten aus Braunau ab, wobei sie nicht verga-ßen, die volle Stadtkasse mitzunehmen."

1811 unter Graf Montgelas – Braunau war 1810-1816 nochmals bayerisch – wurden als Folge der Säkularisation Kirchen und Klöster weltlichen Zwecken zugeführt, wertvolle Einrichtungen zugunsten der Staatskasse versteigert. Die Ranshofener Klosterbibliothek kam zu einem erheblichen Teil nach München, ein Teil der Bestände ging verloren. Aufwendig restauriert wurde inzwischen die barocke Stiftskirche. Einen gewissen Aufschwung brachte die Eisenbahn, später die Industrie, für Braunau-Ranshofen insbesondere das Aluminiumwerk. Die Grenzstadt hat heute fast 18 000 Einwohner.

Das Image der Hitler-Geburtsstadt

Braunau wurde vor allem Schulzentrum. Neben Hauptschulen, Real- und Bundesgymnasium gibt es Berufsschulen inklusive Handelsschule, Handelsakademie, einen polytechnischen Lehrgang, die Höhere Technische Lehranstalt mit Studienrichtung Elektronik und Informatik, eine Fachschule für wirtschaftliche Frauenberufe und die Landesmusikschule. Das Krankenhaus St. Josef mit praktisch allen Abteilungen ist eines der am besten ausgestatteten Österreichs. Ihm angegliedert ist eine Krankenpflegeschule. In einem Tagesheim werden Behinderte gefördert.

In Braunau wurde Adolf Hitler geboren, der hier auch die frühe Kindheit verbrachte. Mit einem Mahnstein am Stadtplatz weisen die Braunauer darauf hin, daß sie nie mehr Faschismus wollen. Eines Tages haben sie beschlossen, Bürger aus anderen „imagebelasteten" Gemeinden einzuladen, um herauszufinden, wie diese mit dem Negativbild umgehen. Braunaus Bürgermeister Gerhard Skiba blickt nach vorne. Ihm liegt die Hilfe bei aktuellen Notsituationen in der Welt am Herzen. Als junge Leute in Nicaragua Entwicklungshilfe leisteten und das Stadtoberhaupt auf Bewässerungsprojekte ansprachen, entschloß sich Skiba zu dauerhafter Hilfe und initiierte eine Städtefreundschaft mit dem nicaraguanischen Boca de Sabalos.

Ausblick in die Zukunft

Aus der früheren Kapuzinerkirche ging das Stadttheater hervor. Aufführungen finden hier oder im Arbeiterkammersaal statt. Im ehemaligen Fabrikgebäude der Gießerei Gugg richtete sich eine Kulturinitiative

ein, die den Namen Gugg für sich übernahm. In ihrem Theater in der Palmstraße gibt sich alternative Kunst ein Stelldichein, wenn man sie denn so nennen will: Comedy aus Ost und West, auch als Eigeninszenierung, Theater von Kindern für Kinder, Literatur und „der besondere Film". Besucher kommen auch aus Simbach, Tann, Wittibreut und Bad Birnbach.

Obwohl die Simbacher selbst ein modernes Sportzentrum haben, besuchen sie gern das Braunauer Freizeitzentrum mit mehreren Badebecken, großzügigem Hallenbad, Fitneßcenter, Sauna und Solarium. Sportlich ist Braunau rundum versorgt bis hin zur Tennis- und Reithalle, Camping- und Erholungsanlagen. Kummer bereitet die Entwicklung im Industriegebiet Ranshofen. Als die Elektrolyse des Aluminiumwerks aus Umweltschutzgründen geschlossen werden mußte, gingen rund 1000 Arbeitsplätze verloren. Gegen die jetzt geplante Sondermüllverbrennungsanlage wehren die Braunauer sich entschieden. Nur zwei Prozent des Sondermülls kämen aus der Region. Die übrigen 98 Prozent müßten mit Waggons, vor allem aber mit Lkws von weit her herangeführt werden.

Im Protest gegen die Verbrennungsanlage sind sich Braunauer und bayerische Inntaler einig. Industrie oder alternative Projekte, die Arbeitsplätze schaffen, erhofft man von der angestrebten Kooperation innerhalb der Euregio von Passau und Schärding bis Burghausen und Mühldorf.

Straßencafé am oberen Stadtplatz von Braunau mit Fischerbrunnen und Stadttorturm im Hintergrund – eine attraktive Szenerie, die zum grenzüberschreitenden Besuch in der Stadt der gotischen Fassaden einlädt.

Schärding – Daten zur Geschichte

Franz Engl

Das seit 1779 österreichische Schärding, bei dem die Rott in den Inn mündet, spielte zuvor als bayerische landesfürstliche Stadt mit seinem beiderseits des Inn weit ausgreifenden Land- und Pfleggericht verwaltungspolitisch, wirtschaftlich und besonders militärisch in der Geschichte des Rott- und des Vilstales eine bedeutende Rolle.

Die Natur warf der Stadt zwei große Lose hin: die Schutzlage auf einem Granitsporn und der Hochterrasse zwischen Inn und Pram sowie die günstige geographische Lage, ausgezeichnet durch das Flußkreuz von Rott, Inn und Pram, dem seit frühge-

Traunstein und Erding.
Vilshofen und Schärding,
im Bayernland der Orte vier,
wo man trinkt das beste Bier.

Diese Wohlhabenheit zeigte sich in den breit gelagerten Rottaler Vierseithöfen, den künstlerisch ausgestalteten Bürgerhäusern der Silberzeile Schärdings und in den Märkten und Städten, hier vor allem der reichen Kaufleute, die Salz-, Erz-, Getreide-, Rinder- und Weinhandel betrieben. Auch die großzügigen Kirchenbauten und sozialen Stiftungen geben davon Zeugnis.

Einerseits dienten die Burgen und Brükken als allgemeiner Schutz für Handel und

1428–1436 baute Herzog Ludwig der Gebartete Schärding zur Festung aus. 1604 verstärkte sie Herzog Maximilian I. wegen der gestiegenen Feuerkraft der Artillerie. Der „blaue" Kurfürst Max Emanuel (1679–1726) erweiterte die Fortifikationen im Zusammenhang mit der Aktualität der Spanischen Erbfolge. Er erklärte die Innbrücke bei Schärding zum Hauptübergang nach Österreich und befahl, die Stadt mit allen Mitteln zu verteidigen.

Am 2. März 1703 überschritten die österreichischen Truppen die alte bayerische Grenze bei Riedau und Zell an der Pram, besetzten das ganze heutige österreichische Innviertel und belagerten Schärding. Im Gegenzug rückte der Kurfürst von Braunau her an, überquerte in der Nacht vom 10. zum 11. März die Innbrücke und warf die österreichischen Truppen unter hohen Verlusten zurück. Damit begann ein tragisches, wechselseitiges Kriegsspiel mit Angriff und Gegenangriff, in der der jeweilige Besetzer das feindliche Land rücksichtslos ausplünderte.

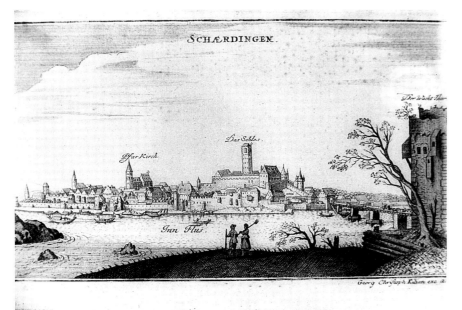

Das Innviertel kommt 1779 zu Österreich

Auch im Österreichischen Erbfolgekrieg von 1741–1745 drehte sich das Angriffskarussell im Rott- und unteren Inntal, und als mit dem Tod des Kurfürsten Max Joseph III. die männliche altbayerische Wittelsbachische Linie in München erlosch, war es Kaiser Joseph II., der Teile bayerischen Gebiets beanspruchte. Dagegen wandten sich aber Preußen und Frankreich, die keinerlei Machterweiterung Österreichs duldeten. Als diplomatische Verhandlungen zwischen Wien und Berlin scheiterten, überschritten massive preußische Truppenverbände am 5. Juli 1778 die böhmische Grenze gegen Österreich. Kaiser Joseph II. stellte ihnen 250 000 Mann gegenüber. Es kam zu keiner größeren Schlacht, und es wurde der Spottname Kartoffelkrieg geprägt.

Im Frieden von Teschen vom 13. Mai 1779 heißt es: „… überläßt der Herr Kurfürst zu Pfalz der Kaiserin Königin Majestät (Maria Theresia) den ganzen Anteil Bayerns, welcher zwischen der Donau, dem Inn und der Salza liegt, und einen Teil der burghausischen Regierung ausmacht."

schichtlicher Zeit Straßen folgen, die die Innbrücke zu bedeutenden Fern- und Nahverkehrswegen bündelte.

Diese herausgehobene geographische Lage gab den mittelalterlichen Baumeistern die Möglichkeit, ein Stadtbild von Rhythmus und Eigenart im Typus der Inn-Salzach-Städte zu schaffen.

Neben dem Handel trugen entscheidend Handwerk und Gewerbe, das in einem weitverzweigten Zunftswesen organisiert war, zum Wohlstand der Stadt und der Dörfer sowie der Märkte im Gebiet des alten Rottgaues bei, der auch über den Inn reichte. Besonders wichtig die Tuchmacher (Stadtwappen: „Tuchschere und Rautenschild") und Brauer. Deshalb der alte Spruch:

Verteidigung, andererseits bewußt als Ausfall- und Angriffsstützpunkte gegen Österreich zur Rückeroberung der ehemaligen baierischen Markgrafschaft, die Kaiser Friedrich I. 1156 zum eigenen Herzogtum erhoben hatte.

Schärding war heißumkämpft

Daraus entwickelten sich im Laufe der Jahrhunderte heftige Erbschaftskriege zwischen den Wittelsbachern, die nach Osten drängten, und den Habsburgern, die nach Westen an den Inn und nach Bayern vorzudringen trachteten. In diesen Kriegen, die bis 1813 andauerten, wurde immer wieder auch der niederbayerische Raum des Rott-, Vils-, Inn- und Pramtales schwer verwüstet.

Spaziergang durch Schärding

Eduard Wiesner

Mit Wehrmauern, Wassertor, Salzspeichern und Kirchtürmen zeigt sich Schärding dem Besucher, der sich von bayerischer Seite dem Innstädtchen nähert. Zwei Brücken führen jetzt über die manchmal grünen, oft aber bräunlichen Fluten des Inns: flußabwärts der moderne Übergang von 1973, rechter Hand die ungleich schönere alte Innbrücke mit ihren elf mächtigen Granitpfeilern aus dem Jahre 1310. Etwas oberhalb der Brücke mündet die Rott in den Inn – sie ist beliebter Naturbadeplatz der Innstädter.

Noch vor wenigen Jahrzehnten sicherte auf österreichischer Seite ein Tor die Innbrücke – es wurde 1938 abgetragen. Seit der österreichischen EU-Mitgliedschaft hemmt auch kein Grenzbalken mehr den Übertritt. Grenze im Sinne des Trennenden war die Brücke für die Schärdinger

und Neuhauser, deren Ort in den Jahren der Innregulierung 1963/64 neu erstand, sowieso nie. Eng waren die Beziehungen – Freundschaften, Verwandtschaften, Gasthäuser und Schulen knüpften sie immer aufs neue. Da war lediglich das prüfende Begehren der Zollwachbeamten, hüben nach Rum und Wein, drüben nach günstigem DM-Einkauf.

Innbrücke mit elf Granitpfeilern

Auf die Brücke blicken die Terrassen des Schloßberges nieder. Seine Mauer trägt heute das bronzene Kriegermahnmal, ausdrucksstark die Schrecken des Krieges in der Gestalt eines der apokalyptischen Reiter aus der Geheimen Offenbarung des Apostels Johannes darstellend. Auf dem aufgedunsenen Leib des geschundenen Kriegspferdes sitzt in häßlicher Gestalt der

Krieg selbst, auf dem Schädel den Atompilz, in den Händen Bündel von zündenden Granatblitzen, die er zur Erde schleudert. Links der Brücke führt ein kleines Tor hinunter zur Innlände. In der Blüte der Innschiffahrt haben hier die schweren Pferde die Schiffe gegenwärts gezogen. Der Treidelpfad lag in dieser Zeit viel tiefer, beim Kraftwerksbau in Passau-Ingling wurde der Weg aufgeschüttet, so ist auch die alte Stadtmauer nur mehr ein Schatten ihrer einstigen Höhe und Stärke.

Jenseits des nächsten breiteren Tores kommen wir zum Kurhotel Gugerbauer

Schärding aus der Luft: im Vordergrund die Innlände mit dem mächtigen Wassertor und dem großen Salzstadel, links die Stadtpfarrkirche St. Georg, rechts davon die Silberzeile.

und zur Kneippkuranstalt. Diese steht beherrschend auf einem kleinen Hügel, dem ehemaligen „Eichbüchl", von dem die Siedlung zu seinen Füßen noch heute ihren Namen hat. Mitte des 17. Jahrhunderts war hier ein Kapuzinerkloster mit Kirche entstanden, das Kaiser Joseph II. 1784 aufhob. 1928 wurde der bislang profan genutzte Bau vom Konvent der Barmherzigen Brüder angekauft und in der Folge zu einer Kneippkuranstalt umgestaltet. In der Kirche hängt ein bemerkenswertes Bild mit der hl. Familie und der hl. Anna, denen ein kniender Engel einen Schutzbrief für Schärding überreicht. Von der Stadt sind die ausgebrannte Burg, das Brückentor, ein Teil der Kirche und das Eichbüchl mit Sebastianskirche, Kapuzinerkloster und Stadtmauer am unteren Bildrand sichtbar. Eine alte Ansicht der Stadt zeigt auch das große Ölgemälde im Kurcafé.

Giebelhäuser der Silberzeile

Die Innbruckstraße führt uns bergan, der stark gekappte Rundturm links und weiter vorn der Rest eines Turmes im Gastgarten sind Überbleibsel des einstigen doppelten Eichbüchltores. Die Brücke vor dem Eichbüchltor überspannte früher den Stadtgraben, der hier in den äußeren Burggraben mündete. Rechts oberhalb überragt die Kirche am Stein die Hintere Stadt, typische Häuser des Handwerks und des Kleingewerbes. Die eigenwillig geführte Innbruckstraße bringt uns dem Oberen Stadtplatz zu. Dort stoßen wir auf einen seltsamen Block von vier Häusern, den sogenannten „Kretzl". Im Hintergrund leuchten uns kulissenartig und frontal die Giebelhäuser der Silberzeile entgegen. Auffallend sind am Oberen Stadtplatz die markanten Eckhäuser, so jene am Eingang zur Innbruckstraße, zur Michael-Denis-Gasse und zur Schloßgasse sowie gegen den Unteren Stadtplatz zu.

Schmal und steil strebt der viergeschossige Torturm mit dem Pyramidendach des inneren Linzer Tores empor. Der ehemalige Obere Stadtturm schließt den Platz im Osten eindrucksvoll und zwischen den Häusern eingekeilt ab. Die ungewöhnlich hohe Durchfahrt entläßt uns in einen kleinen Hof mit hölzernem Wehrgang. Hier spüren wir deutlich, daß das Linzer Tor ein Doppeltor ist. Der äußere Teil ist breit gelagert – zwei mächtige Rundtürme mit Kegeldach sind durch einen Querbau verbunden. Das Linzer Tor vermittelt heute

Durch seine geographisch günstige Lage an Rott, Inn und Pram konnten sich Handel, Handwerk und Gewerbe in Schärding gut entwickeln. Die frühe Wohlhabenheit der Stadt zeigt sich noch heute in den künstlerisch ausgestatteten Bürgerhäusern der Silberzeile.

noch einen tiefen Eindruck seiner früheren Wehrhaftigkeit und der mittelalterlichen Städtebaukunst, obwohl es durch Aufschüttung des Grabens mehr als zwei Stockwerke verlor.

Österreichische Gastlichkeit

Einst war es nur durch eine hohe Brücke erreichbar – das wird uns bewußt, wenn wir von der kleinen, dem Turnvater Ludwig Jahn gewidmeten Grünanlage einen Blick in den Graben werfen. In die entgegengesetzte Richtung führt der Seilergraben hinunter zum Passauer Tor. Wie wehrhaft muß die Stadtmauer einst gewesen sein, als sie noch höher und mit Zinnen besetzt war?

Wenn sich beim Schlendern ein intensiver Malzgeruch in die Nase drängt und Durst und Hunger weckt, dann mag uns dies an die Zeit erinnern, da es in Schärding 14 Brauereien gab. Zwei halten die Schärdinger Braukunst bis heute aufrecht. Die Schiffsleut' hatten neben gehörigem Durst auch einen gesunden Appetit. Die weithin gerühmte gastliche Tradition der Stadt hat hier ihre Wurzeln. Eine Prise Nostalgie, den Komfort von heute und dazu österreichische Gastlichkeit – auf dieses bewährte Hausrezept verstehen sich die Schärdinger Wirte bis heute.

Der 1890 errichtete Schulsteg überquert den Seilergraben und verbindet den alten Friedhof mit der ehemaligen Schanzanlage der mächtigen fünfeckigen Bastei des 17. und 18. Jahrhunderts. Vor uns erhebt sich die Pfarrkirche St. Georg, die Mitte des 15. Jahrhunderts errichtet wurde. Die Torhalle im Turmportal mit dem frühgotischen Rippengewölbe weist uns in die Zeit des ersten Kirchenbaues von 1307. Ein vorzüglich gearbeiteter Gedenkstein erinnert an Herzog Ludwig den Gebarteten, der 1428 bis 1436 die wehrhaften Tore und Mauern der Stadt und des Schlosses aufmauern ließ. Nach den schweren Schäden des Spanischen Erbfolgekrieges 1703 wurde die Kirche in reifem Barock wiederaufgebaut. Ein bayerisches Wappen über dem Triumphbogen erinnert an eine durchgreifende Renovierung nach dem Brand 1809 bei der französischen Beschießung. Den Altar, 1677 von Kaiser Leopold I. für das Karmeliter-Kloster in Regensburg in Auftrag gegeben, schenkte der bayerische König 1814 Schärding als Ersatz für den verbrannten Hochaltar.

Die Kirchengasse führt hinab zur Georg-Wieninger-Straße und dem Passauer Tor, früher Allerheiligen-Tor. An ihrer Einmündung erhob sich die 1498 vollendete Heilig-Geist- oder Spitalskirche. Die spätgotische Kirche brannte 1809 völlig aus und wurde in der allgemeinen Not der Stadt nicht mehr gerettet. An den früheren Kirchenbau erinnert nur mehr ein Meisterwerk gotischer Steinbildhauer-Arbeit: das Relief im Bogenfeld des Portals. Die Wieningerstraße, früher auch Schmiedgasse genannt, beginnt links beim Wassertor und endet rechts beim Passauer Tor. Der 1597 im Geist der Renaissance umgebaute Frankinger Hof mit Wappenkartusche schließt eine lange Reihe von Lager-, Brauerei- und Handwerkerhäusern gegen das Passauer Tor, dem heute unansehnlichsten der drei noch erhaltenen Stadttore. Jenseits des Tores führt ein Weg hinunter zum Inn, zur Schiffsanlegestelle. Dort gedenkt ein granitener Stein des evangelischen Predigers Leonhard Kaiser, der hier vor 400 Jahren etwas oberhalb den Feuertod erlitt. An der Innlände erinnern uns die kräftigen Eisenpflöcke an die Frachtschiffe, die hier einst angetäut lagen.

Das früher Inntor oder Zollturm genannte Wassertor ist ein kraftvoller Rundturm mit vorgezogenem Erker. Obwohl es durch Aufschüttungen beim Kraftwerksbau fast einen Meter Höhe verloren hat, wirkt es noch immer mächtig. Nach einem winzigen Hof setzt das stadtseitige Tor an, das

sich zur Straße weit öffnet. Die hier gerade Wandfläche ist durch ein Krantor unterbrochen und trägt ein Fresko, das die Beschießung der Stadt 1703 zum Motiv hat. Die Hochwassermarken verzeichnen die verheerenden Überschwemmungen. Der quergesetzte Söller oberhalb des Bogens diente als Pranger.

Wir stehen hier an einem wirtschaftlichen Angelpunkt der ehemaligen Handelsstadt. Vom Linzer Tor, dessen Obergeschoß noch gut zu sehen ist, kamen die Fuhrwerke pfeilgerade die Straße herab, um Waren zur Lände zu bringen oder dort abzuholen. Die Häuser des Unteren Stadtplatzes drängen unten eng zusammen und lassen den Platz nach oben nur langsam sich weiten. Prachtvoller Barockstuck läßt ahnen, wie reich verziert viele Häuser-

eine ebenso farbenfrohe Schauwand ein. Die Schloßgasse führt hinauf zum Schloßtor, das am Rande des einst bis auf Inntiefe ausgebrochenen Burggrabens steht. Bis 1809 war es nur über eine Brücke erreichbar. Während der vordere Teil mit seinem bayerischen Rautenwappen 1580 errichtet wurde, ist der rückwärtige Teil älter. Es war der äußere Burgturm, der vier Stockwerke hoch ragte. Heute beherbergt das Schloßtor das sehenswerte Heimathaus. Weiter oben führt eine Brücke über den inneren Burggraben. Die Grundmauern der Hauptburg lassen selbst in ihrem Verfall noch ihre einstige Wehrhaftigkeit ahnen. An der Stelle des heutigen einfachen Gitters stand ein ziemlich hoher Turm. Eine prächtige kanadische Fichte in der Mitte des Schloßparks zeigt uns die Stelle

Die Rottbrücke bei Mittich wenige Kilometer vor der Mündung des Flusses in den Inn. Die Rott hat hier eine stattliche Breite erreicht. Im Januar 1741 tobte im Österreichischen Erbfolgekrieg ein heftiger Kampf um die Brücke.

fronten bis zum vernichtenden Stadtbrand 1809 gewesen sind. Oberhalb des Georgsbrunnens entdecken wir am Haus 26 ein interessantes Fresko, das vom Streit des Besitzers mit den Ratsherren des gegenüberliegenden Rathauses kündet. Das Rathaus stammt aus dem Jahre 1594 und birgt im Saal interessante Fresken von Prof. Zülow. Breit öffnet sich der Obere Stadtplatz im abwechslungsreichen Spiel von Architektur und Farbe. Links erstrekken sich die Häuser der Silberzeile mit ihren Giebeln zur hohen Innenseite des Linzer Tores hin, rechts rahmt den Platz

an, an der sich der beherrschende Schloßturm erhob, der auf jedem alten Stich sogleich ins Auge fällt. Während der erste Aussichtspavillon einen Blick über die Zwinger und Gräben der Rückseite des Unteren Stadtplatzes bietet, erfassen wir von der dreibogigen Aussichtswarte am südlichen Ende am besten die Lage der Stadt. Vom Süden, aus den Alpen, fließt in breitem Band und quer durch die Weite des Alpenvorlandes der Inn. Unter uns die 700 Jahre alte Innbrücke, die den Blick wieder hinüberleitet zum bayerischen Nachbarn, zur anderen Seite.

Obernberg am Inn

Herbert Schachinger

Liebe Gäste des über 1000 Jahre alten Marktes von Obernberg am Inn! Ich freue mich, Sie auf dem schönsten Marktplatz Österreichs begrüßen zu dürfen. Unser flächenmäßig sehr kleiner Marktflecken lädt Sie zum Verweilen ein – er bietet neben Natur und Kultur gepflegte Gastlichkeit und Gastfreundschaft.

Bewundernd stehen viele unserer Gäste vor den herrlichen Stuckfassaden der Apotheke und des Woerndlehauses. Ihr Schöpfer heißt Johann Baptist Modler, einer der bedeutendsten Stukkateure, der vom Barock kam und das Rokoko beherrschte und sich in Obernberg verheiratete. Der Apotheker Walter, dessen Haus Modler mit der herrlichen Madonnenfigur schmückte, hat seine drei Buben aus der Taufe gehoben. Die beherrschende Mittelfigur der Immakulata an dieser Fassade, ein damals sehr beliebtes Thema, steht auf der Weltkugel und der Mondsichel. Unter den Blendbogen über den Fenstern des ersten Stocks erkennen wir die Gesichter von Vater Modler und seinen drei Söhnen.

Vom Stephansbrunnen (1658) als Mittelpunkt des Marktes überblicken wir das prachtvoll geschlossene Viereck, ein Meisterstück des Innbaustils, umsäumt von bunten altehrwürdigen Bürger-, Gast- und Brauhäusern. Gegründet wurde der Marktflecken um 950 n. Chr. von den Grafen von Vornbach. Bischof Wolfger erbaute 1199 eine starke Festung, die man heute noch in Resten sehen kann..

Innschiffahrt garantiert Wohlstand

1276 erhielt der Ort durch Kaiser Rudolf das Marktrecht. Es begann der Aufschwung vor allem durch die Flößerei auf dem Inn. Auf dem Inn-Salzach-Donau-Weg wurden nicht nur Salz und Holz, sondern auch italienische Waren, die über den Brenner kamen, vor allem „Tiroler Wein", flußabwärts bis Ungarn verfrachtet, in Kriegszeiten auch Soldaten und Kriegsmaterial, innaufwärts aber Getreide und aus den Besitzungen der Klöster in der Wachau Wein. Der Vormarkt Urfahr wurde so zum großen Umschlagplatz. Alle

Schiffe mußten hier anlanden und für verzollbare Güter die vorgeschriebene Maut entrichten. In dieser Zeit entstand der Kirchen- und Marktplatz und, etwas erhöht über dem Innufer, die Schifferkirche. 1583 wurde die „Erste Nauflezerordnung" geschaffen, die rechtliche Sicherung der angesehenen Zunft der Salzschiffer, die über 250 Jahre die Grundlage des Wohlstands ihrer Angehörigen schuf. Die Schiffer verlangten nach Speis und Trank. Die Hochkonjunktur ließ sechs Brauhäuser entstehen. Wir wissen von tiefen Kellern, die man betreten konnte, die bis in jüngste Zeit benutzt waren. Bis zu acht Gasthäuser konnte man vor einigen Jahrzehnten alleine auf dem Marktplatz noch zählen.

Wir verlassen den Marktplatz durch das Gurtentor aus dem 13. Jahrhundert, das

Johann Baptist Modler, der sich in Obernberg verheiratete, schuf die prächtigen Stuckfassaden der Apotheke und des Woerndlehauses am Marktplatz von Obernberg.

das sehr sehenswerte Heimathaus beherbergt. Die Sammlungen in zehn Schauräumen zeigen die wechselvolle Geschichte des Marktes, die einzelnen Zweige des einst blühenden Gewerbes, Utensilien aus Flößerei und Schiffahrt, sehenswerte Plastiken aus der religiösen Kunst und bäuerliche Gerätschaften.

Rundgang durch das historische Obernberg

Im Gurtentor finden sich mehrere Wappensteine und kleinere Epitaphien aus der Gotik. Eine Zugbrücke führte im Mittelalter über den nur noch in Resten erkennbaren Launergraben. Der Weg um die parkähnliche Anlage der alten Burg führt zur Mautnerstiege und dem ehemaligen Mauthaus. In wenigen Minuten erreichen wir die Gestade des Inns und betreten voll Ehrfurcht die Schifferkirche. Das heutige Gebäude stammt von Anfang des 15. Jahrhunderts, dürfte aber zuerst als romanischer Bau errichtet worden sein. Das Altarbild zeigt den alten Vormarkt Urfahr und einen Schiffszug, der vom hl. Nikolaus der Fürbitte Mariens empfohlen wird und von einem Künstler aus Reichenhall geschaffen wurde. Die Kirche ist ein Heiligtum der Salzschiffleute, Nauflezer genannt, die einen Teil vom Salzeingang an die Kirche zahlten und hier die „Salzmesse" und schon um 4 Uhr früh die „Abfahrts- oder Umtauschmesse" feierten. In den fünfziger Jahren konnte sie gerade noch vor dem Verfall gerettet werden. Sie ist restauriert und von der Marktgemeinde pachtweise in Verwaltung genommen. Der Kirchenraum bietet eine hervorragende Akustik und wird von Vokal- und Instrumentalensembles genutzt.

Die neue Brücke von 1965 verändert den Ort

Eine große Veränderung erfuhr dieser Ortsteil, als die neue Innbrücke 1965 eröffnet wurde. Zwischen den Städten Braunau und Schärding, die etwa 50 km auseinanderliegen, führte keine Brücke über den Fluß. Eine Drahtseilfähre vor dem Krieg und eine bescheidene Übergangsmöglichkeit über das Kraftwerk nach dem Krieg waren die einzigen Verbindungen. Der Aufschwung des Thermalbades Füssing verstärkte den Wunsch nach einem eigenen Übergang. Er brachte nicht nur Oberösterreich und Bayern verkehrstechnisch näher, er belebte auch Handel und

Gewerbe im Grenzbereich und verhalf dem Fremdenverkehr zu einem Aufschwung. Obernberg, vor dem Brückenbau ein stiller Marktflecken, ist seitdem ein aufstrebender Ort mit starkem Besucherverkehr und beliebter Gastronomie.

Im Herbst 1994 wurde das Jubiläum „50 Jahre Kraftwerk Obernberg-Egglfing" begangen. Das im Zweiten Weltkrieg erbaute Kraftwerk ist eines der größten Flußkraftwerke am Inn. Mit der vom Kraftwerk erzeugten Strommenge wäre der Bedarf einer Stadt von 170 000 Einwohnern zu decken. In den letzten Jahren wurde es technisch ausgebaut. Große Bedeutung hat das Kraftwerk und der Staubereich für den Vogelschutz (s. S. 134).

Wenn wir die Innstufe hinauf ortseinwärts gehen, gelangen wir zur Pfarrkir-

Gegenwart verfolgt: Als in der zweiten Hälfte des 19. Jahrhunderts die Eisenbahn den Siegeszug als modernes Verkehrsmittel antrat, war fast schlagartig das Ende der Schiffahrt auf dem Inn gekommen. Eine durch Obernberg projektierte Bahnlinie scheiterte am Widerstand der Bevölkerung. Obernberg war somit durch seine Randlage von jeder wichtigen Verkehrsader abgeschnitten und bot keinerlei Anreiz für die Ansiedlung von Industrie. Der Markt verarmte, ein Zustand, der sich erst durch den Bau der Innbrücke änderte.

Pferdemarkt und Marktfest

Höhepunkte des gesellschaftlichen Lebens sind neben den vielen Aktivitäten der mehr als 20 Vereine und Körperschaften der alljährliche Pferdemarkt zu Josefi und

Der alljährlich zu Josefi abgehaltene Pferdemarkt ist neben dem Marktfest einer der Höhepunkte im Festprogramm Obernbergs. Das Marktrecht erhielt der Ort bereits im Jahre 1276 von Kaiser Rudolf verliehen.

che. Gebaut wurde sie unter dem ersten offiziellen Pfarrer von Obernberg, Michl Fuerdernymbt (1416–1441). Ab 1437 wird die Kirche als Gottsleichnamskirche erwähnt. Sie trägt als einzige derartige Kirche Österreichs das seltene Patrozinium des „Hl. Abendmahls". Sehenswert ist die westlich des Turms angebaute „Anna-Kapelle" mit wertvollen Fresken, die, obwohl verblaßt, noch zu erkennen sind.

Durch das westliche Markttor, das die Gemeindeverwaltung beherbergt, betreten wir wieder den Marktplatz. Noch nicht ganz haben wir die Geschichte bis zur

das Marktfest im Sommer. 1988 eingeführt, erweist es sich in der warmen Sommerzeit immer mehr als Publikumsmagnet. Es bietet ein buntes Rahmenprogramm, und das abendliche Verweilen vor den herrlich beleuchteten Fassaden der Bürgerhäuser läßt Stimmung beim Besucher aufkommen.

Zu einer touristischen Besonderheit hat sich der Inn-Radwanderweg entwickelt. Unzählige Radwanderer fahren durch den alten Innmarkt. Viele kommen aus dem Tirolerischen und fahren weiter nach Passau zum Donauradweg.

Die Chronik des Stiftes aus dem zwölften Jahrhundert nennt als Gründungsjahr 1084. Burgherr Werner übergab nach dem frühen Tod des einzigen Sohnes Gebhard seinen Besitz dem Orden der Augustiner-Chorherren. Leider ist keine Gründungsurkunde erhalten, die Aufschluß über die Person des Stifters, über den Zweck der Klostergründung oder die Herkunft der ersten Chorherren geben könnte. Erst Erzbischof Konrad I. von Salzburg stellte die Gründung Werners auf eine solide Grundlage. 1132 berief er den berühmt gewordenen Propst Gerhoch als Vorsteher nach Reichersberg. Dieser große Theologe, von dem das Stiftsarchiv acht handgeschriebene Codices aufbewahrt, war auch in wirtschaftlicher Hinsicht geschickt und machte das spärlich dotierte Kloster lebensfähig.

Da die Chorherren anders als die Mönche Priestergemeinschaften sind, wußten sie sich immer auch der Seelsorge verpflichtet. So griff Gerhoch das Angebot des Salzburger Erzbischofs auf, an der (damaligen) ungarischen Grenze eine Niederlassung zu errichten und das dünnbesiedelte Gebiet seelsorglich zu erschließen.

Der Großbrand von 1624

Das größte Unglück in der langen Stiftsgeschichte ereignete sich 1624. Anfang Mai fielen sämliche Gebäude mit der Kirche einem verheerenden Brand zum Opfer. Nur wenig konnte vor der Feuersbrunst gerettet werden, darunter das Archiv der Prälatur mit den alten Urkunden. Leider ist uns kein Bild der alten Klosteranlage erhalten.

Trotz der Unruhen des Dreißigjährigen Krieges begann Propst Johannes Zöhrer mit dem Wiederaufbau. Die Ruinen der alten Anlage fielen der Spitzhacke zum Opfer, kein romanischer oder gotischer Bauteil erinnert daher noch an die Zeit vor dem Brand.

Nach der Fertigstellung der Konventgebäude mit dem Kreuzgang erhielt der Rieder Baumeister Christoph Weiß den Auftrag zum Neubau der Kirche. Sie entstand in den Jahren 1629 bis 1644 in noch

tastendem strengem Frühbarock. Thomas Prünner, auch er ein Rieder Baumeister, begann den Bau des Nordtraktes.

Ein heiter-ländliches Architekturensemble

Für die vorgelagerten ebenerdigen Wirtschaftsgebäude dürfen wir schon Carlo Antonio Carlone annehmen, der zuletzt mit dem Südtrakt ein Architekturensemble schuf, das sich gut in die Landschaft einfügt: der äußere Stiftshof mit den langgestreckten zweigeschossigen Arkadengängen, den zwiebelbekrönten Erkern, dem eigenwillig behelmten Kirchturm und dem beherrschenden Michaelsbrunnen.

Nach dem Erlöschen der altbayerischen Linie des Hauses Wittelsbach trat Kaiser Joseph II. mit massiven Erbansprüchen auf den Plan, und beinahe wäre es zum Krieg mit Bayern gekommen. 1779 gelang der Friedensschluß von Teschen, der den Kaiser mit dem bayerischen Land hinter Inn und Salzach entschädigte. Das Stift hatte damit Glück im Unglück: Es entging der Säkularisation und hat als einziges bayerisches Augustiner-Chorherren-Stift in Österreich überlebt.

Stift Reichersberg

Gregor Schauber

Einen finanziellen Aderlaß bedeutete 1848 die Aufhebung der Grunduntertänigkeit. Neben dem in Eigenregie bewirtschafteten Meierhof bildeten die etwa 1400 bäuerlichen Anwesen, die dem Stift abgabenpflichtig waren, die finanzielle Basis für seine vielfältige Tätigkeit. Allein die Gebäudeerhaltung verschlang riesige Summen, dazu kamen Beitragsleistungen für über 20 Kirchen, Pfarrhöfe und Schulen, der Unterhalt des Konventes und der auf den Pfarren stationierten Priester, die Löhne und Deputate für rund 40 Beschäftigte, nicht zuletzt die Steuern und Sonderabgaben an den Staat in Not und Kriegszeiten.

Ein kulturelles Zentrum der Region

In der NS-Zeit gehörte Reichersberg zu den wenigen Klöstern, die nicht aufgehoben wurden. 1940 schloß die Deutsche Luftwaffe mit dem Stift einen Mietvertrag ab und verwendete die Außentrakte als Fliegerschule. Die Anwesenheit der Soldaten erwies sich als Vorteil, konnte das Haus doch nicht mehr für andere Zwecke angefordert werden.

Nach dem Zweiten Weltkrieg leitete Propst Odulf Danecker (1963–1980) eine neue Blütezeit ein. Die wirtschaftliche Basis wurde umstrukturiert, die Landwirtschaft verpachtet. Der seit 1965 durch den Bau der Innbrücke anschwellende Fremdenverkehr aus dem deutschen Bäderdreieck legte den Ausbau der Gastronomie nahe, in den Außentrakten entstand ab 1969 ein Bildungszentrum mit einem reichhaltigen Angebot von Kursen und Seminaren. Der „Reichersberger Sommer" lockt, dank der Mitwirkung namhafter Künstler, alljährlich ein zahlreiches Publikum zu den musikalischen Aufführungen.

Zwei Landesausstellungen (1974: Die Bildhauerfamilie Schwanthaler, 1984: 900 Jahre Stift Reichersberg) sowie mehrere Wechselausstellungen brachten dem Stift einen Bekanntheitsgrad wie nie zuvor in seiner langen Geschichte. Das einst verträumte Landkloster hat sich zu einem religiösen, kulturellen und wirtschaftlichen Zentrum der ganzen Region entwickelt.

Die Autoren

Angermeier, Rudolf, Archivar i.R., Mühldorf am Inn, Neumarkt-St. Veit

Bubl, Martina, Marketing-Konzepte, Simbach am Inn, Vorsitzende der Wirtschaftsjunioren Rottal-Inn

Eder, Erich, Heimatpfleger, Pfarrkirchen

Egginger, Josef, Oberstudiendirektor i.R., Altötting, Wimhöring

Engl, Prof. Franz, Gymnasialdirektor i.R., Schärding

Fuchs, Walter, Bankkaufmann, Arbeitskreis für Heimatkunde, Ortenburg

Göttler, Hans, Dr.phil., Literaturwissenschaftler, Univ. Passau

Halbinger, Simon, Baudirektor i.R., Wasserwirtschaftsamt Pfarrkirchen, Landshut

Hartl, Alois, Initiator des Griesbacher Thermalbads und Golf Resort

Haselberger, Elisabeth, Dipl.Betriebswirt, ehem. Vors. Förderkreis Kloster Asbach, Bruckmühl

Haushofer, Dr. med. Josef, Kreisheimatpfleger Rottal-Inn, Stadtheimatpfleger Eggenfelden

Hermann, Reiner, Amtsrat, Marktgemeinde Gangkofen

Holzhaider, Dr. Hans, Redakteur, Süddeutsche Zeitung

Kaiser, Dr. Sebastian, Studiendirektor, Stadtheimatpfleger Pocking

Grimbs, Elmar, Stud.dir., Ortenburg, Kreisheimatpfleger des ehem. Landkreises Griesbach

Maier, Rudolf G., Publizist, Pocking

Ortmeier, Dr. Martin, Passau, Museumsleiter der Freilichtmuseen Finsterau und Massing

Piper, Dr. Ernst, Verleger und Publizist, München und Berlin, 1983–1994 geschäftsführender Gesellschafter im Piper Verlag München

Radtke, Anke, Journalistin, Pfarrkirchen

Reichholf, Prof. Dr. Josef, Zoologische Staatssammlung München, Vorstand Umweltstiftung WWF Deutschland

Reichholf-Riehm, Dr. rer. nat. Helgard, Geschäftsführerin des Vereins zur Förderung des Europareservats Unterer Inn

Reinhart, Herbert, Marktverwaltung Rotthalmünster

Sagmeister, Josef, Stud.dir., Fürstenzell

Sattler, Harald, Schriftsteller, Cartoonist, Haarbach

Schachinger, Herbert, Kulturreferent der Marktgemeinde Obernberg am Inn

Schauber, Dr. Gregor, Stiftsdechant, Kustos und Archivar Augustiner- Chorherrenstift Reichersberg

Schötz, Manfred, Lichtenhaag, Lehrer in Gerzen, Studien zur Frühgeschichte

Sittinger, Alfons, Dipl.Verwaltungswirt, Landratsamt Rottal-Inn

Stein, Christoph, Diplom-Ing. FH Landespflege, Freising

Unger, Klemens, Direktor Touristikverband Ostbayern, Regensburg

Weber, Hanns, Landwirtschaftsministerium des Landes Brandenburg, ehem. Verwaltungsdirektor Landratsamt Rottal-Inn

Wiesner, Eduard, Verlag Innviertler Monatsblattl, Schärding

Bildnachweis

arc-Architekten Hirschbach, 225
Archiv für Kunst und Geschichte AKG, Berlin 31, 33, 34, 110, 111
Bachmaier, Felix , Titelbild, 19, 120, 176, 190
Bayer. Geologisches Landesamt, 17
Braasch, D. (Luftbild), 45
Brauer, Wilhelm, 81, 91, 104 o
Dilling, Gerti, 1, 51, 69, 74, 75, 82, 90, 103, 105, 107, 117, 178
Eder, Richard, 155
Erform Archiv, 114
Fastner, Reinhold, 108, 175
Fischer, Adi, Archiv, 162
Flußmeisterstelle Pfarrkirchen, 129
Fremdenverkehrsgemeinschaft Passauer Land, 188
Fuchs, Walter, 43, 44 (2), 89
Göttler, Hans, Archiv, 88, 194, 239
Geiginger, Josef, 8/9, 106 u, 212, 226, 247
Gollwitzer, O., Archiv, 80
Griesbacher Thermen Marketing, 217
Hirsch, Hans, 153
Innstolz Käsewerk Rotthalmünster, Archiv, 106 M, 100/101
Jerney, Barbara, 63
Kiebitz Buch, Archiv, 112, 145, 150 u, 187 (2), 219, 224
Kirchdorf am Inn, Archiv, 235
Kirk, Bernhard, 64, 66, 186

Klein, Monika und Konrad, (Archiv), 179
Kummer, Werner, 197
Kurverwaltung Bad Birnbach, 200/201, 221, 222
Kurverwaltung Bad Füssing, 202, 204, 206, 207
Kurverwaltung Bad Griesbach, 12/13, 68, 78, 180, 189, 213, 230
Leidorf, Klaus, Luftbildarchiv des BLfD, 23
Limbrunner, Alfred, 134, 137 (2), 138, 139
Lindner AG, Archiv, 172
Linger-Raabe, Marlen, 216
Maier, Rudolf, Archiv, 199, 203
Markt Gangkofen, Archiv, 148, 149, 150 o
Markt Triftern, Archiv, 180 o
Mayer, Ludwig, 99, 104
mpa Medizin Presseagentur, 96
Müller, Alois, 177
Neumeier, Johann, 48, 49, 83, 116, 156, 157, 158, 160, 163, 184
Neustifter, Joseph Michael, 159
Ortenburg, Fremdenverkehrsamt, 205, 228, 229
Ortmeier, Martin, 77
Ott, Toni, 30, 35, 71, 94, 109, 218
Pocking, Stadt, Archiv, 195, 196
Radtke, Anke, 37, 97, 111, 113, 169, 173, 174, 240, 241, 243
Randak, Franz, 183
Riechert, Mechtildis, 208/209

Ruhstorf, Gemeindearchiv, 192
Sagmeister, Josef, 14/15, 60 r, 62, 87, 165, 191, 232, 233, 234, 246, 250
Sattler, Harald R., Archiv, 92
Schachinger, Herbert, 248, 249
Schötz, Manfred, 16, 18 (2), 20, 21, 22 (2), 24, 25, 50, 72, 73(2), 93, 115, 121 o, 122 (2), 124 (2), 142/143 (Karte), 151, 154 (2), 168, 170, 181, 182, 185, 193, 198, 210, 211, 214, 231, 24
Simbach a. Inn, Archiv (C. Weber), 76, 237, 238
Stadt Neumarkt, Archiv, 28/29, 36, 144, 146, 147
Stahlbauer, Georg, 6, 118/119, 132/133, 135, 136, 137 o/r, 215, 223
Stein, Christoph, 123
Straßen- und Wasserbauamt Pfarrkirchen, 131, 141
Süddeutscher Verlag, Bilderdienst, 95
Tändler, Rudolf, 121 u, 122 M, 123 o, 126, 127, 128
Trost, Hans, 161
Unger, Klemens, 65, 69, 84/85, 125, 227
Wandling Walter, 26 (2), 27
Weber, Carl, 10/11, 59, 67, 79, 86, 102, 164, 166, 167, 171, 220
Wiesner, Eduard, 245
Zimpel, Reto, 98

Literatur über das Rottal

Es sind nur Bücher und Artikel aufgenommen, die über den Buchhandel oder in den Bibliotheken des Rottals zugänglich sind.

- Baumgartner, Georg: Kunst und Kultur im Landkreis Rottal-Inn, Passau 1994
- Baumgartner, Georg: Speis und Trank im Rottal, Passau 1994
- Bitsch, Helmut und Binder, Egon: Bauern, Häusler, Ökowirte, Passau 1992
- Bleibrunner, Hans: Niederbayerische Kulturgeschichte des Bayerischen Unterlandes, hg. zum Bezirkstag 1979, 2 Bde., Neuauflage 1993
- Die Kunstdenkmäler von Bayern der ehemaligen Bezirksämter Pfarrkirchen, Passau und Griesbach, München 1991
- Dieß, Wilhelm: Das erzählerische Werk in Einzelausgaben, 4 Bde., hrsg. v. Friedrich Kempf, München, Kösel 1976/77
- „Zwischen Donau und Inn … Dort liegt die Heimat von der ich rede." Wilhelm Dieß liest seine Erzählungen aus Niederbayern. Hrsg. v. Hans Göttler, Passau, Symicon 1994
- Dobler, Hanns und Eder, Erich: Buch der Marktgemeinde Triftern, 1979
- Eder, Erich und Hochholzer, Adolf: Buch der Stadt Pfarrkirchen, 1987
- Engl, Franz: Schärding am Inn. Ein Führer durch Stadt und Geschichte. Verlag Eduard Wiesner, Schärding 1991.
- Erbertseder, Robert B.: Niederbayerische Einkehr – Reime und Gedichte, Pfarrkirchen 1984
- Erl, Valentin und Six, Anna: Zeit lassen – Geschichten und Gedichte aus dem Rott- und Inntal
- Eitzlmayr, Max: Braunau einst und jetzt, Stadtführer mit Historie
  ders. Braunauer Album ab 1945, Bd. 2
  ders. Ranshofen – Kloster und Gemeinde
- Falkenberg: Chronik der Gemeinde
- Gangkofen: Gangkofen und die Deutschordens-Kommende 1279 bis 1979 hrsg. zur 700-Jahr-Feier
- Grau, W.J.: Wie Bad Griesbach im Rottal entstanden ist, Alzey 1991
- Gruber, Maria: Mit Stieren ackern – eine Bäuerin erzählt, Passau 1990
- Haushofer, Josef:
- Geschichte von Eggenfelden, Passau 1977
- Beiträge zur Geschichte einer Stadt, Festschrift zur Eröffnung des Stadtarchivs Eggenfelden 1969
- Haushofer/Sailer/Winklhofer: 500 Jahre Heiliggeistspital Eggenfelden 1492 bis 1992
- Haushofer, Josef, Hrsg.: Heimat an Rott und Inn. Heimatbuch für das obere Rottal. Jahresbände (bis 1989); zu beziehen über den Herausgeber
- Hausmann, Friedrich: „Archiv der Grafen zu Ortenburg", Urkunden der Familie und Grafschaft Ortenburg, Bd. 1; 1142–1400, Verlag Degener & Co., Inh. Gerhard Geßner, Neustadt a.d. Aisch 1984
- Hiereth, Sebastian und Vierlinger, Rudolf:

Stadt Simbach am Inn, 1975
- Hirsch, Josef und Vierlinger, Rudolf: Alt-Simbach in Zeichnungen und Episoden, Simbach 1994
- Hofbauer, Josef: Hofmark Birnbach, 1983, Hg. Marktgemeinde, ebenso der Birnbacher Heimathefte in drei Bänden
- Hinterdobler, Manfred: Die Besessene von Frauentödling, Passau 1993
- Hochholzer, Adolf: Wurzeln des Glaubens – Kirchengeschichte des mittleren Rottals, Passau
- Hummel, Adolf: Geschichte des Marktes Massing, Massing-Simbach 1989
- Hummel, Berta: Unbekannte Werke, Bd. 3 der Schriften Kunstsammlung des Bistums Regensburg, München 1987
- Janik Erwin: So war Franz Xaver Unertl – die Bayern in Bonn, Anekdotensammlung mit Vorwort von Fritz Kempfler, Passau 1980
- Kaiser, Sebastian: Die Wallfahrt Kößlarn – Volkskundliche Untersuchung religiösen Lebens einer Gnadenstätte zwischen Spätmittelalter und Gegenwart, Passau 1989
- Kaps, Peter: Die Welt des Bauern im Sprichwort, Hg. Heimatfreunde Rottal-Inn, Passau 1987
- Kempfler, Gerdi: Tagebuchaufzeichnungen eines Landpfarrers 1804 bis 1834, eine Auswahl, Passau 1984
- Kirk, Bernhard und Altschäfl, Claus: Vils – Rottal – Inn in Luftaufnahmen, Passau 1991
- Kitzinger, Ludwig: Arnstorf im Wandel der Zeiten, Hrsg. von der Marktgemeinde
- Kleinhanns/Hauser: Das Innviertel, Wien 1991
- Kunstdenkmäler in Eggenfelden, Pfarrkirchen, Vilsbiburg, Vilshofen, Landshut und Griesbach, Reihe von 1923 des Landesamtes für Denkmalpflege, teilweise Neuauflage 1986 München (Bibliothek Eggenfelden)
- Landkreis Rottal-Inn (Herausgeber): Landkreisbuch von 1975, ferner:
- Bürger, Pfarrer, Adlige – Die Grabdenkmäler in Pfarrkirchen bis zum Jahr 1810 von Buchner/Eder/Hindinger/Linder, Fotos G. Dilling, 1988
- Die Heimatvertriebenen in Dokumenten, heimatkundliche Schriftenreihe, 1989
- Liewehr, Erwin und Grimm, Otto: Marktplätze in Südostbayern, Passau 1976
- Lohmeier, Georg: Kunst und Kuren im Drei-Bäderland, München 1987
- Massing: – Geschichte des Marktes Massing
- Freilichtmuseum Massing, von Georg Baumgartner in der Reihe Bayerische Museen, München 1985
- Miller, Franz R. und Auer, Karl: Bauernhöfe, Band 3 einer Reihe in Wort und Bild, Passau 1990
- Noll, Petra: Künstler im Rottal, Hebertsfelden 1993
- Ortmeier, Martin: Bauernhäuser in Niederbayern, Passau 1989
- Ponzauner Wigg:
- Unter uns g'sagt, Erzählungen, Simbach 1987

- Grüß Gott beinand, Gedichte, Simbach 1990
- Bauernbrot – Kindheit und Jugend in Prosa, Simbach 1994
- Reichholf-Riehm, H., Unterer Inn – Die Vogelwelt der Innstauseen, Innwerk AG & Landratsamt Rottal-Inn, 1991
- Reichholf, J. & Reichholf-Riehm, H., Unterer Inn – Ökologie einer Flußlandschaft. Innwerk AG & Landratsamt Rottal-Inn, 1989
- Reichholf, J., Comeback der Biber. C.H. Beck Verlag, München 1993
- Rosmus, Anna: Wintergrün – Verdrängte Morde, Konstanz 1993
- Retzer, Wugg: Der Stier von Pocking, München 1969
- Schellemann, Carlo: Rottaler Bilderbuch, Hebertsfelden 1992
- Schellnhuber, Hans: 400 Jahre Evang. Luth. Kirchengemeinde Ortenburg 1563–1963
- Schiefer, Herbert: Heiteres aus einem Landarztleben, Passau
- Schmidbauer, Wolfgang: Eine Kindheit in Niederbayern, Hamburg 1987
- Seidl, Siegfried:
- Bäuerliche Volkskunst zwischen Isar und Bayerischem Wald mit Hallertau, Gäuboden, Laaber-, Vils- und Rottal, an Isar und Inn und im Bayerischen Wald, München 1982
- Niederbayerische Bauernmöbel zwischen Isar und Inn, München 1979
- Seitz, Oskar: Rottaler Bauernland im Umbruch – Wirtschaft und Schule, eine Studie aus Anlaß der 120-Jahr-Feier der Landwirtschaftlichen Schule Pfarrkirchen, 1986
- Stapfer, Ernst, Bad Füssing
- Stelzenberger, Franz: Roß und Rottal, Passau 1977
- Tann: Chronik des Marktes Tann aus Anlaß der 600-Jahr-Feier
- Vierlinger, Rudolf:
- Die Rott entlang, Simbach 1983
- Land zwischen Salzach und Inn
- Julbach (1984) und Ering (1984)
- Vogel, Hans: Eggenfelden in alten Ansichten
- Vogl, Albert: Heimatbuch Hirschhorn-Hammersbach, 1992
- Weber, Hanns: Rottaler Bäderdreieck, München 1985
- Vierlinger, Rudolf: Das Jahr 1945 an Rott und Inn, Simbach 1995
- Vilsmaier, Joseph: Die Verfilmung des Lebens der Anna Wimschneider, Frankfurt/Berlin 1990
- Wanderkarten Gotik & Tour, Radwanderwege zwischen Rott und Inn, hrsg. von Rottal-Innformation, Tel. 88561/20270
- Wimschneider, Anna:
- Herbstmilch, Piper Verlag München 1984 (Erstauflage)
- Wandling, Walter: Die römische Ansiedlung von Pocking. In: Vorträge des 10. Niederbayerischen Archäologentages 1992
- Wittelsbach und Bayern 1180 bis 1825 in mehreren Bänden und Katalogen zu Ausstellungen des Völkerkundemuseums München (Stadtbücherei Eggenfelden)

Heimatmuseen und Galerien

Arnstorf

Alt-Arnstorf-Haus am Steinbach, Parkgelegenheit am Marktplatz. Mai bis Oktober am 1. Sonntag des Monats 10 – 12 Uhr und nach Vereinbarung. Tel. Sittinger 08723/2234 und Surner 08723/1262.

Asbach Kloster

Zweigmuseum des Bayerischen Nationalmuseums, in der Gemeinde Rotthalmünster, Metallkunst und mittelalterliche Bildwerke, häufig Sonderausstellungen. 1. März bis 31. Oktober Di – Fr 11 bis 16.30 Uhr, Sa und So ab 10.30 Uhr, Tel. 08533/2300.

Bad Füssing

Bauernhausmuseum am Kurpark, Di. – Fr. 15 – 18 Uhr, Sa. u. So. 10 – 12 Uhr und 15 – 18 Uhr, Tel. 08531/21424.
Bernsteinmuseum, Heilig-Geist-Str. 2, hinterm Rathaus, Di. bis So. 14 – 17 Uhr, Tel. 08531/24339.
Galerie Feigl, Ledergasse 2, Gemälde und bemalte Kannen, Tel. 08531/21725.
Gemälde-Galerie Brückner, Kurallee 14, Tel. 08531/22978.
Kania-Gemäldegalerie, Prof.-Böhm-Str. 8, Tel. 08531/22106.

Bad Griesbach

Städtische Galerie im Alten Rathaus, wechselnde Ausstellungen, Auskunft Willisch, Tel. 08532/2136.

Braunau

Bezirksmuseum in der Herzogsburg, Johann-Fischer-Gasse 18/20 und Altstadt 10, Stadtgeschichte, volkskundliche Sammlung, Glockengießerei, Schiffahrt, Donauschwaben, Heimatstube. Ganzjährig Di. bis Sa. 13 – 17 Uhr.
Wechselausstellungen Innviertler Künstler mit Workshops im Stadttorturm, Auskunft Tourismusverband Stadtplatz. 9, Tel. 0043/77222644.
Modernes Theater und Ausstellungen im Gugg, Café Molière, Palmstr. 4, Tel. 0043/77223368.

Eggenfelden

Heimatmuseum z.Zt. geschlossen, *Hofmarkmuseum Gern* zur Geschichte der Rottaler Hofmarken, etwa ab 1996.
Feuerwehrmuseum mit alten Geräten, Helmen und Abzeichen aus aller Welt, Besichtigung: Tel. 08721/3500.
Stadt der „erzählenden" Brunnen: Stadtradl vor dem Rathaus, Marienbrunnen am Stadtplatz, Saubrunnen hinter der Sparkasse, weitere Brunnen im Schul- und Freizeitpark sowie Gymnasium Gern (alle Joseph Michael Neustifter), Christophorus-Brunnen an der Pfarrkirche (Christian Zeitler), Skulpturen Schellenbruckplatz / Brunnen Hypobank, Heilpädagogisches Zentrum und Carcassonner Platz (Willi Baumeister), Sämann vor der Sparkasse (Hans Wimmer), Sitzende im Stadtpark (Lothar Fischer) und andere.

Ering am Inn

Bayerisch-Oberösterreichisches *Informationszentrum des Europareservats Unterer Inn,* Innwerkstr. 15 (Richtung Innwerke), 1. April bis 31. Oktober Di. u. Mi. 14 – 17 Uhr, Do., Fr., Sa. 10 – 12 und 14 – 17 Uhr, So. 10 – 17 Uhr. Tel. 08573/1360

Gangkofen

Wallfahrtskirche Heiligenstadt südlich der Bina, Schlüssel bei Landwirt Anton Göbel, Tel. 08722/1754.
Brauereigut Seemannshausen, Tel. 08722/312, abends 8503.
Konzerte Seemannshausen, Information Kurt Wehle, Tel. 08722/8662.
Wechselnde Ausstellungen und literarische Abende im Café Danner am Marktplatz, Tel. 08722/255.

Hebertsfelden

Gemeindemuseum am Rathaus, Landwirtschaft, Schusterei, Zimmerei, Feuerwehrgerät, geöffnet nach Vereinbarung, Tel. 08721/963621.

Massing

Bauernhof-Freilichtmuseum, am westl. Ortsrand, Spirknerstr. 13, Museum für Niederbayern südlich der Donau mit fünf Hofanlagen, vollausgestattet mit Mobiliar und Geräten. Brauchtumsfeste, Trachtenberatung, Handwerksvorführungen, u.a. Sonnwendfeuer im Juni, Arntbierfest im August, Kirchweih mit Markt und Tanz im Oktober. 1. April bis 30. November geöffnet, und zwar April bis September 9 – 18 Uhr, März und Oktober 9 – 17 Uhr, November 12 – 16 Uhr. Montags, außer an Feiertagen, geschlossen. Auskunft/Prospekte Tel. 08724/96030.

Berta-Hummel-Museum, am östl. Marktende, mit den weltbekannten „Hummel"-Porzellanfiguren, Portraits, Landschaften. Mo. bis Sa. 9 – 17 Uhr, sonn- und feiertags 10 – 17 Uhr, Tel. 08724/960250.
Galerie Hofmeister, Wolfseggerstr. kurz hinter dem Bahnübergang, zeitgenössische europäische Kunst in Malerei und Skulptur. Ausstellungen meist April bis Juni sowie Oktober bis Weihnachten, Tel. 08724/1628.

Mitterrohrbach

Lanz-Museum des Leo Speer, landwirtschaftliche Maschinen- und Motorensammlung mit Exponaten von 1887 bis Mitte 20. Jahrhundert, insbesondere Dampf-Dreschmaschinen und Bulldogs des Fabrikats Lanz, darunter große Raritäten.
Hoffeste mit Dampfdreschen und Bulldog-Wettziehen, Bräustüberl. Tel. 08727/1203. Zu finden von der B 20 Abzweigung Reisbach (zwischen Malgersdorf und Falkenberg), dann dem Hinweis Lanz-Museum folgen.

Obernberg am Inn

Heimatmuseum zur 1000jährigen Geschichte im Unteren Markttor, Zunftwesen, Schiffahrt, 20 Berufe in 600 Exponaten, Waffensammlung, sakrale Kunst, Heilkunde. 1. Mai bis 31. Oktober täglich (außer Montag und Mittwoch) 14 – 16 Uhr, Tel. 0043/77582255.

Ortenburg

Wehrgeschichtliches Museum im Schloß, u. a. preußische Blankwaffen, Heimatmuseum, Folterkammer, Schloßkapelle mit einer der schönsten Renaissance-Holzdecken Deutschlands. 1. April bis 31. Oktober Di. – So. 10 – 18 Uhr, Tel. 08542/1640.

Pfarrkirchen

Heimatmuseum, am westl. Stadtplatz zur Geschichte der Stadt und des mittleren Rottals, u.a. jungsteinzeitliche Ausgrabungen Untergaiching, Blaudruck, Votivbilder. Vorführungen, Schwerpunktausstellung. 1. April bis 31. Oktober Di. – Fr. sowie sonn- und feiertags 14 – 16 Uhr, Tel. 08561/3060 und 5513.
Galerie Artica, Lindnerstraße (westl. Stadtplatz), Arbeiten auf Papier, Zeichnungen, Radierungen, Collagen; Unterricht nach Vereinbarung. Die. – Fr. 15 – 18 Uhr, Sa. 10 – 12 Uhr, Tel. 08561/4494.
Modellbahnzentrum im Industriegebiet, Franz-Stelzenberger-Str. 6, 30 Meter lange Anlage mit 16 Zügen, Modellbauseminare. Di. bis So. 9.30 – 19.30 Uhr, montags außer an Feiertagen geschlossen. Tel. 08561/8348.

Pocking

Armee-Museum der Weltkriege als Privatsammlung, zwischen Ruhstorf und Pocking, Nähe Gasthaus Niedermeier, So. 10 – 12 Uhr, Tel. 08531/32900.

Reichersberg

Stift-Führung einschließlich Bibliothek täglich 15 Uhr, Auskunft Tel. 0043/77582315.

Schärding

Heimathaus Schloßgasse mit Bilger-Glaskunst, Di. u. Mi. 15 – 17 Uhr, Do. bis So. 10 – 12 Uhr.
Galerie am Stein, Lamprechtstr. 16, Di. bis Fr. 16 – 19 Uhr, Sa. 10 – 12 Uhr.
Glass-Art-Galerie am Oberen Stadtplatz 26, Di. bis Fr. 14 – 18 Uhr, Sa. 9.30 – 12 Uhr.

Simbach am Inn

Heimatmuseum Innstraße, dem Rathaus gegenüber, Innschiffahrt, Industriepioniere, Spielzeug, Tracht, Wohnen, sakrale Kunst. Alljährlich mehrere Sonderausstellungen u.a. in der Weihnachtszeit, zu Brauchtum, Kunst, Technik. Dienstags 15 – 17 Uhr, bei Sonderschauen auch Freitag und Sonntag. Tel. Rettenbacher 08721/2891 oder Stadt 08571/6060.

Register